경국대전의 신분 제도

조우영 지음

경국대전의 신분 제도

한국학술정보㈜

"이 저서는 2006년 정부(교육인적자원부)의 재원으로 한국학술
진흥재단의 지원을 받아 수행된 연구임"(KRF-2006-814-B00018)

"This work was supported by the Korea Research Foundation
Grant funded by the Korean Government(Ministry of Education &
Human Resources Development)"(KRF-2006-814-B00018)

차 례

제1장
서 론

1. 주제 설정

이른바 '전근대 신분제 사회'에서 신분 제도는 사회생활의 일반적이고 기본적인 틀이었다.[1] 신분 제도는 사회 구성원 모두를 아울러 여러 신분 집단으로 나누었고, 사회의 모든 구성원 개개인은 특정한 집단적 신분 범주에 속하였다. 그리하여 집단이나 개인이 띠게 된 신분적 징표는 사회생활에서 그 자신들이 어떻게 행동해야 하는지 및 다른 사람들이 그들을 어떻게 대우해야 하는지에 대해서 기본적인 기준 구실을 하였다. 이 점은 당시의 사회생활을 규율하는 법에도 반영되어, 근대 이전 신분제 사회의 법체계는 명시적이거나 암시적으로 신분 제도를 담고 있었고 또 그것을 바탕으로 짜여 있었다. 그러므로 신분 제도나 신분법이 전근대 법제사에서 기본적인 연구 주제 가운데 하나라는 점은 두말할 나위가 없다.

이 책에서는, 우리나라 전근대 사회의 규범 생활의 모습을 살피는 작업의 일부분으로, 지금 전하는 ≪경국대전(經國大典)≫에 직접 규정되거나 그에 전제되거나 거기에서 논리적으로 끌어낼 수 있는 신분 제도의 모습을 살펴보고자 한다.[2] 말하자면 1485년경의 조선

---

1) 여기서 '신분'이라는 것은 서유럽 역사에서 'estate'(영국), 'état'(프랑스), 'Stand'(독일) 따위로 나타났고 우리 역사에서 '양인(良人)'과 '천인(賤人)', '양반(兩班, 또는 사족[士族])'과 '상놈(常人, 또는 서인[庶人])' 따위로 나타났으며 우리 헌법에서 '사회적 특수 계급'(제11조 제2항)이라고 표현한 바와 같은 거시적인 사회적 차별 제도로서의 '사회적 신분'을 말한다. 신분의 개념에 대해서는 제2장에서 자세히 논의할 것이다.

2) 박병호, 『한국법제사고』(서울: 법문사, 1974), 414쪽; 남지대, 「조선 초기 법전 편찬과 ≪경국대전≫」, 『대전』, 十三~十四쪽(해제)에 따르면 지금 전하는 ≪경국대전≫은 성종 15년(1484)년 12월에 완성되어 이듬해(을사년) 정월 초하루부터 시행된 이른바 '을사대전(乙巳大典)'밖에 없다.

사회에 존재했던 신분 제도의 틀과 내용을 살펴보고자 하는 것이다.

대상 시기를 굳이 ≪경국대전≫ 편찬이 완료되어 막 시행될 즈음으로 좁게 잡고 또 통시적(通時的) 고찰을 배제한 채 공시적(共時的) 고찰로 일관하려는 이유는 다음과 같다.

우선, 사회 속에 실제로 존재하는 신분 제도는 "복합체의 일부이자 연속적인 과정"이다.[3] 신분 제도는 사회의 다른 구성 부분이나 구성 요소들과 분리되어 순수한 형태로 존재할 수 없고 '구체적 총체성'을 띠는 사회 속에서 다른 요소들과 얽혀 있게 된다. 또한 신분 제도는 시간의 흐름 속에서 구체적 적용 대상에 작용하면서 그것과 영향을 주고받고 또 그런 가운데 스스로 형성·변모되는 그 무엇이다. 그런데 신분 제도의 '복합성'과 '전개 과정'을 처음부터 종합적으로 파악할 수는 없으며, 그 실체를 학문적으로 이해하기 위해서는 '방법론적 추상(抽象)'을 통해서 일단 '구조'와 '과정'을 나누어 볼 필요가 있다.

어떤 역사적 사상(事象)의 구조와 과정을 나누어 볼 경우, 구조에 대한 이해가 과정에 대한 이해보다 앞서야 한다.[4] 구조의 변화를 통해 이해되지 않는 과정이란 무의미한 시간의 흐름에 지나지 않기 때문이다. 구조를 파악하는 데 효과적인 방법은 공시적 고찰이므로, 근대 이전 우리나라의 신분 제도를 "복합체의 일부이자 연속적인 과정"으로 온전하게 파악하기 위해서도 일단은 어느 시점에 집중하

---

3) "복합체의 일부이자 연속적인 과정"이라는 표현은 모시스 핀리(M. I. Finley) / 송문현 옮김, 『고대 노예제도와 모던 이데올로기(*Ancient Slavery and Modern Ideology*)』(서울: 민음사, 1998), 98쪽에서 서양 고대의 노예제를 가리켜 쓴 것이다.

4) 존재론적 차원에서는 구조가 먼저냐 과정이 먼저냐 하는 문제를 끝내 해결할 수 없을 것이다. 다만 연구 전략상으로는 구조에 대한 이해를 앞세우는 것이 좋다.

여 그 구조와 내용을 살펴볼 필요가 있다. 이 책에서는 그러한 급선무를 해결하는 것을 목표로 삼고, 통시적 고찰은 다른 기회로 미루고자 한다.

어느 시점에 집중할 것인지는 결국 선택의 문제인데, 연구의 의미를 어떻게 부여하고 목적을 어떻게 설정하느냐에 따라 적절한 시점이 달라질 것이다. 이 책에서는 ≪경국대전≫을 중심으로 짜인 신분 제도가 우리나라 전근대 사회의 신분 제도 전반에 대하여 일종의 '대표성'을 띤다고 보아서, 이른바 '≪경국대전≫ 체제'가 완성되었으면서도 변형을 겪지 않은 시점을 연구 대상 시기로 잡았다.

≪경국대전≫ 체제의 대표성은 크게 두 가지 측면에서 말할 수 있다.

먼저, 일반적인 법원사(法源史)에서 ≪경국대전≫은 근대 이전 우리나라 법전의 모범이자 전형(典型)으로 파악할 수 있다.[5] 고려 이전 시기의 법들은 온전히 성문화된 형태로 남아 있지 않으며, ≪경국대전≫ 이후의 법전들은 모두 그것을 모범으로 삼았다. 그런 만큼 ≪경국대전≫은 신분사에서도 하나의 정제(整齊)된 전형으로서의 연구 가치를 지닌다.

또한, ≪경국대전≫은 현재와 가장 가까운 전근대 시기인 조선시대의 국가 · 사회 운영의 기본 방침을 담은 것으로서, 현대에 유산을 남긴 전통적 사회 의식의 제도적 원형을 담고 있을 가능성이 많다. 조선 초기에 시도되었던 다양한 제도 구상은 결국 ≪경국대전≫으로 수렴되었으며, 그 이후의 제도 변용과 사회적 사실의 전개는

---

5) ≪경국대전≫이 우리나라 법원사(法源史)에서 차지하는 위치에 대해서는 박병호, 『한국법제사고』(서울: 법문사, 1974), 419~421쪽; 윤국일, 『경국대전 연구』(평양: 과학, 백과사전출판사, 1986 / 서울: 신서원, 1990 영인), 162~168쪽 참고.

≪경국대전≫을 중심으로 짜인 체제에 바탕을 두었고, 그 큰 줄기
는 '전근대'가 끝날 때까지 혁명적 변화를 겪지 않았다.

이러한 점들을 고려하면, 이 책에 담긴 연구 결과는 적어도 조선
시대의 신분 제도 전반을 이해하는 데 하나의 실마리가 될 수 있을
것이다.

2. 기존 연구 개관

이 책의 주제와 밀접하게 관련된 조선 초기(15세기)의 신분 현상
에 대한 기존 학계의 연구 성과는 매우 많다. 일반 역사학, 사회사
학, 법사학 분야에 걸쳐서 신분의 개념, 신분 범주 구분 내지 신분
구조, 여러 신분 집단들의 존재 및 동향, 세세한 신분 차별 제도의
내용 등에 대한 연구 성과들이 일일이 찾아보기 어려울 만큼 많이
나와 있다. 각 분야의 수많은 성과들을 좁은 지면에서 꼼꼼히 검토
하기는 사실상 불가능하므로, 최대한 압축해서 보겠다.

〈법사학계〉

법사학계의 신분에 대한 논의는 상대적으로 적은 편이어서 구병
삭, 김재문, 연정열, 박병호, 이정규, 최종고 등의 책이나 글을 주요
한 연구 성과로 꼽을 수 있다. 앞의 세 사람은 노비 문제를 집중적
으로 다루었고, 뒤의 세 사람은 법제사나 법사상사 전반에 대한 논
의 가운데 조선시대의 신분 제도 일반에 대해 언급하였다.

구병삭은 15세기를 대상 시기로 잡아 노비의 존재 양상, 노비와

관련된 법적 제도나 조치의 배경과 내용 등을 살핀 다음 우리나라와 중국 및 일본의 노비 법제를 비교하였다.6) 김재문은 조선시대 전 시기에 걸쳐 노비의 발생 원인, 재산법·가족법·소송법·공법상 권리·의무의 주체 및 객체로서의 노비의 지위, 노비의 세습과 해방에 대한 법적 규제의 내용과 배경 사상, 신분 제도에 대한 노비의 저항 등에 대해 논의하였다.7) 연정열은 조선 건국에서부터 ≪경국대전≫ 완성에 이르기까지의 시기를 대상으로 노비 관련 법제도 전반에 대해 살폈으며, 특히 노비에 대한 형률(刑律) 규정과 노비 관련 소송에 대해 논의하였다.8)

박병호는 조선시대의 신분 구분, 각 신분 집단의 규범적 성격(자유인·부자유인 따위), 신분적 차별 제도에 대해 논의하였는데, 특히 노비에 대해서는 그 재물성과 법적 능력에 대해 비교적 자세히 언급하였다.9) 이정규는 법령으로 규정된 양도할 수도 없고 포기할 수도 없는 권리·의무를 갖는 개인들의 집단을 신분으로 보고 우리나라 전근대 역사시대 전반에 걸쳐 신분법제를 논의하면서 조선시대의 신분 구분에 대해서도 언급하였다.10) 최종고는 성리학의 차별적 인간관에 대한 논의에서 시작하여 조선시대 신분 제도의 유교윤리적 배경을 밝히고 신분 구분 관계까지 언급하였다.11)

---

6) 구병삭, 『한국 사회법제사 특수연구』(서울: 동아출판사, 1968). 그 연구의 의의에 대해서는 같은 책 5~6쪽의 「심사요지」참고.

7) 김재문, 「조선 왕조의 노비에 관한 법제와 사상의 변천에 관한 고찰」(서울: 동국대학교 석사학위논문, 1979).

8) 연정열, 「조선초기 노비법제고」(서울: 경희대학교 박사학위논문, 1982).

9) 박병호, 『한국법제사』(서울: 한국방송통신대학 출판부, 1986), 103~105쪽.

10) 이정규, 『한국법제사』(서울: 국학자료원, 1996), 181~232쪽, 특히 183~184쪽 및 213~226쪽 참고.

11) 최종고, 『한국법사상사』전정신판(서울: 서울대학교 출판부, 2001), 98~103쪽.

법학자들의 신분에 대한 논의에서 이 책의 주제와 관련하여 참고할 만한 중요한 논점은 신분 제도를 권리·의무에 대한 사람의 '주체성 및 객체성'의 문제나 사람의 '규범적 속성'의 문제, 또는 좁게 '법적 능력'의 문제로 해체하여 이해할 수 있다는 것이다.

〈일반 역사학계와 사회사학계〉

일반 역사학이나 사회사학 분야의 조선 초기 신분 제도에 대한 연구는 다양한 범위와 측면에 걸쳐 이루어져 왔고 축적된 성과도 매우 많다. 그 전반적인 동향과 성과에 대해서는 이미 그것을 중간 점검하고 비판한 글들이 여럿 나와 있으므로,12) 거기에서 다루어진

---

12) 한영우, 「조선 초기 신분·계층 연구의 현황과 문제점」, 『사회과학논평』 창간호(서울: 한국사회과학연구협의회, 1982), 81~109쪽; 한영우, 「조선 전기 연구의 제(諸) 문제」, 역사학회 편, 『현대 한국 역사학의 동향』(서울: 일조각, 1982), 71~88쪽; 유승원, 『조선 초기 신분제 연구』(서울: 을유문화사, 1987), 8~9쪽 및 14~37쪽; 김인걸, 「조선 후기 신분사 연구 현황」, 근대사연구회, 『조선 중세 사회 해체기의 제(諸) 문제(하)―경제·사회편』(서울: 한울, 1987), 331~376쪽; 김필동, 「신분 이론 구성을 위한 예비적 고찰」, 김채윤 회갑기념 『사회계층』(서울: 다산출판사, 1991), 448~454쪽; 정두희, 「조선 전기 지배세력의 형성과 변천」, 주보돈 등, 『한국사회발전사론』(서울: 일조각, 1992), 97~107쪽; 이범직, 「신분의 구분」, 『한국사』 25(과천: 국사편찬위원회, 1994), 43~55쪽; 지승종, 「조선 전기 사회사 연구의 동향」, 『한국사론』 24(과천: 국사편찬위원회, 1994), 130~133쪽 및 145~171쪽; 지승종, 「전통사회와 사회사연구」, 『한국학보』 제80집(서울: 일지사, 1995), 36~40쪽 및 51~80쪽; 권영국, 「신분구조와 직역」, 한국역사연구회 엮음, 『한국역사입문②―중세편』(서울: 풀빛, 1995), 209~225쪽; 한희숙, 「양천제와 신분구조 변동」, 한국역사연구회 엮음, 『한국역사입문②―중세편』(서울: 풀빛, 1995), 489~505쪽; 지승종, 「신분사 연구의 쟁점과 과제」, 한국사회사학회 편, 『사회와 역사』 혁신호 / 통권 제51집(서울: 문학과지성사, 1997), 267~284쪽; 이범직, 「신분제론」, 김용섭 정년기념 『한국사 인식과 역사이론』(서울: 지식산업사, 1997), 357~383쪽 참고.

것을 자세히 되풀이할 필요는 없을 것이다. 신분 제도 이해의 방법을 정립하는 데 참고하기 위해서는 신분의 개념을 어떻게 파악하고 전체적으로 신분 범주를 어떻게 나누었는지를 중심으로 요약해서 보는 것이 좋겠다.

조선시대의 신분·계층 문제가 지나간 시대의 역사로서 학자의 연구 대상에 오른 것은 일제시대부터라고 한다.[13] 그 때부터 1970년대까지 학계에서는 대체로 조선시대의 신분 구조를 크게 3개(양반, 양인, 노비)나 4개(양반, 중인, 양인, 노비)의 범주로 나누어 파악하고 각 신분은 기본적으로 세습되며 신분간의 경계도 상당히 폐쇄적인 것으로 보았다.[14]

1970년대부터는 이러한 '통설'에 대한 비판이 이루어지기 시작하였는데, 먼저 1970년대 전반부터 송준호, 한영우, 와그너(Edward E. Wagner), 최영호, 이범직 등이 특히 양반의 세습성이나 양반과 양인 사이의 폐쇄성에 대하여 이의를 제기하는 내용의 글을 내놓았고, 1970년대 후반에는 한영우가 기왕의 통설에 정면으로 이의를 제기하면서 '세습(귀속)신분 양·천 2분설'을 제시하였다.[15] 한 편으로, 통설의 기본적 내용을 그대로 유지한 연구도 주로 이성무에 의하여 계속 이루어졌다.[16]

그리하여 1980년대 전반에는 조선 초기의 신분 구조를 둘러싸고 이성무(4신분설), 한영우(2신분설), 송준호(3계급설) 세 사람 사이에 논쟁이 벌어졌고,[17] 그 과정에서 '신분', '계급', '계층' 따위의 용어

---

13) 한영우, 「조선 전기 연구의 제(諸) 문제」, 역사학회 편, 『현대 한국 역사학의 동향』(서울: 일조각, 1982), 71쪽.
14) 김필동, 「신분 이론 구성을 위한 예비적 고찰」, 김채윤 회갑기념 『사회계층』(서울: 다산출판사, 1991), 448~449쪽.
15) 한영우, 위의 글, 81~85쪽; 김필동, 위의 글, 449쪽 참고.
16) 한영우, 위의 글, 85~86쪽; 김필동, 위의 글, 450쪽 참고.

를 어떻게 가려서 쓸 것인지를 비롯한 방법론상의 문제가 떠올랐다.[18] 그러한 방법론상의 요구에 부응하듯, 1980년대 중엽에는 유승원이 '신분'과 '계층'을 대비하여 신분의 개념을 정의하고 조선 초기 신분의 '양·천 2분법적 구분'과 '양인의 신분적 제일성(齊一性)'을 주장한 글을 내놓았다.[19]

그 뒤 지금까지 일반 역사학계의 조선 초기 신분제의 전체적 모습에 대한 연구는 별다른 진척을 보이지 않고 있다.[20]

1980년대 후반부터 지금까지의 학계 동향에서 주목할 만한 것은 사회학자인 지승종과 김필동의 신분 개념 정립, 신분 구조 파악, 구체적 신분 범주 판별 따위를 위한 방법론에 대한 논의이다. 지승종은 개별 신분 범주의 결정 요인에 대한 탐색과 당시 사람들의 신분

---

17) 이성무, 『조선 초기 양반 연구』(서울: 일조각, 1980); 한영우, 「조선 초기 신분·계층 연구의 현황과 문제점」(이성무의 『조선 초기 양반 연구』에 대한 서평), 『사회과학논평』 창간호(서울: 한국사회과학연구협의회, 1982), 81~109쪽; 송준호, 「조선양반고」, 『조선사회사연구』(서울: 일조각, 1987), 165~259쪽 / 본디 『한국사학』 제4집(성남: 한국정신문화연구원, 1983)에 실림; 이성무, 「조선 초기 신분사 연구의 재검토」, 『역사학보』 제102집 (서울: 역사학회, 1984), 205~233쪽; 한영우, 「조선 초기 사회계층 연구에 대한 재론」, 『한국사론』 12(서울: 서울대학교 국사학과, 1985), 305~358쪽 참고.

18) 한영우, 「조선 초기 사회계층 연구에 대한 재론」, 306쪽 참고.

19) 유승원, 『조선 초기 신분제 연구』(서울: 을유문화사, 1987), 1~174쪽(제1부), 특히 6~108쪽 참고.

20) 일반 역사학계의 근래 동향을 엿볼 수 있는 자료로는 이범직, 「조선 전기의 신분제」, 강만길 등 편, 『한국사』 7(서울: 한길사, 1994), 311~333쪽; 김성우, 「한국 중세 사회의 계급과 신분」, 강만길 등 편, 『한국사』 24(서울: 한길사, 1994), 223~273쪽, 특히 225~244쪽; 이존희, 「양반 관료 국가의 특성」, 『한국사』 23(과천: 국사편찬위원회, 1994), 13~54쪽, 특히 45~54쪽; 이범직, 「신분의 구분」, 『한국사』 25(과천: 국사편찬위원회, 1994), 34~55쪽, 특히 44~55쪽 참고.

인식에 대한 이해를 통하여 신분 개념을 정립하기 위한 노력을 계속하는 한편, 조선시대 전·후기의 신분 구조에 대해서도 그것을 이해하기 위한 방법론을 모색하면서 양·천 딜 반(班)·상(常)의 이원적 대립 구조와 그 변화를 통한 설명 방안을 내놓고 있다.[21] 김필동도 조선시대 신분제를 설명하기 위한 그 나름의 이론적 구상을 밝힌 다음 조선시대 신분제의 구조와 변동에 대한 해명을 시도하였다.[22]

〈주요 논점〉

위에서 훑어본 일반 역사학계와 사회사학계의 흐름을 조금 더 자세히 되짚어 보면, 용어 사용, 신분 개념 규정, 신분 범주 구분이나 신분 구조 파악의 방법과 내용 따위에서 의미 있는 변화와 발전이 이루어졌음을 알 수 있다. 아울러, 아직도 정리되어야 할 부분이 적잖이 남아 있음도 알 수 있다.

먼저, 전근대 사회의 집단적 유별(類別) 및 서열적 층화(層化) 현상을 설명하기 위한 기본적인 용어를 보건, 학자에 따라 '(사회)신

---

21) 지승종, 「신분 개념 정립을 위한 시론」, 한국사회사연구회, 『한국 고·중세 사회의 구조와 변동』(서울: 문학과지성사, 1988), 58~90쪽; 「신분 개념과 신분구조」, 김채윤 회갑기념 『사회계층』(서울: 다산출판사, 1991), 466~484쪽; 「신분 구조의 변화」, 신용하 등 엮음, 『한국사회사의 이해』(서울: 문학과지성사, 1995), 173~202쪽; 「신분사 연구의 쟁점과 과제」, 한국사회사학회 편, 『사회와 역사』 혁신호 / 통권 제51집(서울: 문학과지성사, 1997), 267~284쪽; 「조선전기 신분구조와 신분인식: 양성지(梁誠之)·이이(李珥)의 신분인식을 중심으로」, 지승종 등, 『사회사 연구의 이론과 실제』(성남: 한국정신문화연구원, 1998), 1~48쪽; 「조선시대 신분과 양반의 개념」, 『한국사회사연구』(서울: 나남출판, 2003), 17~43쪽 참고.

22) 김필동, 「신분 이론 구성을 위한 예비적 고찰」, 김채윤 회갑기념 『사회계층』(서울: 다산출판사, 1991), 447~465쪽, 특히 454~463쪽; 김필동, 『차별과 연대』(서울: 문학과지성사, 1999), 19~88쪽 참고.

분’, ‘(사회)계급’, ‘(사회)계층’ 가운데 한 가지만을 쓰거나 두세 가지를 섞어 써 왔다.[23] 주로 ‘신분’이라는 말을 쓰면서 그 구분 관계에 대해서는 ‘신분계급’이나 ‘신분(계)층’이라는 말을 써서 설명한 경우도 있었고,[24] “사회신분층(계급)”(원문 그대로—인용자)이라는 표현을 쓴 경우까지 있었다.[25] 세 가지 기본 용어가 등장한 차례는 ‘계급’, ‘신분’, ‘계층’의 순서인 듯하다.[26]

그 가운데 특히 ‘계급’이라는 말은 쓰이는 맥락에 따라 서로 다른 두 가지 의미를 띤다. 그 하나는 사회학 용어로서 ‘계층’과 비슷하게 또는 마찬가지로 막연히 서열적으로 구분되는 인간 집단을 가리키는 것이고,[27] 또 하나는 정치경제학 용어로서 생산 관계 속의 위치에 따라 구별되는 인간 집단을 가리키는 것이다. 먼저의 쓰임새는 일찍이 1920년대에 나타나서 1980년대 한영우와 송준호의 글에까지 간간이 이어진다.[28] 나중의 쓰임새는 1940년대에 나타나서 잠

---

23) ‘사회신분’이라는 말을 쓴 예는 국사편찬위원회 편, 『한국사』 10(서울: 국사편찬위원회, 1974), 209쪽(한우근 집필 부분); 『한국사』 23(과천: 국사편찬위원회, 1994), 45쪽(이존희 집필 부분) 참고.

24) ‘신분계급’이라는 말을 쓴 예는 四方博, 「李朝人口に關する身分階級別的觀察」, 京城帝國大學 法學會, 『朝鮮經濟の研究』 第三(東京: 岩波書店, 昭和十三年[1938]), 5쪽 이하; 이상백 저 / 진단학회 편, 『한국사(근세전기편)』(서울: 을유문화사, 1962), 303쪽, ‘신분계층’이라는 말을 쓴 예는 한우근, 「한국 사회계층의 근대화 과정」, 『사상계』 제8권 제10호(서울: 사상계사, 단기 4293년[1960]), 231쪽 이하 참고.

25) 국사편찬위원회 편, 『한국사』 10(서울: 국사편찬위원회, 1974), 214쪽(한우근 집필 부분) 참고.

26) 각 용어가 처음 쓰인 예는 田中德太郎, 「朝鮮の社會階級」, 『朝鮮』 大正十年 三月號(京城: 朝鮮總督府, 大正十年[1921]), 53쪽; 四方博, 위의 글, 5쪽; 고재국, 「양반제도론」, 『학풍(學風)』 통권 13호(서울: 을유문화사, 1950), 62쪽 참고.

27) 이 경우에는 종종 ‘사회계급’이라고 표현한다.

28) 첫 예는 田中德太郎, 위의 글, 53~63쪽 참고.

시 보이다가 1950년대부터 1970년대까지에는 좀처럼 보이지 않더니 1980년대 이후에 다시 나타나서 지금까지 이어진다.[29]

'계급'은 먼저의 쓰임새(사회학 용어)로는 '계층'이나 '신분'과 뚜렷한 구별 없이 섞여 나타난 경우가 많지만, 나중의 쓰임새(정치경제학 용어)로는 그 맥락이나 의미가 뚜렷이 구별된다. 사회학 용어로서의 '계급'은 간혹 '신분'이라는 말로 대체되기도 하였고 '신분'과 구별되면서 그대로 쓰이기도 하였는데,[30] 아무튼 그 쓰임이 점점 줄어든 듯하다. 그 줄어든 자리는 '신분'이 대신 메운 것 같다.

'신분', '계급', '계층' 사이의 맥락별 쓰임새의 차이는 처음에는 거의 보이지 않았다. 그러다가 점점 사회 현상의 사회적 · 실물적(實物的) 측면을 문제삼을 때에는 '계급'이나 '계층'을 쓰고 규범적 · 제도적 측면을 문제삼을 때에는 '신분'을 쓰는 경향이 나타났다.[31]

---

29) 첫 예는 김석형, 「이조 초기 국역(國役) 편성의 기저(基柢)」, 『진단학보(震檀學報)』 제14권(서울[京城]: 진단학회, 昭和十六年[1941]), 10쪽, 최근의 예는 김성우, 「한국 중세 사회의 계급과 신분」, 강만길 등 편, 『한국사』 24(서울: 한길사, 1994), 223쪽 이하 참고.

30) 대체된 예는 이병도, 『국사대관』 수정 8판(서울: 백영사, 단기 4286년[1953]), 322쪽 및 그 신수판(新修版)(서울: 보문각, 단기 4288년[1955]), 363쪽, 구별되면서 함께 쓰인 예는 한영우, 『조선시대 신분사 연구』(서울: 집문당, 1997), 11쪽 / 본디 1977년 제8회 동양학 학술회의에서 「조선 전기의 사회계층과 사회이동에 관한 시론」으로 발표, 『동양학』 제8집(서울: 단국대학교 동양학연구소, 1978)에 실림; 한영우, 「조선 초기 사회계층 연구에 대한 재론」, 『한국사론』 12(서울: 서울대학교 국사학과, 1985), 306쪽 참고.

31) 그 뚜렷한 예로서, '법제적인 측면'에 관심을 기울인 한영우는 '신분'을 주로 하면서 '계급'과 '계층'을 더불어 썼고(세 낱말 사이의 구별 가능성을 전제함), '법제'와 '사회적인 실제'를 모두 고려한 이성무는 '신분'을 주로 하면서 '사회계층', '신분층' 따위를 더불어 썼으며(의식적으로 구별하려는 모습은 보이지 않으나 은연중에 구별하는 듯함), '사람들로 이루어진 사회의 성층(成層)'에 관심을 기울인 송준호는 '계급'을 주로 하고 '계층'을 더불어 썼다('신분'은 의식적으로 쓰지 않는 듯함).

1980년대 후반 이후 유승원, 지승종, 김필동 등의 글에 와서는 세 낱말의 개념을 의식적으로 구별하여 쓰게 되었다. 그러나 1990년대 에도 '신분'을 '계급'의 부분 범주나 하위 범주로 취급한 듯한 용례 가 나타난다.[32]

다음으로, 신분 개념을 어떻게 규정해 왔는지를 보면, 1980년대 전반까지는 "대부분의 연구자들이 신분의 개념을 정의하지 않은 채 자명한 것으로 사용하고 있어서 신분 개념의 정립 및 나아가 신분 이론의 정립과 발전에 별다른 도움을 주지 못하고 있다"고 할 수 있고,[33] 그 이후에는 유승원, 지승종, 김필동 등이 나름대로 신분의 개념을 규정하거나 그렇게 하기 위한 노력을 하고 있다. 1980년대 이전에 신분 개념 규정을 시도한 예는 1960년대의 한우근이 유일한 듯한데,[34] 이성무가 그것을 끌어다 쓴 바 있다.[35] 한우근, 유승원, 지승종, 김필동이 각각 제시한 신분 개념의 구체적 내용은 제2장에 서 따로 소개하고 검토하겠다.

기존 학계의 신분 개념 규정과 관련하여 특별히 눈에 띄는 점은 그것을 법제적(규범적·제도적) 차원과 사회(의식)적 차원 양쪽에 걸쳐서 규정하려는 경향과 오로지 법제적 차원에서만 규정하려는 경향이 대립하고 있다는 것이다.[36] 1950년대의 김석형을 비롯해서

---

32) 『한국사』 23(과천: 국사편찬위원회, 1994), 45쪽(이존희 집필 부분)에서 "사회신분이란 전근대사회 특유의 사회집단을 가리키는 개념으로서 개 인의 사회적 지위 또는 계급을 의미한다"고 하였다.

33) 지승종, 「신분 개념 정립을 위한 시론」, 한국사회사연구회, 『한국 고· 중세 사회의 구조와 변동』(서울: 문학과지성사, 1988), 58쪽.

34) 한우근, 「한국 사회계층의 근대화 과정」, 『사상계』 제8권 제10호(서울: 사 상계사, 단기 4293년[1960]), 229쪽 참고.

35) 이성무, 『조선 초기 양반 연구』(서울: 일조각, 1980), 4쪽 참고.

36) 법제에 크게 관심을 기울이지 않고 주로 사회적 사실에 관심을 쏟는 사 람들은 '신분'이라는 말을 꺼리거나 그 개념에 주의를 하지 않고 쓰는

이성무, 지승종, 김필동 등은 먼저의 경향에 속하고,[37) 한영우와 유승원은 나중의 경향에 속한다.

마지막으로, 신분 범주를 어떻게 나누고 신분 구조를 어떻게 파악해 왔는지를 보면, 대개 법제적인 신분 개념에 기댄 사람들은 양인·천인의 뚜렷한 구분 및 법제상 범위가 뚜렷한 특권적 신분의 부재를 강조하였고, 이원적인 신분 개념에 기댄 사람들은 법제적 차원에서 양인·천인 구분을 인정하면서도 사회적 차원에서 특권 지배층 및 중간층의 존재를 강조하였다. 특정한 신분 개념을 전제하지 않고 신분 구조를 설명한 사람들은 별다른 기준 없이 크게 몇 개의 범주를 제시한 다음 경우에 따라 그것을 좀 더 잘게 나누었다.

특정한 신분 개념을 전제하지 않거나 이원적인 신분 개념을 전제한 사람들은, 지승종과 김필동 말고는, 대개 당시의 집단 지칭을 빌려 사회 구성원들을 서열적·양적(量的)으로 나눈 다음 그것을 뭉뚱그려 신분 구조로 제시한 듯하다. 지승종과 김필동은 각각의 신분 범주를 안으로 묶고 밖으로 그것들 사이를 가르는 금이 질적으로 여러 가지라는 점에 주목하여 신분 범주들을 나누고 신분 구조의 전체상을 제시하였다. 한영우와 유승원이 신분 범주 구분의 기준을 법제의 내용에서 찾았음은 더 말할 나위가 없다.

경향이 있다. 그 대표적인 예가 송준호이다.

37) 이원적인 신분 개념을 들고나온 첫 예는 김석형, 『조선 봉건시대 농민의 계급 구성 / 양반론(兩班論)』(서울: 신서원, 1993 재편집 / 첫 출간은 각각 북한 과학원출판사, 1957 및 『역사논문집』 제3집, 1959), 19쪽 참고.

3. 논의 방향과 방법

신분 제도는 사람들을 여러 부류로 나누어 차별하는 제도이므로, 신분 제도 연구의 본령은 신분 범주들이 어떻게 나뉘었는지를 밝히고 신분적 차별의 내용을 살피는 것이다. 그런데, 기존 학계의 흐름에서 보면, 처음에는 신분 범주 구분 내지 신분 구조의 문제가 주로 논의되다가 연구가 심화됨에 따라 용어나 개념 따위의 기본적인 방법론상의 문제들이 떠올랐고 그런 문제들에 대한 논의는 아직도 계속되고 있다. 그런 사실에서 엿보아 알 수 있는 것은 기본적인 용어나 개념의 문제가 해결되지 않고서는 본격적인 주제에 대한 체계적이고 깊이 있는 논의가 이루어질 수 없다는 점이다.

그런 점에 주목하여, 이 책에서는 먼저 신분, 계급, 계층 따위의 용어를 구별하여 신분의 개념을 나름대로 정립하고(제2장) 그 다음에 ≪경국대전≫에 직접 담기거나 그에 전제되거나 거기서 논리적으로 끌어낼 수 있는 신분 제도의 틀과 내용을 살펴보기로 한다(제3~5장).

그런데, 신분 개념을 정립한 다음 구체적 논의에 들어가기에 앞서 두 가지 정도를 미리 밝혀두는 것이 좋다고 생각된다. 그 하나는 일반적인 신분 제도의 구조와 역사적 성격이다. 신분 제도의 본질은 신분 개념을 정립하는 과정에서 논의될 것이나, 그것이 대개 어떻게 짜이며 어떠한 역사적 성격을 띠는지는 따로 밝혀둘 필요가 있을 것이다. 또 하나는 ≪경국대전≫ 체제의 신분 제도가 갖는 특징적 면모이다. 다른 나라나 다른 시기의 신분 제도에 견주어 ≪경국대전≫ 체제의 그것이 갖는 특징적인 면을 미리 밝혀 두면, 그 내용에 대한 논의를 그러지 않을 경우보다 더 또렷하고 매끄럽게 이끌어갈 수 있을 것이다. 이런 두 가지 사항에 대한 논의는 기본적인 용어 및 개념에 대한 논의 바로 다음에 하기로 하겠다(제2장).

≪경국대전≫ 체제의 신분 제도에 대한 논의는 추상적으로 크게 신분 범주 구분 관계를 살피는 것과 신분적 차별의 내용을 살피는 것으로 나눌 수 있을 것인데, 이 책에서는 두 가지를 아울러 신분 범주 구분의 틀에 맞추어 서술하기로 한다. 그 이유는 신분 제도의 핵심적인 틀이 신분 구분 장치이기 때문이다. 신분적 차별의 내용은 저마다 구분된 신분 집단들이 어떤 대우를 받게 되어 있었는지를 살펴보면 자연스럽게 설명될 것이다.

신분 제도는 반드시 신분 구분 장치와 신분적 차별 장치를 포함하게 되는데, 둘 가운데 전자는 독립적이고 후자는 종속적이다. 사람들이 신분에 따라 구분되고 나서야 차별 기제가 작동할 수 있다. 또한 신분 범주의 구분은 사람들의 규범적 속성의 차이를 전제로 삼으므로 이미 신분적 차별을 예정해 놓고 있다. 그러므로 신분 범주가 어떻게 구분되는지에 따라 서술의 틀을 짜고 거기에 맞추어 신분 범주 구분의 원리와 신분적 차별의 내용을 설명하면 신분 제도의 핵심적 내용을 포괄할 수 있을 것이다.

그런데, 결론적으로 보아 ≪경국대전≫ 체제에서는 임금과 인민, 중과 속인(俗人), 양인과 천인 따위의 '거대 범주' 구분과 양인층 내부에서의 '하위 범주' 구분은 서로 다른 형태로 이루어졌다. 거대 범주 구분은 서로 중복됨이 없이 순차적 · 단계적으로 이루어진 것으로 볼 수 있으나, 양인층 내부의 하위 범주 구분은 서로 중복될 수도 있고 또 각 하위 범주에 속한 사람들은 기본적으로 양인으로서의 속성을 띠면서 그 위에 덧붙여 특별한 특권이나 의무를 갖는 것으로 볼 수 있다. 그러한 차이를 부각시키기 위하여, 사회 전체적 규모의 거대 범주 구분 관계와 양인층 내부에서의 하위 범주 구분 관계는 따로 장을 나누어서 보기로 한다. 그 구분의 논리적 순서에 따라 거대 범주 구분 관계를 먼저 살피고(제3장) 하위 범주 구분 관계를 나중에 살피기로 한다. 그런데, 양인층 내부의 하위 범주 구분은 일관된 논리에 따라 한 가지 차원에서 이루어진 것이 아니라 크게 두 가지 차원에서 서로 다른 논리에 따라 이루어졌다. 그 한 가지는 임금과의 사사로운 관계, 산계(散階)의 보유 여부, 신역의 고정 여부 따위에 따라 귀족, 관인, 평민, 신역 고정자 따위의 하위 범주로 나뉘고 그 각 하위 범주 안에서 다시 임금과의 사사로운 관계의 종류, 산계의 종류, 고정된 신역의 종류 따위에 따라 더 작은 범주로 나뉘는 것이며, 다른 한 가지는 이른바 '적(嫡)·서(庶) 분별'에 따라 적출(嫡出)과 서얼(庶孽)로 나뉘는 것이다. 이 두 가지 차원의 구분은 서로 전혀 다른 논리에 근거하여 아무런 영향을 주고받지 않으면서 이루어진 것이므로 따로 갈라서 다루는 것이 마땅하다. 서술하기 편한 대로, 전자를 먼저 다루고(제4장) 후자를 나중에 다루기로 한다(제5장).

신분적 차별의 핵심적 내용은 법학자들의 논의에서 배울 수 있듯이 각 신분 범주에 속한 사람들의 규범적 속성이나 법적 능력의 차이로 설명할 수 있다. 그러나 조금 더 자세히 보면 그렇게 설명하기에 알맞지 않은 신분적 차별 장치들이 있었다. 그 본보기로, ≪경국대전≫에 따르면 집터·무덤의 넓이나 각종 복식(服飾)도 신분에 따라 차등을 두도록 되어 있었는데, 그런 차별은 규범적 속성이나 법적 능력의 차이로 설명하기 어렵다. 그러므로, 거대 범주 구분의 틀 속에서는 각 범주에 속한 사람들의 규범적 속성의 차이를 중심으로 고찰하고(제3장) 양인층 내부의 작은 범주 구분의 틀 속에서는 구체적 차별 규정들의 내용을 중심으로 고찰하기로 한다(제4장, 제5장).

위에서 제시한 방향과 틀에 따라 구체적 논의를 진행하려면 사료

(史料)의 제약을 극복할 수 있는 특별한 방안이 마련되어야 한다. ≪경국대전≫에는 신분 제도 자체나 그 중심 내용이 쉽게 드러나지 않을 뿐만 아니라 '신분'이나 그에 비길 만한 말조차 나오지 않기 때문이다. 당시의 신분 제도나 그 중심 내용은 잘 정리된 성문(成文)의 형태로 존재한 것이 아니다. 그러므로 그것을 이제 와서 문자로 되살려내려면 크게 두 가지의 이론적 가정을 하지 않을 수 없다.

먼저, 신분 제도 자체의 큰 틀은 '관습'이나 '관습법'의 영역에 존재하면서 ≪경국대전≫의 바탕으로서 전제되어 있었다고 보아야 한다. ≪경국대전≫에는 '중(僧人)', '양인', '천인', '종친(宗親)', '공신(功臣)', '사족(士族)', '서얼', '향리' 따위의 말이 나오며 그렇게 불리는 사람들이 어떻게 행동해야 하고 그들을 어떻게 대우해야 하는지에 대한 규제 내용이 실려 있는데, 그 말들은 이론적으로 보자면 어떤 신분 집단이나 거기에 드는 사람들을 가리키는 말이다. 사람들을 그렇게 가르는 기준에 대한 규정은 없다. 그러므로 신분 제도의 큰 틀이나 범주 구분 장치는 '관습'이나 '관습법'의 영역에 존재하였고 ≪경국대전≫에는 신분적 차별 장치 가운데 핵심적인 일부분만 규정되어 있었다고 보아야 한다.

다음으로, ≪경국대전≫에 실린 규범들은 거기서 명시적으로 원용(援用)한 ≪대명률(大明律)≫ 따위뿐만 아니라 거기에 실리지 않은 다른 여러 성문·불문(不文)의 규범들과 함께 하나의 일관된 체계를 이루고 있었다고 보아야 한다.[38] ≪경국대전≫의 규정들이 당

---

[38] ≪대명률≫은 꼭 원래의 내용대로 적용·집행되지는 않았는데, 그 수용·적용의 일반적인 모습에 대해서는 박병호, 『한국법제사고』(서울: 법문사, 1974), 415~418쪽; 박병호, 「조선 초기 법제정과 사회상」, 『국사관논총』 제80집(과천: 국사편찬위원회, 1998), 1~36쪽; 조지만, 「조선 초기 ≪대명률≫의 수용 과정」, 한국법사학회 편, 『법사학연구』 제20호(서울: 민속원, 1999), 5~28쪽 참고. 또한 ≪경국대전≫에서는 ≪대명률≫뿐만 아니

시 조선 사회를 규제하던 법규범의 전부일 수 없으며 또한 하나의 단위 사회(국가) 안에 동시에 존재하는 여러 규범들이 서로 모순·저촉할 경우에는 어떤 식으로든 그 모순을 해결하는 장치가 있었을 것이기 때문이다. 그 가운데 ≪경국대전≫이 당시의 규범 체계를 전체적으로 조율·제어하는 중심 구실을 하였을 것임은 물론이며, 따라서 그 규범 체계를 '≪경국대전≫ 체제'라고 일컬을 수 있을 것이다.

이 책에서는 위와 같은 가정을 잠정적인 '사실'로 간주하고 ≪경국대전≫ 체제의 신분 제도를 체계적으로 재구성하는 방식을 취하기로 하겠다. 일단 ≪경국대전≫과 ≪대명률≫에 규정된 내용을 재구성의 주된 소재로 삼고, 그것으로 모자라는 부분은 주로 ≪조선왕조실록≫에 보이는 사실 및 규범으로부터의 추론으로 보충하기로 한다. ≪조선왕조실록≫기사를 인용하는 범위는 태조~성종 연간으로 넓게 잡기로 하는데, 그 이유는 ≪경국대전≫에는 실려 있지 않지만 그 전후로 계속 존재했던 것으로 여겨지는 규범들이 태조~성종 연간의 기사에 종종 보이기 때문이다.

라 ≪횡간(橫看)≫, ≪공안(貢案)≫, ≪오례의(五禮儀)≫ 따위도 명시적으로 원용하였다. 『대전』, 173쪽, <호전(戶典)> 「경비(經費)」조; 같은 책, 271쪽, <예전(禮典)> 「의주(儀註)」조; 같은 책, 483쪽, <형전(刑典)> 「용률(用律)」조. 그 원용의 내용과 의미에 대해서는 윤국일, 『경국대전 연구』 (평양: 과학, 백과사전출판사, 1986 / 서울: 신서원, 1990 영인), 162~168 쪽 참고.

제2장
예비적 이해

1. 신분, 계급, 계층의 구별

'신분', '계급', '계층'이라는 말로써 가리켜야 하는 대상은 단순한 실체가 아니라 여러 가지 요소를 담은 복잡한 현상이다. 대상 자체가 복잡하면 그것을 가리키는 용어나 개념도 복잡할 수밖에 없다. 그러므로 "'신분'이니 '계급'이니 '계층'이니 하는 용어를 어떻게 가려서 쓸 것인가도 간단한 문제가 아니다".[1]

사회학적 개념에서 계급의 그것만큼 다양하고 복잡한 것은 드물며 서양의 한 학자는 이미 70여 년 전에 32개의 계급 개념을 예시한 바 있다고 하는데,[2] 언뜻 비슷한 대상을 가리키는 듯한 신분이나 계층의 개념도 꼭 한 가지씩으로 규정할 수 없을지도 모른다. 그러나 최소한 그것들을 가려 쓸 필요는 인정해야 할 것이다. 그렇게 하지 않으면 혼동을 일으키거나 대상에 대한 적절한 개념적 이해를 방해할 것이기 때문이다.[3]

여기서 계급이나 계층의 개념 요소를 자세히 논의하는 것은 무리이므로, 신분 개념을 정립하기 위한 예비 작업으로 세 용어의 혼동을 피할 수 있는 최소한의 기준만 잡아보기로 한다. 각 개념에 대한 가장 넓고 일반적인 이해에 주목하고, 그 각각이 특수하게 규정될 수 있는 갖가지 가능성은 자세히 따지지 않겠다는 말이다. 기존 학계의 신분 관계 연구 성과나 현대 사회학의 논의에 보이는 개념

---

1) 한영우, 「조선 초기 사회계층 연구에 대한 재론」, 『한국사론』 12(서울: 서울대학교 국사학과, 1985), 306쪽.

2) 김채윤, 『사회계층이란 무엇인가』(서울: 민음사, 1995), 11쪽.

3) 지승종, 「신분 구조의 변화」, 신용하 등 엮음, 『한국사회사의 이해』(서울: 문학과지성사, 1995), 175쪽 참고.

규정을 빌려서 살펴보겠다.

〈계급과 계층〉

먼저, '계급'에 대해서는 일찍이 1930년대에 김정실이 그 개념을 규정하고 꽤 자세한 설명을 덧붙인 적이 있다.[4] 그가 논의한 바를 요약하면 "지위의 동일에 바탕을 둔 단체로서 공통적이거나 비슷한 사상, 감정, 복장과 관습, 교육 정도, 성질 따위에 의해 결합되고 높낮이에 따라 구획되는 것"을 계급이라고 할 수 있다. 거기에 쓰인 '단체'라는 말은, 요즈음에는 대개 구성원의 범위가 뚜렷하고 체계적으로 조직된 인간 집단을 가리키므로, '집단'으로 바꾸어 이해하는 것이 좋겠다.

오늘날의 사회학에서 계급은 대체로 "동일한, 또는 유사한 사회적 지위를 점유하고 있는 일단의 사람들"이나 "동일한, 또는 유사한 사회적 지위를 점유하고 있는 일단의 사람들을 가리키는, 그리하여 각각 일정한 높이를 지니고 있는 사회 범주"를 가리킨다.[5] 이러한 개념 규정은 김정실의 그것과 더불어 앞에서 말한 '사회학 용어'로서의 계급에 대한 개념 규정의 대표적 예로 보아도 될 것 같다.

'계급'이라는 말의 다른 한 가지 쓰임새는 앞에서 보았듯이 '정치경제학 용어'인데, 그것은 널리 알려진 대로 "생산관계 속에서 차지하는 위치에 따라 나누어지는 사람들의 집단"으로 규정할 수 있다. 사회학자로서 신분 문제를 활발하게 논의해 온 지승종도 "일반적으로 계급은 생산 과정에서의 위치와 관련되며, 생산 수단의 소유 여

---

4) 김정실, 「근세조선의 사회계급」, 『신동아』 제4권 제10호(서울[京城]: 신동아사, 昭和九年[1934]), 54쪽 참고.

5) 김채윤, 『사회계층이란 무엇인가』(서울: 민음사, 1995), 10~11쪽 및 28~29쪽.

부를 기준으로 판별된다"고 하였다.[6]

두 가지 계급 개념의 관계를 보면, 모두 '지위의 동일성이나 유사성'을 핵심 요소로 하지만 사회학에서의 그것은 특정한 측면이나 차원에 한정되지 않는 데 견주어 정치경제학에서의 그것은 경제적 측면이나 차원에 한정된다는 점이 다르다. 그러므로 결국 정치경제학적 계급 개념은 사회학적 계급 개념의 특수 형태나 부분(하위) 범주로 파악할 수 있다.

다음으로, '계층'에 대해서는 1980년대에 유승원이 신분과 대비하여 그 개념의 특징을 언급한 바 있다. 그는 계층이나 계층 체계의 성격을 "구조화된 불평등 체계", "실질적 불평등을 표현"하는 것, "단순히 사회 성층(social stratification)의 한 층위(層位)를 이루는 집단"으로 취급될 수도 있는 것, "현실적(자연적) 집단 체계" 따위로 표현하였다.[7] 지승종도 "현대 사회학에서 사용하고 있는 계층(stratification) 개념은 비역사적(ahistorical) 성격을 지니고 있으며 개념적 한정성도 적다"고 한 바 있다.[8] 그러나 두 사람 다 계층의 개념을 직접 규정하지는 않았다.

현대 사회학에서 계층은 일단 계급과 마찬가지로 "동일한, 또는 유사한 사회적 지위를 점유하고 있는 일단의 사람들을 가리키는, 그리하여 각각 일정한 높이를 지니고 있는 사회 범주"를 가리킨다.[9] 계급과 계층의 차이는 전자가 "사회적 실재를 가리키는 실체

---

6) 지승종, 「신분 구조의 변화」, 신용하 등 엮음, 『한국사회사의 이해』(서울: 문학과지성사, 1995), 175쪽.

7) 유승원, 『조선 초기 신분제 연구』(서울: 을유문화사, 1987), 7~11쪽.

8) 지승종, 「신분 개념 정립을 위한 시론」, 한국사회사연구회, 『한국 고·중세 사회의 구조와 변동』(서울: 문학과지성사, 1988), 64쪽.

9) 김채윤, 『사회계층이란 무엇인가』(서울: 민음사, 1995), 10~11쪽 및 28~29쪽.

적 개념"인 데 비해 후자는 "임의적·인위적 구분을 가리키는 분류적 또는 정서적(整序的) 개념"이며 전자가 "사회적 동태의 해명을 위한 분석적 개념"인 데 비해 후자는 "특정 시점에 있어서의 사회의 위계적(位階的) 범주를 분간·설명하기 위한 기술적(記述的) 개념"이라고 설명된다.[10] 계급과 대비되어 설명되는 계층의 특성들을 모아 보면 "연속적인 사회 집단을 편의적·통계적·기술적으로 나누어 분류·정서한 것"이라는 정도의 개념을 얻을 수 있다.[11]

그런데, 위와 같은 내용의 계층 개념은 모든 형태의 사회적 유별(類別) 및 층화(層化) 현상을 포괄할 수 있게 된다. 가장 넓고 일반적인 의미의 계층 개념은 '계급'이나 '신분' 따위의 말이 어떤 개념을 담든 간에 그것들을 아우를 수 있는 것이다. 그러므로 계층은 계급이나 신분보다 상위(上位)에 있는 개념으로 여겨지며, 계급 체계나 신분 체계는 계층 체계의 한 종류로 여겨진다.[12]

〈계급과 신분〉

계층 개념을 위와 같이 파악하는 한, 핵심적 문제는 계급과 신분의 구별이다. 유승원이 계층과 신분을 같은 높이에서 대비한 것은 논의 방향을 잘못 잡은 것이다.[13]

'계급'과 '신분'은 어떻게 다른가?

신분과 계급의 관계에 대한 기존 학계의 인식 가운데 한 가지는

---

10) 김채윤, 『사회계층이란 무엇인가』(서울: 민음사, 1995), 30쪽 및 34쪽.

11) 같은 책, 30~34쪽 참고.

12) 지승종, 「신분 개념 정립을 위한 시론」, 한국사회사연구회, 『한국 고·중세 사회의 구조와 변동』(서울: 문학과지성사, 1988), 64쪽에서도 "넓게 보면 신분 체계도 계층 체계의 일종이라 할 수 있다"고 하였다.

13) 같은 글, 63~64쪽 참고.

1950년대 이상백의 논의에서 볼 수 있다. 신분은 지위의 세습과 계급내혼으로써 '봉쇄된' 계급이라는 것이다.[14] 그렇다면 신분은 계급의 특수한 형태일 뿐이다.

둘 사이의 관계에 대한 또 다른 방식의 이해는 1940~1950년대 김석형의 논의에서 찾아볼 수 있다. "대체 신분이라는 것은 단순한 특권 혹은 전통에 뿌리박은 것이 아니라 경제적인 기본조건에 기초한 계급이라는 것의 법률적인 현상 형태"라거나[15] "봉건시대에 있어서의 법제적인 신분이 해당 신분에 속하는 사람의 계급을 표현하는 것"이지만 "그러면서도 그 신분이라는 것 자체가 곧 그대로 계급 제(諸) 관계 및 계급구성을 의미하지는 아니하였다"는 것이다.[16] 그는 또 "봉건적 신분이라고 할 때에 우리나라에서는 결국 그 계급의 법제적 표현이라고 보아야 할 법제적 규범으로서의 신분과 비교적 막연하게 쓰이던, 말하자면 '사회적 통념(通念)'상의 신분을 구별하여야 한다고 생각한다"고 덧붙였다.[17]

김석형에 따르면 신분은 정치경제학적 의미의 계급을 본질로 하되 그와 달리 법률이나 사회적 통념에 의해 규정되는 어떤 것이다. 거기서 '사회적 통념'이라는 것을 단순한 인식이 아니라 규범 의식의 한 형태로 본다면, 신분은 '법제적'인 것이든 '사회적 통념'상의

---

14) 이상백, 「서얼금고시말(庶孼禁錮始末)」, 『동방학지(東方學志)』 제1집(서울: 연희대학교 동방학연구소, 단기 4287년[1954]), 314~315쪽 참고. 이상백의 "봉쇄계급" 개념은 김정실, 「근세조선의 사회계급」, 『신동아』 제4권 제10호(서울[京城]: 신동아사, 昭和九年[1934]), 54쪽에 나오는 "봉쇄적 계급" 개념과 일치한다.

15) 김석형, 「이조 초기 국역(國役) 편성의 기저(基柢)」, 『진단학보(震檀學報)』 제14권(서울[京城]: 진단학회, 昭和十六年[1941]), 10쪽.

16) 김석형, 『조선 봉건시대 농민의 계급 구성 / 양반론』(서울: 신서원, 1993 재편집), 18쪽.

17) 같은 책, 19쪽.

것이든 규범적 차원에서 규정되는 개념이다.

이상백의 논의에서는 신분이 계급의 특수한 형태로 파악된 데 비해 김석형의 논의에서는 신분과 계급은 서로 다른 차원에서 규정되는 것으로 이해되었다. 이상백의 논의에서 계급을 봉쇄하여 신분으로 만드는 핵심적 장치인 '지위의 세습'과 '계급내혼'이 규범적 성격을 띤다는 점에 주목하면, 김석형의 개념이 이상백의 개념보다 더 발전된 것으로 평가할 수 있다.

신분의 개념을 처음으로 명시하여 제시한 한우근의 논의에서는 계급과 신분의 관계가 이상백이 본 것과 김석형이 본 것의 중간 형태로 파악되었다. 그는 우선 "혈연, 직업, 거주지, 또는 토지소유관계 등에 의하여 구별되어 계속적으로 특정한 사회적 지위를 보유하게 되는 동권적(同權的)인 집단을 우리는 신분이라고 일컫는다"고 하였다.[18] 그리고 신분을 곧 "봉건적인 사회계층"이라고 하면서 "흔히는 지배층의 세력이 확립·안정되는 데 따라 각기 계층에 대한 법률적인 제약이 마련되어 그렇듯 정립된 사회질서가 그대로 유지되는 동안에는 그들의 신분은 특정한 사회적 지위와 대우로서 경화(硬化)되어 오래 존속되게 마련이다"고 하였다.[19]

거기서 '계층'은 앞에서 본 바와 같은 사회학적 계급 개념에 대체로 들어맞는데, 그렇게 보면 신분은 "법률적인 제약에 따라 동권적으로 경화된 계급"이라고 바꾸어 말할 수 있다. 그렇다면 한우근은 신분을 계급의 한 형태로 이해하였다고 볼 수도 있고 그와는 다른 차원에서 규범적으로 규정되는 집단 범주로 이해하였다고 볼 수도 있다.

---

18) 한우근, 「한국 사회계층의 근대화 과정」, 『사상계』 제8권 제10호(서울: 사상계사, 단기 4293년[1960]), 229쪽.

19) 같은 곳.

한영우와 유승원의 논의에 이르러서 신분은 계급과 달리 '제도'나 '법제'에 의해 규정되는 계층 체계라는 점이 강조되었다.

한영우는 우선 "조선 초기의 계층 체계는 제도에 의해서 강력하게 규제되고" 있었는데 "법제적인 측면에서 관찰할 때" "혈통의 귀천"과 "직업의 귀천"이라는 "두 가지 큰 원칙에 의해서 성립되고 있었다"고 하였다.[20] 그리고 "혈통의 귀천에 의해서 전체 국민은 양인과 노비로 크게 양분"되었고 "양인은 직업의 귀천에 따라서 여러 층의 작은 계층으로" 구분되었는데, "양인과 노비의 구별이 귀속적(ascriptive)인 것이라면, 양인 자체 내의 신분 구별은 성취적(achievable)인 것"이라면서, "전자는 중세적 신분 유형에 가까운 것이고, 후자는 근대적 계급 유형에 가깝다고 말할 수 있다"고 하였다.[21]

거기서 '직업의 귀천'은 제도 또는 법제에 의해서 규제되지만 개개인의 직업 선택은 '성취'에 맡겨진 것으로 파악되므로, '계급'은 궁극적으로 제도나 법제의 규제를 벗어나게 된다. 그에 비해 '혈통의 귀천'은 제도나 법제에 의해 '귀속'되는 것이므로 그에 따라 결정되는 '신분'은 제도적·법제적인 차원에서 내용이 규정되는 개념일 수밖에 없다.

유승원은 아예 처음부터 "신분제는 하나의 법제에 지나지 않는 것이어서 사회적 현실과는 일정한 거리를 지니는 것이며, 당해 시대의 계층 체계를 그대로 반영하기도 어려운 것이다"고 하였다.[22] 그리고 "계층이 오직 실질적 불평등을 표현하는 반면 신분은 일차적으로 형식적 불평등을 징표로 한다는 점에서 큰 차이가 있다"고 하고서 "다시 말하면 신분의 경우에는 계층과 달리 신분간의 우열

---

20) 한영우, 『조선시대 신분사 연구』(서울: 집문당, 1997), 17쪽.
21) 같은 책, 17~19쪽.
22) 유승원, 『조선 초기 신분제 연구』(서울: 을유문화사, 1987), 5쪽.

관계가 법제(특권과 차대)에 의해 외적으로 표현된다"고 하였다.[23] 그는 또 "법제적(인위적) 집단 체계인 신분 체계"와 "현실적(자연적) 집단 체계인 계층 체계" 사이에는 "사회적 현실이 법제에 반영되는 데 따른" "불가피한 선택"과 "시차(時差)" 및 "법제화의 주체"인 "지배층의 안목이나 이해(利害)"가 "복합적으로 작용"하여 시간적 반영, 집단의 수, 구성원, 집단의 서열 따위에 "불일치"가 생길 수 있다고 하였다.[24]

앞에서 지적한 대로 신분과 계층을 대비한 것은 방향을 잘못 잡은 것이지만, 유승원의 논의를 신분이 계급과 다른 차원에서 규정되는 개념임을 강조한 것으로 받아들여도 틀리지는 않을 것이다. 아무튼 그는 신분의 개념을 "집단간의 법제적 차등을 징표로 하는 집단이며 동시에 그러한 법제적 차등이 세습되도록 규제된 집단"이라고 규정하였는데,[25] 거기에는 '계급' 개념과의 관련성이 전혀 나타나 있지 않다.

지승종과 김필동도 계급과는 별도의 차원에서 신분 개념을 규정하였다.

지승종은 처음에는 "신분과 계급은 동일시될 수 없으며 설혹 서로 영향을 미침이 분명히 있고 때로는 서로 일치한다 하더라도 분석적으로 분리되어야 하는 개념이다"고 하면서도 신분 개념을 일률적인 기준에 의해 정의하는 것을 꺼렸다.[26] 나중에는 "신분에 대해 잠정적으로나마 정의를 내린다면, 결국 신분은 ① 법에 의해 규제

---

23) 유승원, 『조선 초기 신분제 연구』(서울: 을유문화사, 1987), 8쪽.

24) 같은 책, 11~12쪽.

25) 같은 책, 8쪽.

26) 지승종, 「신분 개념 정립을 위한 시론」, 한국사회사연구회, 『한국 고·중세 사회의 구조와 변동』(서울: 문학과지성사, 1988), 59쪽, 67쪽 참고.

되거나 관습·관례 등에 의해 사회적으로 구별되어져서 ② 위신에 따라 차등화되며 ③ 세습성과 폐쇄성을 보유하고 ④ 생활기회가 차등화되고 생활양식이 구별되는 범주라 할 수 있다"고 하였다.[27]

김필동은 "신분이란 법 또는 사회적 통념에 의해 그것에 속하는 사람이 다른 범주에 속하는 사람들과 사회적 특권과 차별에 있어 위계적으로 구별되며, 특히 그 특권과 차별이 자손에게도 세습된다고 법에 의해 규정되거나 다른 사람들이 인식하는 상당히 큰 사회적 범주를 기리킨다"고 하였다.[28]

지승종과 김필동의 신분 개념 규정이 한영우나 유승원의 그것과 두드러지게 다른 점은 김석형과 마찬가지로 신분을 결정하는 요인을 법과 관습·관례, 또는 법과 사회적 통념 두 가지로 보았다는 것이다. 김석형, 지승종, 김필동은 모두 '법제적 신분'과 '사회적 신분(사회적 통념상의 신분)'이라는 두 개의 신분 개념을 나란히 제시하고 그것들을 통틀어 '신분'이라는 말로써 표현하였다.

여기까지 보았듯이, 기존 학계의 신분 개념에 대한 이해는 계급 개념을 바탕으로 규정되는 것으로 보는 데에서 계급과는 별도로 규범적·제도적 차원에서 규정되는 것으로 보는 쪽으로 바뀌어 왔다. 이러한 변화는 바람직한 것으로서, 그 정당성은 신분 체계와 계층 체계(내용상으로는 '계급' 체계) 사이의 불일치 가능성에 대한 유승원의 논증으로써 뒷받침될 수 있다.[29]

---

27) 지승종, 「신분개념과 신분구조」, 김채윤 회갑기념 『사회계층』(서울: 다산출판사, 1991), 478쪽.

28) 김필동, 「신분 이론 구성을 위한 예비적 고찰」, 김채윤 회갑기념 『사회계층』(서울: 다산출판사, 1991), 458쪽.

29) 같은 글, 461쪽에서도 일반적인 설명은 아니지만 "양인 내부의 서로 다른 신분범주들" 사이에 "상당한 정도의 지위불일치가 존재한다"는 점을 지적하였다.

이 정도면 신분과 계급을 구별할 최소한의 기준은 마련된 셈이다. 사회를 구성하는 사람들을 사실적·현실적인 지위를 기준으로 나누고 묶어서 가리킬 때에는 '계급'이라는 말을 쓰고, 사람들을 여러 부류로 나누고 각각 다르게 대우하는 특별한 규범적·제도적 장치를 가리킬 때에는 '신분'이라는 말을 쓰는 것이 좋겠다.

2. 신분 개념 재정립

1) 기존 신분 개념 비판

조선 초기의 신분 현상에 대한 기존 학계의 논의에서 명시적으로 제시된 신분 개념은 한우근, 유승원, 지승종, 김필동의 것밖에 없다.[30] 그 내용은 바로 앞 항목의 본문에서 소개하였지만, 다시 한 번 하나씩 소개하고 비판해보기로 한다.

〈한우근의 개념〉
한우근이 제시한 신분 개념은 다음과 같다.

---

30) 법사학계에서는 신분 개념에 대한 본격적인 논의가 이루어지지 않았다. 신분 개념을 나름대로 규정한 예로는 윤재수, 「고대신분법사고(古代身分法史稿)」, 한국법사학회 편, 『법사학연구』 창간호(서울: 한국법학원, 1974), 136쪽에서 "신분이란 각인(各人)의 생식(生殖)을 위한 보족생활상(保族生活上)·경제생활상에 있어서 사회적 지위를 말한다"고 한 것을 들 수 있지만, 그것을 본격적인 신분 개념 규정으로 보기는 어렵다.

"혈연, 직업, 거주지, 또는 토지소유관계 등에 의하여 구별되어
계속적으로 특정한 사회적 지위를 보유하게 되는 동권적(同權的)인
집단을 우리는 신분이라고 일컫는다."[31]

　　위와 같은 한우근의 신분 개념에 대해서는 이미 지승종이 비판한
바 있다.[32] 그 요지는 신분 구분 기준이 계급 구분 기준과 혼동되
어 있고, 신분의 실체를 '집단'으로 보았는데 그것은 오히려 '사회
적 범주(social category)'로 보아야 하며, 전체적으로 표현이 모호하
다는 것이다. 결론적으로는 "전체적으로 만족할 만한 수준의 개념이
되지는 못하는 것으로 판단된다"고 하였다. 지승종의 비판이 대체로
타당하고, 거기에 따로 덧붙일 만한 것은 없다.

〈유승원의 개념과 지승종의 비판〉
　　유승원의 신분 개념은 다음과 같다.

　　"신분은 집단간의 법제적 차등을 징표로 하는 집단이며 동시에
　　그러한 법제적 차등이 세습되도록 규제된 집단이라는 점에서 계층
　　과 뚜렷한 차이를 지닌다. / 신분의 분류-검출 기준은 어디까지나
　　혈통에 따라 세습되는 법제적 차등＝권리・의무상의 차등에 국한
　　될 수밖에 없다."[33]

　　위와 같은 유승원의 신분 개념 및 분류-검출 기준과 그에 바탕을
둔 조선 초기 신분제에 대한 논의에 대해서도 지승종이 자세히 비

---

31) 한우근, 「한국 사회계층의 근대화 과정」, 『사상계』 제8권 제10호(서울:
　　사상계사, 단기 4293년[1960]), 229쪽.
32) 지승종, 「신분 개념 정립을 위한 시론」, 한국사회사연구회, 『한국 고・
　　중세 사회의 구조와 변동』(서울: 문학과지성사, 1988), 59～61쪽 참고.
33) 유승원, 『조선 초기 신분제 연구』(서울: 을유문화사, 1987), 8쪽 및 13쪽.

판한 바 있다.[34] 그 비판의 논점은 크게 다섯 가지이다. 첫째는 유승원이 왕조 교체기인 조선 초기(15세기)의 과도기적 상황을 바탕으로 신분의 일반 개념을 정립한 것은 적합하지 않다는 것이다. 둘째는 신분의 속성과 개념을 계층과의 차이를 부각시킴으로써 정립하는 것은 잘못이라는 것이다. 셋째는 민습(民習) 혹은 관습에 의한 자생적 제도로써 성립하는 사회적 신분의 가능성은 염두에 두지 않고 신분의 속성을 법제적 측면에서만 구함으로써 개념의 예리함은 얻었으나 융통성과 탄력성을 잃었다는 것이다. 넷째는 유승원이 귀속-성취의 이분법에서 한 걸음 더 나아가 세습-비세습의 이분법을 채용하면서 그 세습성을 영대적(永代的)인 것에 국한한 것은 문제가 있다는 것이다. 다섯째는 유승원의 신분 개념 및 분류 기준에 적합한 신분제는 양천(良賤) 신분제로서 그 신분 개념 및 분류 기준이 양천 신분제설을 논리적으로 이끌어내고 있는데, 그것은 정의상(定義上)의 문제일 뿐이며, 유승원이 말하는 양천 신분제는 곧 노비제의 다른 표현일 뿐이어서 한국 신분사를 설명하는 데 적합한 틀이 아니라는 것이다. 총괄적으로는 결국 유승원의 신분 개념과 신분 구조에 대한 이해가 지니고 있는 문제는 대상 시기가 안고 있는 한계와 개념의 엄격성을 고집한 데서 나오는 것으로 보인다고 하였다.

위의 비판에는 마땅한 점도 있으나 옳지 못하다고 생각되는 점도 보인다.

첫째, 대상 시기를 문제 삼은 것은 그것이 바로 문제이다. 정작 유승원은 특정한 시기의 상황을 바탕으로 신분의 일반 개념을 끌어낸 것이 아니라 먼저 신분 개념을 일반적으로 정립하고 나서 그것

---

34) 지승종, 「신분 개념 정립을 위한 시론」, 한국사회사연구회, 『한국 고·중세 사회의 구조와 변동』(서울: 문학과지성사, 1988), 61~67쪽 참고. 이하 이 부분에 대해서는 인용·참고 표시를 생략한다.

을 적용하여 조선 초기의 신분제를 분석하고 기술(記述)하였다. 지승종이 이러한 사실을 뒤집어서 본 것은 잘못이다. 그뿐만 아니라 반드시 어떤 상황을 바탕으로 일반적인 개념을 끌어내어야 하는 듯이 여기는 지승종의 태도도 꼭 옳다고 할 수 없다. 유승원은 특정 시기에 한정된 신분 개념을 제시한 것이 아니라 "원시 공동체가 붕괴된 이후" "근대 시민 혁명"에 이르기까지의 "전근대 사회", 말하자면 신분 제도가 존재했다고 인정할 수 있는 가장 넓은 시기에 적용할 수 있는 일반적인 신분 개념을 나름대로 제시하였고,[35] 그것을 조선 초기의 사회 현상에 적용하여 그 신분 구조의 특성을 나름대로 밝혔다. 그가 나름대로 제시한 신분 개념과 조선 초기 신분 구조의 특성은 그 내용 자체가 잘못된 것일 수는 있으나, 그의 설명 방식은 일반적 타당성을 갖추고 있다고 판단된다.

둘째, 지승종의 둘째 비판은 이미 두 번이나 지적했듯이 전적으로 옳다.

셋째, 사회적 신분의 성립 가능성을 들어 유승원의 신분 개념이 융통성과 탄력성을 잃었다고 비판한 데에는 논란의 여지가 있다. 신분의 속성은 법제적 측면에서만 구할 수도 있을 것이고 그에 덧붙여 다른 측면에서도 구할 수 있을 것이다. 다만, 규범적·제도적 측면을 벗어나면 신분 개념이 '계급'과 혼동되어 분석·기술 도구로서의 고유한 의미를 잃게 된다. 그 한도 안에서 신분의 속성을 어떻게 볼 것인지가 문제이다. 그것을 좁게 한정할수록 개념이 명쾌하고 예리해지는 반면 여러 각도에서의 접근이 어려워지며, 그것을 넓게 볼수록 개념 내용은 좀 복잡해지더라도 여러 각도에서의 분석이 가능하게 된다. 결국 신분 개념을 규정하는 데에서 그 속성을 어떤 측면에서 구할 것인지는 선택의 문제라고 보는 것이 옳을 것

---

35) 유승원, 『조선 초기 신분제 연구』(서울: 을유문화사, 1987), 7~8쪽.

이다. 그런데 거기서 어떤 식으로든 일단 규정한 개념은 일관되게 적용해야 한다. 그러므로 지승종이 개념의 융통성과 탄력성을 문제 삼은 것은 잘못된 비판이라고 여겨진다.

넷째, 유승원의 신분 개념이 영대적(永代的) 세습성을 요소로 한 점을 비판한 데에도 문제가 있다. 지승종은 "신분이 세습성에 기초하고 있음에는 의문의 여지가 있을 수 없다"고 하지만 거기에도 의문이 있을 수 있으며, 그에 앞서 귀속-성취의 이분법에 따라 신분 개념을 귀속적인 요소만으로 구성하는 데에도 의문이 있을 수 있다. 그 점에 대해 지승종이 한 비판의 문제점은 철저하지 못했다는 데 있다.

다섯째, 위의 다섯째 비판점은 결론은 타당하지만 방식은 알맞지 않다고 생각된다. 유승원이 말하는 양천 신분제는 이른바 '양인의 제일성(齊一性)'을 내포한 것이므로 곧 노비제의 다른 표현이며, 그 것은 조선 초기의 다양한 신분 현상을 설명하는 데에도 매우 부족한 틀이다. 그리고 그 틀은 유승원의 신분 개념에서 도출된 것이기도 하다. 그러나 유승원의 결론이 '논리적으로' 이끌어낸 것이고 정의상(定義上)의 문제일 뿐이라고 하는 것은 지나치다. 위에서 지적했듯이 유승원은 나름대로의 신분 개념을 제시하고 그것을 조선 초기의 사정을 분석하는 데 일관되게 적용하여 이른바 '양천 신분제설'을 끌어내었을 따름이다. 그 과정을 추적하여 비판하지 않고 유승원의 실질적 논리 전개를 다만 '정의상의 문제일 뿐'인 형식적 논리 전개라고 비판하는 것은 잘못이다.

마지막으로, 총괄적 지적에서 유승원의 신분 구조에 대한 이해가 지나는 문제점들이 개념의 엄격성을 고집한 데서 나왔다고 본 데 대해서는 동의할 수 있으나, 대상 시기가 안고 있는 한계를 거론한 점에 대해서는 동의하기 어렵다. 후자의 논점에 동의하기 어려운 까닭은 위에서 첫째 비판점과 관련해서 밝힌 바대로다.

유승원의 논의에 대한 비판은 그가 계층과의 대비를 통하여 신분의 특성을 부각시킨 것은 잘못이라는 점, 그가 설정한 신분 개념과 분류-검출 기준은 너무 좁고 엄격해서 일반적인 분석 도구로 쓰기에 알맞지 않다는 점, 그의 결론인 '양천 신분제설'과 '양인의 제일성'에 대한 주장은 조선 초기의 사정을 설명하는 데 실질적인 설득력이 떨어진다는 점을 지적하는 것으로 충분할 것이다.

〈지승종의 개념〉

이제 김필동과 지승종의 신분 개념을 비판할 차례이다. 두 사람의 신분 개념이 같은 책에 실려 있으나, 신분에 대한 논의를 먼저 시작한 지승종의 신분 개념부터 비판해보겠다. 그가 제시한 내용은 다음과 같다.

> "신분은 ① 법에 의해 규제되거나 관습·관례 등에 의해 사회적으로 구별되어져서 ② 위신에 따라 차등화되며 ③ 세습성과 폐쇄성을 보유하고 ④ 생활기회가 차등화되고 생활양식이 구별되는 범주라 할 수 있다. 여기서 ①은 신분의 결정요인, ②는 신분의 계층적 성격, ③은 지위와 구별되는 신분의 특성, ④는 신분계층화의 결과와 각각 관련된다고 할 수 있을 것이다."[36]

이러한 지승종의 신분 개념은 그가 신분 개념에 접근해 온 태도와 과정을 반영하고 있다. 그는 "아직까지 신분이 관계적 개념이라는 증거는 제시되고 있지 않기 때문에 각 신분에 대한 독립적인 역사가 일차적으로 정리되어야 할 것"이라고 하면서 주로 조선 후기

---

36) 지승종, 「신분개념과 신분구조」, 김채윤 회갑기념 『사회계층』(서울: 다산출판사, 1991), 478쪽.

에 찾아볼 수 있는 여러 신분 범주들의 결정요인과 특징을 제시한 다음 신분 개념을 제시하였다.[37] 그 과정에서 특히 '법제적 신분'과 '사회적 신분'의 구분과 차이를 일차적으로 고려하였다.[38]

그가 신분 개념을 단순한 직관에 기대어 계시적(啓示的) 명제로 제시하지 않고 조심스런 귀납적 추상에 의해 끌어내려고 한 점은 그 방법의 옳고 그름을 떠나 높이 평가할 만하다.[39] 특히 조선시대 의 여러 신분들이 각기 다른 요인에 의해 결정되었다는 점을 지적 한 것은 신분 범주 구분에서 참작할 만하다.

①에서 신분의 결정요인을 신분 개념의 요소에 넣은 점도 마땅하다.

그러나 '법제적 신분'과 '사회적 신분'을 나란히 인정하고 신분 개념 설정에서 일차적으로 고려하는 것이 마땅한지는 좀 더 따져보 아야 하겠다. 일단 법과 관습·종교 따위의 분열·괴리 가능성은 인정할 수 있다. 그러나 그 분열과 괴리는 심하게 오래 지속되기 어려울 것이며, 여러 가지 사회 규범들은 그 사회의 지배적 사회규 범에 의해 주도되어 통합되는 경향이 있음도 인정해야 할 것이다. 여러 사회 규범들 사이에 분열·괴리가 있는 경우에, 지배적인 것 이외에 나머지는 이른바 '규범력'을 잃었다고 보아도 큰 무리가 있 을 것 같지 않다. 그러므로 '법제적 신분'과 '사회적 신분'이라는 이

---

37) 지승종, 「신분 개념 정립을 위한 시론」, 한국사회사연구회, 『한국 고·중 세 사회의 구조와 변동』(서울: 문학과지성사, 1988), 67~90쪽; 「신분개념 과 신분구조」, 김채윤 회갑기념 『사회계층』(서울: 다산출판사, 1991), 468~ 478쪽 참고.

38) 「신분 개념 정립을 위한 시론」, 88쪽; 「신분개념과 신분구조」, 475~476 쪽 참고.

39) 귀납적 추상은 직관과 통찰에 기대어 할 수밖에 없으므로, 그 결과로 도출되는 명제가 꼭 옳은 것은 아니다. 그러므로 계시적 명제의 진리성 과 귀납적 추상의 결과로 나타나는 명제의 진리성 사이에 우열의 차이 가 있는 것은 아니다.

원적인 구도를 유지하는 것보다는 신분은 대체로 지배적 사회규범에 의해 규제된다고 이해해 두는 것이 좋을 듯하다.

②에서 신분의 계층적 성격을 지적한 데 대해서도 대체로 동의할 수 있다. 그것은 조금 달리 보면 신분의 기능을 지적한 것이기 때문이다. 신분의 기능은 사회 구성원을 서로 다른 명목으로 '구별'하는 데 그친다고 볼 수도 있겠으나, 그것은 어디까지나 이론적으로 가능한 최소한일 뿐이다. 현실의 신분 제도는 사회 구성원의 자발적인 동의만으로 성립하는 것이 아니라 서로 경쟁·대립하는 '힘'이 작용하여 성립하기 때문에, 신분의 기능은 본디부터 상하·우열의 차등적 구별을 포함하게 되며, 지승종이 지적한 대로 "각 신분은 결과적으로 서열화될 수 있다".[40]

그런데 그 차등화의 성격을 포괄적으로 '위신(prestige, honor)'에 따른다고 한 것은 무슨 뜻인지 모호하다.[41] 지승종 스스로 "이 위신의 근거는 관직, 신역(身役) 등 각 신분에 전형적으로 해당되는 직역(職役)에 있다고 할 수 있다"고 설명하였는데,[42] 그렇다면 "위신에 따라 차등화된다"고 하는 것보다 "어떤 관직이나 신역을 담당할 수 있는지에 따라 차등화된다"고 표현하는 것이 좋을 것이다.

그렇게 바꾸어 표현할 경우에, 이번에는 신분 개념의 보편적 적

---

40) 지승종, 「신분개념과 신분구조」, 김채윤 회갑기념 『사회계층』(서울: 다산출판사, 1991), 477쪽.

41) H. Ritter, *Dictionary of concepts in history*(Westport, Connecticut: Greenwood Press, 1986), 48쪽에서는 '계급(class)'이라는 표제 아래 베버(M. Weber)의 'Stand(영어로는 status)' 개념을 설명하면서 코저(L. A. Coser)의 논의를 인용하여 그것이 "'개인이나 자리에 마땅히 주어지는 위신(honor or prestige) 및 나아가 존경(deference)의 정도'와 관계된다"고 설명하였는데, 지승종이 이런 식의 논의를 참고하였는지도 모르겠다. 그러나 이 경우 'Stand'나 'status'는 '신분'이 아니라 '지위'로 옮겨야 마땅하다.

42) 지승종, 위의 글, 477쪽.

용이 어려워진다. 우리나라 조선시대의 경우에는 신분적 차등이 관직이나 신역에서 전형적으로 나타나지만, 다른 나라 다른 시대의 경우에는 그렇지 않을 수도 있기 때문이다. 그러므로 보편성을 지향하려면 좀 더 추상적으로, 예컨대 "어떤 행위를 하거나 어떤 지위를 차지할 수 있는 규범적 능력 또는 자격에 따라 차등화된다"는 식으로 표현하는 것이 좋다.

③에서 지위와 구별되는 신분의 특성으로 꼽은 세습성과 폐쇄성은 일반적으로 전근대 신분의 특성으로 지적되는 바이다.[43] 그러나 그러한 학계의 '통념'이 마땅한 근거를 가지고 있는지는 의심스럽다.

개인의 신분 범주간 이동이 자유롭지 못하다는 점에서 신분은 어느 정도의 폐쇄성을 내포한다고 볼 수 있으나, 개인의 신분 변동이 전혀 불가능한 경우는 생각하기 어렵다. 그러므로 폐쇄성은 신분의 개념 요소라기보다는 그 전근대적 특성이라고 보는 것이 좋다.

세습성도 신분의 개념 요소로 삼기 어렵다. 특히 조선의 중이나 서양 중세의 카톨릭 성직자들을 신분 집단으로 파악하려면 세습성을 신분 개념의 필수 요소로 삼지 말아야 할 것이다. 중이나 카톨릭 성직자들은 합법적으로 결혼하여 후손을 낳을 수 없었으므로 그들의 신분적 징표는 애초부터 세습될 수 없기 때문이다.[44] 다만, 이

---

43) 지승종이 말하는 '폐쇄성'은 김정실과 이상백이 말한 계급의 '봉쇄성'(지위 세습과 계급내혼)과는 달리 신분 이동의 제한을 가리킨다. 지승종, 「신분개념과 신분구조」, 김채윤 회갑기념 『사회계층』(서울: 다산출판사, 1991), 477쪽.

44) 카톨릭 성직자들의 결혼은 그레고리우스 7세(Gregorius Ⅶ, 재위 1073~1085) 교황의 교회 개혁 조치에서 금지되었다. 만약 중이나 카톨릭 성직자들에게 양자녀나 의자녀(義子女) 따위를 들여서 그들에게 신분적 징표를 물려주는 길이 열려 있었다고 가정하더라도, 그러한 세습은 의제(擬制, fiction)일 뿐이며 결국은 속인(俗人)을 성직자로 만드는 것이므로 본질상 세습이 아니다. 그리고, 여기서 '신분적 징표'라고 한 것은 실상 '지위'를 가리키는데, 지위가 신분적 징표일 수 있다는 점은 뒤에서 다

런 경우는 예외이므로, 세습성을 신분의 개념적 특성으로 보지 않더라도 역사상 존재했던 신분 제도들이 대체로 가졌던 전근대적 특성으로는 인정하지 않을 수 없다.

④에서 신분계층화의 결과를 신분의 개념 요소에 넣은 것은 큰 잘못도 아니고 꼭 필요한 일도 아니라고 생각된다. ②에서 지적한 신분의 기능이 어떤 식으로든 발휘된다면 사회 구성원들의 생활기회는 저절로 차등화되고 나아가 생활양식도 저절로 구별될 것이다. 그러므로 신분의 기능은 신분 개념의 필수 요소로 삼아야 하지만 신분계층화의 결과는 그렇게 하지 않아도 된다.

〈김필동의 개념〉

김필동의 신분 개념은 지승종의 그것과 비슷하면서도 좀 더 깔끔한데, 다시 한 번 소개하면 다음과 같다.

"신분이란 ① 법 또는 사회적 통념에 의해 ② 그것에 속하는 사람이 다른 범주에 속하는 사람들과 사회적 특권과 차별에 있어 위계적으로 구별되며, ③ 특히 그 특권과 차별이 자손에게도 세습된다고 법에 의해 규정되거나 다른 사람들이 인식하는 상당히 큰 사회적 범주를 기리킨다."(원문자 번호는 인용자가 붙임)45)

여기서 ①, ②, ③은 지승종의 신분 개념에서와 마찬가지로 각각 신분의 결정요인, 신분의 기능(계층적 성격), 신분의 특성을 가리킨다. 각각의 요소에 대한 비판은 지승종의 신분 개념에 대해서와 마찬가지로 할 수 있으므로 되풀이할 필요가 없겠다.

시 밝힐 것이다.

45) 김필동, 「신분 이론 구성을 위한 예비적 고찰」, 김채윤 회갑기념 『사회계층』(서울: 다산출판사, 1991), 458쪽.

다만, ②에서 지적한 신분의 계층적 성격 내지 기능은 지승종이 지적한 것보다 훨씬 구체적이고 설득력이 있다. 또한, 끝에서 신분 계층화의 결과가 빠진 것은 흠이 아니라 지승종의 신분 개념보다 더 다듬어진 모습이라고 평가해야 할 것이다.

이제까지 이미 학계에 제시되어 있는 신분 개념들을 비판해본 결과 충분한 설득력을 갖는 것은 하나도 없었다. 한우근의 신분 개념은 계급 개념에 너무 접근해 있다. 유승원의 그것은 법제적 측면에서 규정되고 엄격한 세습성을 요소로 한다는 점에서 예리하고 명쾌하기는 하나, 그것으로 분석하고 설명할 수 있는 대상의 범위와 측면이 지극히 제한된다. 지승종과 김필동의 신분 개념은 법제적 측면과 사회적 측면에서 이원적으로 규정되어 일관성이 떨어지고 또 세습성이나 폐쇄성을 필수적 요소로 삼고 있어서 분석·설명의 범위가 제한된다.

기존 학계의 개념 규정에서는 모두 신분의 실체를 '집단'이나 '(사회적) 범주'로 보고 있는데, 그 점은 그 개념들을 규범학에 원용하기 어렵게 만든다.

사실 '신분'이라는 말로써 가리킬 만한 사회 현상은 두 가지 측면을 갖는다. 우선 신분이라는 것은 그것이 통용되는 사회에서 사람들의 행동 기준 구실을 하므로 그 자체가 규범이고 제도이다. 또한 신분이라는 것은 '사람의 신분'으로서 사람한테서 떼어놓을 수 없는 사회구조적·인구학적 현상이기도 하다. 그러므로 신분 개념은 규범학과 사회과학 양쪽에서 서로 다르게 규정되어야 할지도 모른다. 그러나 그 대상은 똑같은 한 가지이므로 일원적 개념 규정이 가능할 것이며 또 그렇게 하는 것이 바람직하다.

신분 현상의 규범적·제도적 측면과 사회구조적·인구학적 측면

가운데 어느 쪽이 핵심적이고 본질적이며 고유한 것인지를 따져볼 필요가 있는데, 그것은 아무래도 전자라고 보는 것이 옳을 것이다. 그 점 적어도 계급과 신분의 구별을 인정한다면 받아들이지 않을 수 없다.

신분 현상은 규범의 매개가 없이는 일어날 수 없는 것이므로, 신분의 개념도 그 규범적·제도적 측면에 두게를 실어 규정해야 설득력이 있을 것이다. 기존 학계의 신분 개념들도 규범적 측면을 무시하지는 않았지만, 신분의 실체를 규범적 장치(징표)로 규정하지는 않았다. 개념 규정은 대상의 본질을 확연히 드러내는 것을 목적으로 하므로, 신분의 실체를 규범적·제도적으로 사람에게 부여되는 징표라고 규정하는 데까지 나아가야만 어느 정도 만족할 만한 설득력을 갖게 될 것이다. 다만, 모든 징표는 '범주' 구실을 할 수 있고 또 범주가 사람들에게 적용되면 집단을 구분하므로, '신분'이라는 말은 편의상 사회적 범주나 집단을 가리키는 데에도 쓸 수 있다.

2) 서양 사회과학의 신분 개념

앞 항목에서는 우리나라 학계에 제시되어 있는 신분 개념들만 살펴보았는데, 방법론 면에서 오늘날 우리나라 사회과학의 연원이라고 할 수 있는 서양 사회과학의 신분 개념을 살펴보는 것도 설득력 있는 신분 개념을 정립하는 데 참고가 될 것이다. 여기서는 대표적으로 영어권(英語圈)의 신분 개념만 살펴보기로 한다.

〈'status'와 'estate'〉
먼저 '신분'에 해당하는 낱말을 꼽아보자면 'status'와 'estate'를 들

수 있다. 그 가운데 'status'는 '지위'로 옮길 만한 뜻으로도 쓰이는
데 비해 'estate'는 사회과학 용어로서는 거의 '신분'이나 '신분층'이
라는 뜻으로만 쓰인다. 그러므로 두 낱말의 사회과학적 개념을 살
피기로 하되 'status'에 대해서는 '지위'가 아닌 '신분'에 해당하는
경우만 보기로 한다. 간명하게 정리된 전문 사전들을 통해서 보겠다.

[개념 1-1]

　"신분(status)은 본질적으로 법적 용어이며 사람의 법적 능력, 곧
그의 법적 권리와 의무를 자신을 위해서든 다른 사람을 위해서든
실행할 힘의 총화를 내포한다. 이 용어는 법이 얼마간 종교, 도덕,
정치 및 경제 기구로부터 분화된 사회에서 그 완전한 뜻을 갖게 된
다. 그러나 그런 분화는 결코 완전하지 않으므로, 공동체 구성원의
신분은 결코 다른 집단적 관계와 완벽히 구별될 수 없으며, 시민,
가부(家父, paterfamilias), (고대 로마의—인용자 보충) 귀족(patrician),
예민(隷民, villein) 및 성직자(clerk)라는 용어는 흔히 법적 신분과 정
치적, 종교적 또는 가사상의(domestic) 관계 양쪽 다를 가리키는 데
쓰인다."46)

[개념 1-2]

　"사회적 신분·지위(social status): 1920년쯤까지 신분(*status*)이라
는 말은 보통 법적으로 실행할 수 있는 사람들의 능력과 한계 또
는 그들의 상대적 우월성과 열등성을 가리키는 데 쓰였다. 그 뒤로
는 법에 의해 고정된 권리와 의무가 관습에 의해 고정된 것보다
덜 중요하게 여겨지게 되었고, 그리하여 사회인류학자 랄프 린턴
(Ralph Linton, 1936) 이후 지금은 흔히 '린턴식 의미의 지위(status)'

---

46) M. Radin, "Status" in E. R. A. Seligman & A. Johnson eds., *Encyclopedia
of the Social Sciences Vols. 13/14, 11th Printing*(New York: Macmillan,
1954), 373쪽. 여기에 나오는 'villein'은 토지에 결박되어 함께 매매될 수
있는 '농노'인 'serf'와 달리 자기의 주군(主君)인 영주에게만 예속되고
그 밖의 사람들과는 대등한 반자유인이다.

라고 일컫는 비단계적(非段階的, nonscalar) 용법이 어떤 '사회 체제 속에서의 위치'와 동의어로 쓰이게 되었다. 그 용어의 비단계적 쓰임새가 넓어진 반면에, 단계적 쓰임새는 좁아졌다. 전에는 신분의 우월성이 많은 경우에 온갖 가지―권력, 부(富), 또는 명예―의 위계적 서열을 뜻할 수 있었던 데 비해, 그것(지위의 우월성―인용자 보충)이 이제는 평판, 위신, 명예, 존경, 다시 말하면 다양한 형태의 평가에 관계될 뿐이다."47)

[개념 1-3]

"신분층(estates): 카스트의 계층이 종교 의례에 대한 법이 작용한 결과인 반면, 신분층 제도(systems of estates)의 계층은 사회 속의 인간에 대한 법에 의해 규정되는데 대개 그 지배자에게 신성한 권위가 있다고 주장된다. 따라서 신분층 제도에서는 어떤 사람의 의례적(ritual) 서열상의 위치를 꼭 알 필요는 없지만, 오히려 비록 신성함을 띠기는 하되 사람에 의해 만들어져서 그를 구속하는 법을 알 필요가 있다. 이런 법들은 비록 언제나 복잡했지만, 그것들의 보편적 특성은 신분층에 속한 사람들의 권리뿐만 아니라 의무도 규정하였고 그리하여 법정에서나 아니면 무력으로 강제할 수 있는 책임에 기초한 명료한 사회 질서 체계를 제공하였다는 것이다. 최소한 이론상으로는 이러한 권리와 의무의 체계는 대개 전 인구 집단으로 퍼져나갔고, 따라서 카스트 제도와는 달리 신분층은 '성외인(姓外人, outcastes)'을 포함하지 않으며, 모든 사람이 확립된 사회 질서상의 어떤 참여권을 주장할 수 있었다. 카스트 제도와 마찬가지로 신분층도 사회적 이동에 대하여 제도적인 장벽을 세웠지만, 카스트 제도에서의 장벽이 의례적 부정(不淨)에 의거하는 반면 신분층 제도의 장벽은 법적이며 사람이 만든 것이어서 특별한 사정에서는 완화될 수 있다."48)

---

47) M. Zelditch Jr., "Social Status" in D. L. Sills ed., *International Encyclopedia of the Social Sciences Vol. 15*(New York: Macmillan, 1968), 250쪽.

48) G. D. Mitchell ed., *A Dictionary of Sociology*(London: Routledge & Kegan Paul, 1968), 183쪽. '성외인'은 브라만, 끄샤뜨리야, 바이시야, 수드라의

[개념 1-4]

　"신분층(estate): 법적 제재라는 힘에 의해 뒷받침되는 특정한 권리와 의무가 고착되는 사회계층. 가장 뚜렷한 예는 속봉건기(續封建期, post-feudal) 유럽 대륙 국가들의 촌락민(peasants), 농노(serfs), 도시민(burghers), 성직자(clergy) 및 귀족(nobility)이다.……신분층 제도는, 비록 판에 박은 듯이 사회적 이동에 대하여 닫혀 있지는 않더라도, 경제적 의무, 정치적 권리 및 사회적 관례(convention)를 엄격히 규정한다. 카스트 제도에서와는 달리, 신분층은 꼭 내부에서만 자신을 재충전하지는 않는데, 예를 들면 혁명 전 프랑스에서 성직자는 '열린 신분층'이었다."⁴⁹⁾

⟨카스트⟩

　위의 [개념 1-3]과 [개념 1-4]에서 볼 수 있듯이 'estate'는 여러 면에서 '카스트(caste)'와 비교되므로, 그에 대한 설명도 마저 간단히 인용해 두겠다.

　　[개념 2-1]

　　"카스트(castes): 순수한 카스트 제도는 종교적 질서에 바탕을 두며, 각 카스트 사이의 의례상의(ritual) 간격에 의해 자리가 고정되고 이동이 막힌 세습적, 내혼제적(endogamous), 직업적 집단들의 위계(位階)로 생각될 수 있다. 경험적으로는 인도의 고전 힌두 체제가 순수한 카스트에 가장 근접하였다.……본질적으로 카스트 제도는 사회 성층(成層)이 사회의 목적에 맞는 질서의 발로(發露)라고 보는, 보편적으로 받아들여지는 규범과 관련된 기능적 체계(functional system)이다."⁵⁰⁾

　사성(四姓, varna)에 들지 않는 최하층의 사람들을 말한다.

49) G. Marshall ed., *The Concise Oxford Dictionary of Sociology*(Oxford: Oxford Univ. Press, 1994), 156쪽.

50) G. D. Mitchell ed., *A Dictionary of Sociology*(London: Routledge & Kegan Paul, 1968), 182∼183쪽.

[개념 2-2]

"카스트(caste): 적잖은 내부적 복잡성을 가진 제도인데, 극도의 폐쇄성 기준을 바탕으로 엄격한 위계적 사회 성층(成層)의 이념형(ideal type)을 추구하는 사람들에 의해 지나치게 단순화되었다.……아마도 가장 명쾌한 정의는 앙드레 베떼이으(André Béteille)가 내놓은 것일 텐데, 그는 카스트를 '내혼제, 세습적 구성원 자격, 그리고 때때로 전통에 따라 특정한 생업을 추구하는 것을 포함하고 보통은 정결(淨潔)과 오염이라는 관념에 바탕을 둔 위계 체계상의 어느 정도 분명한 의례적 지위와 관련된 특별한 생활 방식으로 특징지어진 사람들의 자그맣고 지명된 집단'이라고 서술한다.……몇몇 사회학자들은 이 용어를 인도의 사정 너머로 확장해서 그것을 남아프리카의 인종분리 체계 및 심하게는 20세기 미국 일부에서의 인종차별 제도까지 분석하는 데 적용하려고 (논쟁적으로) 시도했다."51)

[개념 2-3]

"'카스트'라는 용어 자체는 흔히 엄격한 계층 체계 안에서 위계적으로 조직된 대규모 혈족(kinship) 집단을 가리키기 위해 쓰인다.……'카스트'라는 용어가 남아시아 바깥의 사회에 적용될 수 있는지 여부는 그 용어가 어떻게 정의되는지에 달려 있다. 그 종교적 기초에 초점을 맞추는 사람들은 카스트가 인도 세계에서만 발견되는 특별한 종류의 구조적 조직이라고 주장한다. / 문화적 차이에도 불구하고, 등급화된(ranked) 체계로서의 카스트는 여러 사회에 존재한다.……실제로, 종족 집단들(ethnic groups)이 서로 위계적이거나 등급화된 관계 속에 자리잡는 곳이면 어디에서든 그것은 카스트와 비슷하다.……사회 구조와 사회적 작용에서의 이러한 유사성이 전제되면, 카스트 성층은 인종 성층 및 등급화된 종족 체계와 일치한다."52)

---

51) G. Marshall ed., *The Concise Oxford Dictionary of Sociology*(Oxford: Oxford Univ. Press, 1994), 42~43쪽.

52) R. Jalali, "Caste and Inherited Status" in E. F. Borgatta & Rh. J. V. Montgomery eds., *Encyclopedia of Sociology 2nd ed. Vol. 1*(New York: Macmillan, 2000), 250쪽 및 253쪽.

〈특징〉

이 인용문들에서 첫째로 눈에 띄는 점은 서양에서도 신분 현상을 다루기 위한 학문적 개념이 깔끔하게 다듬어져 있지 않다는 것이다. [개념 1-1]과 [개념 1-2]에는 'status'가 대체로 무엇을 가리키는지는 나와 있지만 그 '실체'가 무엇인지는 나와 있지 않다.53) 또한 [개념 1-2]에 따르면 'status'라는 말은 20세기 전반에 중요한 의미 변화를 겪었다. 'estate'는 [개념 1-4]에서 꽤 분명히 규정되기는 하지만 '카스트'와 구별될 뿐 'status'와의 관계가 뚜렷이 드러나지 않는다. 특히 그것은 고대 로마 말기부터 근대 시민혁명 전까지 유럽에 나타났던 특정한 역사적 현상을 가리키는 듯한 느낌을 준다. [개념 2-1], [개념 2-2], [개념 2-3]에서 설명된 '카스트'는 의례성과 폐쇄성 따위의 기준을 어느 정도로 고집하느냐에 따라 개념 내용이 달라지는 듯하다. [개념 2-2]에 보이는 베떼이으의 정의에서와 같이 좁은 의미로 한정될 경우에는 인도 사회에 존재해 온 특정한 현상을 가리키는 용어에 지나지 않게 된다.

둘째로 눈에 띄는 점은 'status', 'estate', '카스트' 모두 매우 경험적으로 이해되고 있다는 것이다([개념 2-3] 제외). 그렇게 될 수밖에 없었던 사정을 미루어 짐작해 보면, 아마도 그 말들이 무엇인가를 가리키는 일상어로 쓰이고 있는 상태에서 그것을 언어적 소재로 삼아 학문적 개념 정립이 시도되었기 때문일 것이다. 이러한 점은 전통적 언어 소재가 없는 상태에서 '신분'이라는 말을 들여와서 거기에 담을 학문적 개념, 그것도 근대 서양식 방법론에 따라 개념을 정립해야 하는 우리의 사정과는 다르다.54)

---

53) 널리 알려져 있다시피 어떤 개념을 규정하는 가장 전통적이고 흔한 방식은 '최근류(最近類)'와 '종차(種差)'를 밝히는 것인데, 여기서 말하는 '실체'가 바로 그 '최근류'에 해당한다.

셋째로 두드러진 점은 'status'와 'estate'는 모두 법적인 측면에서만 규정되며([개념 1-1]~[개념 1-4]) '카스트'는 대개 종교적 측면에서 규정되지만([개념 2-1]과 [개념 2-2]) 다른 측면에서 규정되는 혈족 집단을 가리킬 수도 있다([개념 2-3])는 것이다. 위의 세 개념들이 경험적으로 규정되는 한에서는 그것이 어떤 측면에서 규정되든 왈가왈부할 것이 못 된다. 그러나, 그런 만큼 그 개념들의 보편적 적용 가능성은 적어지며, 우리 역사상의 신분 현상이나 널리 신분과 유사한 현상 일반을 설명하는 데 적합한 개념을 구성하는 데서도 단지 참고할 거리가 될 뿐 원용할 만한 모범은 되지 못한다.

〈참고할 점〉

이와 같이, 서양 사회과학에서 쓰이고 있는 신분과 비슷한 개념들도 앞에서 우리 학계의 신분 개념을 비판하면서 내세웠던 요구 수준을 충족하지 못한다. 다만, 서양의 개념 규정에서 참고할 만한 점들은 있다. 그것을 꼽아보면 다음과 같다.

첫째, 신분의 세습성과 관련된 것으로서, 'status'나 'estate'는 세습성을 요소로 하지 않고 '카스트'만 그것을 요소로 한다는 점이다. 다만, [개념 1-2]와 [개념 1-4]에서 'status'와 'estate'는 각각 권리와 의무의 '고정(fix)'이나 '고착(attach)'을 요소로 하는 것으로 설명되었

---

54) 서양의 개념들은 '객관적 실재'를 가리키는 '실체적·분석적 개념'인 데 비해 우리의 '신분' 개념은 '편의적 구성물'로서 '분류적·정서적(整序的)·기술적(記述的) 개념'일 수밖에 없는 권이 있다. 그러나 우리의 경우에도 '신분' 개념의 내용을 알맞게 구성하면 이른바 '신분 현상'이라는 객관적 실재를 포착할 수 있을 것이고 그렇게 되면 분석 도구로도 충분히 활용할 수 있을 것이다. 바꾸어 말하면 '신분' 개념 규정의 성패는 일단 분류적·정서적·기술적일 수밖에 없는 것을 얼마나 실체적·분석적인 것으로 구성해 내느냐에 달려 있다고 할 수 있다. '신분'이라는 말의 유래에 대해서는 나중에 따로 살필 것이다.

다. [개념 2-3]에서는 '카스트'의 세습성이 명시되지 않았지만, 혈족 집단은 세습성을 내포하기 마련이다. '신분' 개념을 구성할 때, 카스트에 근접할 정도로 경화(硬化)된 현상만을 검출하는 것을 목표로 삼지 않는다면, 굳이 세습성을 요소로 삼을 필요는 없을 것이다.

둘째, 신분의 폐쇄성과 관련된 것으로서, [개념 1-3]의 말미에 설명된 바와 같이 '카스트'의 폐쇄성은 그 개념 요소가 될 만큼 엄격하지만([개념 2-1]~[개념 2-3]도 참고) 'estate'의 폐쇄성은 그 정도로 엄격한 것으로 이해되지는 않는다는 점이다. 폐쇄성은 세습성과 밀접하게 얽혀 있으므로, 이 점과 관련해서도 'status'와 'estate'가 각각 권리와 의무의 '고정'이나 '고착'을 요소로 하는 데 그친다는 점을 참고할 만하다.

셋째, 신분이 규정되는 차원이나 측면에 관련된 것으로서, 'status'나 'estate'는 법적인 측면에서 규정되고 '카스트'는 종교적 측면이나 그 밖의 다른 측면에서 규정될 수 있다는 점이다. 이 점은 앞에서 지승종의 신분 개념을 비판하면서 지적한 바와 같이 신분이 각 사회의 지배적 사회규범에 의해 규제된다고 보는 것이 타당할 수 있는 근거가 된다.

넷째, 신분의 기능과 관련된 것으로서, 'status'와 'estate'가 모두 사람들의 '법적 능력'의 차이, 곧 권리나 의무를 가질 수 있는 범위와 정도의 차등으로 설명된다는 점이다. 앞에서 이 책의 연구 방향을 제시하면서 밝힌 바와 같이, 신분적 차별의 핵심 내용도 각 신분 범주에 속한 사람들의 규범적 속성이나 법적 능력의 차이로 설명할 수 있다. 그러나 그것은 핵심적인 논점일 뿐 모든 문제들을 포괄할 수 있는 논점은 아니다. 신분 범주를 자세히 구분할수록 그 밖의 구체적인 차별 장치들에도 주목할 필요가 있다.

3) 이 책에서 쓸 신분 개념

이제까지 우리나라 학계에 이미 제시되어 있는 신분 개념이나 서양 사회과학에서 쓰이고 있는 인접 개념들을 살펴본 결과, 여러 가지 참고할 만한 점들은 엿볼 수 있었지만 그대로 끌어다 쓸 만한 것은 찾지 못하였다. 그러므로 여기서 독자적인 개념 규정을 시도할 수밖에 없다.

〈'신분'이라는 말〉

'신분'이라는 말에 담을 개념의 내용이 문제이기 때문에, 본격적인 개념 내용의 구성에 앞서 먼저 그 말의 유래가 어떠하며 오늘날 우리 사회에서 어떻게 쓰이고 있는지를 간단히 보기로 한다.

애초에 '신분'이라는 말이 어떻게 만들어져서 언제부터 쓰이기 시작했는지는 알 수 없다. 다만, 중국이나 일본에서는 옛날부터 쓰였지만 우리나라에서는 조선시대까지 쓰이지 않았던 듯하다.[55] 중국의 경우에는 이미 이른바 남북조 시대에 '身分'이라는 말이 쓰였음이 확인되며,[56] 그 뜻은 글자 그대로 '스스로 타고난 몫'이나 '제

---

55) ≪조선왕조실록≫에는 '신분'이라는 말이 나오지 않는다. 박재연 편저, 『중조대사전(中朝大辭典)』 6(아산: 선문대학교 중한번역문헌연구소, 2002), 56쪽, '신분' 항목을 참고하면 조선시대의 중국 문헌 언해본(諺解本)·번역본(飜譯本)들에는 '신분'이라는 말이 여러 차례 나오며 그 뜻은 3가지인데 가장 많은 경우에 '몸씨'·'몸씨'·'몸시'·'身段, 體態'로 번역되었음을 알 수 있다.

56) 沈約 撰, 『宋書』(서울: 경인문화사 영인, 1976), 499쪽, 卷七十五 <列傳> 第三十五 「王僧達傳」, "陛下綢繆數旬之中累發明詔 自非才略有素聲實相任 豈可聞而弗驚履而無懼 固宜退省身分 識恩之厚 不知報答當在何期(폐하께서 잇단 몇십일 동안에 여러 차례 부르는 명령을 내리셨는데, 스스로 재주가 있거나 이름값을 하지 못하면서 어찌 듣고(받들고) 놀라지 않으며 좇아 행함에 두려움이 없을 수 있겠습니까? 이에(도리어) 마땅히

몸에 맞는 분수(分數)' 정도로 풀이할 수 있다. 지승종은 현대 한국어의 '신분'이라는 말이 일제식민지 시기에 일본어 '身分(みぶん)'이 사용된 데서 유래한 것으로 추측하는데,[57] 이 추측을 받아들여 일본어 '身分'을 살펴보면 요즈음 우리나라에서와 마찬가지로 쓰이거나 '처지, 신세, 팔자'라는 뜻으로 쓰임을 알 수 있다.

현대 한국어에서 '신분'이라는 말은 대체로 세 가지, 곧 일상어, 사회과학이나 역사학 용어, 법률이나 법학 용어로 쓰이면서 그 때마다 적잖이 다른 뜻을 나타낸다.[58] 똑같은 하나의 말이 쓰이는 분

물러나 저의 분수를 살펴보니 그 은혜가 두터움을 알겠는데 어느 때에 보답해야 할지를 모르겠습니다.)". 이 전거를 찾는 데에는 諸橋轍次, 『大漢和辭典』 修訂版, 卷十(東京: 大修館書店, 昭和六十年[1985]), 970쪽을 참고하였다.

57) 지승종, 「조선시대 신분과 양반의 개념」, 『한국사회사연구』(서울: 나남출판, 2003), 20쪽, 각주 5 참고.

58) 한글학회, 『우리말 큰사전』(서울: 어문각, 1992), 2591쪽, "신분: ① 개인의 사회적 지위. ② 사람의 법률상의 지위. ③ 전제정치 이전의 사회에서 몇 개의 등급으로 구분한 사람의 지위. 제도적으로 등급에 따라 권리와 의무가 다르며 이는 세습되는 것이 원칙이었다."; 이희승, 『국어대사전』 제3판(서울: 민중서림, 1994), 2299쪽, "신분: ① 개인의 사회적 지위 또는 계급. ② [사(史)] 중세의 사회 관계를 구성하는 서열. 사회의 생산 관계에서 유래하는 바, 제도상 고정되어 사회적 지위·직업이 세습적이어서 다른 신분으로의 이행이 인정되지 아니하였음. 귀족·승려·자유민·농노, 혹은 사·농·공·상 같은 것. ③ [법] 법률상 사람의 일정한 지위나 자격."; 국립국어연구원, 『표준국어대사전』(서울: 두산동아, 1999), 3831쪽, "신분: ① 개인의 사회적인 위치나 계급. 봉건 사회에서는 사회 관계를 구성하는 서열로, 제도상 등급에 따라 권리와 의무가 다르고 세습되는 것이 원칙이었다. ② [법] 사법(私法)에서, 부모·자녀·호주·가족·배우자 따위와 같이 신분 관계의 구성원으로 갖는 법률적 지위. ③ [법] 형법에서, 범죄에 관한 특별한 인적(人的) 표지(본디 '인지표지'라고 되어 있는데, 명백한 잘못이므로 바로잡았음—인용자). 범인의 특수한 성질·지위·상태. 성별·나이·친족관계와 같은 인적 성질이나 공무원·의사와 같은 인적 관계 및 영업성·상업성 같은 인적 상

야나 맥락에 따라 다른 뜻을 가지게 되는 것은 언어 생활에서 흔히 나타나고 또 어쩔 수 없이 나타나는 혼란상이므로 그대로 인정할 수밖에 없다. 다만, 여기서 문제 삼는 것은 사회과학 내지 역사학 용어로서의 '신분'이며 그것은 '사회적 신분'이라고 표현되기도 한다는 점을 지적해 둔다.[59]

사실 이 책에서 문제 삼고 있는 신분은 엄격하고 친절하게 '사회적 신분'이라고 하는 것이 좋다.

그런데 그럴 경우 두 방향에서 혼란을 일으킬 여지가 있다. 우선, 앞에서 본 바 김석형, 지승종, 김필동 등이 이른바 '법제적 신분'과 대비하여 쓰는 특수한 어법과 혼동될 여지가 있다. 또한, 헌법에서 일반적 의미의 사회적 신분에 해당하는 말로는 '사회적 특수계급'이라는 표현을 쓰면서 '사회적 신분'이라는 말은 그것과는 다른 어떤 것을 가리키는 데에 쓰고 있으므로,[60] 그 점과 관련하여 혼란의 여지가 있다.

이와 같은 혼란의 여지에도 불구하고, 사회과학 내지 역사학 용어로서의 신분은 경우에 따라 그 사회적 의미를 강조할 필요가 있을 때에는 '사회적 신분'이라고 표현하는 것이 좋다고 여겨진다. 그것은 규모(scale)나 범위(range) 면에서 단위 사회 전체를 포괄하며 그 영향력이 사람들의 사회생활 전반에 미칠 수 있고 또 그와 관련

태가 포함된다." 참고.

59) 국립국어연구원, 『표준국어대사전』(서울: 두산동아, 1999), 3831쪽에서는 '신분제도'를 "봉건시대에, 개인의 사회적 신분이 광범위하고 세습적으로 고정된 계급 제도"라고 풀이하였고, 김증한 책임편집, 『법률학사전』 제4전정판(서울: 법문사, 1999), 734쪽에서는 '사회적 신분'을 "귀족제도 · 노예제도와 같이 제도적으로 일부의 인간을 특수하게 취급하는 경우에 있어서의 그 일부의 인간의 사회적 지위"라고 풀이하였다.

60) 헌법 제11조 제1항 및 제2항; 황도수, 「헌법재판의 심사기준으로서의 평등」(서울대학교 박사학위논문, 1996), 147~154쪽 및 162쪽 참고.

된 현상이 '자연적'인 것이 아니라 '사회적'인 것이기 때문이다. 그러므로 이 책에서는 앞으로 신분의 사회적 성격이 특히 문제될 때에는 '사회적 신분'이라는 표현을 아울러 쓰기로 한다.

아무튼, 오늘날 우리나라에서의 '신분'이라는 말의 쓰임새에서 '사회적 신분'의 개념을 설득력 있게 규정하는 데 참고할 만한 점은 뜻밖에 형법학에서 신분의 실체를 '인적 표지'라고 파악하고 있다는 사실이다.61) 앞에서 기존 학계의 신분 개념을 비판하고서 그 결론으로서 신분의 실체를 규범적 · 제도적으로 사람에게 부여되는 징표라고 규정해야만 만족할 수 있을 것이라고 한 바 있는데, 형법학에서는 그 요구 수준을 비록 다른 방향에서이지만 이미 충족하고 있었던 것이다.

〈신분 개념의 요소들〉

이제 사회적 신분을 가리키는 '신분'이라는 말에 담을 개념 내용을 구성해야 하겠는데, 그 주요한 요소들은 앞에서 신분과 계급을 구별하고 우리나라 기존 학계의 신분 개념 및 서양 사회과학의 인접 개념들을 살펴보면서 이미 언급하였다. 그것을 다시 되짚어보면 다음과 같다.

첫째, 신분은 지배적 사회규범에 의해 규제된다.

둘째, 신분 제도는 사회 전체적 규모로 사람들을 유별 · 구획하여 차별하는 제도이다. 유별 · 구획이나 차별 가운데 어느 한 쪽이 빠지면 신분 제도라고 할 수 없다.

---

61) 이택규 대표편저, 『신법률학대사전』 개정증보판(서울: 법률신문사, 1995), 1085쪽; 김일수, 『형법총론』 제8판(서울: 박영사, 2000), 546~547쪽; 이인영, 「공범과 신분에 관한 연구」(서울대학교 박사학위논문, 2001), 70~71쪽 참고.

셋째, 신분은 사람들의 규범적 속성이나 법적 능력의 차이를 나타내는 인적 표지나 징표이다.

넷째, 귀속성·세습성·폐쇄성 따위는 전근대적 신분 제도의 특성으로 볼 수는 있지만 신분의 개념 요소로 삼기에는 알맞지 않다. 그러나 신분은 최소한 권리·의무의 고정이나 고착을 요소로 한다.

다섯째, 신분적 차별은 각종 권리·의무 부여에서의 차별로 나타난다.[62]

이러한 요소들 가운데 넷째와 다섯째는 조금 더 다듬을 필요가 있다.

먼저, 넷째 요소와 관련해서는 신분 제도에 의해 권리·의무가 고착되는 양상과 정도를 한정해 줄 필요가 있다. 사람들의 권리·의무가 '신분'이라고 부를 수 있을 정도로 고착될 경우에, 그 계기는 여러 가지일 수 있으며 최소한 원칙적으로는 종신 고착된다고 보아야 할 것이다. 신분이 '귀속성'을 요소로 하지 않는 한 그것은 어떤 사람의 일생 동안에 다양한 경로를 통하여 후천적으로 획득될 수도 있다. 또한 신분이 글자 그대로 어떤 인신적(人身的) 속성을 나타내는 것이라면 최소한 원칙적으로는 종신(終身) 고착되는 것이라고 보아야 한다. 다만 그 속성은 자연적인 것이 아니라 규범에 의해 인위적으로 규정되는 것이므로 규범에 의해 변동될 수도 있다고 보아야 한다(신분 이동의 가능성; 지승종의 신분 개념에 대한 비판 및 서양 사회과학의 [개념 1-3]과 [개념 1-4] 참고).

다음으로, 다섯째 요소와 관련해서는 차별적 권리·의무 부여가

---

62) 신분적 차별은 곧바로 구체적인 권리·의무 부여에서의 차별로 나타나기보다는 규범적 속성(주체성과 객체성)이나 법적 능력의 차이를 매개로 해서 구체적 차별로 이어진다는 데 유의해야 한다(위의 셋째 요소 참고).

이루어지는 영역을 조금 더 구체적으로 지적할 필요가 있다. 다만, 일일이 꼬집어 지적할 수는 없으므로, 공적(公的) 생활 영역과 사적(私的) 생활 영역으로 나누어 어느 쪽에서 이루어지는지를 지적하는 것이 좋겠다. 신분적 차별은 공적 생활 영역(공법적 측면)에서만 이루어질 수도 있고 사적 생활 영역(사법적 측면)에서만 이루어질 수도 있으며 양쪽 모두에 걸칠 수도 있다. 개념 규정에서는 어느 한 쪽이나 양쪽에서 차별이 이루어지는 경우를 모두 신분 현상으로 다루어야 할 것이다.

〈신분 개념 규정〉

위에서 언급한 요소들을 종합하면 신분의 개념은 다음과 같이 규정할 수 있다.

> 신분은 지배적 사회규범에 의해 사회 전체적 규모로 유별·구획된 사람들에게 다양한 계기를 통해 주어져서 원칙적으로 종신토록 고착되며 공적·사적 생활과 관련된 각종 권리·의무 부여에서 차별 기준이 되는 규범적 속성 징표이다.

이 책에서는 이러한 신분 개념을 분석과 기술(記述)의 도구로 삼아 ≪경국대전≫ 체제 속에 존재했던 신분 범주들을 검출·구획하고 그 범주 구분의 틀에 맞추어 신분적 차별이 어떻게 이루어졌는지를 살필 것이다.

3. 신분 제도의 일반적 구조와 역사적 성격

위에서 새로 제시한 신분 개념은 귀속성·세습성·폐쇄성 따위를 요소로 삼지 않기 때문에 기존 학계에 제시되어 있는 것들에 비해 신분 현상의 '전근대성'을 드러내기에 알맞지 않은 것처럼 보일는지 모르겠다. 그러나 그렇지 않다. 그 점에 대한 오해를 예방하고 아울러 ≪경국대전≫ 체제의 신분 제도에 대한 이해의 폭을 넓히기 위하여, 위에서 제시한 신분 개념을 통해서 볼 수 있는 신분 제도의 일반적 구조와 역사적 성격에 대하여 간단히 짚어두기로 한다.

〈신분 제도의 일반적 구조〉

앞에서 이 책의 논의 방향을 밝히면서 언뜻 언급하였듯이, 신분 제도는 반드시 신분 구분 장치와 신분적 차별 장치를 포함하게 된다. 곧, 신분 구분 장치와 신분적 차별 장치가 신분 제도의 핵심적 뼈대이다. 그런데 신분 구분과 신분적 차별은 추상적으로 분리해서 볼 수 있을 뿐이고 실제로는 분리할 수 없을 정도로 맞물려 있게 된다. 구체적인 신분 제도에서는 신분 구분이 곧바로 신분적 차별을 수반하며 신분적 차별은 신분 구분에서부터 이미 예정된다. 그러므로 신분 구분 장치는 신분적 차별 장치에 대해 독립적이라고 할 수 있다.

'사회적' 신분 제도에서 신분 구분 장치는 사회 전체적 규모에서 공인된 형태로 존재하게 된다. 어떤 단위 사회의 지배적 사회규범이 법이건 관습이건 종교이건 아니면 또 다른 그 무엇이건 간에, 그것이 사회 구성원 모두의 신분적 유별·구획을 공인하고 있을 때 사회적 신분 제도가 존재한다고 할 수 있다. 신분의 귀속성·세습성·폐쇄성뿐만 아니라 규모나 범위 면에서 사회 전체에 걸치는 신분 제도의 존재도 어떤 사회의 '전근대성'을 가늠하는 중요한 지표가 될 수 있다. 그러므로 그러한 신분 제도의 존재를 전제로 하고 구성된 신분 개념은 귀속성·세습성·폐쇄성을 요소로 삼지 않더라도 어떤 사회의 전근대성을 가늠하는 분석 도구가 될 수 있다. 이 책에서 제시한 신분 개념도 그런 용도로 활용할 수 있음은 물론이다.

법이 지배적 사회규범인 경우에, 신분 구분 장치는 사법(私法) 체계가 아니라 공법(公法) 체계 속에 자리잡기 마련이다. 신분 제도의 역사적 발생 연원이 사적(私的) 생활 영역에 있는 경우에도 그것이 그 사회의 공법 체계에 의해 공인되거나 적어도 묵인되어야만 사회적 신분 제도의 존재를 인정할 수 있다. 관습이나 종교가 지배적 사회규범인 경우에도, 그것을 법학적 관념으로 치환해서 이해한다면, 신분 구분 장치는 사법이 아닌 공법의 영역에 자리잡는 것으로 볼 수밖에 없다.

이러한 점과 관련하여, 어떤 종류의 사회규범이 지배적인 규제력을 가지는지를 그 '사회'의 특색으로 파악할 수 있다. 그 경우에 법치주의 체제의 근대적 보편성을 인정한다면, 법 이외의 다른 사회규범들이 강한 규제력을 가질수록 전근대성이 짙다고 할 수 있을 것이다. 법이 지배적 사회규범인 경우에도 사회적 신분 제도가 존재한다면 기본적으로 전근대성을 떨치지 못하였다고 보아야 함은 물론이다.

신분적 차별 장치는 다양한 모습으로 나타날 수 있다. 신분에 따른 차별이 이루어질 수 있는 생활 영역은 다양하다. 우선 관직 따위 공식적 지위의 부여, 무장·전투의 권리나 의무 부여, 군역(軍役)을 비롯한 노역 제공이나 납세 의무 부여, 정치공동체의 의사 결정에 참여할 권리 부여, 공식적 의례(儀禮)에 참여할 권리나 의무 부여, 특정한 복식(服飾)을 착용할 권리나 의무 부여, 특정한 행위의 범죄화와 처벌 따위의 공적 생활 영역에서 공법적 차별이 이루어질 수 있다. 또한 재산 소유 및 거래와 관련된 주체성(권리능력·행위능력)이나 객체성(재물성)의 제한적·무제한적 부여, 인적(人的) 지배와 관련된 주체성이나 객체성의 제한적·무제한적 부여(인역권[人役權]이나 가장권[家長權] 따위 관련), 상속권 부여, 조상 제사 따위 사사로운 의례(儀禮)에 참여할 권리나 의무의 부여 따위의 사적 생활 영역에서 사법적 차별이 이루어질 수 있다. 사적 생활 영역에서의 차별도 그것이 사사롭게 우연적으로 이루어지는 것이 아니라 공식적이고 '제도적'으로 이루어지는 경우에간 신분 제도의 일부로 다룰 수 있음은 물론이다.[63)]

---

63) 이 점과 관련하여 제도와 규범의 관계를 이해해 둘 필요가 있는데, 다음에 소개하는 내용을 참고하면 도움이 될 것이다. D. L. Sills ed., *International Encyclopedia of the Social Sciences Vol. 14*(New York: Macmillan, 1968), 409쪽, "사회 제도(social institutions)는 대거 모든 사회에 공통적이면서 질서 잡힌 사회생활의 몇몇 기본적이고 보편적인 문제들에 관련된 사회 조직의 기본적인 초점으로 여겨진다. 제도의 기본적인 모습(측면)으로서는 다음 세 가지가 강조된다. 첫째, 제도에 의해 규제되는("제도화된") 행동 양식은 어떤 사회의 몇몇 영속적이고 기본적인 문제들과 관련된다. 둘째, 제도는 몇몇 한정되고 지속적이며 조직된 양식에 따라 사회 속에서의 개인의 행동을 규제하는 것을 포함한다. 마지막으로, 이러한 양식들은 일정한 규범적 질서 잡기와 규제를 포함하는데, 그것은 곧 규제가 규범들 및 이 규범들에 의해 정당화되는 게재(制裁)들에 의해 뒷받침된다는 뜻이다. 그러므로 시안(試案)으로 제시되는 바에 따르면 제도 또는 제도화의 양식은 '한 사회 안에 있는 개인들의 대부분의 활동을 어떤 사회 또는 질서 잡힌 사회생활의 몇몇 영속적이고 기본적인 문제들의 관점에서 일정한 조직적 양식으로 편성하는 규제 원리'로 정의될 수 있다."; 김증한 책임편집, 『법률학사전』 제4전정판(서울: 법문사, 1999), 1245쪽, "제도: 지속적이고도 공인된 사회생활의 구조. 이해관계 있는 개인의 확립된 행동의 형태라고도 할 수 있다. 매우 넓게 관습·습속·도덕·법률·정치·언어·사회 그 자체에 이르기까지를 포함한다."

이러한 점과 관련해서는 신분에 따른 차별이 어떤 생활 영역에서 어떤 방식으로 이루어지는지를 해당 신분 제도의 특색으로 파악할 수 있다. 각 사회마다 신분에 따른 차별이 이루어지는 생활 영역이 다르고 그 차별 방식도 다르게 나타날 것이다. 사회 전체적 규모의 신분적 차별이 존재하는 한, 그 차별 양상의 차이를 전근대성이나 근대성의 척도로 삼을 수 없음은 물론이다.

〈신분 제도의 역사적 성격〉

신분 범주 구분과 신분에 따른 차별이 이루어지는 규모나 범위를 따지지 않고 본다면, 앞에서 새로 제시한 신분 개념을 통해 파악되는 신분 현상은 어느 사회에나 있을 수 있는 규범 현상이다. 이 책의 첫머리에서는 신분이 마치 이른바 전근대 사회에만 있었고 그 이후에는 사라진 것처럼 서술하였지만, 자세히 보면 오늘날에도 '신분적' 현상을 찾아볼 수 있다. 그 대표적인 예가 '의사'나 '변호사' 따위의 갖가지 종신 자격증 제도이다. 독일의 사회학자 퇴니스(Ferdinand Tönnies)도, 이 책에서 제시한 것과는 다른 '신분(Stand, estate)' 개념을 쓰기는 하였으나, 마찬가지 예를 들어 근대 이후에도 신분 현상이 존재함을 인정하였다.[64]

---

64) 퇴니스는 신분 개념을 하나로 뚜렷이 규정하지 않고 "출생 신분(estate[s] of birth)"과 "직업 신분(estate[s] of occupation)"이라는 두 개의 개념을 쓰면서 "근·현대 사회(modern society)"에도 "법률가(lawyers)와 의사(doctors)"를 비롯한 여러 "직업 신분(occupational estates)"이 존재한다는 것을 전제로 논의를 전개한 바 있다. Ferdinand Toennies / Reinhard Bendix trans., "Estates and Classes(Stände und Klassen)" in R. Bendix and S. M. Lipset eds., *Class, Status and Power 2nd ed.*(New York: The Free Press, 1966), 12~19쪽, 특히 16쪽 및 18~19쪽 참고(원문은 본디 Alfred Vierkandt ed., *Handwörterbuch der Soziologie*[Ferdinand Enke Verlag., 1931], 617~628쪽에 실렸다고 함). 이 글을 찾는 데서는 최재현, 『열린 사회학의 과제』(서

앞에서 제시한 신분 개념은 '지위'나 '계급'과 구별할 수 있을 정도로 최소한의 요소로만 구성되었다. '지위'나 '계급', 또는 '신분'이라는 것은 사람들 사이의 불평등이 낳은 대표적 결과물들이며 또한 사람들 사이의 불평등이나 차별을 낳는 대표적 근거들이다. 그런데, 지위나 계급이 대개 어느 시대 어느 사회에서나 그 구성원 대다수에 의해 쉽게 받아들여지는 개념이자 현상인 데 비해,[65] 신분은 적어도 오늘날의 '근대화·민주화'된 사회에서는 그 구성원 대다수의 심한 거부감을 불러일으키는 개념이자 현상이다. 또한 신분 제도는 전근대 사회에서도 사회 구성원 대다수의 동의를 확보하지는 못했던 것처럼 보인다. 그런 까닭에, 많은 학자들은 '신분'을 전근대 사회나 전통 사회의 사회적 불평등과 그것이 낳은 인간 집단의 유별 현상을 포착하기 위한 학문적 개념으로 사용한다.[66]

그런데, 신분 개념과 지위나 계급 개념 사이의 본질적이고 결정적인 차이는 그 관련 현상의 배후나 바탕에 작용하는 인간관(人間

울: 창작과비평사, 1992), 373쪽(「이조 사회 계층체계의 동태」)을 참고하였다(거기에는 책 이름이 "*Class, Status and Party*"로 잘못 소개되어 있음).

65) 엄밀하게 학문적 관점에서 말할 수는 없으나, 이른바 '현실 사회주의' 사회에서는 계급을 거부하고 폐지했다고 하였지만 실제로는 그렇지 못했던 것으로 여겨진다. 이른바 '사회적 노동 분업'을 폐지·지양하지 않는 한 계급은 없어질 수 없기 때문이다.

66) 김인걸, 「조선 후기 신분사 연구 현황」, 근대사연구회, 『조선 중세 사회 해체기의 제(諸) 문제(하)—경제·사회편』(서울: 한울, 1987), 331쪽, "'신분'이란 전근대 사회의 특수한 집단 범주를 가리키는 용어로서 법적 제도와 그것에 의해 규정되는 형식적 차별(특권과 차대)의 외피를 쓴 인간 집단을 말한다. 또한 그것은 혈연 관계에 의해 세습되는 폐쇄적 집단으로서 기본적으로 귀속적 성격을 주요 특징으로 갖는다."; 김영모, 「신분」, 『민족문화대백과사전』 13(성남: 한국정신문화연구원, 1990), 811쪽, "신분은 전통 사회의 사회적 불평등을 표현하는 개념이다. 사회적 불평등을 표현하는 개념은 신분 외에 계층과 계급 등이 있으나, 전통 사회의 불평등은 대개 법적 제도로 규정되었다는 점이 특색이다." 참고.

觀)의 차이라고 여겨진다.

'지위'나 '계급'으로 파악할 수 있는 사회 현상의 배후에는 인간의 가변성(可變性)과 가소성(可塑性)을 존재론적으로 뿐만 아니라 가치론적으로도 긍정하는 인간관이 작용하고 있다고 생각된다. 인간은 생래적으로든 후천적으로든 저마다 다른 자질과 능력을 가지게 되며 그 자질과 능력 및 우연적 기회에 따라 서로 다른 지위를 차지하고 서로 다른 계급적 상태에 놓이게 되는데, 지위 체계나 계급 관계에서는 다만 '현재의 상태'가 차별의 핵심적 근거로 작용한다. '현재의 상태'는 어떻게 보든 저마다 다를 수밖에 없는데, 다른 것을 다르게 취급하는 지위 체계나 계급 차별은 사회 구성원들에 의해 쉽게 긍정될 수 있는 것이다. 말할 나위 없이, 그러한 긍정은 지위 부여나 계급적 상태 부여가 현재의 능력과 자질에 따른 '합리적'인 것으로 여겨질 때에만 광범위하게 보편적으로 이루어질 수 있다. 또한 지위 체계나 계급의 구별 및 차별은 인간 사회에 있을 수밖에 없는 '자연적' 현상이다.[67]

그에 비해 신분 현상의 배후에는 인간의 성격이나 자질 가운데 가변적(可變的)·가소적(可塑的)인 것까지도 어떤 빌미로든 고정된 것으로 여기고 그 의제된 고정적 속성의 차이를 사람들을 차별하는 정당화 근거로 삼으려는 관념이 작용하는 것으로 보인다. 신분적 유별 관념은 사람들이 서로 다른 속성을 갖는 여러 부류로 나뉜다는 관념이며 생물학적으로 비유하자면 형질(形質)이 다르고 종류가 다른 여러 부류의 인간들이 존재한다는 관념이다. 속성과 형질이

---

67) 그러므로 ≪경국대전≫ 체제에 의해 규율되던 조선 사회에도 계급 차별 제도가 있었다. 그렇지만 이 책에서는 그런 제도는 '신분 제도'와 엄격히 구별하여 취급 대상에서 제외할 것이다. 계급적 차별 제도는 그것이 신분 제도로 경화(硬化)된 경우에만 고찰 범위에 넣기로 한다.

다름을 근거로 한 차별은 그 자체로는 다른 것을 다르게 취급하는 것이므로 쉽게 긍정될 수 있다. 그 때문에 신분 제도가 인류 역사의 문명 단계에서 짧지 않은 기간 동안 거의 보편적으로 존재할 수 있었을 것이다.

그러나 사회생활에 필요한 인간의 능력과 자질 가운데 속성이나 형질로 여겨질 만큼 고정적인 것은 그리 많지 않으며, 그 점은 경험적으로 쉽게 확인될 수 있다. 그러므로 신분 제도는 사회 구성원 대다수에 의해 광범위하게 가치론적으로 긍정되기 어렵다. 신분 제도는 지위 체계나 계급 차별과는 달리 '기득권' 집단의 강압과 소외 집단의 '물질적'·이데올로기적 무력화(無力化)가 이루어져야만 안정적으로 존속할 수 있을 것이다. 특히 이른바 '시대 정신'에 의한 이데올로기적 정당화는 신분 제도를 떠받치는 필수적 근거라고 생각된다. 소외 집단의 이데올로기적 개명에 따라 사회적 신분 제도가 타파될 수 있음은 인류의 역사가 증명하는 바이다.

사회 전체적 규모의 신분 제도는 타파될 수 있지만, 인간의 능력이나 자질을 고정된 것으로 취급하는 '신분적' 현상은 완전히 없어지기 어렵다. 사회생활에 유용하고 가치 있는 능력이나 자질 가운데에는 쉽게 획득하거나 연마하기 어렵고 또 한 번 획득되면 좀처럼 퇴화하지 않는 것들이 있는데, 그런 능력이나 자질은 어느 수준 이상에서 고정된 것으로 취급하는 것이 '효율적'일 수 있기 때문이다.

이른바 '제도'라는 것은 안정성에서 오는 효율과 편익을 누리기 위해 의식적·무의식적으로 고안되어 존속한다. 그러므로 인간의 능력이나 자질을 고정된 것으로 취급하는 제도도 그 부작용보다 큰 효율과 편익을 제공할 경우에는 합당한 존재 근거를 가지게 된다. 행정법학의 용어를 빌려 말하자면, 이른바 '부당 결부(不當結付)'에 해당하지 않는 한에서는 '신분적' 현상도 오늘날의 시대 정신에 의해 용납되고 지지될 수 있다.

요컨대, 전 사회적 규모의 신분 제도는 전근대에 고유한 것이지만 '신분적' 현상이나 제도 자체는 전근대에 고유한 것이 아니다.[68] 특수한 분야의 '신분적' 제도는 어느 정도 '자연적' 합리성을 가질 수 있으며, 시대를 막론하고 그 필요성이 긍정될 수 있다. 본보기로, 자동차 운전 면허와 같은 종신 자격증 제도를 대체할 수 있는 '비신분적' 제도는 생각하기 어려울 것이다.

사회 전체에 걸치는 규모나 범위 외에, 귀속성·세습성·폐쇄성 따위도 전근대 신분 제도가 고유하게 가지는 특성임은 물론이다. 그런데 귀속성과 세습성 및 폐쇄성은 서로 구별되는 것이면서도 실제로는 밀접하게 맞물릴 수밖에 없다. 귀속적인 것 가운데에는 세습적이라고 하기에 알맞지 않은 것이 있으나(성별, 인종적 특성, 나이, 출신 지역 따위), 세습적인 것은 모두 귀속적이기도 하다. 세습적이든 아니든 간에 귀속적인 것은 모두 폐쇄적일 수밖에 없다. 귀속적·세습적으로 부여되(는 것으로 의제되)는 어떤 속성이 '특권'과 관련된 것일 경우에, 그것을 일반적으로 확산시키지 않고 좁은 범위의 인간 집단에 한정하려면 이른바 '내혼제(內婚制)'로써 특권 집단을 '봉쇄'할 필요도 있다. 전근대의 신분 제도가 귀속성·세습성·폐쇄성을 강하게 띤다는 점은 부인할 수 없다.

서로 얽히고 맞물리는 귀속성·세습성·폐쇄성 가운데 핵심적인 고리는 세습성이다. 폐쇄의 욕구는 세습성을 의제하도록 만드는 동력이고, 세습은 곧바로 귀속으로 연결된다. 세습이 아니고서는 폐쇄

---

68) 그러므로 이 책에서 제시한 신분적 개념은 전근대와 근대 사이의 시대적 '단절'뿐만 아니라 '연속성'도 파악할 수 있게 해 준다. 그에 비해 귀속성·세습성·폐쇄성을 요소로 하는 기존의 신분 개념들은 신분 현상의 전근대적 고유성을 강하게 드러낼 뿐 그 근대적 연속성을 보여주지 못한다.

를 이룰 수 없으며, 세습은 핵심적 귀속 장치이다. 요컨대 세습성이야말로 사회 전체에 걸친 규모와 함께 신분 제도의 전근대적 고유성을 대표한다.

그런데, 신분의 세습은 가변적이고 가소적인 인간의 자연적 속성을 인위적·규범적·제도적으로 고정된 속성으로 의제하는 데서 단 한 걸음 더 나아간 것일 뿐이다. 종신 고착의 바로 다음 단계가 세습이다. 그리고, 세습은 인위적·의제적으로 고착된 규범적 속성을 인신적 형질로 보는 생물학적 비유(比喩)에 연유하고 그에 의해 정당화되는 것으로 보인다. 특정한 규범적 형질의 유전(遺傳)이 곧 신분 세습인 것이다.

규범적 형질이 유전된다는 관념은 근대 사회에서 극구 거부되는 관념이다. 거꾸로 규범적 형질의 유전, 곧 신분의 세습을 거부하는 사회를 근대 사회라고 규정할 수도 있다. 그러므로 신분의 세습성은 전근대에 고유한 것이다.

그러나 전근대 신분 제도에서도 모든 신분 범주가 세습성을 띠지는 않을 수도 있다. 또 각 범주가 띠는 세습성의 정도도 서로 다를 수 있다. 그러한 점들은 다음과 같은 생물학적 비유로 설명될 수 있다.

여러 규범적 형질들 가운데에는 유전으로써만 획득될 수 있는 것도 있고 후천적으로 획득되어 고정될 수 있는 것도 있다. 후천적 획득이 불가능한 유전적 형질은 '우성적(優性的)'으로 영구히 물려질 수도 있고 '열성적(劣性的)'으로 일정한 범위까지만 물려질 수도 있다. 후자의 경우는 혈통의 희석(稀釋)으로 비유될 수도 있다. 능력이나 우연적 계기에 따라 부여되는 이른바 '획득 형질'도 우성적으로 영구히 물려질 수도 있고 열성적으로 일정한 범위까지만 물려질 수 있으며, 그것은 또한 후천적 획득이 불가능한 형질과는 달리 전혀 유전되지 않을 수도 있다. 생래 형질이든 획득 형질이든 간에 자녀들의 성별이나 출생 순서에 따라 각각 다르게 유전되는 것도 있을 수 있다.

위와 같은 비유에서 '형질'을 '신분'으로 바꾸어 놓고 보면, 그것은 곧 전근대 사회의 신분 제도에서 여러 신분 범주들이 보일 수 있는 세습·변동의 다양한 형태를 나타낸다. 그러므로 위와 같은 비유는 다양한 형태의 신분 제도를 창안하고 유지하였던 사람들의 머리 속에 존재했던 관념의 내용이라고 생각된다.

근대인들의 과학적·합리적 관념은 유전자(遺傳子)에 담긴 자연적 형질과 개체성의 정당한 보루(堡壘)로 인정되는 재산권 이외에 다른 자연적·규범적 형질의 유전을 인정하지 않는다. 그런 만큼 근대 사회에서는 세습적 신분 제도가 존재할 수 있는 기초가 박약하다.

전근대 사람들이 비과학적·비합리적 사유로 일관했다고 볼 수는 없다. 그들도 그들 나름의 과학적이고 합리적인 사유 체계를 가지고 있었을 것이다. 그러나 그들의 과학은, 적어도 신분 현상에 투영된 것만큼은, 오늘날의 관점에서 볼 때 위의 생물학적 비유에서 본 바와 같은 사이비(似而非) 과학에 지나지 않았다. 그러므로 규범적 의제에 의존한 사이비 유전학이 타파되고 인간의 개체별 가변성과 가소성이 보편적으로, 특히 비특권 하층 신분 집단에 의해, 재발견됨에 따라 신분 제도는 이데올로기적 존재 기반을 잃게 되었던 것이다.[69]

아무튼, 규범적 의제에 의존한 신분 유전학은 ≪경국대전≫ 체제를 수립한 사람들의 머리 속에도 존재하고 있었던 것으로 여겨진다. 그러므로 ≪경국대전≫ 체제의 신분 제도에서도 위의 비유에서 볼 수 있는 바와 같은 다양한 형태의 신분 세습 장치를 볼 수 있을 것이다.

---

69) 신분 제도가 타파될 수 있었던 이유가 간단히 설명될 수 있는 것이 아님은 물론이다. 그러나 여기서는 그에 대한 자세한 언급을 삼가기로 한다.

4. 조선 초기 신분 제도의 특색

≪경국대전≫을 중심으로 짜인 신분 제도의 구체적 내용을 조금이나마 쉽게 이해하기 위해서는 앞 항목에서 언급한 내용 이외에 조선 초기의 신분 제도가 일반적으로 어떤 특색을 갖는지를 미리 알아두는 것이 좋다. 아래에서 그 특색들을 간단히 짚어두기로 한다.

〈국가주의〉

기존 학계 일각에서는 조선시대 신분 제도의 전반적 특색을 '국가신분제'라는 표현으로 요약하였다. 이성무는 "관직과의 관계에서 신분이 결정된다"는 점을 그렇게 표현하였고,[70] 지승종은 "국가를 위하여 어떠한 직역(職役)을 지느냐에 따라 신분이 결정된다"는 점을 그렇게 표현하였다.[71] 관직과 신역(身役)이 곧바로 일방적으로 신분을 결정하지는 않았으나,[72] 그것이 신분 결정에 영향을 미쳤다는 것은 틀림없는 사실이므로,[73] 그 표현이 전혀 틀렸다고는 할 수

---

70) 이성무, 「조선 초기 신분사 연구의 재검토」, 『역사학보』 제102집(서울: 역사학회, 1984), 224쪽.

71) 지승종, 「한국사회사와 이론의 문제: 신분사를 중심으로」, 『한국 사회사 연구의 새로운 방향』(한국사회사학회 2002년도 정기 학술대회 자료집), 40쪽. 지승종은 '국가신분제'라는 표현을 그렇게 이해하였을 뿐이고 조선시대의 신분 제도를 국가신분제로 보는 의견에 대해서 동의를 표명하지는 않았다.

72) '신역'은 어떤 사람이 몸소 지는 노동력 제공 의무이다. 조선시대에 노비는 그 주인에 대하여 신역을 졌고 대개의 양인은 국가에 대하여 신역을 졌다. 그 상대방에 따라 전자와 같이 사사로이 지는 것을 '사역(私役)'이라고 하고 후자와 같이 국가에 대하여 지는 것을 '국역(國役)'이라고 하여 구별할 수 있을 것이다.

73) 김석형, 「이조 초기 국역(國役) 편성의 기저(基柢)」, 『진단학보(震檀學報)』

없다. 그러나 그 표현은 국가가 신분 제도를 주관한다는 뜻을 담는데 알맞을 뿐이고 그 신분 제도의 내용적 특색을 나타내기에는 마땅하지 않다.

조선시대의 신분 제도는 중종 연간(1506~1544) 이전과 이후에 적잖이 다른 모습을 보이는데, 특히 초기에는 국가가 주체가 되어 사람들을 국가 운영을 위한 역할 분담의 필요에 따라 신분적으로 유별하였고 신분에 따른 차별은 사사로운 생활 영역에서보다는 주로 관직 진출과 신역 부담 따위의 국가적·공적 생활 영역에서 중요한 의미를 띠었다. 바꾸어 말하면, 신분을 결정하는 주체가 국가였고 신분 제도의 내용이 국가 운영상의 요구에 따라 짜여졌다.[74] 그러므로 조선 초기의 신분 제도는 '국가주의적'이었다고 할 수 있다.

〈세속성〉

조선 초기 신분 제도의 또 한 가지 큰 특색은 그 내용과 정당화 이데올로기가 세속적이라는 점이다. 그 점은 인도의 카스트 제도나 서양 중세의 신분 제도와 비교하면 매우 두드러진다. 김필동은 신분 제도의 존립 기반으로서 신분 문화가 전제된다는 점을 강조하면

제14권(서울[京城]: 진단학회, 昭和十六年[1941]), 4쪽에서는 "대개 당시에 있어서 병종(兵種)을 구분하는 것은 신분이었고, 또한 반대로 군역(국역)의 부담에 있어서 다시 그의 신분은 세분화되었다"고 하였는데, 대체로 옳은 말이다. 관직에 대해서도 비슷하게 말할 수 있을 것이다.

74) 이범직, 「신분의 구분」, 『한국사』 25(과천: 국사편찬위원회, 1994), 41쪽에서는 "유교정치 이념에 대한 사회질서와 신분의 체제상의 구상은 이른바 유교적 직역관(職役觀)에 따른 국가적 분역상(分役上)의 구상이었다"고 하면서 "일차적으로는 지배영역에 종사하는 전문인 양성·보호와 함께 사회적으로는 피지배층에 속하는 생산영역에 종사하는 다양한 직역까지도 국가가 정책적·법제적으로 분화시키고 있었음에 유의해야 하겠다"고 하였다.

서 "신분 문화의 핵심은 역시 신분 이데올로기이며, 조선 사회의 경우 그것은 지배이념인 주자학(朱子學)"이라고 하였는데,75) 그런 맥락에서 꼽아볼 만한 조선 신분 제도의 특색이 바로 세속적이라는 점이다. 김필동이 신분간의 차별을 정당화하는 이데올로기로 지목한 주자학의 '귀천관(貴賤觀)', '명분론(名分論)', '본말관(本末觀)'이나 그가 형식적 평등과 경쟁을 존중하는 이념의 표현으로 본 '과거제(科擧制)' 가운데 어느 것도 특별한 종교적·신학적 색채를 띠지 않았다.76) 그 뿐만 아니라 사람들의 신분을 결정하고 신분에 따라 사람들을 대우하는 구체적 규제 장치들도 종교적·신학적 색채를 띠지 않았다. 가장 뚜렷한 신분 집단인 양인과 천인을 구분하는 데에는 주자학보다는 주로 법가적(法家的) 색채가 짙은 제민지배(齊民支配) 관념이 작용하였는데, 후자는 전자보다 훨씬 더 세속적이다.

〈구체적 발현 형태〉

조선 초기 신분 제도의 세속적·국가주의적 성격은 크게 세 가지 면에서 구체적으로 드러난다.

첫째, 신분 제도가 주로 국가에서 정한 법에 의해 규제되었다. 조선 초기의 경우에 사람들의 신분을 결정하는 지배적 사회규범은 곧 세속적 국가법이었다. 앞에서 지적했듯이 당시 신분 제도의 많은 부분이 이전 시대의 역사적 퇴적물로서 관습이나 관습법의 영역에 이미 존재하고 있었을 것이다. 그러나 그것들은 국가주의적 관점에서 보면 소재(素材)에 지나지 않는 것으로서 국가법의 명시적·묵시

---

75) 김필동, 「신분 이론 구성을 위한 예비적 고찰」, 김채윤 회갑기념 『사회계층』(서울: 다산출판사, 1991), 458쪽.
76) 같은 곳 참고. 김필동 스스로 조선의 신분 제도가 세속적이라고 하지는 않았다.

적, 직접적·간접적 공인을 받지 않으면 '제도' 구실을 하기 어려웠을 것으로 여겨진다. 여기서 자세한 사례나 증거를 들기는 어렵지만, 조선 초기에는 국가에서 법을 통해 신분 제도를 이루는 기존의 법과 관습을 변경·폐기하려고 시도한 경우가 많았으며 그 규제력도 컸다고 판단된다. 그러므로 조선 초기의 신분 제도는 국가법을 주된 사료로 삼아 파악해도 큰 무리가 없을 것이다.

둘째, 신분 범주 구분에 종교적·신학적 의미가 거의 부여되지 않고 대개는 국가 운영상의 요구만 반영되었다. 오로지 임금과 인민의 구분과 차별 및 서얼에 대한 차별에서만은 종교적 관념이 작용한 것으로 보이는데, 그 경우에도 세속적 관념이 함께 작용하였다고 판단된다. 서얼에 대한 차별은 주로 종법적(宗法的) 정통성 이데올로기에 따른 것이지만, 거기에는 정치적 판단과 양·천 구분 관념도 작용하였다. 임금은 신성한 존재, 곧 성인으로 취급되는 면이 있으나, 그러한 의미 부여는 기본적으로 임금을 통치자로 보는 세속적 관념에 부가되는 것일 뿐이다. 유교(주자학)의 사회적 분업 관념에 따르면 '성직자'라는 것이 따로 있지 않고 '사(士)' 집단이 임금의 세속적 통치를 보조할 따름이었다. 그러므로 유교 이데올로기에 포섭된 사람들 사이의 신분 구분에는 애초부터 종교적·신학적 의미가 부여될 수 없었다. 다만, 당시에는 불교에 귀의한 중들이 신분 범주 구분의 소재(素材) 내지 대상으로서 존재하고 있었는데, 그들과 속인(俗人)을 신분적으로 나누기는 하였지만 그들의 규범적 속성을 종교적·신학적 측면에서 평가하지는 않았다. 중들에게도 관직을 맡을 자격과 신역을 질 의무를 부여할지 여부만 문제 삼았던 것이다.

셋째, 신분적 차별이 주로 공적(公的) 생활 영역에서 공법적 측면으로 이루어졌고 사사로운 생활 영역에서의 사법적 차별은 좀처럼 이루어지지 않았다. ≪경국대전≫에서 사법적으로 사사로운 생활 영역의 신분적 차별을 규정한 경우는 천인에 대한 재물성 부여 및 재산 상속 규제와 봉사(奉祀) 자격 제한밖에 없다. 집터 · 무덤의 넓이나 복식(服飾) 따위에 대해서도 신분에 따라 차등을 두었지만, 그것은 공법적 규제라고 보아야 할 것이다. 봉사 대수(代數)도 신분에 따라 차등을 두었는데, 그것도 예제(禮制)의 일부로서 공법적 규제라고 보아야 할 것이다. 그렇게 보면 사법적 측면에서 차별을 받은 신분 집단은 천인과 서얼밖에 없다. 천인은 양인에 비해 상속인의 범위가 좁았고, 서얼은 적출들에 비해 상속분이 적었다. 천인과 서얼이 공법적 측면에서도 차별을 받았음은 물론이다. 아무튼 양인과 천인의 구분 및 적출과 서얼의 구분 이외에 일체의 신분 범주 구분은 오로지 공법적 측면에서의 차별을 의미할 뿐이었다.

〈독특한 신분 구분 · 차별 장치〉

공법적 측면에서의 신분적 차별 가운데 핵심적인 것은 관직을 맡기고 신역을 부과하는 데서의 차별이다. 임금은 관직을 초월해 있었다. 인민들 가운데 중들은 관직과 신역을 비롯한 세속의 여러 일에서 벗어나 있었다.[77] 속인(俗人)들 가운데 천인은 원칙적으로 그 주인에게 사사로운 신역을 질 뿐 국가에 대해서는 신역을 제공할 의무를 지지도 않았고 관직을 맡을 자격이나 권리를 갖지도 않았다.[78] 양인들은 대개 원칙적으로 국가에 대해 신역을 지고 관직을

---

77) 재산법 분야에서는 중과 속인의 차별이 없었고, 형률 적용에서는 중들을 특별히 다루기는 하였으나 그들에게 형률 적용이 면제되지는 않았다.

78) 천인들 가운데 사노비는 개인이나 사실상의 법인(향교 따위)에 대해 신역을 졌고 공노비는 국가나 관청에 대해 신역을 졌는데, 공노비의 신역도 이론적으로는 국역(國役)이 아닌 사역(私役)으로 볼 수 있다. 다만, 공노비의 신역은 공공적 성격이 강할 수밖에 없었으므로 그 대가로서 공노비에게도 예외적으로 잡직(雜職)에 한하여 관직을 맡을 자격이 부여되었다. 그렇지만 여러 종류의 관직 가운데 잡직만큼은 그 당사자의 신

맡을 자격을 가졌으며,[79] 그들 사이에서는 관직과 신역을 둘러싸고 복잡한 신분 분화와 신분적 차별이 이루어졌다.

양인들 사이에서 신분 분화가 어떻게 이루어졌는지는 제4장의 첫머리에서 자세히 설명할 것이다. 여기서는 다만 그와 관련된 세 가지 사항을 지적해 두겠다.

그 하나는 관직과 신역이 서로 맞물려 있었다는 점이다. 양인들은 아무런 대가 없이 국역(國役, 국가에 대해 지는 신역)을 진 것이 아니라 실제 입역(立役)하는 경우에는 대개 일정한 기준에 따라 관계(官階, 일반적으로 '산계[散階]'라고 함)를 받도록 되어 있었다.[80] 그 때 받은 산계는 의무적 입역을 마치고('거관[去官]'이라고 함) 관직에 진출할 경우 당사자의 신분적 등급으로 그대로 인정되었다. 또한 의무적 입역 기간 동안에도 체아직(遞兒職)을 주는 제도가 있었는데, 몇몇 '고급' 역종(役種)의 경우 그 체아직이 순수한 관직에 버금가는 신분적 의미를 띠었다. 다만, 대다수 평민이나 하층민이 담당한 역종에서 입역 기간 동안 받는 산계는 거관 후 실제로나 제도상으로 관직으로 연결되는 경우가 매우 적었으므로 별다른 신분적 의미를 갖지 못하였다. 그러나 아무튼 관직과 신역은 산계를 매

분에 미치는 영향이 매우 적었다. 그리고, 천인은 여자도 신역을 졌다.

79) 양인들 가운데서도 국가에 대해 공법적 권리와 의무를 갖는 양인들은 원칙적으로 이른바 '정남(丁男, 만16살 이상~60살 미만의 남자)'에 한정된다. 그 가운데서도 공장(工匠), 상고(商賈), 고공(雇工) 따위는 대개 신역을 지지 않고 관직을 맡을 자격도 가지지 못하였으나, 그것은 신분적 차별이라기보다 계급적 차별이라고 이해해야 마땅하다. 그리고, 신역을 지는 형태는 실제 입역(立役)하는 경우와 보인(保人)으로서 입역자를 보조하는 것으로 나뉘었다.

80) 군역(軍役)이나 향리 이외의 아전역(衙前役)을 서는 경우에는 대개 산계를 받았고 향리나 반당(伴倘) 따위는 그렇지 않았다. 염간(鹽干)·목자(牧子) 따위에 대해서는 ≪경국대전≫에 규정이 없고 ≪조선왕조실록≫에도 관련 기록이 보이지 않으나, 산계를 받지 않았을 것으로 여겨진다.

개로 삼아 서로 맞물려 있었다.

다른 하나는 신역이 관련되지 않은 경우에도 어떤 사람이 실제로 맡은 관직보다는 그 사람의 산계가 더 큰 신분적 의미를 띠었다는 점이다. 산계는 관직을 맡을 수 있는 자격과 등급을 아울러 나타내는 '벼슬'로서, 산계가 없는 사람에게는 관직이 주어질 수 없었다. 산계는 관직을 맡길 수 있는 근거이자 전제 요건이었던 것이다. 산계가 없는 사람에게 관직을 맡길 경우에는 산계를 먼저 주고 관직을 주거나 최소한 산계와 관직을 동시에 주었다.

마지막 하나는 관직·신역과 직접 관련되지 않는 혈연이나 혼인 관계, 또는 공적(功績) 따위를 근거로 특정한 사람들을 신분적으로 특별히 취급할 경우에도 대개 산계와 관직이 그 특별 취급의 매개 고리 구실을 하였다는 점이다. 본보기로, 임금의 혈족이나 외척, 또는 공신(功臣)들이 '신분적'으로 특별한 사람들임은 분명한데, 그런 사람들에게는 그냥 특별한 대우를 해준 경우보다 일단 특별한 산계와 관직을 준 다음 그 산계와 관직의 종류 및 등급을 근거로 특별한 대우를 한 경우가 많았다. 산계나 관직 이외에 특별한 신분적 차별 근거를 갖지 않는 관인(官人)들에 대해서 그 산계와 관직의 종류 및 등급을 근거로 특별한 대우를 하였음은 물론이다.

이와 같이, 양인 집단 내부의 신분적 분화는 관직과 신역을 매개로 이루어졌으며 그 가운데서도 특히 산계가 중요한 구실을 하였다. 그러므로 양인들 사이의 신분 분화 관계를 이해하기 위해서는 무엇보다도 산계와 관직, 그 신역과의 관계를 포함한 ≪경국대전≫ 체제의 관제(官制)에 대한 기본적 이해가 필요하다. 그러나 그 구체적 내용은 간단히 요약해서 설명하기 어려우므로, 위에서 설명한 것 이외에는 앞으로 신분 제도의 내용을 살피면서 필요한 경우에 간간이 언급하기로 한다.

제3장
거대 신분 범주의 단계적 구분

앞에서 제시한 신분 개념을 적용하면, ≪경국대전≫의 규율 아래에서 사회를 구성한 모든 사람들은 1차로 '임금'과 '인민'이라는 두개의 범주로 나뉜다. '임금' 범주에는 실제 왕위를 차지한 사람뿐만아니라 그 정처(正妻)인 왕비, 상왕(上王)이나 태상왕(太上王) 및 대비(大妃)·왕대비(王大妃)·대왕대비(大王大妃), 세자와 세자빈(世子嬪) 등도 포함된다. '인민'은 그 밖의 모든 사람들을 포괄한다.

'인민'은 2차로 '중'과 '속인(俗人)'으로 나뉜다. 그 가운데 '중'은신분적으로 동질적이며, '속인'은 신분적으로 이질적인 여러 부류의사람들을 포함한다.

'속인'은 3차로 다시 '양인(良人)'과 '천인(賤人)'으로 나뉜다. 그가운데 '천인'은 공노비와 사노비, 입역느비(立役奴婢)와 납공노비(納貢奴婢) 따위의 여러 부류로 나뉘지만 신분적으로는 동질적이다.'양인' 범주 안에서는 다양한 신분적 이질성이 보인다. 그러나 이장에서는 여기까지의 범주 구분 관계만 다루고 양인들 사이의 신분분화에 대해서는 제4장에서 살필 것이다.

위와 같은 3차에 걸친 신분 범주 구분에서는 각 차원마다 뚜렷한이분법이 적용되고 같은 차원에서는 신분 범주들이 겹치지 않는다.이하 이 장에서는 이와 같은 구분 틀에 맞추어 그 구분의 구체적내용과 의미 및 그에 따른 신분적 차별의 내용을 살펴보기로 한다.그에 앞서 위에서 설명한 범주 구분 관계를 그림으로 나타내 보면다음과 같다.

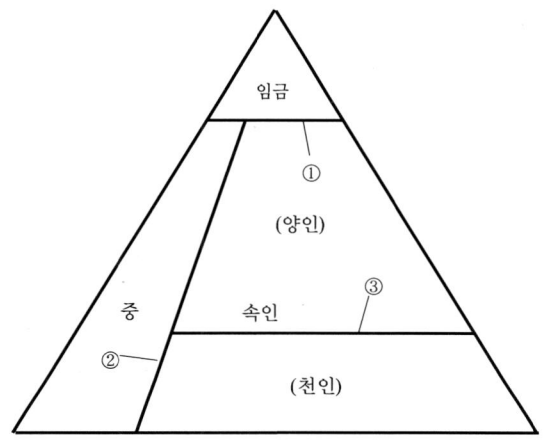

　　※ ①～③: 신분 구획의 논리적 순서를 나타냄
　　※ 양인＋천인＝속인
　　　　중＋속인＝인민

1. 임금과 인민

1) '임금'과 '인민'의 신분성

〈임금〉

　조선 초기의 사회 구성원 모두를 하나의 집합으로 묶어서 그것이 가장 먼저 어떤 신분 범주들로 나뉘는지를 보려면, 이제까지 학계에서 거의 주의를 기울이지 않았던 임금의 신분제적 위상부터 살펴보아야 한다. 그러기 위해서는 당시의 조선 국가에서 왕위('임금'이라는 지위)와 그것을 차지하게 되는 사람 사이의 관계가 규범적으로 어떻게 설정되고 있었는지를 따져보아야 할 것이고 또 왕위나 그것을 차지한 사람이 규범적으로 어떻게 다른 지위나 사람과 달리 다루어졌는지를 따져보아야 할 것이다.

그런데 "조선시대 왕의 지위와 권한을 파악할 수 있는 객관적인 근거는 없다고 할 수 있다".[1] 당시 국가법의 기본적인 내용을 담은 "≪경국대전≫에는 임금의 지위와 권한에 대하여 일언반구의 언급도 없다".[2] 다른 자료에서 임금의 지위나 인신(人身) 관계 사항에 대한 언급을 찾아보기도 어렵다. 그러므로 일단 널리 알려진 상식을 신분제적 이해의 틀에 맞추어 다시 정리해 보겠다.

먼저, 왕위와 그것을 차지하게 되는 사람 사이의 관계는 간단히 '종신제(終身制)'와 '세습제'라는 두 마디 말로 설명될 수 있을 것이다. 그것을 직접 규정한 성문의 규범은 없으나, 조선에서 임금의 종신 재위와 그 세습은 단순한 사실이 아니라 당시 사람들의 규범적 확신이 스미어 있는 현상이며, 그 사료상의 근거를 들거나 예외적 경우를 고려할 필요는 없을 것이다. 굳이 따지자면 ≪경국대전≫에서도 비록 간접적인 것이지만 근거를 찾을 수 있다. 세자(世子)를 위한 각종 관청이나 인원에 대한 규정들이 바로 그것이다.[3] 그 규정들은 세자의 존재를 전제한 것이며, 더 나아가 세자는 임금의 종신 재위와 세습을 전제하지 않고서는 생각할 수 없는 존재이다. 아

---

1) 신명호, 『조선의 왕』(서울: 가람기획, 1998), 84쪽.

2) 같은 곳.

3) 세자를 위한 관청은 『대전』, 81~85쪽, <이전(吏典)> 「경관직(京官職)」조 "종3품 아문(衙門)" '세자시강원(世子侍講院)' 항목에 규정된 세자시강원과 같은 책, 346~349쪽, <병전(兵典)> 「경관직」조 "정5품 아문" '세자익위사(世子翊衛司)' 항목에 규정된 세자익위사이다. ≪경국대전≫에는 임금에 대해서와 마찬가지로 세자의 지위, 권한, 인신 따위에 대한 직접적인 언급은 없다.

무튼 왕위가 종신제 원칙에 따라 어떤 사람에게 주어졌다는 점은 그 명목을 신분 징표로 볼 수 있는 근거가 된다.

다음으로, 왕위나 그것을 차지한 사람에 대한 규범적 기대나 처우는 한 마디로 특별한 것이었다고 할 수 있다. 임금도 사람이라는 점이나 왕위도 사람에게 주어지는 지위라는 점 말고는, 임금과 여느 사람 사이에는 오히려 다르지 않은 점을 찾아보기가 어렵다. 그 또한 단순한 사실이 아니라 당시 사람들의 규범적 확신이 배어 있는 사실이다. 그 점을 보여주는 가장 뚜렷한 증거가 바로 ≪경국대전≫에서 다른 모든 사람들에 대한 갖가지 규정을 두면서도 임금에 대해서는 직접적으로 언급하지 않았다는 사실이다. 아무튼 임금과 여느 사람 사이에는 매우 뚜렷한 구별이 있었다.

이렇게 보면 '임금'은 하나의 독립된 신분 범주로 다루어야 마땅하다.

〈인민〉

'임금'이 하나의 신분 범주라면 그 밖의 여느 사람들도 하나의 범주로 묶이지 않을 수 없다. 그런데 그 명목(名目)이 문제다.

≪경국대전≫에는 임금에 대한 직접적 언급이 없듯이 나머지 사람들을 통틀어 가리키는 말도 나오지 않는다. ≪조선왕조실록≫에는 '인민(人民)'이라는 말과 '신민(臣民)'이라는 말이 자주 나오는데, 좀 따져볼 만하다. 두 낱말의 쓰임새를 살펴보면, 인민은 대개 임금을 중심으로 짜인 통치 기구에 참가하지 않은 순수한 통치 대상으로서의 일반 백성만을 가리키고,[4] 신민은 거의 예외 없이 임금을

---

4) 『실록』 1집, 165쪽 하단, ≪정종≫ 권3, 2년 2월 기해(4일)조에 나오는 임금이 정안공(靖安公, 나중의 태종)을 왕세자로 세우고 나서 한 말 가운데 "아, 너희 종친(宗親), 기로(耆老), 재보(宰輔), 신료(臣僚), 서울과 지방의

뺀 나머지 모든 사람들을 가리킨다. 그러므로 임금과 짝을 이루는 신분 범주에는 신민이라는 이름을 붙여야 마땅할 것이다.

그런데 신민이라는 말의 의미 구조나 그에 대한 오늘날의 어법에는 그것을 선뜻 받아들이기 어렵게 하는 점이 있다. 그 말은 '신료(臣僚)'와 '인민'을 합쳐놓은 것인 듯하다. 신민이라는 말을 어떤 범주의 이름으로 쓴다면 자연스레 그것을 다시 신료와 인민으로 구분할 것을 예정하게 된다. 그러나 임금을 뺀 나머지 사람들이 신료와 인민이라는 신분 범주로 나뉘지는 않는다. 신민은 요즈음 학계에서 거의 쓰지 않는 말이기도 하다. 그에 비해 인민이라는 말은 당시의 어법에 따르면 관리(官吏)들을 가리킬 수 없지만 어쨌거나 동질적인 대상을 가리킨다. 오늘날의 어법에 따르면 인민은 관리들을 포함하는 것이 오히려 자연스러우며, 마침 학계에도 그런 뜻의 '인민'이라는 말이 널리 퍼져 있는 듯하다.[5]

결국 임금과 짝을 이루는 신분 범주의 이름으로 삼을 만한 소재는 신민과 인민인데, 둘 다 어느 정도의 타당성은 있으나 꼭 맞지는 않는다. 이 책에서는, 신분 범주라는 것이 인위적으로 구성되는 이론적 도구라는 점에 무게를 실어서, 일단 오늘날 널리 퍼져 있는 어법에 따르기로 한다. 임금을 뺀 나머지 모든 사람들은 편의상 잠정적으로 '인민'이라고 일컬어 두겠다.

인민은 모두 내 마음을 몸소 받들어 각각 너희 맡은 일에 이바지하고 세자(元良)의 덕에 삼가 따라서 내 덕을 채워라(咨 爾宗親耆老宰輔臣僚中外人民 咸體予懷 各共爾職 祇順元良之德 以補予德)"는 대목을 보면 이 점이 뚜렷이 드러난다.

5) 유승원, 『조선초기 신분제 연구』(서울: 을유문화사, 1987), 43쪽에서도 '양인'과 '천인'으로 나뉘기 전의 사람들을 가리켜 '인민'이라는 표현을 썼고, 박병호, 『한국법제사고』(서울: 법문사, 1974), 124쪽에서도 "왕토사상(王土思想) 하에서의 인민"이라는 표현을 써서 '인민'이라는 말로써 임금을 뺀 모든 사람들을 가리킨 바 있다.

위에서 임금과 여느 사람들을 가르는 뚜렷한 경계선을 확인하였으므로 인민 범주의 바깥쪽 테두리는 확보한 셈이다. 그렇다면 그 범주를 안으로 묶어주는 요소는 무엇인가? 다름 아닌 여느 사람들은 임금이 아니며 임금이 될 수 없다는 점이 바로 인민 범주의 내용적 요소이다. 임금이 아닌 사람들은 감히 그 자리에 오르려 하지 말라는 규범적 요구가 인민들을 하나의 범주로 묶어준다.

임금과 인민이라는 두 범주를 놓고 볼 때, 전자는 외연범위는 매우 좁으나 그 개념의 내포(內包)는 풍부한 데 비해, 후자는 외연범위는 매우 넓으나 개념 내용으로 따지면 공허한 범주이다.[6] 아래에서 임금과 인민의 신분적 유별 관계를 살펴보기로 하는데, 개념 내용이 풍부한 임금 범주를 중심으로 보겠다. 인민 범주는 임금 범주에 대한 논의 내용을 뒤집어서 생각하거나 나중에 인민 범주 안에서 이루어지는 신분적 유별 관계를 보면 이해할 수 있을 것이다.

2) '임금' 범주의 속성과 특색

〈임금의 규범적 속성〉

임금이라는 신분 징표가 내포하는 규범적 속성은 매우 간단히 이해할 수 있다. 임금인 사람은 왕위를 차지할 권리를 가지고 그 자리를 지킬 의무를 진다는 것이다.[7] 그 권리에 대해서는 따로 설명

---

6) 내포가 풍부한 개념일수록 외연범위가 좁고 내포가 빈약한 개념일수록 외연범위가 넓으며, 대개 그 역 명제도 참이다. '임금'은 한 사람 뿐이어서 여러 모로 특별한 데 비해, '인민'은 무수한 사람들을 포함하므로 임금이 아니라는 것 말고는 공통점을 갖기 어렵다.

7) 이영화, 『조선시대 조선사람들』(서울: 가람기획, 1998), 22쪽에서도 "사실

을 덧붙일 필요가 없을 것이며, 그 의무의 내용은 왕위에 따르는 권한과 의무를 제대로 행사하고 수행하는 것이라고 할 수 있다. 흔히 이야기되는 임금의 갖가지 권리·권한과 의무는 본질적으로 그 인신(人身)이 아니라 그 지위에 따르는 것이기 때문에 신분 이론에서 다루기보다는 독립된 주제로 취급하는 것이 좋다. 인신과 지위가 문제될 때, 신분 이론에서는 주로 그 인신이 갖는 규범적 속성과 둘 사이의 관계가 문제되므로 그 지위가 갖는 속성들을 반드시 따질 필요는 없을 것이다.

왕위에 따라붙는 권리·권한과 의무는 너무 많기도 하기 때문에, 여기서는 그 부분을 건드리지 않기로 한다.[8] 다만, 왕위가 특정한 사람의 인신에 고착됨으로 말미암아 임금의 인신도 규범적으로 특별한 존재로 여겨졌다는 점을 강조하고자 한다.

유교적 관념에 따르면 임금의 지위와 인신은 거의 분리되지 않으며,[9] 그 인신은 여느 사람들과 뚜렷이 구별되는 일종의 초월성이나 신성성(神聖性)을 띠었다.[10] 임금은 사람이면서도 사람 이상의 존재

조선시대에 국왕이 왕위를 내놓을 수 있는 명분은 별로 없었다. 살아서 올라간 왕위는 죽어서야 내려올 수 있는 자리였다."고 하여 왕위 보유의 의무적 성격을 인정하였다.

8) 그 대신 이성무, 「조선시대의 왕권」, 조선시대사학회 편, 『동양 삼국의 왕권과 관료제』(서울: 국학자료원, 1999), 51~85쪽; 신명호, 『조선의 왕』(서울: 가람기획, 1998), 81~179쪽; 이영화, 『조선시대 조선사람들』(서울: 가람기획, 1998), 17~27쪽을 참고할 수 있다.

9) 이영화, 위의 책, 18쪽에서는 "유교에서의 왕은 '내성외왕(內聖外王)'의 존재다"고 하였다. 그렇기 때문에, 본문에서 임금의 '지위'에 따르는 것으로 파악한 권리·권한과 의무 가운데 '신성권(神聖權)'만큼은 그 '인신'에 따르는 것으로 볼 수 있는 여지도 있다. 그러나 이론적으로 볼 때 그것도 어디까지나 지위에 귀속되는 것으로 이해하는 것이 마땅하다. 임금의 '신성권'에 대해서는 신명호, 위의 책, 97~142쪽 참고.

10) 박병호, 『한국의 전통사회와 법』(서울: 서울대학교 출판부, 1985), 38~42

로서, "천(天)·지(地)·인(人)을 관통하는 존재"로, "우주의 덕을 체현한 신성한 존재"로, "천명(天命)을 받은 신성한 존재"로, "하늘로 대표되는 신성한 존재에 의해 선택되고, 그로 인해 신성한 존재와 배타적 교류관계를 갖는 초월자"로, "성인(聖人)"으로 여겨졌다.11) 임금을 그렇게 여기게 된 데 배후에서 작용한 힘은 유교 이데올로기였다.12)

임금의 인신이 가지는 초월적 신성성은 세속적 차원에서는 특별한 고귀함으로 나타났다. 임금의 인신은 고귀하기 때문에 특별히 귀하게 대접받고 특별한 보호를 받았으며,13) 그뿐만 아니라 인신적으로 그와 가까운 사람들까지 고귀하게 만들었다.14) 또한 임금의 인신은 당연히 형률의 적용 범위를 벗어났다.15)

쪽; 박병호, 『근세의 법과 법사상』(서울: 진원, 1996), 430~435쪽 참고.

11) 신명호, 『조선의 왕』(서울: 가람기획, 1998), 78~80쪽, 85~88쪽, 95~96쪽; 이영화, 『조선시대 조선사람들』(서울: 가람기획, 1998), 18~19쪽 참고.

12) 이 때만큼은 유교(유학)가 학문적 성격보다는 종교적 성격을 띤다.

13) 임금의 인신이 형률(≪대명률≫)의 「모반대역(謀反大逆)」 조항에 의해 특별히 보호되었음은 자명하다. 『명률강해』, 313~314쪽, <형률(刑律)> ≪적도(賊盜)≫율 「모반대역」조 참고. 같은 책, 해제, 二四쪽에 따르면 조선시대에 실제로 적용된 대명률은 ≪대명률강해(大明律講解)≫이므로 이 책을 인용한다.

14) 이 점에 대해서는 뒤에서 '귀족' 범주와 관련하여 따로 살필 것이다.

15) ≪대명률≫의 일반 형률 규정이나 ≪경국대전≫의 특별 형률 규정 어디에도 임금이 형률상의 죄를 지을 수 있으리라고 예정한 조목은 보이지 않으며, 당시의 규범논리상 그럴 수도 없다. 임금은 형률을 포함한 모든 통치 규범에 대하여 유일한 최종 입법권자로서, 일종의 왕권신수설(王權神授說)을 바탕으로 세워진 국가에서 왕을 형률 적용 대상으로 삼는 것은 이른바 '자기입법(自己立法)'에 해당하여 위계적 규범논리상 모순에 처하게 된다. 이 점 입헌 민주주의 체제에서의 '자동성(自同性)의 원리'와 전혀 다르다. 그뿐만 아니라 ≪예기(禮記)≫에 나타나는 유교적 규범의식에 따르면 "예는 서인에게까지 내려가지 않고 형은 대부에게까지 올라가지 않는다(禮不下庶人 刑不上大夫)"고 하는데, 임금은 이 논리까

임금의 인신이 규범적으로 특별하게 다루어진 또 한 가지 측면은 사사로운 생활 관계까지도 공법적 규제를 받았다는 점이다. 임금의 혼인이나 혈연 관계가 ≪경국대전≫ 규정을 비롯한 각종의 공법에 의해 재배치·재해석·재규정되었음은 물론이고, 그의 일상적 가정 생활도 공법적 규식(規式)에 따라야 했으며,16) 그의 사사로운 재산 까지도 관청에서 관리하도록 규정되어 있었다.17)

〈'임금' 범주의 이론적 특색〉

위에서 임금이라는 신분 징표가 내포하는 규범적 속성을 살펴보 았는데, 이제까지의 논의에서 임금이라는 신분 범주가 가지는 한 가지 특색을 끌어낼 수 있다. 임금이라는 신분 범주의 결정 요인이 특정한 사람과 특정한 지위의 관계에 대한 규범적 기대와 요구였다

지도 초월한다. 陳澔 注, 『禮記(集說)』(上海: 上海古籍出版社, 1987), 13 쪽, <曲禮 上> 참고.

16) 신명호, 『조선의 왕』(서울: 가람기획, 1998), 62~63쪽 참고. 특히 그 63 쪽에서는 "무엇보다도 한 식구라는 사적 관계가 제도화된 공적 관계로 해체되었다"고 지적하였다.

17) 대표적으로 『대전』, 89쪽, <이전(吏典)> 「경관직(京官職)」조 "정5품 아문 (衙門)" '내수사(內需司)' 항목, 주(註)에서 "대궐에서 쓰는 쌀, 베 및 여 러 물건, 노비를 맡는다(掌內用米布及雜物奴婢)"고 한 점 참고. 박병호, 『한국법제사고』(서울: 법문사, 1974), 124~131쪽과 신명호, 위의 책, 223~ 226쪽에 따르면 이념적·이론적으로는 임금은 전 국토와 인민의 주인이 었으나(왕토사상) 실제로는 그렇지 못하여 임금도 인민의 재산과 구별되 는 사사로운 개인 재산을 가졌다. ≪경국대전≫에서 임금의 사유 재산 임을 명시하지 않고 "대궐에서 쓰는(內用)" 물건들이라는 표현을 쓴 것 도 왕토사상의 영향 때문이라고 생각된다. 유교의 왕토사상은 신분 이 론상 임금의 규범적 속성을 규정하는 중요한 요소 가운데 하나라고 생 각된다(재산법상의 권리능력 문제). 그러므로 유교 국가에서의 임금의 규범적 속성과 그 밖의 국가에서의 임금의 규범적 속성이 어떻게 다른 지를 비교해볼 필요도 있다.

는 점이 그것이다. '임금'은 특정한 지위가 특정한 사람의 인신에 고착됨으로써 성립하는 신분 범주이다.

임금 범주의 또 한 가지 특색은 그것이 일정한 범위에서 귀속성·세습성·폐쇄성을 띠었다는 점이다. 임금의 경우에 일단은 그 범주에 들게 되는 사람이 한 사람 뿐이어서 귀속성·세습성·폐쇄성을 나누어 보기 어려우므로, 한꺼번에 파악해야 한다. 어떤 사람이 자동적으로 임금이 되는 것은 아니지만 임금이 될 수 있는 사람은 따로 있었다. 가장 넓게 보면 임금의 피를 이어받은 남자만이 임금이 될 수 있었고, 그 가운데서도 적자(嫡子)가 바람직하였으며, 또 그 가운데서도 장자(長子)가 가장 바람직하였다. 그 범위 안에서는 약간의 변칙이 허용되었다. 그러므로 임금 범주는 '일정한 범위 안에서' 귀속성·세습성·폐쇄성을 띠었다고 보아야 마땅하다.

마지막으로 꼽을 수 있는 또 한 가지 특색은 그 범주의 외연범위가 독특한 방식으로 확장되고 더 나아가 다른 사람들의 신분적 처우에까지 영향을 미쳤다는 점이다. 그 구체적 내용은 다음 항목에서 보기로 한다.

3) '임금'의 외연과 신분적 영향력

〈'임금' 범주의 외연범위〉

"하늘에는 두 개의 태양이 있을 수 없고 땅에는 두 명의 왕이 있을 수 없다."[18] 언뜻 생각하면 임금 범주의 외연범위는 그야말로 임금 한 사람에 그치므로, 그에 대해 따로 논의할 필요가 없을 듯하다. 그러나 ≪경국대전≫의 규율 태도를 보거나 이론적 취급의 타

---

18) 신명호, 『조선의 왕』(서울: 가람기획, 1998), 66쪽.

당성 및 편의를 고려하면 그렇지 않다.

≪경국대전≫에서 감히 규율하지 못한 사람은 임금 혼자만이 아니다. 거기에는 임금의 정처(正妻)인 왕비를 비롯하여 위로는 상왕(上王)과 대비(大妃), 태상왕과 왕대비, 대왕대비 따위와 아래로는 세자와 세자빈, 세손(世孫)과 세손빈 따위의 인신이나 지위에 대한 규정도 실려 있지 않다. 상왕이나 태상왕 따위는 왕의 종신 재위 원칙을 깨뜨리는 경우이고 세손도 특별한 경우로서 정상적인 예상 범위를 벗어나기는 한다. 그러나 왕비, 대비, 왕대비, 대왕대비, 세자와 세자빈 따위는 정상적인 상황에서 존재하게 되거나 존재할 수 있는 사람들이다. 그러므로 이러한 사람들이 ≪경국대전≫에서 규율되지 않은 이유는 예상을 벗어나기 때문이 아니라 모두 임금과 동격(同格)으로 여겨졌기 때문이라고 생각된다.

위에 언급한 사람들이 임금과 동격으로 여겨지게 되는 기제(機制)는 조금 허술하게나마 구체적으로 설명될 수 있다. 먼저, 부부(夫婦) 관계로 맺어진 사람들은 유교적 혼인 관념에 따라 일체(一體)로 여겨졌으리라고 생각된다. 임금과 왕비가 일체로 여겨졌다는 점은 임금이 죽으면 그 가장 중요한 상징인 옥새(玉璽)를 왕비가 보관했고 새 임금을 임명할 의례상의 권한을 가졌으며 새 임금이 어릴 경우 수렴청정(垂簾聽政)을 하기도 하였다는 데에서 뚜렷이 드러난다.[19]

---

19) 신명호, 『조선의 왕』(서울: 가람기획, 1998), 47∼49쪽 및 193쪽; 이영숙, 「조선 초기 내명부에 대하여」, 『역사학보』 제96집(서울: 역사학회, 1982), 99쪽 참고. 김용숙, 『조선조 궁중풍속 연구』(서울: 일지사, 1987), 330쪽에 따르면 조선의 경우에 수렴청정 제도가 완비된 것은 순조 초년 대왕대비 정순왕후(貞純王后)가 청정할 때부터라고 한다. 그러나 같은 곳에 따르면 그것은 이미 중국에서는 전국시대 진(秦)나라 소왕(昭王) 때부터 비롯하였고 우리나라에서는 고구려 태조왕 때와 신라 진흥왕 때부터 있었으므로, 조선 초기에도 만약 그 필요가 있었다면 이른바 '고례(古例)'로서 인용되었을 법하다.

상왕과 대비, 태상왕과 왕대비 따위는 임금의 퇴영(退影)으로서 물론 임금 아래로 낮출 수 없었다. 세자와 세자빈, 세손과 세손빈 따위는 예비적·잠재적 임금으로서 끝내 임금 아래에 있을 사람들과는 미리부터 분별해 둘 필요가 있었을 것이다. 그 임금과의 동격성은 대리청정(代理聽政)의 경우에 뚜렷이 드러난다.[20]

왕비와 세자가 임금과 마찬가지로 여겨진 사실을 뚜렷이 반영하는 한 가지 규정이 ≪경국대전≫에 실려 있는데, 관원이 동반(東班) 9품이나 서반(西班) 4품 이상의 관직을 받은 경우에는 그 다음 날 대전(大殿)·왕비전(王妃殿)·왕세자궁(王世子宮)에 아울러 사은숙배(謝恩肅拜)를 하도록 한 규정이 바로 그것이다.[21]

당시의 법적 규율과 실상이 그러하였으므로, 이론적으로도 위에 언급한 사람들을 하나의 범주로 묶어서 다루지 않으면 불편할 뿐만 아니라 타당성도 떨어지게 된다. 그러므로 임금 범주의 외연범위는 임금과 동격임으로 말미암아 ≪경국대전≫에 언급되지 않은 모든 사람들을 포함하는 것으로 보아야 한다.

임금 범주가 위에 언급한 사람들까지 포함하는 것으로 치면, 임금과 동격으로 여겨진 여자들과 관련해서 그 범주의 귀속성·세습성·폐쇄성 따위가 문제된다. 조선에서 왕비가 될 사람이 미리 정해져 있거나 대를 이어 한 집안 사람을 왕비, 세자빈, 세손빈으로 맞아들이도록 정해져 있지는 않았으므로, 실제로는 폐쇄성만이 문제다. 그런데 그에 관련된 뚜렷한 법제적 원칙을 확인하기는 어렵다.

기존 학계에서는 이영숙이 "세자빈의 조건은 세계(世系), 부덕(婦德), 자색(姿色)으로 되어 있음을 알 수 있다"고 하고서 그 가운데 신분과 관련되는 '세계'에 대해서는 문종 때에 (세자의) '정빈(正嬪)'과

---

20) 신명호, 『조선의 왕』(서울: 가람기획, 1998), 31~45쪽 참고.
21) 『대전』, 274쪽, <예전(禮典)> 「조의(朝儀)」조 참고.

'후궁(後宮)' 모두를 "더러운 허물이 없는 좋은 족속(無痕咎令族)"에서 선출하도록 한 사례를 소개한 바 있다.[22] 그 사례를 더 추적해 보면 재가(再嫁), 형벌, 천첩의 후손 따위가 '더러운 허물'의 예로 거론되었음을 확인할 수 있다.[23] 그러나 그 사례에 일반 원칙이 반영된 것으로 보기는 어려우며, 더 나아가 그런 원칙이 있었는지 여부에 대해서도 말하기 어렵다.[24] 다만, 왕비가 될 수 있는 사람의 범위가 무한정 개방되어 있지 않았다는 점만은 잘라 말해도 좋을 것이다.

〈임금의 신분적 영향력〉

'임금'이라는 이론적 신분 범주의 외연범위는 위에서 본 대로이고, 그 이상 넓혀지지는 않는다. 그 밖에 임금과 동격으로 여겨질 수 있는 사람은 없었다. 어떤 사람이 임금과 그 정비(正妃) 사이에서 난 아들·손자가 아니면서 임금이 되는 경우에, 그 사람의 사친(私親)까지도 임금과 동격으로 여겨질 수는 없었다.[25] 그렇지만 임

---

22) 이영숙, 「조선 초기 내명부에 대하여」, 『역사학보』 제96집(서울: 역사학회, 1982), 120쪽. 거기서 근거 자료로 삼은 것은 『실록』 3집, 193쪽 상단, 《세종》 권45, 11년 8월 무인(4일)조; 「실록」 6집, 486쪽 상단, 《문종》 권13, 2년 4월 기묘(15일)조 기사이다.

23) 『실록』 6집, 486쪽 상단, 《문종》 권13, 2년 4월 기묘(15일)조, 김종서(金宗瑞)의 말 "그러나 대를 이어 거듭 시집가거나 형벌로 처단된 경우는 곧 좋지 않은 집안이고, 비록 당시에는 귀하고 두드러진 가문이더라도 본디 천첩(賤妾)의 뒤를 이은 경우는 서대가 멀다고 해도 헛되이 여겨서는 안 됩니다.(然其連世再嫁或刑裁者 乃不祥之門 雖當時貴顯之門 原系賤妾之後 不可以世代之遠慮論也)" 참고.

24) 조선 후기와 관련해서는 김용숙, 『조선조 궁중풍속 연구』(서울: 일지사, 1987), 201~203쪽에서 헌종의 가례(嘉禮)를 위한 금혼령(禁婚令)에서의 허혼(許婚) 범위를 뒤집어서 왕비나 세자빈이 될 수 있었던 사람의 규범적 범위를 잡아낸 바 있다.

25) 이 점 《경국대전》에서는 확인할 수 없지만, 《속대전》의 규정 내용을 통해서 확인할 수 있다. 『속대전』(서울: 서울대학교 규장각, 1998 영

금과 인신적으로 가까운 일정한 범위의 사람들에게는 임금의 고귀함이 영향을 끼쳐서 그들은 신분적으로도 귀하게 여겨지게 되었다.

그 영향력이 발휘된 통로와 파급 범위는 크게 세 갈래로 나누어 볼 수 있다. 첫째는 임금과 혼인 관계로 맺어진 왕비의 피붙이들 및 후궁들이다(왕비는 임금 범주에 포함). 둘째는 임금의 피를 이어 받은 남계(男系)·여계(女系)의 후손들 및 다시 그들과 혼인 관계로 맺어진 사람들이다(세자·세자빈 따위는 임금 범주에 포함). 셋째는 임금의 인신 및 지위 보전(保全)에 관계된 공훈(功勳)과 특전(特典)이라는 특별한 의리로 맺어진 사람들과 그 후손 및 그들의 배우자들이다(공신). 이런 사람들은 임금과의 사사로운 관계 때문에 일정한 범위에 한해서 신분 제도상 특별한 범주를 구성하게 된다. 그들만이 '귀족'이라는 이름에 값할 만한 특수한 신분적 성격을 띠게 되는 것이다. 그에 대해 자세한 것은 나중에 따로 살필 것이다.

4) '임금'·'인민' 구분의 규범적 의미

임금과 인민을 갈라놓는 것이 가지는 가장 중요한 규범적 의미는 '통치자'와 '통치 대상(피치자)'을 미리 신분적으로 갈라놓는다는 것이다. 조선 사회의 신분 범주가 크게 양반, 중인, 상민, 천인으로 구분되었다고 보는 학자들은 흔히 양반과 중인을 지배 신분, 상민과 천인을 피지배 신분으로 평가하여 사회적 신분 구분의 의미를 부여하는데, 그것은 사회학·정치학의 색채가 짙은 접근이다. 규범학이

인), 121쪽, <이전> 「추증(追贈)」조; 같은 책, 148쪽, <호전(戶典)> 「제전(諸田)」조 "궁방전(宮房田)" 항목; 같은 책, 258쪽, <예전(禮典)> 「잡령(雜令)」조 참고.

나 제도론의 관점에서 보면 그런 식으로 의미를 부여하기는 어렵다. 규범학이나 제도론에서는 어떤 사회나 국가에서 통치를 할 권한을 가지는 사람과 통치를 받아야 할 사람을 가리는 것이 중요하며, 조선 사회의 경우에 그런 구분이 임금과 인민이라는 신분 범주 구분으로 나타났다는 점이 주목할 만한 사실이다.

조선 사회에서는 통치자와 피치자가 일련의 유동적 정치 과정에 의해 결정되지 않고 미리 제도화된 신분 범주 구분의 틀에 의해 결정되었다. 이 점이 임금과 인민의 구분이 가지는 가장 중요한 규범적 의미이다.

흔히 '지배 신분층'을 이루는 것으로 이야기되는 양반과 중인은 당시 사람들이 쓰던 말로써 다시 묶어 표현하자면 신료(臣僚)라고 할 수 있을 텐데, 그들은 규범적으로 보면 통치자가 아니라 통치 대상이었으며 다만 현실적으로 통치 보조자 구실을 하였을 뿐이다. 규범적으로 볼 때 신료 집단의 본질적 속성은 통치 대상이라는 것이며, 통치 보조자라는 것은 그들이 우연적으로 보유하게 된 일시적 지위에 지나지 않는다.

'임금'을 통치자를 가리키는 신분 범주로 볼 경우에, 그에 포함되는 여자들의 성격이 문제될 수 있다. 그들도 통치자라고 할 수 있는가?

이 물음에 대한 답은 그 여자들을 대표한다고 볼 수 있는 왕비의 정치적 성격이나 구실을 따져봄으로써 찾을 수 있다. 왕비가 통치자의 범주에 든다는 점은 두 가지 측면에서 드러난다.

그 하나는 앞에서 보았듯이 비상시에 왕비가 통치자로서의 권한을 가졌고 통치자 구실을 했다는 점이다. 임금이 죽은 경우나 새 임금이 어릴 경우에 왕비는 통치자 노릇을 하였다. 그것은 단순한 사실이 아니라 당시의 통치권에 대한 규범에 근거한 처사였으며 최소한 그 규범을 벗어나지는 않은 처사였다고 여겨진다. 왕비 스스로 통치자 노릇을 하는 경우 이외에 임금이나 세자가 있으면서도 통치권을 행사할 수 없는 경우가 있는데, 그에 대해서는 ≪경국대전≫에 규정이 있다. 나라에 급한 일이 있는데 임금과 세자가 대궐 밖에 나가 있고 왕비는 남아 있으면 왕비가 임금을 대신하여 내지 표신(內旨標信)을 써서 일을 처리한다는 규정이 그것이다.[26]

또 하나는 평상시에 왕비가 일정한 범위 안에서 통치권을 행사하도록 정해져 있었다는 점이다. ≪경국대전≫에는 임금의 통치권에 대한 일반적 규정이 실려 있지 않을 뿐만 아니라 왕비의 통치권에 대한 일반적 규정도 실려 있지 않다. 그러나 거기에 규정되어 있는 '내·외 명부(命婦)'에 대한 '일상적' 통치권을 왕비가 행사했다는 점은 일반적으로 인정할 수 있을 듯하다.[27] 그에 대해서는 자세한 검증이 필요하겠지만, 언뜻 ≪경국대전≫ 규정 가운데에서도 그 점을 짐작할 수 있는 내용들을 찾아볼 수 있다. 먼저 왕비전(王妃殿)에도 왕비의 정령(政令)을 전달하기 위한 부서로서 내시부(內侍府) 승전빗(承傳色)이 설치되어 있었음을 암시하는 규정이 있고,[28] 다음

---

26) 『대전』, 460쪽, <병전(兵典)> 「부신(符信)」조, "무릇 나라의 급한 일에 대해서는……임금이 나가 있을 때에는……왕비가 대궐에 머물러 있으면 내지표신을 쓴다[모양은 뾰족하며(세모꼴) 한 쪽에는 '내지'라고 쓰고 한 쪽에는 임금이 수결을 하였다.].([凡干軍國緊急事……行在時……王妃留宮 則 用內旨標信[體銳 一面書內旨 一面御押])".

27) 이영숙, 「조선 초기 내명부에 대하여」, 『역사학보』 제96집(서울: 역사학회, 1982), 77쪽에서는 "왕비는 품계를 초월한 지위이기 때문에 내명부 위에 군림하며 이를 다스리는 권한을 갖고 있었다"고 하였다. 명부들에 대해서는 『대전』, 29~34쪽, <이전> 「내명부」조 및 「외명부」조 참고.

28) 『대전』, 102쪽, <이전> 「내시부」조, "종4품 상책 3명[1명은 응방의 체아직으로 하고, 2명은 대전 섭리 가운데 주방의 대객당상과 왕비전 승전빗 섭리의 체아직으로 하며, 이에 그친다(승진하지 못한다).](從四品 尙冊 三員[一 鷹坊 遞兒 二 大殿薛里酒房對客堂上 王妃殿承傳色薛里 遞兒 止此])".

으로 해마다 임금과 왕비가 따로 회례(會禮) 잔치와 양로(養老) 잔치를 베푼다는 규정이 있다.29) 이러한 사실로 미루어 왕비가 명부들에 대한 일상적 통치권을 행사했음을 알 수 있다.

다만, 명부들에 대한 왕비의 통치권은 독자적 근거를 갖는 것이 아니라 임금의 통치권의 일부가 위임된 것이라는 데 유의해야 할 것이다. 왕비의 통치권이 미치는 인적 범위, 곧 명부들의 범위는 임금이 정해주는 것이며,30) 왕비는 그들과 관련된 '일상적'이고 '의례적(儀禮的)인' 일들을 맡아서 처리하는 것이다.31)

---

29) 『대전』, 271~272쪽, <예전> 「연향(宴享)」조, "○ 해마다 정월 초하룻날이나 동짓날에 회례 잔치를 베푼다[세자 및 문·무 관원이 모두 잔치에 참석하며, 왕비는 내전에서 잔치를 베푸는데 세자빈 및 내·외 명부가 모두 참석한다.]. ○ 해마다 늦가을(음력 9월)에 양로 잔치를 베푼다[높고 낮은 관원과 관인 가운데 나이가 여든 이상인 사람이 잔치에 참석하며, 여자들에게는 왕비가 내전에서 잔치를 베풀고, 지방에서는 수령이 내청과 외청을 따로 마련해서 잔치를 베푼다.].(○ 每歲正朝或冬至 行會禮宴[王世子及文武官 並赴宴 王妃宴于內殿 王世子嬪及內外命婦 並赴] ○ 每歲季秋 行養老宴[大小員人年八十以上者 赴宴 婦人則王妃宴于內殿 外則守令別設內外廳行宴])".

30) 『대전』, 46~47쪽, <이전> 「경관직」조 "정2품 아문" '6조(六曹)' 항목, 주에서 "이조……고훈사는……명부작첩……따위를 맡는다(吏曹……考勳司掌……命婦爵帖……等事)"고 한 점 및 같은 책, 316~317쪽, <예전> 「당상관처고신식(堂上官妻告身式)」조와 「삼품이하처고신식(三品以下妻告身式)」조가 각각 "교지, 정식 관직명 아무개의 처 아무 씨를 아무 부인으로 삼는다. 년[새보(璽寶)] 월 일.(教旨 具官某妻某氏 爲某夫人者 年[寶] 月 日]"과 "이조에서 임금의 명령을 받들어 정식 관직명 아무개의 처 아무 씨를 아무 인(人)으로 삼는다. 년[이조 관인] 월 일. 판서 신(臣) 아무개, 참판 신 아무개, 참의 신 아무개, 정랑 신 아무개, 좌랑 신 아무개.(吏曹奉 敎 具官某妻某氏 爲某人者 年[印] 月 日 判書臣某 參判臣某 參議臣某 正郞臣某 佐郞臣某)"로 되어 있는 점 참고.

31) 일상적 의례를 벗어나는 일은 당연히 임금의 직접 통치 범위에 놓이게 되는데, 예를 들어 명부가 형률상의 죄를 지은 경우에는 남자나 명부 아닌 여자들과 마찬가지로 정규적인 옥송(獄訟) 절차에 따라 처리되었다.

그러나 아무튼 이러한 점들은 왕비를 통치자의 범주에 넣는 근거가 될 수 있다. 왕비의 이러한 성격과 구실은 따로 특정된 작은 범위에서 임금의 통치권을 위임받아 대신 행사하는 신료들(특히 지방관)의 그것과는 질적으로 다르다. 왕비의 통치권자 노릇과 견줄 만한 오직 한 가지는 임금이 죽은 뒤 26일 동안 정무를 맡아보는 원상(院相)의 그것인데, 그것은 그야말로 권도(權道)에 속하는 것으로서 또한 왕비의 통치권자 노릇과는 질적으로 다르다.32) 결국 임금 범주에 드는 여자들까지도, 본질적으로 어디까지나 통치 대상으로 머무르는 일반 인민과는 달리, 통치자로서의 성격을 띤다고 보아야 한다.

조금 다른 방향에서 유교 이데올로기의 틀을 전제하고서 보면, 임금과 인민의 구분이 가지는 또 다른 의미는 '성인(聖人)'과 '범인(凡人)'을 구별하는 것이라고도 할 수 있다. 앞에서 조선 초기 신분제도의 전반적 특색을 설명하면서 신분 이데올로기로서의 유학(유교)이 특별한 종교적·신학적 색채를 띠지 않았다고 했는데, 오직 임금과 관련된 한에서는 종교적 색채를 짙게 띠었다.33) 유교적 형이상학의 틀 속에서는 오직 성인만이 하늘의 도를 체현(體現)하여 인간 세상을 다스릴 정당한 권한을 가지는데, 유교 국가에서의 임금은 그러한 성인으로 의제되며,34) 그 의제를 뒷받침하기 위해서 임금이나 장차 임금이 될 사람에게는 규범적으로 끊임없는 수양이

---

32) 원상의 설치 내력과 성격에 대해서는 특히 『실록』 9집, 276쪽 상단, ≪성종≫ 권60, 6년 10월 무인(2일)조 참고.

33) 이 점에 대하여 수사학(洙泗學, 공자·맹자의 원시유학), 한(漢)·당(唐) 유학(훈고적 제도권 유학), 송(宋)의 신유학(新儒學, 주자학 내지 성리학), 조선 유학의 입장이 각각 다를 수 있다. 그리고, 유학(유교)은 신분 이데올로기적 측면을 벗어나서는 산이나 강 따위의 자연물이나 죽은 조상을 섬긴다는 면에서도 종교적 색채를 띤다.

34) 임금을 흔히 '성상(聖上)'으로 일컬었다는 점에서 임금에 대한 종교적 평가를 엿볼 수 있다.

요구되었다. 그에 비해 여느 사람은 성인인 임금의 지휘를 받아야만 하늘의 도에서 벗어나지 않는 것으로 여겨졌다. 그러한 관념을 전제하면, 임금과 인민을 신분적으로 갈라놓은 것은 그들을 각각 성인과 범인으로 의제하는 제도적 장치를 마련해 놓은 것으로 볼 수 있다.

2. 인민: 중과 속인(俗人)

1) '중'·'속인' 구분의 이데올로기적 배경과 규범적 의미

조선 왕조는 유교적 관념에 따라 일단 임금을 정점(頂點)에 세우고 나서는 매우 세속적인 관점에서 국가의 통치 질서를 세웠다.[35] 그런데 조선이 고려로부터 물려받은 인민 가운데에는 유교적·세속적 통치의 대상으로 삼기에 알맞지 않은 사람들이 있었으니, 중들이 바로 그런 사람들이다.

유교적 세속 국가의 통치 질서는 통치자인 임금을 세우고 통치 대상을 유교적 방식으로 편제하고 운용하는 것으로 이루어진다. 통치 대상은 토지와 인민으로 나누어 볼 수 있는데,[36] 토지와 인민을

---

35) 여기서 '세속적'이라는 말은 신학적 형이상학을 전제하지 않는다는 뜻이다.

36) 오늘날 학자들이 국가의 구성 요소로 국민, 영토, 주권을 꼽는 것과 비슷하게, 당시 사람들은 임금, 토지, 인민을 국가의 구성 요소로 생각하였다. 『실록』 3집, 95쪽 상단, ≪세종≫ 권37, 9년 9월 갑인(29일)조에 나오는 박초(朴礎)가 올린 말 가운데 "예로부터 임금은 하늘의 명을 받는데, 토지와 인민은 안으로 앞 임금에게서 물려받는다(自古王者受命 土地人民內承於先君)"고 한 대목 따위 참고.

각각 알맞게 편성하고 그들 사이의 관계를 알맞게 맺어주면서 국가 운영에 필요한 인력과 물자를 수취해야만 기본적인 통치 질서를 잡을 수 있다. 유교적·세속적 관념에 따르면 인민들은 관직을 전업(專業)으로 맡아 벼슬살이를 하거나 일반 생업에 종사하면서 신역(身役), 요역(徭役) 따위로 노역(勞役)을 이바지하고 조세(租稅), 공부(貢賦) 따위로 재화를 이바지함으로써 국가 생활에 참여해야 한다. 거기서 전형적인 생업으로 여겨진 것은 농업과 공업과 상업이다. 유교(유학)는 이른바 사·농·공·상의 '사민(四民)'만을 인민의 존재 형태로 예상한 것이다.[37] 중은 거기에 들지 않기 때문에 탄압·

---

37) 范甯 集解, 『春秋穀梁傳(附 札記)』 二(北京: 中華書局, 1985), 197쪽, <成公> 원년 3월조, "옛날에 사민(四民)이 있었는데, 첫째는 사민(士民)이고[도덕과 예술을 익히는 사람이다.] 둘째는 상민(商民)이고[사방의 재화를 통하게 하는 사람이다.] 셋째는 농민이고[씨뿌리고 기르며 밭 갈고 심는 사람이다.] 넷째는 공민(工民)이다[마음으로 꾀를 내고 손으로 힘을 써서 기물을 만드는 사람이다.].(古者有四民 有士民[學習道藝者] 有商民[通四方之貨者] 有農民[播殖耕稼者] 有工民[巧心勞手以成器物者])"; 朱熹 集注, 『孟子(集注)』(서울: 보경문화사, 1984 영인), 267쪽 상단, <盡心章句 上> 제19장, 주(注) "이 장은 사람의 품격이 같지 아니함을 말한 것인데, 대체로 네 등급이 있다.(此章言人品不同 略有四等)"; 같은 책, 276쪽 하단, <盡心章句 上> 제33장, "왕자 점이 묻기를 '선비는 어떤 일을 합니까?'라고 하니[……위로는 공·경·대부, 아래로는 농·공·상고가 모두 하는 일이 있는데, 선비는 그 사이에 있으면서 홀로 하는 일이 없는 까닭에 왕자가 그렇게 물은 것이다.], 맹자가 말하기를 '뜻을 받든다'고 하였다[……선비는 아직 공·경·대부의 도를 행할 수 없지만 또한 농·공·상고의 생업을 영위하는 것은 마땅하지 않으므로 그 뜻을 높이 받들면 그만이다.].(王子摯 問曰 士何事[……上則公卿大夫 下則農工商賈 皆有所事 而士居其間 獨無所事 故王子問之也] 孟子曰 尙志[……士旣未得行公卿大夫之道 又不當爲農工商賈之業 則高尙其志而已])" 따위 참고. 유교적 인민 관념 형성의 배경이 된 이른바 '사민(四民) 사회'의 성립에 대해서는 이춘식, 『중국 고대사의 전개』 중판(서울: 신서원, 1989), 163~170쪽; 이춘식, 『춘추전국시대의 법치사상과 세(勢)·술(術)』(서울: 아카넷, 2002), 10~17쪽 참고. 아울러, 여기서 사민의 유별은 신분적이라기보다 계급적

배제·절멸하거나 최소한 여느 인민들과 분리해야 할 존재로 여겨
졌다.38)

    물질적 측면을 떠나서 사회윤리적 측면에서 보더라도 중들은 유
교적 통치 질서에 적합하지 않았다. 유교에서 사회 구성원에게 기
대한 것은 삼강오륜(三綱五倫)의 윤리를 지키면서 살아가는 것이었
다.39) 임금에게는 하늘의 명(命)을 받아 예(禮)와 덕(德)으로써 인민
을 다스릴 것을 기대하였고, 인민들에게는 임금을 섬기고 부모를
모시며 남녀 분별을 지키면서 서로 잘 어울려 살아갈 것을 기대하
였다. 그런데 중들은 그런 인간상(人間象)에 맞지 않았으므로 유교
적 교화(敎化)에서 배제되어야 할 존재로 여겨졌다.40)

    이라는 데 유의해야 할 것이다.

38) 『실록』 2집, 584쪽 하단, ≪세종≫ 권23, 6년 3월 갑신(8일)조, 윤회(尹
淮) 등의 상소에 나오는 "저희들도 또한 이단 가운데서도 중들이 심하
다고 여기는데, 오랑캐의 풍속으로써 홀로 사민의 밖에 있으면서 백성
들을 부려서 끝내 도둑질을 하니 그 죄를 어떻게 하면 좋겠습니까?(臣
等 亦以爲異端之中 佛氏爲甚 以夷狄之俗 獨居四民之外 而使民窮盜 其罪
宜何如也)"; 『실록』 4집, 205쪽 상단, ≪세종≫ 권85, 21년 4월 병신(19
일)조, 최만리(崔萬理) 등의 상소에 나오는 "사민의 밖에 있으면서 사민
의 재물을 도둑질하는 사람은 중들만한 것이 없습니다.(在四民之外 而
盜四民之資者 莫僧徒若也)"; 같은 책, 410쪽 상단, ≪세종≫ 권96, 24년
5월 기사(10일)조, 예조에 전지(傳旨)한 바에 나오는 "중들이 중국에 들
어온 다음에 사민 밖에서 손을 놀리면서 앉아서 먹는 사람들이 날로 늘
어나니, 역대 제왕이 모두 도승(度僧)의 법을 세워서 그 폐단을 억눌렀
다.(自釋氏入中國以來 四民之外遊手坐食者日衆 歷代帝王 皆立度僧之法
以抑其弊)" 따위 참고.

39) ≪경국대전≫에서도 강상(綱常)을 어긴 경우에는 특별히 엄하게 다스리
도록 규정하였고, ≪대명률(大明律)≫에서 규정한 '십악(十惡)'도 대부분
강상을 어긴 경우에 해당한다. 『대전』, 465쪽, <병전(兵典)> 「군사환속
(軍士還屬)」조 및 489쪽, <형전(刑典)> 「휼수(恤囚)」조; 『명률강해』, 47〜
48쪽, <명례율(名例律)> 「십악」조 참고.

40) 『실록』 4집, 153쪽 하단, ≪세종≫ 권82, 20년 7월 신묘(9일)조, 사간원의

이렇듯 여러 모로 중을 여느 인민들과 구별할 필요가 있었지만, 그들 사이를 꼭 '신분적으로' 갈라놓을 만한 논리적 필연성이 있었다고는 할 수 없다. 그들을 별도의 사회적 계급으로 인정하고 적당한 규제의 틀 속에 포섭하면 그만이었을 수도 있다. 그러나 아무튼 ≪경국대전≫ 체제에서는 중들에 대하여 신분적 색채를 짙게 띠는 규제 장치를 마련해두고 있었다.

당시의 실상이 그랬으므로 이론적으로도 그렇게 다루는 것이 좋다. 그 자세한 내용을 보기에 앞서, 여기서는 일단 '중'과 짝을 이룬 신분 범주에 이름을 붙여 놓아야 하겠다. 여러 근거를 끌어들일 필요 없이, 당시 사람들의 어법을 따르든 요즈음 사람들의 관념을 따르든, 그것은 '속인(俗人)'이라고 하지 않을 수 없다.[41] '인민' 범주 안에서, 사회 전체로 보면 2차적으로 이루어진 신분 범주 구분은 '중'과 '속인'을 가르는 것이었다.

조선 국가에서 마음 놓고 중과 속인을 신분적으로 갈라놓을 수 있었던 까닭은 유교가 통치 이데올로기로서 일종의 완결성이나 완

소(疏)에 나오는 "오직 저 중들이란 어버이를 여의고 집을 나왔으니 아비와 아들의 은혜를 갈라놓았고 돈을 바치고 정역(丁役)을 벗었으니 임금과 신하의 의리를 끊은 것으로서, 하늘의 도리를 어기고 인륜을 외면한 사람들입니다.(惟彼緇徒 辭親出家 則割父子之恩 納錢免丁 則絶君臣之義 違天理外人倫者也)"; 『실록』 11집, 494쪽 상단, ≪성종≫ 권229, 20년 6월 갑인(27일)조, 박증영(朴增榮)의 말 "사민(四民)의 밖에 있으며 아비와 아들, 임금과 신하가 없는 사람들인데, 어찌 그를 일컬어 우리 백성이라고 할 수 있겠습니까?(居四民之外 而無父子君臣者 豈可謂之吾民乎)" 따위 참고. 앞 인용문에서 "돈을 바치고 정역을 벗었다"고 한 것은 '정전(丁錢)' 제도에 따른 것인데, 그에 대해서는 나중에 본문에서 언급할 것이다.

41) 『실록』 1집, 108쪽 하단, ≪태조≫ 권12, 6년 7월 갑술(25일)조, (노비)변정도감(辨定都監)에서 올린 소(疏)에 나오는 "중은 이미 어버이를 여의고 집을 나왔으니 속인과 한가지로 조상이 물려준 노비를 다투어 바라는 것은 이치에 맞지 않습니다.(僧人旣爲辭親出家 而俗人一例祖業奴婢爭望無理)" 따위를 비롯하여, ≪조선왕조실록≫ 곳곳 참고.

벽성을 띠었기 때문이라고 생각된다. 다시 말하면, 조선 왕조에서 지배 이데올로기로 삼은 유교는 그 지배를 종교적·형이상학적으로 정당화하는 논리와 그 지배를 세속적 현실 세계에서 실현할 수 있는 통치술(統治術)을 나름대로 모두 갖추고 있었기 때문에 굳이 다른 사상체계에서 정당화 논리나 통치 기술을 빌려올 필요가 없었으리라는 것이다.42) 널리 알려져 있듯이, 고려에서는 왕사(王師)나 국사(國師)를 둔 것을 비롯하여 여러 면에서 불교나 중들을 통치에 이용하였던 데 비해, 조선에서는 적어도 ≪경국대전≫ 체제에 이르면 통치 질서 전반을 유교적 관념에 맞추어 구성하고 중들은 따로 떼어내어 세속적 통치 질서에서 소외시켰다.

중과 속인의 구분이 가지는 규범적 의미는 위에서 살펴본 바 그 이데올로기적 배경에서 고스란히 끌어낼 수 있다. 인민들 가운데 물질적·이데올로기적으로 유교적 통치 질서에 편입하기 어려운 사람들을 따로 처리하는 것이다.43) 그 내용은 한 편으로 보면 중들을 탄압하고 배척하는 것이었지만 또 한 편으로 보면 유교적 통치를 어느 정도 면제해 줌으로써 그들의 존재를 인정하고 보장하는 것이었다. 이 점은 꼭 중들에 대한 신분적 규제에만 해당하는 것이 아니라 널리 불교와 절에 대한 정책에도 해당하는 것이다. 조선 왕조가 불교, 절, 중에 대하여 취한 정책적 조치는 한 편으로는 유교 이데올로기 중심의 배타적 탄압이기도 하였지만 또 한 편으로는 역사적 유산에 대한 관용(寬容)인 동시에 현실적 힘과 요구에 대한 타협이기도 하였다.

---

42) 이런 점과 관련하여 시야를 좀 더 넓혀서 다른 시대, 다른 나라, 다른 지배 이데올로기의 경우와 비교해볼 필요도 있다.

43) 나중에 보게 되듯이 중에 대한 신분적 규제 가운데 가장 중요한 '정전(丁錢)'과 '도첩(度牒)' 제도가 ≪경국대전≫의 <호전(戶典)>이 아닌 <예전(禮典)>에 실려 있다는 사실도 이러한 점과 관련이 있을 것이다.

2) 중에 대한 신분적 규제와 그 내력

〈중에 대한 규제의 내용〉

이제 중들에 대한 신분적 규제가 구체적으로 어떻게 이루어졌는 지를 보기로 한다. 중들에 대한 신분적 규제를 포함하여 조선 왕조 가 불교·절·중에 대해서 취한 정책적 조치들 가운데 중요한 것은 ≪경국대전≫ 및 거기서 일반 형률로 인용한 ≪대명률≫에 실려 있 으므로, 그 규정 내용을 아울러 보겠다. 먼저 해당 규정들을 보면 다음과 같다(≪대명률≫ 규정은 ≪명률≫로 표시함).

[규정 1-1][44] (절 창건 제한)

"무릇 절이나 암자는 새로 창건하지 못하며, 오로지 옛 터를 다 시 고치는 경우에만 두 종(宗)에 신고하고 예조에 보고해서 임금에 게 아뢴다."[45]

[규정 1-2] (중을 공인하는 절차 및 조직 통제)

"중이 된 사람은 석 달 안에 선종(禪宗) 또는 교종(敎宗)에 신고 하고, 불경[……]을 외는 시험을 보여서 예조에 보고하면[사노비이 면 본디 주인의 뜻과 바람에 따른다.] 임금에게 아뢰며, 정전(丁錢) [정포(正布) 30필이다.]을 거두고 도첩(度牒)을 준다[……]. ○ 선(禪) ·교(敎) 두 종(宗)은 3년마다 선시(選試)를 보이는데……각각 30명 씩을 뽑는다. ○ 여러 절의 주지는 두 종(宗)에서 몇 사람을 헤아려 추천해서 예조에 보고하고 이조에 공문을 보내어 심사해서 뽑아

---

44) 여기서부터 줄곧 법조문을 통째로 따로 인용할 경우에는 편의상 이런 기호를 붙이겠다. 앞의 숫자 '1'은 지금의 경우가 그렇게 인용한 첫 번 째 사례임을 나타내며, 뒤의 숫자 '1'은 그 가운데 첫 번째 규정임을 나 타낸다. 아래에서도 같은 식으로 표시한다.

45) 『대전』, 302~303쪽, <예전> 「사사(寺社)」조, "凡寺社 勿新創 唯重修古基 者 告兩宗 報本曹 啓聞".

보내는데……죄를 지은 바가 있을 것 같으면 두 종에서 예조에 보고하여 사실을 조사하고 죄를 다스리며, 간음을 저지른 경우에는 추천한 중에게도 아울러 죄를 준다."46)

[규정 1-3] (≪명률≫, 위의 규제 위반에 대한 처벌)
"무릇 절·도관(道觀)·암자(庵子)·도원(道院)은 지금 있는 곳 말고 그 밖에는 사사로이 스스로 새로 세우거나 늘이는 것을 허용하지 않으며, 어기는 사람은 장(杖) 100대를 치고 환속시키는데, 중이나 도사(道士)는 먼 변방으로 보내어 충군(充軍)하고 신중이나 여관(女冠)은 관청에 들여 종으로 삼는다. ○ 만약 중이나 도사에게 도첩을 주지 않았는데도 사사로이 스스로 비녀를 꽂거나 머리를 깎으면 장 80대를 치고, 만약 가장(家長)으로 말미암았으면 가장에게 죄를 지우며, 절이나 도관의 주지 및 가르침을 받은 스승이 사사로이 출가시킨 경우에는 더불어 같은 죄를 주고 아울러 환속시킨다."47)

[규정 1-4] (위 규정에 대한 특별 규정)
"공노비 가운데……만약 역(役)을 피하여 중이 된 경우에는 장 100대를 치고 막다른 변방의 허물어진 고을의 관노비로 영구히 소속시키며, 사정을 안 스승 중은 「제서유위(制書有違)」의 형률로 따지고 환속시켜 역을 지운다[사노비는 죄를 묻고 주인에게 준다.]."48)

---

46) 『대전』, 302쪽, <예전> 「도승(度僧)」조, "爲僧者 三朔內 告禪宗或敎宗 試誦經[……] 報本曹[私賤則 從本主情願] 啓聞 收丁錢[正布三十四] 給度牒[……] ○ 禪敎兩宗 每三年選試……各取三十人 ○ 諸寺住持 兩宗擬數人薦望 報本曹 移文吏曹 磨勘差遣……如有所犯 兩宗報本曹 覈實治罪 犯奸者 幷坐薦僧".

47) 『명률강해』, 147쪽, <호율(戶律)> ≪호역(戶役)≫률 「사창암원급사도승도(私刱庵院及私度僧道)」조, "凡寺觀庵院 除見在處所外 不許私自創建增置 違者 杖一百 還俗 僧道發邊遠充軍 尼僧女冠入官爲奴 ○ 若僧道不給度牒 私自簪剃者 杖八十 若由家長 家長當罪 寺觀住持及受業師私度者 與同罪 並還俗". 앞 조목 끝에서 '入官爲奴'라고 하였는데, 거기서 '奴'는 '婢'로 보고 풀어야 마땅하다.

106

[규정 1-5] (환속자 규제)

"……법을 어기고 중이 되었다가 본디 호적으로 되돌려져서 역(役)을 지게 된 수……는 서울에서는 한성부, 지방에서는 관찰사가 세초(歲抄) 때마다 임금에게 아뢴다."49)

[규정 1-6] (절의 재정)

"……사전(寺田)……은 각각 스스로 세(稅)를 거둔다."50)

[규정 1-7] (요역 면제)

"무릇 절에는 공부(貢賦) 말고 요역(徭役)은 면제한다."51)

[규정 1-8] (≪명률≫, 혼인 금지 및 처벌)

"무릇 중이나 도사가 아내나 첩을 맞아들이는 경우에는 장 80대를 쳐서 환속시키고, 여자 집에도 같은 죄를 주어 갈라서게 하되, 절이나 도관의 주지가 사정을 알았으면 더불어 같은 죄를 주고, 알지 못한 경우에는 죄를 씌우지 않으며, 만약 중이나 도사가 짐짓 친속(親屬) 또는 종(僮僕)을 핑계 삼아 그 이름으로 장가들 곳을 구해놓고서 중이나 도사 스스로 차지하는 경우에는 간음으로 따진다."52)

[규정 1-9] (≪명률≫, 간음 처벌)

"무릇 부모 및 남편에 대하여 거상(居喪)하면서나 또는 중·신중

---

48) 『대전』, 501~502쪽, <형전> 「공천(公賤)」조, "公賤……若避役爲僧尼者 決杖一百 極邊殘邑官奴婢永屬 知情師僧尼 以制書有違律論 還俗當差[私賤論罪給主]".

49) 『대전』, 212쪽, <호전> 「잡령(雜令)」조 "……違法爲僧原籍還差之數……京漢城府 外觀察使 每歲抄啓聞".

50) 『대전』, 188~189쪽, <호전> 「제전(諸田)」조 주, "……寺田……各自收稅".

51) 『대전』, 466쪽, <병전> 「복호(復戶)」조, "凡寺刹 貢賦外復役".

52) 『명률강해』, 182쪽, <호율> ≪혼인(婚姻)≫률 「승도취처(僧道娶妻)」조, "凡僧道娶妻妾者 杖八十 還俗 女家同罪 離異 寺觀住持 知情與同罪 不知者不坐 若僧道假託親屬或僮僕爲名求娶而僧道自占者 以姦論".

· 도사 · 여관이 간음을 저지른 경우에는 각각 보통의 간음죄에 2등급을 더하며, 더불어 간음한 사람은 보통의 간음으로 따진다."53)

[규정 1-10] (소생의 신분)

"무릇 천인이 걸리는 바는 어미의 역(役)을 따른다[……중의 소생은 비록 양인이더라도 또한 천인으로 삼는데, 신고하는 사람은 도망하거나 **빠진** 노비에 대해서와 마찬가지로 상을 준다.]."54)

[규정 1-11] (일상 활동 및 속인과의 교류 규제)

"……유생(儒生)이나 여자가 절에 오르는 경우[신중도 마찬가지다.]……아울러 장 100대를 친다. ○……○……길거리에서 부처를 공양하거나 귀신을 부르는 경우, 상주(喪人) · 서인(庶人) · 중이 도성(都城) 안에서 말을 타는 경우[……]……아울러 장(杖) 60대를 친다. ○……○ 사사로운 노비나 전지(田地)를 절이나 암자 또는 무당 · 박수(巫覡)에게 베풀어 바친 경우에는 죄를 물은 다음 그 노비나 전지를 국유화한다. ○……○ 서울 도성 안에 무당 · 박수가 사는 경우나 여염집에 남녀 중이 머물러 묵는 경우에는[……] 죄를 따진다."55)

[규정 1-12] (형사 절차상의 특례)

"장죄(杖罪) 이상은 가두는데, 문 · 무 관원 및 내시부(內侍府), 사족(士族) 여자, 중은 임금에게 아뢰어 가두되[……] 죽을 죄를 지은 경우에는 먼저 가두고 뒤에 아뢴다[중이 살인 · 도둑질 · 간음 · 상해

---

53) 『명률강해』, 458~459쪽, <형률(刑律)> ≪범간(犯姦)≫률 「거상급승도범간(居喪及僧道犯姦)」조, "凡居父母及夫喪若僧尼道士女冠犯姦者 各加凡姦罪二等 相姦之人 以凡姦論".

54) 『대전』, 504쪽, <형전> 「공천」조, "凡賤人所係 從母役[……僧人所生 雖良亦從賤 告者 與逃漏奴婢同賞]".

55) 『대전』, 495~498쪽, <형전> 「금제(禁制)」조, "……儒生婦女上寺者[尼同]……並杖一百 ○……○……街路供佛唱魂者 喪人庶人僧人都城內騎馬者[……]……並杖六十 ○……○ 私奴婢田地 施納寺社巫覡者 論罪後 其奴婢田地屬公 ○……○ 京城內巫覡居住者 閭閻內僧尼留宿者[乞糧見父母同生輸齋物僧尼 勿禁] 論罪".

108

를 저지른 경우에도 같다. ○ 혹 절을 수색할 일이 있으면 임금에게 아뢴다. ○……○ 무릇 가두지 않는 경우에는 공함(公緘)으로 추문(推問)하되, 7품 이하의 관원 및 중은 곧바로 추문한다{……○ 중은 자기의 일을 소송하는 것 및 외아들인 중이 부모의 일을 소송하는 것 말고는 들어서 다스려주지 않는다.}. ○……]."56)

[규정 1-13] (형사 절차상의 특례)
　"무릇 고신(拷訊)은[……] 임금의 명령을 받아서 행하되[……], 지방이면 관찰사에게 보고하며[……○ 문·무 관원, 내시부, 사족부녀, 중은 관찰사가 임금에게 아뢰며…….], 형조·개성부·관찰사는 유죄(流罪) 이하를 직접 처단하고 각 관청에서는 태죄(笞罪) 이하를 직접 처단한다[……]."57)

　이 법조문들 가운데 [규정 1-3], [규정 1-8], [규정 1-9]는 ≪대명률≫에 있는 것이고 나머지는 모두 ≪경국대전≫에 있는 것이다. ≪경국대전≫에서 "≪대명률≫을 쓴다"고 하였지만,58) 거기에는 조선의 실정에 맞지 않는 내용도 적지 않아서 ≪경국대전≫의 특별 규정으로 배제한 것 말고도 모든 ≪대명률≫ 규정을 실제 그대로 적용·집행하지는 않았다.59) 그러므로 위의 규정들 가운데 ≪대명률≫에

56)『대전』, 484쪽, <형전>「수금(囚禁)」조, "杖以上囚禁 文武官及內侍府士族婦女僧人 啓聞囚禁[……] 犯死罪者 先囚後啓{僧人犯殺盜淫傷人者 同 ○ 或有搜索寺刹事 啓聞 ○……○ 凡不囚者 公緘推問 七品以下官及僧人 直推{……○ 僧人 訟自己事及獨子僧人訟父母事外 勿聽理} ○……]".

57)『대전』, 484~485쪽, <형전>「추단(推斷)」조, "凡拷訊[……] 取旨乃行[……] 外則報觀察使[……○ 文武官內侍府士族婦女僧人 觀察使啓聞……] 本曹開城府觀察使 流以下直斷 各衙門 笞以下直斷[……]".

58)『대전』, 483쪽, <형전>「용률(用律)」조, "用大明律".

59)≪대명률≫ 수용·적용의 일반적인 모습에 대해서는 박병호,『한국법제사고』(서울: 법문사, 1974), 415~418쪽; 박병호,「조선 초기 법제정과 사회상」,『국사관논총』 제80집(과천: 국사편찬위원회, 1998), 1~36쪽; 조지만,「조선 초기 ≪대명률≫의 수용 과정」, 한국법사학회 편,『법사학연

실린 것은 실제로 쓰였는지를 따져보아야 한다.

그와 관련하여 가장 먼저 눈에 띄는 것은 도교(道敎)와 관계된 내용이다. ≪경국대전≫의 도교 관계 규정은 소격서(昭格署)와 도류생도(道流生徒)에 대한 것 뿐이므로,[60] ≪대명률≫ 규정의 도교 관련 규정이 그대로 쓰였을지 의심스럽다.[61] 사료에 나타난 당시 사람의 말을 보면 조선에는 '도사'나 '여관'은 없었던 듯하며,[62] 따라서 ≪대명률≫의 도교 관련 규정은 조선에서 그대로 쓰이지 않았을 것이다.

도교 관련 부분을 빼면, [규정 1-3], [규정 1-8], [규정 1-9]는 각각 절·암자를 사사로이 새로 세우거나 늘이는 것과 사사로이 중이 되는 것, 중이 아내나 첩을 맞아들이는 것, 중이 간음하는 것을 금지하고 있는데, 적어도 그 취지는 ≪경국대전≫의 규정 내용과 연결된다. [규정 1-3]의 취지는 ≪경국대전≫에 실린 [규정 1-1]과 [규정 1-2]에 그대로 담겨 있다.[63] [규정 1-8]의 취지는 ≪경국대전≫에서

구』 제20호(서울: 민속원, 1999), 5～28쪽 참고.

60) 『대전』, 89～91쪽, <이전> 「경관직(京官職)」조 "종5품 아문" '소격서' 항목; 같은 책, 109～112쪽, <이전> 「잡직(雜職)」조 "소격서" 항목; 같은 책, 248～249쪽, <예전> 「생도(生徒)」조 "소격서" 항목; 같은 책, 463～464쪽, <병전> 「급보(給保)」조; 같은 책, 476쪽, <병전> 「잡류(雜類)」조 따위 참고.

61) ≪대명률≫에는 위에 소개한 것 말고도 도교 관련 내용이 나온다. 『명률강해』, 97쪽, <명례율> 「칭도사여관(稱道士女冠)」조 및 241쪽, <예율(禮律> ≪의제(儀制)≫율 「승도배부모(僧道拜父母)」조 따위 참고.

62) 『실록』 8집, 396쪽 하단～397쪽 상단, ≪예종≫ 권6, 원년 6월 신사(29일)조에 나오는 양성지(梁誠之)가 올린 글에 "중국에는 중도 있고 도사도 있는데 우리나라에는 중은 있고 도사는 없으니 이는 매우 다행한 일입니다. 요즈음 서울과 지방의 늙고 젊은 남녀가 사장(社長)이라고 일컫거나 거사(居士)라고 일컬으니, 이 또한 도사의 패거리입니다. 중도 아니고 속인(俗人)도 아니면서 그 생업을 그만두고 차역(差役)을 엿보아 피합니다.(中國有僧而有道士 東國則有僧而無道士 此甚幸事也 近日京外老小男女 稱爲社長 或稱居士 此亦道士之比也 非僧非俗 廢其生業 窺避差役)"는 대목이 있다.

재확인되지 않았으나 상식으로 미루어 조선에서도 존중되었으리라
고 여겨진다.64) [규정 1-9]의 취지는 [규정 1-2]와 [규정 1-12]에서
간접적으로 다시 확인되고 있다. 다만, [규정 1-3], [규정 1-8], [규정
1-9]에 정해진 형벌이 그대로 시행되었는지는 확인하기 어렵다. 그
러므로 [규정 1-3], [규정 1-8], [규정 1-9]의 내용은 절과 중을 규제
하는 취지에 한정해서 ≪경국대전≫ 체제의 일부로 다룰 수 있다.

또 하나 미리 짚어두어야 할 것은 앞에 소개한 규정들은 남자 중
들을 중심으로 규율하고 있어서 신중들에게는 일부만 해당한다는
점이다.

[규정 1-1] 및 [규정 1-11]과 관련해서 보면, 신중들은 보통의 암
자나 절에 거주하지 않았고 오히려 절에 오르는 것이 금지되었다.65)
신중들이 절에 오르지 못하도록 한 것은 남녀 혼잡을 막기 위해서
였는데, 그 규정은 애초의 ≪경국대전≫에는 없다가 나중에 실린
듯하다.66) [규정 1-2]에 나오는 정전(丁錢)과 도첩 제도도 신중들에

---

63) 『실록』9집, 50쪽 상단, ≪성종≫ 권33, 4년 8월 계해(4일)조, 서거정(徐
居正) 등의 소(疏)에 나오는 "≪(대명)률≫에서 사사로이 중이 됨을 금지
하고 있는 까닭에 국가에서 정전의 법을 세웠다(律有私度僧尼之禁 故國
家立丁錢之法)"는 대목 참고.

64) 『실록』8집, 2쪽 하단, ≪세조≫ 권38, 12년 1월 갑인(11일)조, 임금이
"제주의 풍속은 중이 군사가 되고 아내와 짝하여 자식을 길러 평민과
다름이 없으니 그가 양인 여자와 간음한 소생은 천인으로 삼지 말라(濟
州俗 僧人爲軍對妻育子 如平民無異 其奸良女所生 勿令從賤)"고 한 것을
보면, 일반적으로는 중이 장가드는 것이 금지되었음을 짐작할 수 있다.

65) 조선 초기에는 주로 후궁(後宮)이나 왕족 출신 신중들이 거처한 정업원
(淨業院)만은 국가에서 공식적으로 인정하고 지원하였고, 그 밖의 신중
들이 거처한 니사(尼社)는 어느 정도 규제하면서 묵인하였다. 정업원에
대해서는 ≪조선왕조실록≫ 곳곳 및 신명호, 『조선의 왕』(서울: 가람기
획, 1998), 204~205쪽 참고. 일반 니사에 대해서는 『실록』9집, 234쪽
하단, ≪성종≫ 권56, 6년 6월 기축(12일)조; 『실록』11집, 192쪽 상단,
≪성종≫ 권200, 8년 2월 병신(26일)조 따위 참고.

게는 해당하지 않았다.[67) [규정 1-3]의 둘째 항목을 자세히 보면 여
자가 사사로이 중(尼)이 되는 것을 금지하는 내용이 없는데, 당시에
도 그렇게 보았던 것 같다.[68) 그에 따라 [규정 1-5]도 신중들에게는
해당하지 않았으리라고 짐작된다. 다만 천인 여자가 사사로이 중이
되는 경우는 [규정 1-4]의 규율 범위에 든다.[69) [규정 1-6], [규정
1-7], [규정 1-8]은 본디 신중에게 해당하지 않으며, [규정 1-9]는 명
시적으로 신중도 규율하였다. [규정 1-10], [규정 1-12], [규정 1-13]

66) 『실록』 9집, 39쪽 상단, ≪성종≫ 권32, 4년 7월 정미(18일)조, 임금이
"법을 세우지 않고 죄를 주는 것은 편안하지 않으니, 신중이 절에 오르
는 것을 금지하는 규정을 아울러 ≪(경국)대전≫에 싣는 것이 옳다.(不
立法而罪之 未便 尼僧上寺之禁 幷載大典可也)"고 한 것 참고.

67) 『대전』, 331~332쪽, <예전> 「도첩식(度牒式)」조에 남자에 대해서만 규정
되어 있는 점; 『실록』 7집, 454쪽 상단, ≪세조≫ 권23, 7년 3월 경술(9
일)조, 형조에서 아뢰고 임금이 따른 '공·사 노비가 중이 되는 것을 막
는 조건(公私賤爲僧者禁防條件)'에 나오는 "공천으로 신중이 된 경우에
도 또한 이 예(공천으로 중이 된 경우에 대한 규제—인용자 보충)에 따
르되 다만 신중은 본디 도첩이 없으므로 반드시 정전을 거두지 않아도
됩니다.(公賤爲尼者 亦依此例 但尼僧本無度牒 不必收丁錢)"는 대목 참고.

68) 『실록』 9집, 50쪽 상단, ≪성종≫ 권33, 4년 8월 계해(4일)조, 서거정(徐
居正) 등의 소(疏)에 나오는 "마침 신중이 되는 것을 금지하는 제도는
없는 까닭에 사족(士族) 여자로서 머리를 깎고 출가한 사람이 매우 많
습니다.(況爲尼無禁制 故士族婦女剃髮出家者甚衆)"는 대목; 『실록』 10집,
112쪽 상단, ≪성종≫ 권114, 11년 2월 계해(13일)조, 임금의 말 "지금의
법은 사람들이 중이 되는 것만 금지하고 신중이 되는 것은 금지하지 않
아서 공천(公賤)이 역(役)을 피하여 머리를 깎는 경우가 많다.(今法禁人
爲僧 不禁爲尼 公賤避役祝髮者多)"; 『실록』 11집, 220쪽 상단, ≪성종≫
권204, 18년 6월 경오(2일)조, 어서(御書)에 나오는 "사사(寺社)를 개혁하
고 신중이 되는 것을 금지하는 것은 앞 임금들이 정한 옛 법에 없으니,
그것을 지키는 것이 옳고 더 가혹하게 하는 것은 잘못이다.(革寺社禁爲
尼 先王之所定舊章之所無 遵之可也 苟之非也)"는 대목 참고.

69) 공·사 노비가 중이 되는 데 대한 규제는 세조 7년(1461)에 자세히 마련
된 바 있다. 『실록』 7집, 454쪽 상단, ≪세조≫ 권23, 7년 3월 경술(9일)
조, 두 번째 기사 참고.

이 신중에게도 적용되었는지는 확인하기 어렵다.

위 규정들 가운데 신중들에게도 적용된 것은 일부에 지나지 않으므로, 그 의미를 파악하는 데서도 주로 남자 중들을 염두에 두어야 할 것이다.

위 규정들의 내용을 보면, 불교의 물적 시설인 절과 인적 구성원인 중을 엄격한 국가적 규제 아래에 두면서도 세속적 통치 영역에서 분리하였음을 알 수 있다.70)

[규정 1-1], [규정 1-2], [규정 1-3]에 따르면 사사로이 절을 창건하거나 중이 되는 것은 금지되고 법에 정한 절차에 따라서만 중이 될 수 있다. 법을 어기고 중이 되면 [규정 1-3]과 [규정 1-4]에 따라 처벌될 뿐만 아니라 [규정 1-5]에 따라 특별히 파악된다.

국가의 공인을 받은 절과 중은 [규정 1-6]과 [규정 1-7]에 따라 일정한 토지의 수세권(收稅權)을 국가 대신 행사하고 요역(徭役)에서 면제되며 다만 공부(貢賦)를 바칠 의무를 진다. 또한, 위에 소개한 법문들에는 나와 있지 않으나, 합법적인 중들은 그의 세속 신분이 어떠했든 간에 군역(軍役)을 비롯한 각종 신역(身役)을 전혀 지지 않았다.71) 그 대가(代價)가 바로 [규정 1-2]에 나오는 정전이다. 이로

---

70) 아울러 『실록』 12집, 135쪽 상단, ≪성종≫ 권261, 23년 1월 경인(19일)조, 김여석(金礪石) 등의 소(疏)에 나오는 "국가에서 중들을 두터이 대하는 것이 한 가지가 아니니, ≪(경국)대전≫으로 말하자면 도승(度僧)이 그 첫째요, 선시(選試)가 그 둘째이며, 아뢰고 가두는 것이 그 셋째요, 절을 수색하지 못하도록 하는 것이 그 넷째입니다.(國家待僧之厚 非一端 以大典言之 度僧其一也 選試其二也 啓聞囚禁其三也 禁搜索寺利其四也)"는 대목 따위 참고.

71) 사사로운 신역을 질 뿐 국역(國役)은 지지 않는 공·사 노비마저도 법령상으로는 형식적으로나마 '잡색군(雜色軍)'에 소속되었던 데 비해, 중들은 법령상의 어떤 세속적 조직에도 소속되지 않았다. 『대전』, 476쪽, <병전>「잡류(雜類)」조 주 참고.

써 중들은 공부 이외의 중요한 세속적 · 공적(公的) 의무에서 벗어났다. 마찬가지로 위의 법문들에는 나와 있지 않으나, 중들은 가장 중요한 세속적 · 공적 권리인 벼슬살이를 할 수 없고 오로지 승직(僧職)만 맡을 수 있었다.72)

중 집단 내부의 인력 운용에 대해서는 [규정 1-2]의 둘째와 셋째 항목에 따라 국가의 간섭이 이루어진다. 거기에 나오는 '선시(選試)'는 흔히 중들을 대상으로 한 과거(科擧)로 이해되고 있는데,73) 그 시험 결과는 승직 임명 따위의 중 집단 내부 일에 참작된 듯하다.

[규정 1-8], [규정 1-9], [규정 1-10], [규정 1-11]은 중들의 인간적 교류나 행동을 제약하는 규범들이다. 중은 [규정 1-8]에 따라 아내나 첩을 맞아들일 수 없고, 간음하면 [규정 1-9]에 따라 일반인에 비하여 무거운 벌을 받으며, 중의 소생은 모두 법을 어긴 결과로서 [규정 1-10]에 따라 무조건 천인이 된다. [규정 1-11]에서는 기타 행동을 통한 속인(俗人)들과의 교류를 제한하고 있다.

[규정 1-12]와 [규정 1-13]에 의해서 절과 중은 사법(司法) 절차에서도 특별한 취급을 받는다.

〈중 · 속인 차별의 신분성〉

위와 같은 불가(佛家)와 속세(俗世), 중과 속인의 분리를 과연 '신분적'인 것으로 볼 수 있는가?

그에 대한 답은 위에서 본 규제 내용을 다음과 같이 재구성하면

---

72) 승직 운용에 대해서는 『실록』 9집, 413쪽 상단, ≪성종≫ 권75, 8년 1월 기미(20일)조; 같은 책, 437쪽 상단, ≪성종≫ 권78, 8년 3월 신미(4일)조 따위 참고.

73) 한국정신문화연구원 역사연구실 편, 『역주 경국대전(주석편)』 재판(서울: 조은문화사, 1995), 504쪽 및 이종일, 『대전회통 연구(호전 · 예전편)』 정정판(서울: 한국법제연구원, 1999), 262쪽 참고.

얻을 수 있다.

첫째, 정전을 내고 도첩을 받으면 속세의 공적(公的)인 일에 몸소 참여할 권리나 의무를 일절 갖지 않게 된다.[74]

둘째, 한 번 중이 되면 원칙적으로 죽을 때까지 중으로 남게 된다.[75]

셋째, 중이 중으로 남아있는 동안에는 그의 세속적 신분(양인·천인 따위)은 거의 현실적 의미를 띠지 못하고 잠복한다. 속세에 있을 때의 신분이 선시(選試)나 승직(僧職) 임명 따위에서 제한 사유로 작용하였는지에 대해서는 확인하기 어렵다.

넷째, 중이라는 이유 때문에 혼인을 비롯한 사사로운 인간적 관계 형성 및 속인들과의 교류를 위한 행동에서 제약을 받는다.

다섯째, 중은 자신의 세속 신분을 그 소생에게 물려줄 수 없으며 중의 소생은 오직 중의 피를 이어받았다는 사실 때문에 천인이 된다.

여섯째, 중을 속세의 사법(司法) 절차에 끌어들이는 일은 매우 절제된다.

이렇게 보면 '중'이라는 사회적 차별 징표는 당사자의 의사(意思)와 국가의 공인(公認)에 의해 어떤 사람에게 주어져서 원칙적으로 그의 몸에 종신토록 고착(固着)되었고 당사자에게 인정되는 권리와 의무의 내용을 결정하였으며 그 소생의 신분까지 결정하였음을 알 수 있다. 그러므로 '중'과 '속인'의 분리는 신분적인 것이었다고 하지 않을 수 없다.

〈신중(女僧, 尼)의 문제〉

'중'이 하나의 신분 범주를 이룬다면, 그것은 신중들도 포함하는가?

---

74) 공부(貢賦)는 직접 인신(人身)의 참여를 요구하지 않는다.

75) 중이 환속(還俗)하는 것은 자유로웠을 뿐만 아니고 오히려 장려되었지만, 강제 환속은 특별한 경우에만 이루어졌다.

신중에 대해서는 정전과 도첩 따위의 제도가 적용되지 않았고, 천인이 아닌 여자에 대해서는 사사로이 중이 되는 데 대한 규제도 확립되어 있지 않았으며, 신중에 대한 규제는 주로 '행위'를 통제하는 데 그쳤다. 그러나 그런 점을 들어 신중을 '중' 신분 범주에서 빼는 것은 마땅하지 않다.

신중에 대하여 자세한 규제 장치를 두지 않은 이유는 아마도, 신중의 사회적 성격이 남자 중과는 다르다고 보았기 때문이 아니라, 여자들은 일반적으로 관직과 국역 따위 국가 경영을 위한 제도에 직접 상관되지 않았고 사사로운 생업을 꾸리는 데서도 주도권을 갖지 못하였기 때문일 것이다. '속인'의 경우에도 여자들에 대한 규제는 허술하였다. 그러므로 여자들의 신분적 위치나 성격은 그들의 권리·의무에 대한 규제 내용보다는 그들이 핏줄을 통한 신분 전승에서 어떤 구실을 하였는지를 보면 더 쉽고 분명하게 드러난다.

그런데 문제는 신중들의 경우에는 관련 자료가 적어서 그들이 신분 전승에서 어떤 구실을 하였는지, 곧 그 소생의 신분이 어떤 원칙에 따라 결정되었는지를 확인하기가 어렵다는 것이다(규정 [1-10] 관련). 결국 지금으로서는 신중들의 신분적 성격을 섣불리 단정할 수 없다. 다만, 그들의 명목이 '중'이고 당시 사람들에 의해 남자 중들과 '같은 무리(同類)'로 여겨졌으며,[76] 따로 '신중' 범주를 설정하거나 '속인' 범주 속으로 해소하기도 어려우므로, 우선은 '중' 범주에 넣어서 다루는 것이 좋다고 본다. 그렇게 해도 관직, 신역, 생업, 그 밖의 사회적 처우 따위와 관련된 신분제적 이해의 틀이 크게 어

---

76) 『실록』 11집, 219쪽 하단, ≪성종≫ 권204, 18년 6월 경오(2일)조, 김승경 (金升卿) 등의 소(疏)에 "중과 신중은 비록 같은 무리라고 하나 남자와 여자는 본디 다름이 있습니다.(僧尼雖曰同類 男女則固有間矣)"는 대목이 있다.

그러지지는 않을 것이다.

〈정전(丁錢)과 도첩의 내력〉

여기까지 살펴본 바 중들에 대한 신분적 규제 가운데 가장 중요한 것은, 비록 신중들에게는 적용되지 않았지만, 정전을 거두고 도첩을 주는 제도이다. 이제 그 내력을 간단히 살펴서, 중들에 대하여 신분적 규제가 이루어지게 된 역사적 배경을 확인해 두기로 한다.

≪경국대전≫에서는 정전 제도와 도첩 제도가 결합되어 있는데 ([규정 1-2]), 두 가지가 결합되어야 할 논리적 필연성은 없는 것 같다. 도첩은 정전을 받지 않고 줄 수도 있다. 정전은 신역을 벗어나는 대가로서, 개인 단위로 노역(勞役)을 징수하는 제도가 있으면 어떤 이유로든 그것을 면제해 주고 '정전'이라는 명목으로 대가를 받을 수 있다. 역사상 실제로 중이 되려는 사람에게 말고도 정전을 거두는 제도가 있었는지는 따로 확인해보아야 하겠지만, 여기서는 도첩 제도를 위주로 보겠다.

도첩 제도는 조선에서 창시한 것이 아니라 고려에서 물려받은 것이며, 고려 때에 이미 정전 제도와 결합되어 있었다. 정전과 결합된 도첩 제도는 사료상 공민왕 20년(1371)에 처음으로 나타나는데,[77] 도첩 제도만은 그에 앞서 있었던 것으로 나온다.[78] 우리나라에서

---

77) 한국학문헌연구소 편, 『고려사(高麗史)』 중(中)(서울: 아세아문화사, 1990 영인축쇄), 847쪽 상단, <지(志)> 권제38, ≪형법(刑法)≫ 1 「직제(職制)」 공민왕(恭愍王) 20년 12월조 참고.

78) 최진석, 「고려 후기 도첩제에 대하여」, 『경희사학』 제3집(서울: 경희대학교 사학회, 1972), 47∼53쪽; 이향순, 「고려 도첩제 실시와 그 성격 연구」(서울: 성신여자대학교 교육대학원 석사학위논문, 1996), 15∼24쪽에 따르면 ≪고려사≫에 나오는 도첩제 관계 기사 가운데 가장 이른 것은 충숙왕 12년(1325) 2월에 해당하며 공민왕 때의 기사에도 도첩에 대한 내용이 몇 번 나온다.

도첩 제도가 언제부터 있었는지, 또 처음부터 정전 제도와 결합되어 있었는지는 더 이상 거슬러 추적하기 어렵다. 아무튼 고려에는 도첩 제도가 있었는데, 그것도 고려에서 창시한 것이 아니라 중국에서 들여온 것이다.

기록상 중국에는 남북조시대부터 도첩이 있었던 것으로 나오며, 당나라 때에는 신중에게도 도첩을 주었다고 한다.79) 또한 당나라에서는 도첩이 모자라서 돈을 받고 공명도첩(空名度牒)을 주기도 하였다고 하는데,80) 널리 알려져 있듯이 당나라에서는 조세나 부역 제도가 잘 정비되었으므로, 그 때쯤에는 도첩과 정전이 결합할 수 있는 조건이 갖추어졌으리라고 짐작할 수 있다.

---

79) 高承 撰 / 李果 訂,『事物紀原』二(北京: 中華書局, 1985), 273쪽, <道釋科教部> 「度牒」조, "≪승사략(僧史略)≫에서 말하기로는 도첩은 남북조 때부터 있었다고 하며, ≪고승전(高僧傳)≫을 보면 명적(名籍)이 분명하고 반드시 빙유(憑由)가 있는데, 빙유는 곧 오늘날 사부(祠部)의 첩(牒)이다. ≪당회요(唐會要)≫에서 말하기로는 천보(天寶) 6년(747) 5월에 <승니령(僧尼令)>을 제정하여 사부에서 첩을 주었다고 하니, 남녀 중들에게 첩을 주는 것은 당나라 현종(玄宗)에서부터 비롯하였다.(僧史略曰 度牒 自南北朝有之 見高僧傳 名籍限局 必有憑由 憑由卽今祠部牒也 唐會要曰 天寶六年五月 制僧尼令 祠部給牒 則僧尼之給牒 自唐明皇始也)". 당나라 때에 도첩이 있었음은 ≪당률소의(唐律疏議)≫에서도 확인할 수 있는데, 거기서는 '고첩(告牒)'으로 나온다. 김택민·임대희 역주,『역주(譯註) 당률소의』명례편(名例編)(서울: 한국법제연구원, 1994), 368쪽, <명례(名例)>율 「칭도사여관(稱道士女官)」조, 소의(疏議) 참고.

80) 高承 撰 / 李果 訂, 위의 책, 273쪽, <道釋科教部> 「空名」조, "≪당서(唐書)≫ <식화지(食貨志)>에서 말하기를 숙종(肅宗, 756~762)이 봉상(鳳翔, 당나라의 서경[西京])에 이른 이듬해에 정숙청(鄭叔淸)이 의논하기를 천하에 도첩을 써도 채워지지 않는다고 하여 여러 도(道)에서 사람들을 불러다가 돈을 받고 속세를 떠난 중이나 도사에게 공명(空名)을 줄 수 있게 되었다고 하니, 이 공명도첩이란 것은 당나라 숙종에서부터 비롯하였다.(唐食貨志曰 肅宗至鳳翔明年 鄭叔淸議以天下用度不充 諸道得召人 納錢給空名度僧道 則是空名度牒 自唐肅宗始也)".

중국에서나 우리나라에서나, 사료상 도첩 제도가 나타나는 시기는 불교가 전래된 지 몇백 년이 지나서이며, 그것도 세속적 노역 징발 제도가 정비되던 어느 때이다.

도첩 제도 자체의 유래는 대략 위와 같은데, ≪경국대전≫에 실린 바의 도첩제도 또한 복잡한 내력을 지니고 있다. ≪경국대전≫에 실린 도첩 제도는 그 전부터 오랜 동안 시행되어 오던 것도 아니고 그 뒤에 오랜 동안 시행된 것도 아니다. 조선 전기만 보아도 도첩 제도가 시행된 때도 있었고 시행되지 않은 때도 있었으며, 시행된 때에도 그 내용이 한결같지 않았다. 특히 정전의 액수도 여러 번 바뀌었으며, 정전을 거두는 대신 부역을 시키기도 하였다. 그 내력을 자세히 살피는 것은 번거로움에 비해 실속이 적으므로 더 이상 언급하지 않겠다. 그 대신, 중에 대해서도 호패법(號牌法)이 제정되어 도첩 제도와 나란히 시행되거나 그것을 대신하기도 하였다는 사실을 지적해 둔다.[81] 중에 대한 호패법도 거듭 시행되기도 하고 폐지되기도 하였다.

도첩·정전 제도나 중들에 대한 호패법이 성공적으로 시행되었든 그렇지 못했든 간에, '중'과 '속인'은 어떻게든 구별되었고 규범적으로 다른 대접을 받았다. 어떤 절차를 통해서든 합법적인 중으로 인정받은 사람들에게 세속적 '신역'이 지워진 적은 없었다. 처우 면에서 볼 때 중에 대한 신분적 규제 가운데 가장 핵심적인 것이 신역 면제인데, 적어도 조선시대에는 그것이 한결같이 유지되었다. 조선시대 내내 중들에게 혼인이 인정된 적도 없었다.

---

81) 중에 대해서 호패법이 처음 제정된 것은 세조 7년(1461)이다. 『실록』 7집, 480쪽 상단, ≪세조≫ 권25, 7년 8월 기묘(12일)조 참고.

3) 중과 무격(巫覡)의 차이

중의 신분적 성격은 이제까지의 논의로써 대체로 밝혔는데, 그 과정에서 소개한 ≪경국대전≫ 규정과 관련하여 한 가지 의문점이 남아있다. 앞의 [규정 1-11]에서 "길거리에서 부처를 공양하거나 귀신을 부르는 경우"를 아울러 처벌한다고 하였고 "사사로운 노비나 전지를 절이나 암자 또는 무당·박수에게 베풀어 바친 경우에는 죄를 물은 다음 그 노비나 전지를 국유화한다"고 하였으며 "서울 도성 안에 무당·박수가 사는 경우나 여염집에 남녀 중이 머물러 묵는 경우에는 죄를 따진다"고 하였으므로, 무당·박수도 중과 비슷한 방식으로 세속적 통치에서 떼어내지 않았을까 하는 점이다.

그에 대한 결론적인 답은 무당·박수도 특별히 관리하기는 하였으나 별도의 신분 집단으로 규제하는 데까지 나아가지는 않았다는 것이다.

과연 ≪경국대전≫에는 위에 든 것 말고도 무당·박수를 특별히 다루는 규정이 있다. "진헌(進獻) 및 진상(進上)하는 가는베(細布)가 모자라면 사들인다[……○……서울의 무녀(巫女)에게서 상등(上等)은 흰 모시베와 검은 삼베 각각 3필, 중등(中等)은 각각 2필, 하등(下等)은 각각 1필씩 거두는데……쳐주는 값은 사고파는 것과 같이 한다.]"는 것과 "무릇 무당·박수는 서울에서는 예조에서 장부에 기록하여 활인서(活人署)에 나누어 소속시키고 지방에서는 해당 고을에서 장부에 기록하여 병든 사람을 치료하게 한다"는 것이다.[82] 그러

82) 『대전』, 207쪽, <호전> 「진헌(進獻)」조, "進獻及進上細布 不足則貿易 [……○……京中巫女 上等白苧布黑麻布各三匹 中等各二匹 下等各一匹…… 給價與貿易同]"; 같은 책, 300쪽, <예전> 「혜휼(惠恤)」조 주 "凡巫覡 京 則本曹錄籍 分屬活人署 外則本邑錄籍 治療病人". 이 규정들에서 서울의 무당·박수들을 언급하고 있는 것이 [규정 1-11]의 "서울 도성 안에 무

나 이 규정들은 무당과 박수를 속인들과 분리하는 것이 아니라 그
들의 특수성을 인정하면서도 또한 그들이 세속적 통치 영역에 있음
을 인정하는 것이다.

위에 든 것 말고는 ≪경국대전≫에서 무당·박수에 대해 따로 규
정한 바가 없다. 무당·박수가 되는 데 특별히 공인된 절차를 요구
하지 않았으며, 혼인에 대한 규제도 없었다. 무당·박수 자신이나
소생의 양·천 구분에 대한 특별한 규제도 없었고, 사법(司法) 절차
에서 특별히 다루지도 않았다. 그러므로 그들을 중과 마찬가지로
속세에서 분리된 특수한 신분 집단으로 볼 수는 없다. 무당이나 박
수는 사회적 분업상 속세 사람들 가운데 특별한 생업을 가지고 특
수한 구실을 하는 사람들일 뿐이었으며, 다만 그 생업과 구실의 특
수성으로 말미암아 국가에 대하여 특별한 부담을 지고 거주·활동
에서 특별한 규제를 받았던 것이다. 적어도 ≪경국대전≫에서는 그
밖에 무당·박수를 다른 속인(俗人)들과 달리 다룬 경우도 없다.

≪대명률≫에서는 무당·박수가 사술(邪術)을 쓰는 것을 처벌하는
규정을 두었는데,[83] 그것이 조선에서 그대로 시행되었다고 하더라
도, 신분적 규제라기보다는 특정한 형태의 생업 활동에 대한 규제
라고 보아야 한다.

결국 중은 갖가지 신분적 규제를 통해 속세 사람들과 분리되었던
데 비해, 무당·박수는 속인으로 취급되면서도 '계급적'으로 특별한
규제를 받았다고 여겨진다.

당·박수가 사는 경우……에는 죄를 따진다"고 한 내용과 모순되는 것
처럼 보이나, 조선 초기의 동·서 활인서는 각각 동소문(東小門) 밖과
서소문(西小門) 밖에 있었으므로 모순이 없다.

[83] 『명률강해』, 231~232쪽, <예율> ≪제사≫율 「금지사무사술(禁止師巫邪
術)」조 참고.

4) '중' 범주의 특색

임금과 인민의 구분 관계를 이해하는 데서 주로 '임금'의 성격을 살피고 '인민'은 그것을 뒤집어서 생각하면 편리하듯이, 중과 속인의 구분 관계를 이해하는 데서도 주로 '중'의 성격을 살피고 '속인'은 그것을 뒤집어서 생각하면 편리하다.

중이라는 신분 징표가 내포하는 규범적 속성은 앞 항목의 논의에서 드러났으므로, 여기서는 그 징표로써 묶이는 신분 범주가 다른 범주에 견주어 특별하게 보이는 점들을 짚어보도록 하겠다.

첫째, 그 결정 요인, 곧 '중'을 신분 범주로 묶어준 힘은 중들이 이데올로기적 · 계급적으로 독특한 상태에 놓였다는 사실이다. 국가에서는 그런 사실을 규범적으로 공인(公認)하고 중들을 규제하는 특별한 장치를 마련함으로써 계급을 신분으로 바꾸어 놓았다. '중'은 특정한 계급에 대하여 신분적 규제 장치가 마련됨으로써 성립하는 신분 범주이다. 그러나 그 신분 징표는 철저하게 개인 단위로 부여되었다(도첩이나 호패). 그에 따라 중 범주의 외연범위는 중 계급의 범위와 일치하지 않게 되었고 개별적으로 그 신분 징표를 부여받은 사람들의 범위에 따라 결정되었다.

둘째, 중들에게는 혼인이 금지되었고 중의 소생은 무조건 세속의 천인이 되었기 때문에, 중 집단은 자체 재생산을 통한 충원(充員)을 할 수 없었다. '중'이라는 징표나 범주는 그것이 내포하는 독특한 규범적 의무와 속성으로 말미암아 귀속성 · 세습성 · 폐쇄성을 띨 수 없었던 것이다. 속인이 중이 되려면 꽤 까다로운 절차를 거쳐야 했던 데 비해, 중이 환속하는 것은 자유로웠을 뿐만 아니라 장려되었다. 그러므로 중 범주는 들어가기는 어렵고 나오기는 쉬운 '열린 신분층'이었다고 할 수 있다.

셋째, 중과 구별되어 짝을 이루면서도 충원 면에서 중의 모집단 (母集團) 구실을 하였던 속인 범주가 본디부터 '양인'과 '천인'으로 나뉘어 있었기 때문에, 어떤 사람이 중과 속인의 경계를 넘나들거나 중이 소생을 얻는 경우에는 중 범주와 양인·천인 범주가 맞물려 엇갈릴 수밖에 없다.

그런데 그 교차(交叉)·교착(交錯) 관계가 어떻게 규율되었는지를 알려주는 자료를 찾아보기가 매우 어렵다.

속인이 중이 된 다음에는 그가 양인이었는지 천인이었는지가 문제될 일이 별로 없으나, 그것이 선시(選試)나 승직(僧職) 임명에서 어떻게 작용하였는지는 확인하기 어렵다.

중이 환속하면 세속 신분을 되찾게 되었는지 여부는 천인이었던 중이 죄를 지어서 환속되는 경우에 대해서만 알 수 있을 뿐 그 나머지 경우에 대해서는 확인하기 어렵다. 앞의 [규정 1-4]의 내용 및 ≪대전속록(大典續錄)≫에서 "사천(私賤)으로서 중이 된 사람이 도첩을 받지 않거나 죄를 지어 환속되었는데 본디 주인이 불교에 홀려서 곧바로 머리를 기르게 하지 않는 경우에는 (죄를) 따져 꾸짖고 공천에 붙인다"고 한 것으로 보아,[84] 천인이었던 중이 죄를 지어 환속되는 경우에는 본디 신분을 되찾게 되었음을 알 수 있다. 양인이었던 중은 형벌로써 천인이 되는 경우가 아니면 강제로 환속되든 스스로 환속하든 본디 신분을 되찾았을 것이라고 미루어 짐작할 수 있지만, 천인이었던 중이 스스로 환속한 경우에는 어땠을지 짐작조차 하기 어렵다.

다만 중과 그 소생 사이의 신분 전승(傳承)에 대한 규제는 앞의

---

84) 『대전속록·대전후속록·경국대전주해』(서울: 서울대학교 규장각, 1997 영인), 115쪽, ≪대전속록≫ <형전> 「사천」조, "私賤爲僧者 不受度牒或 犯罪還俗 而本主惑於佛敎不卽長髮者 推考 屬公賤".

[규정 1-10]에 들어있다.85) 거기서 '중'과 '속인'의 구분과 '양인'과 '천인'의 구분이 잠재적으로 겹치고 있음을 볼 수 있다. 거기서 또한 현실적으로는 '중'과 '속인'의 구분 '양인'과 '천인'의 구분보다 더 넓은 범위에서 이루어지기는 하였지만 '양인'과 '천인'의 구분이 '중'과 '속인'의 구분보다 더 뚜렷하고 억세며 질긴 것이었음을 알 수 있다.

여기서는 일단 이런 점밖에 밝힐 수 없으나, 더 자세한 자료가 나올 경우를 대비하여, '중'과 '속인'의 구분과 '양인'과 '천인'의 구분이 교차하는 지점을 잘 관찰하면 중·속인 구분 및 양·천 구분과 '중'·'속인'·'양인'·'천인' 범주가 갖는 독특한 성질이 드러날 것이라는 점을 지적해 둔다.

---

85) 거기서 "중의 소생은 비록 양인이더라도 또한 천인으로 삼는다"고 한 것에 대하여 지승종, 『조선전기 노비신분 연구』(서울: 일조각, 1995), 5쪽에서는 "엄밀히 말하면 신분세습규정이라기보다는 오히려 형벌노비와 관련된 규정이라 할 수 있다"고 하였는데, 그것은 엄밀하지 못한 서술로서 오류이다. 그 규정 내용이 어떤 신분 징표를 그대로 물려주고 이어받는 '세습'을 규정한 것이 아닌 점은 맞지만, 그것을 '형벌노비'와 관련된 것으로 보는 것은 무리이다. 중의 소생을 무조건 천인으로 삼는 것이 위하적(威嚇的)·징벌적(懲罰的)이기는 하다. 그러나 그것은 중의 간음이라는 범죄에 직접적으로 대응하는 '형벌'이라기보다는 혼인이나 간음을 해서는 안 된다는 중의 특수한 신분적 속성과 의무에 대응하는 특별한 제재이다. 당시의 일반 형률인 ≪대명률≫에서는 중의 간음에 대응하는 형벌로서 장(杖), 교(絞), 유(流) 등을 규정하고 있을 뿐이고, ≪경국대전≫에서도 그와 다른 특례를 두고 있지 않다. 또한, 간음을 한 행위자 본인들에 대한 형벌이 당사자를 천인으로 삼는 것에 이르지 않는데도 파생적 형벌로서 그 소생을 천인으로 삼는 것은 사리에 맞지 않는다. 더욱이, 일반적으로 중이 관련되지 않은 경우에 간음으로 태어난 사람의 신분은 합법적인 소생과 마찬가지로 정해졌다. 그러므로 위의 규정 내용은 오로지 중과 관련된 특별한 신분 전승 규칙, 특수한 경우의 생래적 신분 부여 원칙을 정한 것으로 보아야 한다. 중의 간음에 대응하는 형벌에 대해서는 『명률강해』, 458~459쪽, <형률> ≪범간≫률 「거상급승도범간」조 (앞의 본문에서 인용한 [규정 1-9]); 같은 책, 453쪽, <형률> ≪범간≫률 「범간」조; 같은 책, 93~94쪽, <명례율> 「가감죄례(加減罪例)」조 참고.

3. 속인: 양인과 천인

1) 양·천 구분의 범위와 중·속인 구분과의 관계

조선시대에 모든 인민은 처음부터 '양인' 아니면 '천인'으로 태어났다. 그 가운데 일부는 속세를 떠나 중이 되고 그 사실을 국가로부터 인정받아 세속적 통치를 벗어났다. 그런 사정을 놓고 보면 이 책에서 신분 범주 구분 관계를 잘못 설명하고 있는 것처럼 보일 수도 있을 것 같다. 양인과 천인의 구분이 먼저 이루어지고 그 다음에 중이 분리된 것으로 설명해야 옳지 않은가?

그렇게 본다면 양인 범주 안에 다시 '속인인 양인'과 '중인 양인'이 있었고 천인 범주 안에 다시 '속인인 천인'과 '중인 천인'이 있었다고 해야 한다. 그런데, 속인인 양인과 천인 사이에는 나중에 보게 되듯이 매우 큰 차이가 있었던 반면, 중인 양인과 천인 사이에는 앞에서 보았듯이 뚜렷한 차이를 확인하기 어렵다. 양·천 구분은 속인들 사이에서는 큰 의미가 있었던 반면 중들 사이에서는 별 의미가 없었다. 그러므로, 적어도 '중'을 신분 범주로 인정한다면, 중·속인 구분이 더 넓은 범위에서 논리적으로 먼저 이루어졌고 양·천 구분은 나중에 속인들 사이에서 이루어졌다고 설명해야 옳다.

모든 인민이 양인 아니면 천인으로 태어나게 되어 있었던 까닭은 사람이 태어나는 것은 불가(佛家)의 일이 아니라 속세의 일이었고 속세의 사람들은 양인 아니면 천인이어야만 했기 때문이다. 어떤 사람이 살아가면서 겪을 수 있었던 신분적 규제의 틀로 보자면 양·천 구분이 먼저였고 중·속인 구분이 나중이었지만, 사회 전체적 규모에서 규범적으로 마련되어 있었던 신분 범주 구분의 틀로 보자면 중·속인 구분이 먼저였고 양·천 구분이 나중이었다. 모든 인민은 일단 '속인'으로서 세속적 통치 범위 안에서 양인 아니면 천인으로 태어나고 그 가운데 일부가 규범적·논리적으로 미리 준비되어 있던 '중' 범주로 옮겨가서 양·천 구분을 포함한 속세의 일을 벗어나게 되었던 것이다.[86]

양인과 천인의 구분이 조선시대 전 시기를 통틀어 세속적 통치의 대상인 일반 인민을 유별(類別)한 가장 기본적이고 명확하며 엄격한 신분적 틀이었다는 점에 대해서는 이론(異論)의 여지가 없다. 최근 학계 일각에서 16세기 이후 이른바 '양천제(良賤制)'가 소멸하였거나 적어도 그 기능을 상실하였다는 주장을 한 경우가 있는데,[87] 만약 거기서 '양천제'라는 말을 양인과 천인을 구분하는 규범적 틀을 가리키는 뜻으로 썼다면 그 주장은 허무맹랑한 것이 아닐 수 없다.

---

86) 속세의 일 가운데 조선시대의 신분 제도와 관련하여 가장 중요한 것은 생업, 관직, 신역이라고 생각된다. 양·천 구분도 그것들과 밀접하게 얽혀 있었는데, 특히 신역이 핵심적 구실을 하였다. 천인이 재물성을 띤 것도 그 신역의 가치 때문이었다.

87) 김성우, 『조선중기 국가와 사족』(서울: 역사비평사, 2001), 22쪽, "양천제는 국역 동원을 위해 국가가 인위적으로 설정한 신분구조였기 때문에 사회·경제적 차등관계에 입각하여 전체 인민을 구분한 신분구조가 아니었음도 아울러 주목할 필요가 있다.……양천제는 국가의 강력한 의지가 사라지면 소멸될 수밖에 없는 취약성을 가진 신분구조였던 것이다. 실제로 16세기 이래의 급격한 사회변동 과정에서 양천제는 급속하게 그 기능을 상실해갔으며, 지주제를 바탕으로 한 사회통념적인 신분구조가 그것을 대신하게 되었다." 같은 책, 48쪽, "본서의 분석대상 시기는 16~17세기 전반에 이르는 시기, 이른바 조선중기이다.……이 시기가 조선초기에 확립된 국역체제가 동요·해체되는 동시에 사족층이 성장하고 있는 시기라는 점, 그리고 이들의 성장추세에 따라 국가적 신분규범인 양천제가 소멸하고 사회통념상의 신분규범인 반상제(班常制)가 그 자리를 대체하면서 '사족지배구조(士族支配構造)'가 정착되는 시기라는 점에 특히 주목했기 때문이다."

양·천 구분은 조선시대 막바지까지 끈질기게 남아 있다가 당시 사람들에 의해 타파되어야 할 신분 제도의 핵심 요소로 지목된 바 있기 때문이다.[88]

2) 법문상의 양·천 구분 예와 구분의 내용

양·천 구분은 조선시대 신분 제도의 핵심 요소였고 '양인'과 '천인'은 보기에 따라서는 가장 기본적인 신분 범주였는데, 그것은 오랜 역사적 연원으로부터 전승된 것으로서 조선의 국가법에서는 당연히 전제된 것으로 나타난다.

〈구분 예〉

≪경국대전≫에서 '양인'이나 '천인', 또는 '양(良)'이나 '천(賤)'이라는 표현이 명확한 대립 구도를 보이는 법조문들을 뽑아보면 15개쯤 나온다. <이전>「경관직(京官職)」조 "정1품 아문" '종친부' 항목의 주(註),[89] 같은 조 "정1품 아문" '돈녕부' 항목의 주,[90] 같은 조

---

88) 피지배 인민들의 요구에 대해서는 역사문제연구소, 『동학농민전쟁사료총서』 1(서울: 사운연구소, 1996), 477쪽, 오지영(吳知泳)의 ≪동학사(東學史)≫(초고본) <집강소(執綱所)의 행정>에 나오는 집강소의 정강(政綱) 가운데 여섯째 "종 문서(文書)는 불지를 사(事)", 일곱째 "백정(白丁)의 머리에 페랑이를 벗기고 갓을 씨울 사(事)" 참고. 국가의 법령상 조치에 대해서는 송병기 등 편, 『한말 근대법령 자료집』 Ⅰ(서울: 국회도서관, 1970), 16쪽의 (군국기무처) 의안(議案) <공·사 노비를 혁파하고 인구의 판매를 금하는 건>(1894. 6. 28) 및 20쪽의 의안 <역인(驛人)·창우(倡優)·피공(皮工)의 면천(免賤)을 허(許)하는 건>(1894. 7. 2.) 따위 참고.

89) 『대전』, 37쪽 참고.

90) 『대전』, 42~43쪽 참고.

"정3품 아문" '관상감' 항목의 주,[91] <이전> 「한품서용(限品叙用)」조,[92] <이전> 「노인직(老人職)」조,[93] <호전> 「전택(田宅)」조의 주,[94] <예전> 「오복(五服)」조 "본종(本宗)" 항목의 주,[95] <예전> 「봉사(奉祀)」조의 주,[96] <예전> 「아속악(雅俗樂)」조,[97] <병전> 「군사급사(軍士給仕)」조 "포호(捕虎)" 항목,[98] <병전> 「잡류」조의 주,[99] <형전> 「결옥일한(決獄日限)」조의 주,[100] <형전> 「포도(捕盜)」조,[101] <형전> 「원악향리」조의 주[102] 따위가 그 예이다.

그 밖에 <형전> 말미에 「천첩(賤妾)」, 「천처첩자녀(賤妻妾子女)」, 「공천(公賤)」, 「사천(私賤)」, 「천취비산(賤娶婢産)」, 「궐내각차비(闕內各差備)」, 「근수(根隨)」, 「제사차비노근수노정액(諸司差備奴根隨奴定額)」, 「외노비(外奴婢)」 따위 9개의 천인 관계 조문과 「노비결송정한(奴婢決訟定限)」이라는 부록이 실려 있는데,[103] 이들도 모두 양·천 구분을 전제로 한 법조문들이다.

이렇게 ≪경국대전≫에는 어떤 사람이 양인이고 어떤 사람이 천인이라는 따위의 양인과 천인의 범주 구분에 대한 일반적 규정이

---

91) 『대전』, 78~79쪽 참고.

92) 『대전』, 159~160쪽 참고.

93) 『대전』, 165쪽 참고.

94) 『대전』, 196쪽(공신전[功臣田] 관련 내용) 참고.

95) 『대전』, 263~264쪽 참고.

96) 『대전』, 282쪽 참고.

97) 『대전』, 301쪽 참고.

98) 『대전』, 434~435쪽 참고.

99) 『대전』, 476쪽(어부[漁夫] 관련 내용) 참고.

100) 『대전』, 483쪽 참고.

101) 『대전』, 491쪽 참고.

102) 『대전』, 492쪽 참고.

103) 『대전』, 500~537쪽 참고.

없고 그런 구분을 전제로 한 규정들이 있을 뿐이다. ≪경국대전≫
이외에도 조선시대 내내 양·천 구분에 관한 사항을 일반적으로 규
정한 국가적 성문법은 아직 알려진 바 없다.

〈구분의 내용과 분별 방법〉

그렇다면 양·천 구분의 내용 또는 기준은 무엇인가?

결론적으로 말해서, 적어도 ≪경국대전≫에서는 천인은 노비만을
가리키고 양인은 그 밖의 모든 세속 인민을 가리킨다. 다시 말하면,
노비는 천인이고 다른 모든 세속 인민은 양인이다. 현존하는 ≪경
국대전≫이 나온 지 70년 뒤(명종 10년, 1555)에 나온 ≪경국대전주
해 후집(後集)≫에는 '양·천'이 "호적에 편성된 제민(齊民)을 '양'이
라 하고 공·사 노비를 '천'이라 한다"고 풀이되어 있어서,[104] 이
점이 분명히 드러나 있다. 유승원은 이 근거를 들지 않고 ≪경국대
전≫ 및 그 이전의 ≪조선왕조실록≫ 기사에 나오는 '양인'·'천인'
이라는 말의 쓰임새를 자세히 살펴서 위와 같은 결론을 끌어낸 바
있고,[105] 그에 앞서 김석형도 ≪경국대전≫에 나오는 '천인'이 바로
노비를 가리키는 말이라는 점을 지적한 바 있다.[106]

---

104) 『경국대전주해』(서울: 단국대학교 출판부, 1979 영인), 330쪽, <형전>「천
    취비산(賤娶婢産)」조, "良賤: 編戸齊民曰 良 公私奴婢曰 賤". 같은 책,
    간행사 및 347~359쪽(해제); 『대전속록·대전후속록·경국대전주해』
    (서울: 서울대학교 규장각, 1997 영인), 七쪽(해제)에 따르면, ≪경국대
    전주해≫의 ≪전집(前集)≫은 예조 당상과 3의정(議政)의 검토를 거치
    고 임금의 재가를 받은 것으로서 법으로서의 효력이 있었고, 그 ≪후
    집≫은 긴요하지 않다고 하여 ≪전집≫에서 제외된 것들을 모아 임금
    의 재가를 받지 않은 채 간행한 것으로서 참고서로 활용되었던 것으로
    추정된다.
105) 유승원, 『조선초기 신분제 연구』(서울: 을유문화사, 1987), 43~49쪽 참고.
106) 김석형, 『조선 봉건시대 농민의 계급 구성 / 양반론』(서울: 신서원, 1993
    재편집), 109쪽 참고.

≪경국대전≫ 체제에서는 모든 세속 인민이 양인 아니면 천인으로 유별되었다. 세속 인민 가운데 양인도 아니고 천인도 아닌 제3의 중간적 존재나 양인이기도 하고 천인이기도 한 이중적 존재는 있을 수 없었다. 개인들은 양·천을 가르는 금을 사이에 두고 어느 한 쪽에 머물러 있거나 그 경계선을 넘나들 수 있을 뿐이었다.[107]

　　구체적인 실제에서 개개인의 양·천 유별은 호적,[108] 군적(軍籍),[109] 공천안(公賤案),[110] 선두안(宣頭案)·형지안(形止案),[111] 관서문기(官

---

107) 『실록』 11집, 115쪽 상단, ≪성종≫ 권189, 17년 3월 무진(23일)조, 노사신(盧思愼)의 말 "우리나라 사람은 양인 아니면 천인, 다만 두 길이 있을 뿐입니다. 이제 양인과 천인 사이에 따로 한 종류의 사람(보충대[補充隊]를 가리킴—인용자 보충)을 따로 만들어 비록 자손에 이르러도 영영 (보충대에서—인용자 삽입) 거관(去官)할 도리를 없앤다면, 정리(情理)나 법에 비추어 아마도 마땅하지 않을 듯합니다.(我國人物 非良則賤 只有二途耳 今於良賤之中 別作一種人物 雖至子孫永無去官之理 其於情法恐未穩當)" 참고.

108) 『대전』, 173쪽, <호전> 「호적(戶籍)」조 및 같은 책, 333쪽, <예전> 「호구식(戶口式)」조 참고.

109) 『대전』, 464~465쪽, <병전> 「성적(成籍)」조 및 같은 책, 48쪽, <이전> 「경관직」조 "정2품 아문" '육조(六曹)' 항목, 주에 나오는 병조 무비사(武備司) 소관 사무 참고. 여기서 말하는 군적은 같은 책, 462쪽, <병전> 「명부(名簿)」조에 나오는 '군사명부'와는 다른 것이다. 군적은 군역 대상자를 기록한 것이고, 군사명부는 번상군사들의 인적 사항을 기록한 것이다. 이종일, 『대전회통 연구(병전편)』 정정재판(서울: 한국법제연구원, 2000), 244쪽, 주 639 및 233쪽, 주 607 참고.

110) 『대전』, 501~504쪽, <형전> 「공천(公賤)」조 참고. 속안(續案)과 정안(正案)이 있었는데, 전자는 3년마다 작성하고 후자는 20년마다 작성하도록 규정하였다. 공천안은 같은 책, 54쪽, <이전> 「경관직」조 "정3품 아문" '장예원(掌隷院)' 항목, 주에는 '노예부적(奴隷簿籍)'으로 표현되어 있다.

111) 선두안은 내수사(內需司) 노비 명부이고, 형지안은 각 관청에 속한 노비의 내력을 적은 문서이다. '형지안'은 노비뿐만 아니라 일반적으로 어떤 물건의 내력이나 일의 경과를 적은 문서를 가리키기도 하였다. 선두안에 대해서는 『실록』 7집, 645쪽 상단, ≪세조≫ 권34, 10년 8월

署文記),112) 유서(遺書),113) 문계(文契)와 입안(立案)114) 따위 공·사의 문적(文籍)에 의거하게 된다.

양·천 구별에 대한 다툼이 있을 때에는 제민인지 여부 및 노비인지 여부를 잣대로 삼아 교차 검토하여 가려야 할 것이지만, ≪경국대전≫에는 그 경우들을 포괄하는 규정이 없고 한 가지 방향에서 판단 기준을 제시한 규정들이 흩어져 있다.

먼저, 양인인지 아닌지가 문제되는 경우에 대응하는 것으로서 "양인은 비록 양적(良籍)이나 양족(良族)이 없더라도 양역(良役)을 행한

임진(11일)조; 『대전속록·대전후속록·경국대전주해』(서울: 서울대학교 규장각, 1997 영인), 107쪽, ≪대전속록≫ <형전> 「공천」조 따위, 형지안에 대해서는 『실록』 1집, 335쪽 하단~336쪽 상단, ≪태종≫ 권10, 5년 9월 무술(6일)조, 의정부에서 올린 '노비결절조목(奴婢決折條目)'의 12째 조목 따위 참고.

112) 『대전』, 513쪽, <형전> 「사천」조, "부모·조부모·외조부모·처부모·남편·아내·첩 및 형제자매(同生)가 화회(和會)하여 나누어 가지는 외에는 관서문기를 쓴다[자녀가 어버이에게서 받은 경우에는 또한 반드시 관서(官署)를 할 필요는 없고……].(父母祖父母外祖父母妻父母夫妻妾 及同生和會分執外 用官署文記[子之於親 亦不須官署……])" 참고.

113) 『대전』, 513~514쪽, <형전> 「사천」조, "조부모 이하는 유서를 쓴다.(用祖父母以下遺書)"; 『대전속록·대전후속록·경국대전주해』(서울: 서울대학교 규장각, 1997 영인), 114쪽, ≪대전속록≫ <형전> 「사천」조, "외조부모의 유서도 아울러 모두 통용한다.(外祖父母遺書 並皆通用)" 참고.

114) 『대전』, 514쪽, <형전> 「사천」조, "노비를 전하여 얻은 경우에는 1년 안에 관청에 신고하여 입안을 받아야 하며, 만약 예전 주인이 문계를 작성하고 죽은 경우에는 병을 시중들던 족친(族親)이나 노비를 불러다가 사실을 조사하여 입안을 내어준다.(傳得奴婢者 期年內告官 受立案 若財主成文契而死者 召侍病族親或奴婢 閱實 給立案)"; 『대전속록·대전후속록·경국대전주해』(서울: 서울대학교 규장각, 1997 영인), 114쪽, ≪대전속록≫ <형전> 「사천」조, "무릇 노비를 사서 얻거나 전하여 얻은 문기는 기한 안에 관청에 신고하면 비록 1년이 지난 뒤에라도 아울러 입안을 내어준다.(凡奴婢買得及傳得文記 限內告官 則雖在期年後 並給立案)" 참고.

제3장 거대 신분 범주의 단계적 구분   131

지 이미 오래인 경우에는 신고하여 천인으로 삼는 것을 허용하지 않는다"는 규정이 있다.[115] 이 규정과 관련하여 ≪대전속록(大典續錄)≫에서는 "≪대전≫ 주(註)의 '양역을 행한 지 이미 오래인 경우'는 「향리(鄉吏)」조에 따라 2대를 이어서 행한 예로 시행한다"고 하였다.[116]

다음으로, 공노비인지 아닌지가 문제되는 경우에 대응하는 것으로서 "정안(正案)에 실린 노비가 양인임을 호소하거나 서로 소송하는 경우 및 정안에 부모나 조부모나 자기의 이름이 명백히 드러나 실려 있지 않은데 끌어다가 투탁(投托)하는 경우에는 모두 들어서 다스려주지 않는다"는 규정이 있다.[117] 일단 정안에 기록된 공천은 양인으로 인정될 수 없고 정안에 기록되지 않은 양인은 공천이 될

---

115) 『대전』, 504쪽, <형전> 「공천」조 주 "良人 雖無良籍良族 良役已久者 勿許陳告屬賤".

116) 『대전속록 · 대전후속록 · 경국대전주해』(서울: 서울대학교 규장각, 1997 영인), 106~107쪽, ≪대전속록≫ <형전> 「천첩자녀(賤妾子女)」조, "大典註 良役已久者 依鄉吏條 連二代例 施行". ≪대전속록≫에는 「천첩자녀」조에 수록되어 있지만, ≪경국대전≫의 「천처첩자녀」조에는 이러한 주가 없으므로, 「공천」조의 주를 가리키는 것으로 보인다.

117) 『대전』, 502쪽, <형전> 「공천」조 주 "正案付奴婢 訴良或相訟者 及 案內 父母或祖父母或己身名字明白現付外 援引投托者 並勿聽理". 이 글귀의 뜻에 대하여 논란이 있을 수 있는데, 이 규정의 유래를 추적해 보면 세조 7년(1461) 4월 2일 황수신(黃守身) 등이 올려서 임금이 따른 '합행사건(合行事件)'에 들어 있는 "이번 신사년(1461)의 정안에 실려 있는 노비는 양인임을 호소하여 서로 소송하지 못하도록 하는 일, 자기의 이름이 뚜렷이 실려 있는 이외에는 신고하거나 투탁하지 못하도록 하는 일, 숨겨주고 부려먹은 사람을 죄로 다스리는 일은 모두 정유년(1417) · 기미년(1439) 정안의 예에 따라 시행한다(今辛巳年正案載錄奴婢 禁訴良相訟事 己身名字現載外 毋得陳告投托事 容隱使喚人治罪事 並依丁酉 · 己未年正案例施行)"는 조목을 이어받은 것으로 여겨지므로, 본문과 같이 풀이하는 것이 마땅하다고 생각한다. 『실록』 7집, 457쪽 상단, ≪세조≫ 권24, 7년 4월 「임신」조 참고.

수 없다는 것이다.

사노비인지 아닌지가 문제되는 경우에 대응하는 실체적 규정은
따로 실려 있지 않은데, 다른 일반적인 경우와 함께 소송으로 가려
질 문제이다.

3) 양인·천인의 규범적 속성과 그 구분의 의미

위에서 보았듯이 양인은 곧 제민(齊民)을 의미하고 천인은 곧 노
비를 의미한다. 이제 양인과 천인, 제민과 노비가 각각 어떤 규범적
속성을 띠는지 및 인민을 그렇게 나누는 것이 규범적으로 어떤 의
미를 가지는지를 따져보기로 하겠다. 양·천 구분의 의미는 '양인'
이라는 징표와 '천인'이라는 징표가 나타내는 바, 곧 양인과 천인의
규범적 속성의 같고 다름을 살펴보면 저절로 드러날 것이다.

〈양인과 천인의 규범적 속성〉

양인과 천인의 차이 가운데 첫째로 꼽아야 할 것은 뭐니뭐니해도
재물성(財物性)을 띠었는지 여부일 것이다.[118] 양인은 어느 모로 보
아도 사람으로서, 그를 재물처럼 다루어서 소유권에 복속시키거나
거래하면 죄가 되었다.[119] 그에 비해 천인은 반드시 재물성을 띠어
서,[120] 주인(국가 따위의 사실상 법인을 포함함)이 없는 노비란 있

---

118) 유승원, 『조선초기 신분제 연구』(서울: 을유문화사, 1987), 55쪽 참고.
119) 『명률강해』, 335~340쪽, <형률> ≪적도(賊盜)≫율 「약인(畧人)·약매인
    (畧賣人)」조 참고. 거기서 양인은 스스로 팔아도 죄가 되었다(336쪽)는
    데 유의해야 한다.
120) 한국학문헌연구소 편, 『고려사(高麗史)』 중(中)(서울: 아세아문화사, 1990
    영인축쇄), 879쪽 상단, <지(志)> 권제39, ≪형법(刑法)≫ 2 「노비」 공양

을 수 없었다. ≪경국대전주해≫에서도 '노예'를 "천인을 일컫는 것으로서 남에게 속하여 붙어 있음이다"고 풀이하였다.[121]

양인은 재물성을 띠지 않은 데서 더 나아가 다른 사람에게 인신적(人身的)으로 속박되지 않았으며, 그런 뜻에서 일단 이른바 '자유인'이다.[122] 그에 비해 천인은 주인의 '인신적' 지배에 묶여서 재물로서의 봉사(奉事)를 요구받게 되었다. 그 봉사의 내용은 곧 경제적 가치의 실현인데, 구체적으로는 보유할 때의 용도에 따른 수익성 실현과 과실(果實)의 산출 및 거래할 때의 환가성(換價性) 실현을 포함한다. '용도에 따른 수익성'이란 노동력을 지닌 존재로서 신역(身役)이나 신공(身貢)을 바쳐야 함을 뜻하고,[123] '과실의 산출'은 주인의 소유권에 복속하는 자녀를 낳아줌을 뜻하며,[124] 거래할 때의 '환

왕(恭讓王) 3년조, 낭사(郎舍)에서 올린 소(疏)에 "노비는 비록 천하지만 또한 하늘이 내린 백성인데도 의례히 재물로 다루어서 거리낌 없이 사고판다.(奴婢雖賤 亦天民也 例論財物 恬然買賣"고 하였는데, 노비를 재물로 다룬 점은 조선에서도 마찬가지였다. 박병호, 『한국법제사』(서울: 한국방송통신대학 출판부, 1986), 105쪽에서는 "일본의 율령법 시대의 노비나 중국법상의 노비도 우리나라의 노비와 같은 성질을 지니고 있어 노비를 반인반물(半人半物)이라고 하는데, 우리나라의 노비는 오히려 농노(農奴)적인 성질의 것이어서 인륙물사(人六物四) 정도라고 할 수 있을 것이다"고 하였다.

121) 『경국대전주해』(서울: 단국대학교 출판부, 1979 영인), 76쪽, ≪후집≫ <이전> 「육조(六曹)」조, "奴隸: 賤稱 屬着於人也".

122) 박병호, 위의 책, 103쪽 참고.

123) 노비의 신역과 신공에 대한 규제 내용은 『대전』, 198쪽, <호전> 「잠실(蠶室)」조 주; 같은 책, 209~210쪽, <호전> 「요부(徭賦)」조; 같은 책, 301쪽, <예전> 「선상(選上)」조; 같은 책, 502~503쪽, <형전> 「공천」조; 같은 책, 520~521쪽, <형전> 「제사차비노근수노정액(諸司差備奴根隨奴定額)」조, '차비노' 항목, 주; 같은 책, 546쪽, <공전(工典)> 「공장(工匠)」조 따위 참고.

124) 노비 소생에 대한 소유권 귀속 문제는 천인의 신분 전승과 맞물려 얽혀 있다. 그에 대한 규제 내용은 앞의 [규정 1-10](≪경국대전≫ <형

가성'이란 그 자체로 값을 매길 수 있음을 뜻한다.[125]

양인과 천인의 두 번째 차이로는 공적(公的) 생활 관계에 몸소 참여할 수 있었는지 여부를 들 수 있겠는데, 이것은 첫째 차이점의 논리적 귀결이자 제도적 지향이다. 양인은 사사로이 속박되어 있지 않으므로 시간과 '힘'이 필요한 공적 생활에 참여할 '인신적' 여유를 갖는 것으로 여겨질 수 있었다. 그러나 천인은 일차적으로 그 주인의 소유권에 복속되어 사사로이 신역이나 신공을 바쳐야 했으므로 공적 생활에 참여할 여유가 없는 것으로 파악되었다.[126] 만약 천인 스스로가 참여하려고 하거나 국가에서 천인을 동원하려고 한다면 노비 주인의 재산권과 충돌할 것이었다.

여기서 '공적 생활 관계'라고 한 영역은 당시의 제도상 주로 벼슬살이와 국역(國役) 복무를 가리키는데, 그와 관련하여 양인은 그 권리를 가지고 의무를 질 수 있는 적절한 상태에 있었고 천인은 그렇지 않았다. 그런 사정에 맞추어, 당시의 제도는 원칙적으로 양인에

전> 「공천」조) 및 『대전』, 516쪽, <형전> 「천취비산(賤娶婢産)」조 참고.

125) 여기서 '거래'는 어떤 형태로든 지배 주체가 바뀌는 것을 의미하며, 거래가능성은 당연히 전제된다. 김석형, 『조선 봉건시대 농민의 계급 구성 / 양반론』(서울: 신서원, 1993 재편집), 61쪽; 박병호, 『한국법제사』(서울: 한국방송통신대학 출판부, 1986), 104쪽; 연정열, 「조선 초기 노비 상속과 증여에 관한 일 연구」, 박병호 환갑기념 『한국법사학논총』(서울: 박영사, 1991), 167~179쪽에서도 노비가 거래 대상이 됨을 지적하였다. ≪경국대전≫에는 매매와 상속(증여 포함) 및 사천을 양인으로 삼은 경우의 대상(代償)에 대한 규제만 나와 있는데, 그 내용은 『대전』, 206쪽, <호전> 「매매한(買賣限)」조; 같은 책, 505~515쪽, <형전> 「사천」조 따위 참고.

126) 『경국대전주해』, 43쪽, ≪전집≫ <형전> 「천처첩자녀」조에서는 "다른 사람의 노비는 그 주인에게 부려지므로 신역이 없는 경우가 아니다(他人奴婢 則役於其主 非無身役者)"고 풀이하였다. 공노비의 신역과 신공도 본질상 소유권에 복속하는 사사로운 것이다.

게만 이른바 '사환권(仕宦權)'과 국역 부담 의무를 인정하고 천인에게는 이들 권리와 의무를 인정하지 않았다(일부 잡직과 노인직은 예외).[127] 사환권과 연계되는 학교에 들어갈 자격이나 과거·취재(取才)에 응시할 자격도 원칙적으로 양인에게는 인정되고 천인에게는 인정되지 않았다.

다만, 천인도 주로 공천(公賤)에 한하여 일부 잡직에 나아갈 수 있었고,[128] 그와 관련된 과거·취재에 응시하거나 생도(生徒, 악학[樂學]의 경우에는 악공[樂工])가 될 수 있었으며,[129] ≪경국대전≫ 규정만 보면 공천은 양인과 더불어 국역을 지는 경우도 있었을 듯하다.[130] 천인(공천) 여자의 경우에는 일반 '궁녀(宮女)'로 뽑혀 일하

---

127) 유승원, 『조선초기 신분제 연구』(서울: 을유문화사, 1987), 56~59쪽 참고.

128) 『대전』, 78~79쪽, <이전> 「경관직」조 "정3품 아문" '관상감' 항목, 주; 같은 책, 165쪽, <이전> 「노인직」조; 같은 책, 301쪽, <예전> 「아속악」조; 같은 책, 104~114쪽, <이전> 「잡직」조; 같은 책, 350쪽, <병전> 「잡직」조 따위 참고.

129) 이성무, 『한국 과거제도사』(서울: 민음사, 1997), 331쪽 및 511쪽에 따르면 화학(畫學), 도학(道學), 악학(樂學)에는 천인도 생도가 될 수 있었으며 잡학생도는 잡과에 응시할 수 있었다.

130) 『대전』, 546쪽, <공전> 「공장」조 주에 따르면 "사천은 공장에 붙이지 말도록(私賤勿屬)" 규정되어 있었으므로 공천은 양인과 함께 공장이 될 수 있었는데, 같은 책, 551쪽, <공전> 「경공장(京工匠)」조 "상의원(尙衣院)"·"군기시(軍器寺)" 항목 및 같은 책, 418~421쪽, <병전> 「번차도목(番次都目)」조 "상의원·군기시 궁인(弓人)·시인(矢人)" 항목에 따르면 두 관청의 궁인과 시인은 다른 국역(주로 군역) 복무자들과 마찬가지로 체아직(遞兒職)을 받기도 하고 산계를 받아 거관(去官)하도록 되어 있었다. 여러 공장들 가운데 오직 궁인과 시인만 '무슨 장(匠)'이라고 불리지 않고 '무슨 인(人)'이라고 불렸으므로 혹 천인은 궁인이나 시인이 될 수 없었을지도 모르겠으며, 그 가운데서도 오직 상의원과 군기시에 소속된 사람들만 위와 같은 대우를 받았으므로 매우 특수한 사례로 다루어야 할지도 모르겠다. 그러나 만약 공천도 궁인이나 시인이 되어 위와 같은 대우를 받았다면, 그런 사례는 공천이 국역을 진

다가 '궁관(宮官)'으로 벼슬살이를 할 수 있었던 것 같다.[131]

또한, 양인이라고 해도 실제로 모두 사환권을 가지고 국역을 진 것은 아니었다. 양인 가운데에는 갖가지 징벌적·비징벌적 이유로 특수한 국역에 얽매이거나 생업·혈통에 흠이 있다고 여겨져서 벼슬길이 부분적·전면적으로 가로막힌 금고(禁錮) 집단이 있었다. 국가의 필요나 장악력에 따라 국역을 지는 형태도 여러 가지였고 그 부과 범위에서 벗어나는 사람들도 있었다. 그러나 그런 점들은 그 예외적인 사람들이 양인이었다는 데에서 말미암은 것이 아니고 양인이기는 하되 특수한 사정에 놓여 있었다는 데에서 말미암은 것이므로, 양인은 기본적으로 사환권을 가지고 국역 부담 의무를 졌다

경우로 다루어야 할 것이다. 일반적으로 양인인 공장이 공장으로서 지는 신역은 국역이라고 하지 않을 수 없으며, 천인(공천)이 양인과 마찬가지로 일반적인 공장으로서 신역을 지는 경우에는 그것을 국역으로 보나 사역(私役)으로 보나 차이가 없다. 『대전』, 476쪽, <병전> 「잡류」 조 주에는 공·사 천인도 '잡색군(雜色軍)' 붙이도록 규정되어 있는데, 잡색군은 형식적 편제에 지나지 않는 것이어서 실질적인 입역 의무는 없었다.

131) 이영숙, 「조선 초기 내명부에 대하여」, 『역사학보』 제96집(서울: 역사학회, 1982), 111쪽에 따르면 "예종(睿宗) 이전에도, 이후에도 시녀(侍女; '궁녀'를 가리킴―인용자)의 신분이나 선출 방법이 제도화되지 못하였음을 알 수 있으나" "예종 이후 궁녀는 각사(各司)의 관비(官婢)로서 뽑도록 상례화(常例化)되었던 것 같다". 김용숙, 『조선조 궁중풍속 연구』 (서울: 일지사, 1987), 33쪽에서는 영조 때의 사례를 들어 "원칙적으로는 금지되어 있었으나 양가녀(良家女)도 궁인(宮人)으로 들어왔다는 사실을 알려주는 것이다"고 하였다. 같은 책, 45쪽에서는 "궁녀들은 일단 한번 입궁(入宮)하면 종신제(終身制)라 할 수 있다"고 하였으며, 그 37~44쪽에 따르면, 비록 조선 후기를 중심으로 서술한 것이지만, 갓 입궁한 '아기 내인(內人)'이 15년쯤 지나서 '내인(항아님)'이 되고 또 15년쯤 지나서 '상궁(尚宮; ≪경국대전≫의 벼슬 이름이 아니라 고위 궁관의 일반 지칭임―인용자)'이 되었다. 아울러 이영화, 『조선시대 조선사람들』 (서울: 가람기획, 1998), 55~62쪽 참고.

고 보아야 한다.

세 번째로 꼽을 수 있는 양인과 천인의 차이는 신역 부담의 종류와 성별(性別) 범위가 다르다는 점인데, 첫째와 둘째 차이에 부수되는 것이다. 양인은 남자에 한하여 국가적 신역을 졌던 데 비하여, 천인은 남녀를 가리지 않고 사사로운 신역을 졌다.132)

넷째로는 범죄와 형벌 및 형률로써 보호받는 이익이 양·천 간에 달리 규정되었다는 점을 들 수 있다. 이것은 규범적 속성의 차이 중에서도 질적인 차이라기보다는 정도의 차이라고 보아야 할 것이다. 이른바 '범죄능력'과 '책임능력'을 가졌다는 점에서는 양인이나 천인이나 마찬가지이기 때문이다. 아무튼 양·천 간에는 애초부터 권리와 의무가 달랐으므로 죄가 되는 행위의 내용이나 형률로써 보호받는 이익이 행위자의 신분에 따라 달리 규정될 수밖에 없었고,133) 같은 행위에 대해서도 양·천 간에 가해지는 형벌의 정도가 다른 경우가 많았다.134) 이 점은 첫째 차이와 둘째 차이의 논리적 연장선

---

132) 유승원, 『조선초기 신분제 연구』(서울: 을유문화사, 1987), 58쪽 참고.

133) 극단적인 예를 들면, 『명률강해』, 392쪽, <형률(刑律)> ≪투구(鬪毆)≫ 율 「노비구가장(奴婢毆家長)」조에서 "만약 (노비가 주인의―인용자 보충) 지시·명령을 어겨서 (주인이 노비에게―인용자 보충) 법에 따라 벌을 주다가 뜻밖에 죽음에 이르게 하거나 과실로 죽인 경우에는 따지지 않는다.(若違犯敎令 而依法決罰邂逅致死及過失殺者 勿論)"고 하였다. 조선초기의 노비 처벌과 보호에 대한 일반적인 논의는 김석형, 『조선봉건시대 농민의 계급 구성 / 양반론』(서울: 신서원, 1993 재편집), 66~70쪽; 지승종, 『조선전기 노비신분 연구』(서울: 일조각, 1995), 279~381쪽 참고. 노비를 학대한 주인을 처벌한 구체적 사례로는 『실록』 9집, 403쪽 상단, ≪성종≫ 권74, 7년 12월 무술(29일)조 참고.

134) 양인이 양인에게 하는 행위, 양인이 천인에게 하는 행위, 천인이 양인에게 하는 행위, 천인이 천인에게 하는 행위는 각각 '같은' 행위가 아니라고 볼 수도 있다. 그러나 행위의 내용만 따져서 '같은' 행위로 본다면, 그 주체나 상대방이 양인이냐 천인이냐에 따라 형벌이 다른 경우가 많았다. 대표적으로 『명률강해』, 387~388쪽, <형률(刑律)> ≪투구

상에서 양·천 인격의 무게를 달리 평가함으로써 생겨난 결과로 보인다.[135] 형률로써 보호하거나 처벌할 만한 가치가 양·천 간에 달랐던 것이다.

그 밖에도 양인과 천인 사이에는 상속인의 범위가 달랐다는 점을 꼽을 수 있다.[136] 천인이 아들·딸 없이 죽으면 그 재산이 주인에게 귀속되었던 데 비해,[137] 양인이 아들·딸 없이 죽으면 그 재산은 4촌 혈족에게까지 미쳐서 4촌 이내의 혈족이 없는 경우에만 국유화되었다.[138] 이것도 질적 차이라기보다는 정도의 차이라고 보아야 할

(鬪毆)≫율 「양천상구(良賤相毆)」조 참고.

135) 노비는 인류물사(人六物四)라는 평가를 받아들인다면, 양·천의 인격적 가치는 10 : 6으로 대비된다.

136) 박병호, 『한국법제사』(서울: 한국방송통신대학 출판부, 1986), 105쪽 참고.

137) 『대전』, 504쪽, <형전> 「공천」조, "공노비가 아들·딸 없이 죽은 경우에는 그 노비와 전택(田宅)은 해당 관청에 귀속시킨다[사노비의 경우에는 그 재산을 아울러 그 주인이 알아서 처리하는 것을 허용한다.].(公賤無子女身死者 奴婢田宅 屬於本司本邑[私賤則 幷其財産 許本主區處])" 참고.

138) 『대전』, 513쪽, <형전> 「사천」조 주 "아들·딸 없는 지아비·지어미의 노비는 비록 전해줄 데가 없더라도 살아남은 사람이 알아서 처리하되 그 혈족 말고 남에게 줄 수 없고 첩자녀·의자녀(義子女)·양자녀가 있더라도 또한 그 (법에 정해진) 몫을 넘길 수 없으며, 지어미가 다른 곳으로 (시집)가는 경우에는 그 처리한 바에 따르지 않는다.(無子女夫妻奴婢 雖無傳係 生存者區處 本族外不得與他 如有妾子女義子女養子女亦毋過其分 妻適他者 其所區處不用)"; 같은 책, 507~508쪽, 같은 조 "양첩자녀(良妾子女)" 항목, "아들·딸이 없는 적모(嫡母)의 노비: …… 나머지는 그 혈족에게 돌려주며[동생이 없으면 3촌, 3촌이 없으면 4촌 친족……] 그 혈족이 없으면 국유화한다[아래도 같다.].(無子女嫡母奴婢: ……餘還本族[無同生則三寸 無三寸則四寸親……] 無本族則屬公[下同])"; 같은 책, 505쪽, 같은 조 주 "전지(田地)도 같다.(田地同)"; 『경국대전주해』(서울: 단국대학교 출판부, 1979 영인), 44~45쪽, ≪전집≫ <형전> 「사천」조, "'나머지는 그 혈족(本族)에게 돌려준다'의 주 '동생(형제자매)가 없으면 삼촌친족, 삼촌친족이 없으면 사촌친족': 아들·딸이 없는 사람의 소유물은 부모에게 되돌아가므로 그 동생(형제자매)의

것으로서, 보호 가치를 달리 평가했거나 제도 운용의 현실적 어려움을 고려했기 때문에 생겨난 차이라고 생각된다.[139)]

위와 같은 점들 말고는 규범적 측면에서 양인과 천인 사이에 중요한 차이가 없었다. 이른바 '공법적(公法的)'인 면에서도 조세·요역(徭役)·공물(貢物)과 관련해서는 차별이 없었다.[140)] 이렇게 양·천 차별이 없는 영역은 인신적 참여가 필요하지 않거나 정규적으로 많은 시간을 들이지 않아도 되는 부분이다. '사법적(私法的)'인 면에서는 재산의 보유·거래·전승에서 양인과 천인 사이에 아무런 차별이 없었다.[141)] 소송과 관련해서도 양·천 차별은 없었다.[142)] 노비

아들·딸이나 손자녀가 그 혈족(本族)이 되고 삼촌 아재비나 사촌 형제는 간여하지 못한다. 사촌 손자녀까지 없는 다음에야 그 소유물이 마땅히 위로 조부모에게 올라가서 삼촌 아재비나 사촌 형제가 그 혈족(本族)이 된다. 그러므로 널리 친족이라고 말하고 아재비·조카·형제나 손자라고 가리켜 말하지 않은 것이다.(餘還本族註 無同生則三寸 無三寸則四寸親: 無子女者己物 還係於父母 故其同生子女若孫爲本族 而三寸叔四寸兄弟則不與焉 無四寸孫 然後其己物 當上係於祖父母 三寸叔四寸兄弟得爲本族 故泛言親 而不指言叔姪兄弟與孫也)"; 『실록』11집, 177쪽 하단~178쪽 하단, ≪성종≫ 권199, 18년 1월 갑자(23일)조에 나오는 여러 사람의 논의 내용(특히 박숭질[朴崇質] 등의 논의에 따르면 ≪경제속전(經濟續典)≫[이른바 ≪속육전(續六典)≫을 말함—인용자]「사천(私賤)」조에는 '동복(同腹)이 없는 경우에는 사손(使孫)인 4촌에 한하여 나누어 준다'고 규정되어 있었다고 함) 참고.

139) 노비는 혼인 관계가 불안정하고 성적(性的) 결합이 복잡하였을 뿐만 아니라 재산을 많이 가진 경우도 드물었으므로, 상속인의 범위를 넓게 인정하면 그들의 재산권을 보호할 가치에 비해 그와 관련된 제도 운용 비용이 지나치게 많이 들게 되어 있었다.

140) 김석형, 『조선 봉건시대 농민의 계급 구성 / 양반론』(서울: 신서원, 1993 재편집), 61쪽; 유승원, 『조선초기 신분제 연구』(서울: 을유문화사, 1987), 57쪽 참고.

141) 박병호, 『한국법제사』(서울: 한국방송통신대학 출판부, 1986), 104~105쪽; 유승원, 위의 책, 55쪽 참고. 박병호, 『한국의 전통사회와 법』(서울: 서울대학교 출판부, 1985), 247쪽에서는 노비의 처지가 "인간으로

가 자기 주인을 고소하는 것은 일반적으로 처벌되었는데,[143] 이것은 천인의 소송능력 제한이라기보다는 양·천이나 상·하 또는 존·비 관계에 대한 일반적인 형률상의 규제라고 보아야 한다.

〈양·천 구분의 규범적 의미〉

양·천 구분의 규범적 의미는 둘의 규범적 속성의 차이에서 드러난다. 서로 같은 점들은 구분의 의미를 보여주지 못한다.

위에서 본 양인과 천인의 차이를 요약하면 "양인은 온전한 인격을 가지고 공·사 생활 관계에 제한 없이 참여하면서 온전한 보호를 누릴 수 있고, 천인은 인간성에 덧붙여 재물성을 띰으로써 주인의 인신적 지배에 속박되는 한편 인격이 상대적으로 감소하여 일정한 공적 생활에 참여할 수 없음과 동시에 법의 보호를 온전히 누리지 못한다"는 것이다. 여기서 엿볼 수 있는 양·천 구분의 규범적 의미는 "천인에 대한 재물성 부여와 일정한 공생활(公生活)에서의 배제 및 법적 보호 완화"라고 할 수 있다. 양인에게 온전한 인격, 온전한 권리·의무, 온전한 보호를 부여하는 것은 사람을 사람으로 대접하는 것으로서 그에 대해 특별한 의미를 부여하기 어렵다. 양·천 구분의 의미는 천인을 낮추어 차별하는 데 있다.

양·천 차별의 세 가지 주요 내용 가운데 어느 것이 핵심적인지

서 의식주를 영위하는 데는 양반과 다름없이 법률상 보장을 받고 있었으니 말하자면 사법상(私法上)은 물건이 아니라 완전 자유이었다"고 하였는데, '사법상은 물건이 아니라'는 표현에 오해의 소지가 있는 듯 하다. 『대전』, 504쪽, <형전>「공천」조의 아들·딸 없이 죽은 노비 재산의 처리에 대한 규정은 천인에게도 재산법상 능력이 있음을 전제로 한 것이다.

142) 박병호, 『한국법제사』(서울: 한국방송통신대학 출판부, 1986), 105쪽 참고.
143) 『대전』, 493~494쪽, <형전>「고존장(告尊長)」조 참고.

에 대해서는 관점에 따라 판단이 다를 수 있다. 노비 소유자 입장에서는 천인에 대한 재물성 부여가 가장 중요했을 것이고, 국가 입장에서는 천인을 일정한 공생활에서 배제하는 것이 중요했을 것이며, 노비 입장에서는 세 가지 다 중요한 억압·질곡(桎梏)으로 느껴졌을 것이다. ≪경국대전≫은 국가 운용에 필요한 규정들을 담은 법전으로서, 거기에 실린 양·천 구분에 대한 규제에는 국가의 입장이 가장 강하게 반영되었다. 그러므로 ≪경국대전≫ 체제에 한정해서 보면 양·천 구분의 핵심적 의미는 "정규적 공생활에서 천인의 참여를 인신적으로 배제하는 것"이라고 할 수 있다.[144]

양·천 구분의 의미를 조금 다른 방향에서 단순화하여 보면, 그것은 국가공동체 속에 포섭할 인민의 범위를 정한 것이다. 다시 말하면 양·천 구분의 경계선은 국가공동체의 테두리에 그어진 포섭과 배제, 참여와 소외의 경계선이다. 국가 성립 이전에 '자연적'으로 존재하다가 현실적으로 국가의 지배권 안에 들어온 인민들 가운데 일부 집단을 '인위적'으로 국가공동체에서 배제한 장치가 바로 양인과 천인의 유별이다. 여기서 사회적 신분제의 본질이 '자연적'으로는 유동적 존재일 수밖에 없는 사람에게 일정한 '인위적' 징표를 부여하여 그것을 마치 고정된 속성처럼 다루는 것이라는 점을 뚜렷이 확인할 수 있다.

---

144) 이러한 결과에 이른 근본 원인은 말할 나위 없이 천인에게 재물성을 부여한 데 있었고 그 점이 당사자에게도 가장 큰 질곡이었을 것이나, 노비 제도 자체를 폐지하는 데까지 이르지 않은 한에서는 당시의 양·천 구분 제도가 갖는 독특한 의미를 이렇게 파악해야 할 것이다.

4) 양·천 구분의 유래와 이데올로기적 배경

≪경국대전≫을 중심으로 규율된 조선 초기 양·천 유별 제도의 내용과 의미는 대체로 위에서 살펴본 바와 같다. 이제 궁금해지는 것은 '양인'·'천인' 범주의 결정 요인인데, 그에 대해 곧바로 무엇을 지목해서 말하기는 어렵다. 양인과 천인을 나누는 제도는 앞에서 말한 이른바 '역사적 퇴적물'로서 조선 초기에는 이미 '관습'이나 '관습법'의 영역에 굳건히 자리 잡고 있던 것이기 때문이다. 그 역사를 ≪경국대전≫ 단계에서 잘라 보자면 '양인'·'천인' 범주의 결정 요인은 제도의 관성(慣性)이라고 밖에 말할 수 없을 것이다.

근본적으로 보면 양·천 구분 제도가 처음으로 생겨날 때에 어떤 현실적·이데올로기적 힘이 작용했는지가 문제이다. 그 문제를 풀기 위해서는 양·천 구분의 역사적 유래와 이데올로기적 배경을 추적해볼 필요가 있다.

〈우리 역사상의 양·천 구분 연혁〉

우리나라에서 세속 인민들이 양인과 천인이 나뉘어 온 사실적·제도적 연혁(沿革)에 대해서는 김석형과 유승원이 꽤 자세히 추적하여 밝혔으므로,[145] 여기서는 자세히 되풀이하지 않고 두 사람이 밝혀놓은 바를 요약·소개하겠다.

기록상 '노비'의 존재를 확인할 수 있는 시기는 멀리 고조선까지 거슬러 올라가고,[146] '양인'의 존재를 확인할 수 있는 시기는 신라

---

145) 김석형, 『조선 봉건시대 농민의 계급 구성 / 양반론』(서울: 신서원, 1993 재편집), 32~33쪽, 95~127쪽, 163~275쪽; 유승원, 『조선초기 신분제 연구』(서울: 을유문화사, 1987), 108~149쪽 참고. 아래에서는 특별한 경우 말고는 이 부분에 대한 인용·참고 표시를 생략한다.

146) 班固 撰 / 顔師古 注, 『漢書』 第六冊(北京: 中華書局, 1983), 1658쪽, 地

진흥왕(眞興王, 540~576) 때까지 거슬러 올라가며,[147] 노비를 '천(賤)'으로 표현한 첫 기록은 신라 문무왕(文武王, 661~681) 때에 해당한다.[148] 그러나 (통일)신라시대까지는 이른바 '양천제'가 하나의 제도로서 존재했는지는 분명하지 않다. 고려시대에 이르면 그 초기부터 양인과 천인을 뚜렷이 나누는 제도가 있었음이 분명한데,[149] 그들이 어떻게 나뉘었고 어떤 권리와 의무를 가졌는지는 분명하지 않다. 특히 향(鄕)·소(所)·부곡(部曲)·장(莊)·처(處)·진(津)·역(驛) 따위에 얽매인 사람들이 양인이었는지 천인이었는지 아니면 따로 독립된 신분 집단이었는지도 자세히 밝혀지지 않았다. ≪경국대전≫ 체제에서 나타나는 바와 같은 양·천 구분 제도는 고려 중기부터 이루어진 오랜 동안의 사회적·제도적 변화를 통하여 형성된 것이다. 고려 중기(12세기)부터 향·소·부곡이 줄어들어 없어지고 고려 말기(14세기)부터 이른바 '인물변정(人物辨定)'·'노비변정(奴婢辨定)'·'양천변정(良賤辨定)'이 이루어짐으로써 오로지 노비만 뚜렷이 천인으로 남게 되었고, 나머지 인민들은 특히 고려 말기에서 조선 초기(15세기)에 걸쳐 이루어진 제도 정비 과정에서 대개 국역을 지고 사환권을 가지게 됨으로써 '양인'이라는 하나의 범주로 묶이게 되었다.

理志 第八 下, 「燕地」조(이른바 '8조 법금' 기사) 참고.

147) 김부식 찬(撰) / 이병도 교감(校勘), 『삼국사기』 원문편(서울: 을유문화사, 1977), 39쪽, 권제4 <신라본기(新羅本紀)> 제4 「진흥왕」 23년 9월조 참고.

148) 같은 책, 75쪽, 권제7 <신라본기(新羅本紀)> 제7 「문무왕」 하(下) 13년 추(秋)7월조 참고.

149) 한국학문헌연구소 편, 『고려사(高麗史)』 상(上)(서울: 아세아문화사, 1990 영인축쇄), 55쪽 하단, <세가(世家)> 권제2, 「태조(太祖)」 2, 26년 하(夏)4월조, 이른바 '훈요십조(訓要十條)' 중 여덟째 조목; 같은 책 중(中), 877쪽 상단, <지(志)> 권제39, ≪형법(刑法)≫ 2 「노비」 성종(成宗) 원년 6월조; 한국학문헌연구소 편, 같은 책 하(下), 88쪽 상단, <열전(列傳)> 권제6, 「최승로(崔承老)」전 참고.

〈추적 방향〉

위와 같은 연혁에 대한 이해를 넘어서 더 추적해보아야 할 것은 크게 두 갈래로 나누어 생각할 수 있을 듯하다. 그 하나는 '노비'가 생겨나게 된 사실상의 계기와 그 제도화 경로 및 이데올로기적 바탕이다. 위의 연혁에서도 엿볼 수 있듯이 양·천 구분의 첫 실마리는 노비가 생겨난 데 있었다고 생각되는데, 그 사실적·제도적·이데올로기적 배경을 살펴보면 양·천 구분의 가장 근본적인 연원을 이해할 수 있을 것이다. 다른 하나는 노비가 아닌 갖가지 부류의 사람들이 '양인'이라는 이름 아래 하나로 묶이게 된 제도적·이데올로기적 내력이다. 실질로 보아 양인에 해당하는 사람들은 노비와는 달리 제도에 의해 생겨난 것이 아니므로, 그 사실상의 유래를 따로 살필 필요는 없을 것이다. 그러나, 위의 연혁에서 엿볼 수 있듯이 '노비' 제도가 생겨났다고 해서 곧바로 양·천 구분이 이루어지지는 않았으므로, '양인'에 대해서는 적어도 그것이 하나의 범주로 다루어지게 된 배경을 살펴볼 필요가 있다. 이렇게 '노비'와 '양인'의 유래를 각각 따로 살핀 다음 그것을 종합해 보면 양·천 신분제의 연원을 웬만큼 체계적으로 이해할 수 있을 것이다.

〈노비 제도의 보편적 연원〉

노비는 어떻게 해서 생겨났는가?

위의 연혁에 따르면 우리 역사에서 노비는 형벌에 의해 처음 생겨난 것처럼 보인다. 옛날 사람들도 우리나라 노비의 연원에 대하여 종종 ≪한서≫ <지리지>의 이른바 '8조 법금' 기사를 끌어다가 설명하였고,[150] ≪경국대전≫에서도 노비는 <형전>에 규정하여 형

---

150) 한국학문헌연구소 편, 『고려사(高麗史)』 중(中)(서울: 아세아문화사, 1990 영인축쇄), 876쪽 하단, <지(志)> 권제39, ≪형법(刑法)≫ 2 「노비」조,

조(刑曹)에서 관장할 사항으로 다루었다. 중국에서도 일찍부터 노비가 형벌에 의해 비로소 생겨났다고 설명해 왔다.[151] 그러나 노비의 연원을 형벌이라고 이해하는 것은 그야말로 '정당화 이데올로기'일 뿐이다.[152]

노비 제도는, 사람을 재물로 다룬다는 측면을 본다면, 인류 역사상 일정한 발전 단계에 이른 여러 사회에서 거의 공통적으로 나타난 일종의 '보편적' 현상이다.[153] 그러므로 노비의 연원은 우리나라나 중국의 사례를 넘어 인류 보편의 지평 위에서 추적해야 마땅할 것이다.

과연 가장 원초적인 노비화의 방식은 보편적이었으며, 또 어떤 것이었는가?

먼저 서양의 경우에 대해서는 고대 로마를 예로 들어 "최소한 시

"옛날에 기자(箕子)를 조선에 봉(封)하고 금령(禁令) 여덟 조목을 베풀어 서로 도둑질한 사람은 몰입(沒入)하여 그 집의 노비로 삼았는데, 우리나라의 노비는 대개 이에서 비롯하였다.(昔箕子封朝鮮 設禁八條 相盜者 沒入爲其家奴婢 東國奴婢 盖始於此)"; 『경국대전주해』(서울: 단국대학교 출판부, 1979 영인), 329~330쪽, ≪후집≫ <형전> 「공천」조 '노비' 항목 (≪고려사≫의 같은 내용 인용) 참고.

151) 孫詒讓 撰 / 王文錦・陳玉霞 點校, 『周禮正義』 第十一冊(北京: 中華書局, 1987), 2864쪽, 卷六十九, <秋官> 「司厲」, 정현(鄭玄, 司農)의 주(注) "오늘날 노비라고 하는 것은 옛날의 죄인들이다.(今之爲奴婢 古之罪人也)"; 馬總 撰, 『意林』(北京: 中華書局, 1991), 79쪽, 卷四, <≪風俗通≫ 三十一卷>, "옛날 제도에는 본디 노비가 없었는데, 노비는 모두 일(罪)을 저지른 사람들이다.(古制本無奴婢 奴婢皆是犯事者)" 참고. 이 전거들은 神野淸一, 『律令國家と賤民』(東京: 吉川弘文館, 昭和六十一年[1986]), 25~26쪽에 소개되어 있다.

152) 김석형, 『조선 봉건시대 농민의 계급 구성 / 양반론』(서울: 신서원, 1993 재편집), 43쪽 참고.

153) 이영훈, 「한국사에 있어서 노비제의 추이와 성격」, 역사학회 편, 『노비・농노・노예』(서울: 일조각, 1998), 310쪽 참고.

민권에 기반을 둔 사회들에 있어서는" "노예의 진정한 근원적인 발생원(發生源)은 전쟁이나 해적행위가 유일한 것"이었고 "범법행위를 한 시민에게 '형벌의 명목으로(poenae nomine)' 노예화를 적용한 사례"는 나중에 나타났으며 그 다음에야 "채무로 인한 죄수" 또는 "채무노예"가 나타났음을 일반적으로 논증한 연구 결과가 나와 있다.[154] 이른바 '민족 이동' 이전 게르마니아의 경우에도 "전쟁이 시이저와 타키투스 시대에 게르마니아에 존재했던 노예의 대부분을 공급했다는 것은 의심할 여지가 없다"고 한다.[155]

그렇다면 동양이나 그 밖의 '시민권에 기반을 두지 않은 사회'에서도 일반적으로 전쟁이 노비 발생의 근원이었는지가 문제이다. 중국의 경우에는 "갑골문에 의하면 노(奴) · 비(婢) · 원(爰) · 폐(嬖) · 집(執) · 계(系) · 융(戎) 등의 노예 명칭이 보이는데" "이들 노예는 전쟁의 포로 또는 피정복민으로 구성되었을 것"이라고 한다.[156] 우리나라의 경우에는 사료가 빈약하지만, 이른바 '8조 법금' 기사 다음으로 이른 시기에 해당하는 기록에 인구약탈로 노비가 생겨난 사례가 보인다.[157]

---

154) 앙리 레비-브륄(Henri Levy-Bruhl) / 김경현 역, 「노예제 이론(Théorie de l'esclavage)」, 고려대학교대학원 서양고대사연구실 편역, 『서양 고전고대 경제와 노예제』(서울: 법문사, 1981), 190~206쪽. 인용된 글귀는 각각 198쪽, 195쪽, 205쪽, 206쪽, 206쪽.

155) 톰슨(E. A. Thompson) / 김양수 역, 「초기 게르마니아의 노예제(Slavery in Early Germany)」, 위의 책, 267쪽.

156) 이춘식, 『중국 고대사의 전개』 중판(서울: 신서원, 1989), 55쪽. 아울러 구병삭, 「한국 고대 노비제도」, 한국법사학회 편, 『법사학연구』 창간호 (서울: 한국법학원, 1974), 113쪽, 주 61 참고. 김유철, 「중국사에서 예속민과 신분제」, 역사학회 편, 『노비 · 농노 · 노예』(서울: 일조각, 1998), 229~230쪽에 따르면 중국에서 '노비'라는 용어가 출현한 때는 한(漢)나라 때이며 진(秦)나라 때에는 '노비'라는 명칭이 나타나지 않는다고 한다.

157) 陳壽 撰 / 裴松之 注, 『三國志』(六)(臺北: 臺灣商務印書館, 民國五十七年

이 정도면 조금 불만스럽지만 대체로 어느 사회에서든 가장 원초적인 노비화의 방식은 전쟁이나 정복, 또는 인구약탈이었다고 여겨도 좋을 것이다.158)

〈노비제의 이데올로기〉

그러면 노비의 발생에서 엿볼 수 있는 노비 제도의 이데올로기적 바탕은 무엇인가?

그것은 전쟁, 정복, 인구약탈 따위의 노비화 방식이 모두 어떤 단위 사회(공동체) 바깥의 사람들을 폭력으로 끌어들여 인격을 빼앗고 재물로 다루는 것이라는 점에서 추론해볼 수 있다.159) 공동체 안에 있던 사람을 노비로 삼는 갖가지 제도들은 아마도 이러한 최초의 노비화 방식을 본받아 만들어졌을 것이다. 사람을 재물로 여기게 된 까닭은 어떤 사람들이 다른 사람들을 자기들과 같은 사람으로 여기지 않았기 때문일 것이다. 그러므로 본디 공동체 안에 있던 사람들까지 노비로 삼는 여러 가지 제도의 바탕에는 '타자화(他者化)' 이데올로기가 깔려 있음을 엿볼 수 있다.160)

[1968]), 747쪽, 권30, <위서(魏書)> 「동이(東夷)」전 "한(韓)"전 '마한(馬韓)'조 주에서 인용한 《위략(魏略)》 기사 참고. 이 기록은 김석형, 『조선 봉건시대 농민의 계급 구성 / 양반론』(서울: 신서원, 1993 재편집), 33쪽; 구병삭, 「한국 고대 노비제도」, 한국법사학회 편, 『법사학연구』 창간호(서울: 한국법학원, 1974), 104~105쪽; 이영훈, 「한국사에 있어서 노비제의 추이와 성격」, 역사학회 편, 『노비·농노·노예』(서울: 일조각, 1998), 310~311쪽에도 소개되어 있다.

158) 김석형, 위의 책, 44쪽 이하 곳곳; 지승종, 『조선전기 노비신분 연구』 (서울: 일조각, 1995), 2쪽에서도 우리나라의 경우에 대하여 그렇게 본 것 같다.

159) 김경현, 「서양 고대세계의 노예제」, 역사학회 편, 위의 책, 36~38쪽 참고.

160) 이영훈, 위의 글, 310쪽에서는 "공동체 밖으로 추방되어 이방인으로 된 의제관계(擬制關係)가 다름 아닌 노예상태이다"고 하였으며, 이영훈, 「조

'타자화'의 효과는 크게 세 가지 측면에서 발휘된다고 생각된다. 그 하나는 공동체적 생활로부터의 배제이고, 또 하나는 인격의 감소나 박탈이며, 다른 하나는 재물성 부여이다. ≪경국대전≫의 노비 제도에서 이 세 가지 효과가 그대로 발휘되었음은 앞에서 살펴본 천인의 규범적 속성에서 확인할 수 있다. 이른바 '계급화(階級化)'가 거의 이루어지지 않은 원시적 사회에서도 그 구성원으로 편입된 이방인의 목숨 값(살해에 대한 배상)을 매우 낮게 매긴 예가 보이는데,[161] 그 사례는 인류가 일찍부터 단위 공동체 밖에서 들어온 사람들의 인격을 낮게 평가해 왔음을 보여주는 것이라고 여겨진다.

　　노비가 전쟁이나 약탈로써 비롯되었는데도 우리나라나 중국에서

선의 노비제—노예인가 농노인가」, 조선시대사학회 편, 『동양 삼국의 왕권과 관료제』(서울: 국학자료원, 1999), 320쪽에서는 "중국 고대사에 있어서의 노비"를 "사회 밖으로 내쳐진 화외지민(化外之民)"이라고 표현하였다.

161) E. E. 에반스 프리차드(Evans-Pritchard) 저 / 권이구·강지현 공역, 『누어인』(서울: 탐구당, 1988), 276쪽, "한 사람의 지카니 귀족은 40, 한 누어 이방인 40, 지카니 귀족과 양자 결연(結緣)을 맺은 한 딘카인 20, 누어 이방인과 양자 결연을 맺은 딘카인 20, 그리고 누어인과 양자 결연을 맺지 않은 딘카인 6 등이다." 참고. '지카니(Jikany)'는 누어(Nuer) 민족의 한 부족 이름이고, '누어 이방인'은 누어의 다른 부족 출신으로 지카니 사회에 편입된 사람들을 가리키며, '딘카(Dinka)'는 누어 이웃에 사는 민족이고, 숫자는 살해에 대한 배상으로 주어야 하는 소(牛)가 몇 마리인지를 나타낸다. 이 서술은 1930년대의 지카니 사회에 대한 것인데, 거기서 '귀족'은 본디 지카니 사람들로서 "모든 귀족 신분의 남자들은 자기가 '추장'이어야 한다고 믿을" 정도로 '계급화'나 '신분 분화'가 덜 이루어졌고 노비도 없다. 누어와 딘카는 아프리카 수단 남부의 백나일(White Nile)강 유역에 사는 반농반목(半農半牧) 민족으로서, 그 부족 단위 사회들은 전쟁·인구약탈·이주를 많이 겪어서 많은 이방인 출신 구성원들을 포함한다. 지카니 사회에서 누어끼리는 출신 부족에 따른 차별이 없고 누어와 딘카 사이의 차별만 있으며 딘카끼리는 누어와의 결연 여부에 따라 차별된다는 점이 주목된다.

일찍부터 형벌 논리로 정당화해 온 데에는 나름대로의 까닭이 있는 듯하다. 그런데 그것은 노비의 연원보다는 형벌의 연원 쪽에 더 많이 관련된 것 같다.

중국의 경우에 상대(上代, 전국시대 이전)의 대표적인 형벌로는 묵(墨, 또는 경[黥])·의(劓)·비(剕, 또는 월[刖])·궁(宮)·대벽(大辟)의 이른바 '오형(五刑)'이 있었지만 그 밖에도 이(刵)와 추방(追放) 및 노예화도 있었다고 하며, 그 가운데 추방이야말로 형벌의 원초적 이념을 가장 순수한 모습으로 보여주는 것이고 사형(死刑)이나 육형(肉刑)도 본디 추방과 같은 이념 위에 선 것이었다고 한다.[162] 인신을 몰입하여 노예로 삼는 것도 일종의 민사사(民事死)를 실현한다는 뜻으로서 그와 매우 가까운 관계에 있는 것으로 보인다고 한다.[163] 그런 식으로 이해하면, 형벌 노비는 죄를 지은 사람을 실제로 추방해서 다른 공동체의 노비로 부려지게 할 바에는 차라리 자기 공동체에 잡아둔 채로 의제적으로 추방하고 노비로 부리는 것이 낫다고 생각해서 그것을 제도화함으로써 생겨났을 것이라고 추론할 수 있다. 그러므로, 노비를 형벌의 결과로 정당화해 온 까닭은 약탈

---

162) 滋賀秀三, 『中國法制史論集(法典と刑罰)』(東京: 創文社, 2003), 312쪽. 그 이유로는 작은 공동체의 폐쇄성이 강하던 시대에는 추방이 엄혹한 효과를 내었다는 점과 사형은 사회로부터 어떤 구성원을 직접적으로 제거하는 것이고 육형의 목적은 일종의 민사사(民事死)를 실현하는 것이라는 점을 든다(312~313쪽). 이러한 추론의 정당성은 桓寬·張敦仁, 『鹽鐵論·鹽鐵論考證』(北京: 中華書局, 1991 영인), 260쪽, ≪鹽鐵論≫ 卷十 <周秦>편에 보이는 "어사(御使)가 말하기를 '≪춘추≫에는 죄인의 이름이 없고 도둑이라고(만) 일컬었는데, 형벌을 받은 사람을 천하게 여겨서 사람 무리에서 떼어놓았기 때문이다. 그러므로 임금은 신하로 삼지 않았고, 선비들은 벗하지 않았으며, 여느 마을에서도 받아주는 바가 없었다.……'고 하였다.(御使曰 春秋罪人無名號 謂之云盜 所以賤刑人 而絶之人倫也 故君不臣 士不友 於閭里無所容)"는 대목에서도 엿볼 수 있다.

163) 滋賀秀三, 위의 책, 313쪽.

노비와 추방 형벌이 일찌감치 결합했기 때문이라고 생각된다.

〈우리나라(조선) 노비의 인격 문제〉

노비의 유래와 관련하여 또 한 가지 궁금한 것은 우리나라(조선 시대)의 노비가 '인륙물사(人六物四)'라는 평가를 받을 정도로 인격성을 강하게 띠게 된 까닭이다.[164] 그것을 밝히려면 따로 자세한 연구가 필요할 테지만, 우선 큰 논점만은 짚어볼 수 있다.

그 첫째는 '시민권' 제도와의 관련성이다. 노비 발생의 첫 단계에서 공동체 안팎을 가르는 엄격한 장치가 있는 경우와 없는 경우 사이에는 밖에서 노비로 끌려온 사람의 인격 및 재물성 평가에 차이가 있었을 수 있다고 생각된다.

둘째는 노비 충원 형태의 변화이다. 애초에는 시민권 제도가 없더라도 노비를 오로지 재물로만 다루었을 수 있지만, 밖에서 끌려온 노비가 점점 줄어들고 본디 공동체 구성원이었다가 노비로 전락한 사람들이 많아짐에 따라 그 인격성을 높이 쳐주게 되었을 수도 있을 것이다.

첫째 원인과 둘째 원인이 함께, 또는 순차적으로 작용했을 수도 있음은 더 말할 나위가 없다. 그에 대해서 실증 없이 더 이상 추론하기는 어렵다.

이제 노비 아닌 모든 세속 인민이 '양인'이라는 이름을 얻게 된 내력을 살펴보겠는데, 양인은 노비와는 달리 동양 사회에 특수하게 나타난 신분 범주라고 볼 수 있으므로, 추적 범위를 우리나라와 중국에 한정하기로 한다. 또한 양인은 노비가 아니라는 소극적 성격

---

164) 그런 평가에 대해서는 박병호, 『한국법제사』(서울: 한국방송통신대학 출판부, 1986), 105쪽 참고.

을 강하게 띠게 되었으므로, 양인의 유래와 아울러 노비가 '천인'이라는 이름을 얻게 된 내력도 나란히 좇아서 살펴보기로 한다.

〈'양인'·'천인' 용어의 유래와 중국의 양천제〉

≪경국대전≫의 양·천 구분과 관련된 주요 술어(述語), 곧 '양인', '천인', '노비', '제민' 따위가 모두 중국에서 빌려온 것임은 두 말할 나위가 없다.[165] 그런데 중국에서도 이 말들, 특히 '양인'과 '천인'은 본디부터 사회적 신분을 가리킨 것이 아니라 일상어로 쓰이다가 그렇게 바뀌어 나간 것이다.

중국에서 '양인'은 우리나라에서와는 전혀 다르게 본디 '지아비'라는 뜻으로 쓰였다.[166] 김석형은 '양(良)'자가 신분적 의미를 띤 용례로서 ≪한서(漢書)≫의 기록을 들었는데,[167] 최근의 연구 결과에 따르면 '양인(양민)'이 법제적 신분 용어로서 정식으로 등장하는 시기는 대략 후한(後漢) 중기부터라고 하는 것이 옳은 듯하다고 한다.[168] ≪당률(唐律)≫에서는 그 말을 곳곳에서 찾아볼 수 있다.[169]

---

165) 김석형, 『조선 봉건시대 농민의 계급 구성 / 양반론』(서울: 신서원, 1993 재편집), 36∼37쪽 및 165쪽 참고.

166) 같은 책, 165쪽 주 1 참고. 그런 예가 朱熹 集注, 『孟子(集注)』(서울: 보경문화사, 1984 영인), 177쪽 하단∼178쪽 상단, <離婁章句 下> 제33장에 몇 차례 나오는데, 주(注)에서 분명하게 "양인은 지아비이다(良人 夫也)"고 풀었다.

167) 김석형, 위의 책, 165쪽 주 1에서 ≪한서≫ <외척전(外戚傳)> 제67 상(上) 효무위(孝武衛) 황후조의 '양가녀(良家女)'가 우리 문헌들에 나오는 '양가녀'라는 말과 같은 뜻이라고 하였다.

168) 전영섭, 『중국 중세 신분제 연구』(서울: 신서원, 2001), 31∼32쪽 참고. 거기서 든 구체적 예는 ≪후한서(後漢書)≫ 권34, <양기전(梁冀傳)>의 "양인을 취하여 모두 노비로 삼았다(取良人 悉爲奴婢)"는 글귀이다.

169) 김택민·임대희 역주, 『역주 당률소의』 명례편(서울: 한국법제연구원, 1994), 338쪽, <명례>율 「관호부곡관사노비유범(官戶部曲官私奴婢有犯)」조 이

중국에서 이른바 '양천제'가 성립된 시기에 대해서는 논란이 있으나, 대체로 진(秦) · 한(漢) 때에 그 초기 형태가 나타나서 수(隋) · 당(唐) 때에 확립 · 완성된 것으로 알려져 있다.[170]

'천인'이라는 말은 진나라 이전 문헌에도 보이지만,[171] 그 때에는 대개 지위가 낮은 사람을 가리키는 일상어로 쓰인 듯하다.[172] 위에서 든 연구 결과에 따르면 '천인'이 법제적 신분 용어로 등장한 시기는 늦어도 후한 말이라고 한다.[173] ≪당률≫에는 글자 그대로 '천인(賤人)'이라는 말은 나오지 않고 다만 '천(賤)'자가 한 군데 나오는데, '천인'의 준말로서 바로 노비를 가리킨다.[174] ≪당률소의≫의 소(疏) 부분에는 '천(賤)'자와 '천인'이 여러 번 나오는데,[175] 마찬가지로 모두 노비를 가리키는 신분 술어이다.

하 곳곳 참고(각칙(상) · 각칙(하)편은 각각 1997 · 1998 출간).

170) 전영섭, 『중국 중세 신분제 연구』(서울: 신서원, 2001), 17~23쪽; 神野淸一, 『律令國家と賤民』(東京: 吉川弘文館, 昭和六十一年[1986]), 20~25쪽 참고.

171) 대표적으로 陳澔 注, 『禮記(集說)』(上海: 上海古籍出版社, 1987), 16쪽, <曲禮 上>, "임금이 명령하여 부르면 비록 (심부름꾼이—인용자 보충) 천한 사람이더라도 대부(大夫)나 사(士)가 반드시 스스로 그를 맞는다.(君命召 雖賤人 大夫士必自御之)" 참고.

172) 말할 나위 없이, 桓寬 · 張敦仁, 『鹽鐵論 · 鹽鐵論考證』(北京: 中華書局, 1991 영인), 260쪽, ≪鹽鐵論≫ 卷十 <周秦>편에 나오는 "≪춘추≫에는 죄인의 이름이 없고 도둑이라고(만) 일컬었는데 형벌을 받은 사람을 천하게 여겨서 사람 무리에서 떼어놓았기 때문이다"는 말에서 엿볼 수 있듯이, 형벌 때문에 생겨난 것으로 여겨진 노비에 대해서도 '천인'이라는 말이 쓰일 수 있었을 것이다.

173) 전영섭, 위의 책, 34~37쪽 참고.

174) 김택민 · 임대희 역주, 『역주 당률소의』 각칙(상)(서울: 한국법제연구원, 1997), 2220쪽, <호혼(戶婚)>률 「방부곡위량(放部曲爲良)」조 참고.

175) '천인'이 나오는 예는 같은 책, 2222쪽, <호혼>률 「방부곡위량」조, 소(疏)의 답(答) 이하 곳곳 참고.

그런데, ≪당률≫에서는 모든 세속 인민을 '양인'과 '천인'이라는 두 범주로만 나누지 않고 그 사이에 태상음성인(太常音聲人), 잡호(雜戶), 공호(工戶)·악호(樂戶), 관호(官戶)·부곡(部曲)·객녀(客女) 따위의 여러 신분 범주를 두었다.[176] ≪송형통(宋刑統)≫에도 관호·부곡·객녀가 보인다.[177] ≪대명률≫에 이르러서는 한 편으로는 ≪경국대전≫과 마찬가지로 모든 세속 인민을 양인과 천인으로 나누어 규정하면서도 다른 한 편으로는 공장(工匠)과 악호를 특별히 다루는 규정을 두었다.[178] 그러므로, 중국에서 양·천 신분 범주는 당나라 때에 이미 확립되어 있었으나, 그 두 범주가 모든 세속 인민을 포괄하게 된 것은 송나라 말기와 명나라 초기 사이의 어느 때였을 것이다. 여러 중간 부류들은 그 과정에서 '양인'에 흡수되는 방식으로 없어졌으리라고 생각된다.

중국에서나 우리나라에서나, 처음에는 양인과 천인 사이에 갖가지 중간 부류가 존재하다가 차차 '양인'으로 흡수되어 끝내 사라진 점은 비슷하다. 다만 중국에서의 변화가 우리나라에서의 변화보다

---

176) 각 부류의 신분적 속성에 대해서는 김택민·임대희 역주,『역주 당률소의』명례편(서울: 한국법제연구원, 1994), 222쪽, <명례>율「공악잡호급부인범류결장(工樂雜戶及婦人犯流決杖)」조, 번역 주 111 참고. 자세히 보면 이 중간 부류들 가운데서도 태상음성인에서부터 악호까지는 독립된 호적(戶籍)을 가졌고 관호·부곡·객녀는 그렇지 못하였다는 점에서 구별되는 면이 있다. 독립된 호적을 가진다는 것은 이른바 '편호백성(編戶百姓)'이라는 뜻이므로 그런 부류들은 양인으로 여겨졌을 것으로 생각된다. 같은 책, 338쪽, <명례>율「관호부곡관사노비유범」조나 그 각칙(상), 2220쪽, <호혼>률「방부곡위량」조 따위에서도 관호·부곡·객녀만 따로 언급하였다.

177) 中華民國 國務院 法制局 重校,『宋刑統』天一閣鈔本 第二冊(民國七年[1918]), 八頁, <명례>율「관호노비범죄(官戶奴婢犯罪)」조 참고.

178) 『명률강해』, 65쪽, <명례율>「공악호급부인범죄(工樂戶及婦人犯罪)」조 참고.

154

언제나 앞서 이루어졌다.

위와 같은 내력에서 한 가지 주목되는 것은 '천인'이라는 말은 처음 신분 술어로 쓰이게 된 때부터 줄곧 오로지 노비만을 가리켜 왔다는 점이다.[179] 우리나라 학계에서는 흔히 '천인' 또는 '천민(賤民)'이라는 말로써 향·소·부곡 따위에 얽매여 있던 사람들까지 아울러 가리켜 왔는데, 당시에도 그랬다는 점이 밝혀지지 않는 한 '천인'이라는 말을 학술 용어로 쓸 때에는 노비만 가리켜야 할 것이다. 그리고, '천민'이라는 말은 노비에 대해 쓰지 않는 것이 좋다. 당시 사람들의 관념에 따르면 노비는 '백성(民)'이 아니었으므로 '천인'과 '천민'을 같은 뜻으로 섞어 쓰는 것은 매우 마땅하지 않다.[180]

〈'양인'과 제민지배체제, 그리고 유교〉

다시 '양인'에 대한 논의로 돌아와서, ≪경국대전주해≫의 "호적에 편성된 제민(編戶齊民)을 '양(良)'이라 한다"는 풀이에 주목하면 양인이라는 말이 신분 술어로 쓰이게 된 또 한 갈래의 내력과 배후의 이데올로기를 엿볼 수 있을 듯하다.

'제민'이라는 말이 나오는 이른 시기의 자료로는 ≪여씨춘추(呂氏春秋)≫ <근청편(謹聽篇)>이 알려져 있는데,[181] 그 밖에 ≪장자(莊

---

179) 전영섭, 『중국 중세 신분제 연구』(서울: 신서원, 2001), 37~43쪽에 따르면 '천인'이라는 말은 이미 '북조(北朝)' 시기에도 '노비'만을 가리켰다고 한다.

180) 이 문단 神野淸一, 『律令國家と賤民』(東京: 吉川弘文館, 昭和六十一年 [1986]), 7~8쪽 참고.

181) 이성규, 『중국 고대제국 성립사 연구』 중판(서울: 일조각, 1987), 10쪽; 呂不韋 著 / 高誘 注, 『呂氏春秋』(上海: 上海古籍出版社, 1989 영인), 98쪽 상단, (八覽) <有始覽> 「謹聽」篇, "뭇 제민들은 알기를 기다리지 않고도 부릴 수 있고 예(禮)로써 대접하지 않고도 시킬 수 있지만, 뭇 도(道) 있는 선비 같으면 반드시 예우하고 반드시 알아준 다음에라야 그

子)≫, ≪한비자(韓非子)≫, ≪한서(漢書)≫ 따위도 있다.[182] 그 뜻은 대개 '여느 백성'이나 '임금 아래 평등한 백성' 쯤으로 옮길 수 있다. 제민이라는 말의 초기 문헌에서의 쓰임새 및 의미와 관련하여 주목되는 점은 그것이 제자백가(諸子百家)'의 사상 분류상 잡가(雜家), 도가(道家), 법가(法家)의 문헌이나 사서(史書)에 나오고 유가(儒家) 문헌에는 나오지 않으며 그 의미도 유교적 인민 관념에 들어맞지 않는다는 것이다. ≪장자(莊子)≫에 나오는 예는 유가와의 관련성을 나타내는 듯이 보이기도 하지만, 그것을 소개한 문헌은 도가 계통의 것이며 정작 유가 문헌에는 해당 기사가 보이지 않는다. 그 뜻을 보아도 평균주의적 색채가 짙어서 유가의 차등적 예(禮) 관념과는 동떨어진 것이라고 생각된다.[183] 그런데도 유교 국가인 조선의

지혜와 능력을 다하게 할 수 있다.(諸衆齊民 不待知而使 不待禮而令 若
夫有道之士 必禮必知 然後其智能可盡)" 참고.

182) 支偉成 編,『莊子(校釋)』(上海: 泰東圖書局, 1924), 250쪽, <漁父>, "공씨
(孔氏, 공자 일족을 가리킴—인용자)는……위로는 임금에게 충성하고
아래로는 제민을 교화하여 장차 천하를 이롭게 할 것이다.(孔氏者……
上以忠於世主 下以化於齊民 將以利天下)"(자로[子路]의 말로 나옴); 顧
實圻 識誤,『韓非子』(臺北: 臺灣中華書局, 民國七十一年[1982] 영인), 第
八卷 <安危>, "이룬 것이 없으면서 삶을 즐기지 않는 것을 다스리는
일은 제민에게 행할 수 없는 바이다.(以無功御不樂生 不可行於齊民)";
班固 撰 / 顏師古 注,『漢書』四(北京: 中華書局, 1983), 1171쪽, <食貨
志 下>, "소충(所忠)이 말하기를 '벼슬살이하는 집 자제들과 넉넉한 사
람들이 간혹 닭싸움과 개 · 말달리기며 새 · 짐승 사냥과 노름을 하여
제민을 어지럽힌다'고 하였다[여순(如淳)이 말하기를 '……제(齊)'는 평
등하다는 뜻이며, 귀하고 천함이 없어서 제민이라고 일컬으니, 오늘날
평민이라는 것과 같다'고 하였다. 진작(晉灼)은 말하기를 '중국의 교화
를 받아 가지런히 정돈된 백성이다'고 하였다.……].(所忠言 世家子弟
富人 或鬪雞走狗馬弋獵博戲 亂齊民[如淳曰……齊 等也 無有貴賤 謂之
齊民 若今言平民矣 晉灼曰 中國被教齊整之民也……])" 참고.

183) '제민'이라는 말에 담긴 '인민의 평등' 관념은 개인의 생존권과 주체성
을 바탕으로 한 오늘날 민주주의 사상에서의 평등 관념과는 달리 인민

법전 주해에서 그 신분 규범의 핵심 요소 가운데 하나를 '제민'이라는 말로써 설명하게 된 데에는 특별한 이유가 있을 것이다.[184]

기존 학계의 연구 성과에 따르면 중국에서 제민이라는 말에 어울리는 인민 관념이 가장 잘 구현되었던 예는 전국시대, 특히 진(秦)나라의 경우이다.[185] 진나라에서 그 말이 '민(民)'을 가리키는 공식 용어로 쓰이지는 않았지만, 당시 '민'은 원칙상 신분의 귀천, 경제적 빈부의 차이가 없는 국가의 공민(公民)으로서 당시 지배체제 특유의 강력한 지배와 통제를 무차별하게 받는 존재였다고 한다.[186] 이와 같은 인민 관념을 기초로 세워진 지배 질서를 학계에서는 흔히 '제민지배체제'라고 일컫는다.[187] 그것은 원칙상 계층 분화 여지를 철저히 봉쇄하고 군주와 제민 간의 직접적인 지배관계를 저해하는 어

을 통치 대상이라는 면에서 파악하므로, 그것은 '평등주의'라기보다 '평균주의'라고 표현하는 것이 좋다. 유가(유교)의 차등적 인민 관념에 대해서는 앞 절의 각주에서 소개한 바 있는 范甯 集解, 『春秋穀梁傳(附札記)』二(北京: 中華書局, 1985), 197쪽, <成公> 원년 3월조; 朱熹 集注, 『孟子(集注)』(서울: 보경문화사, 1984 영인), 267쪽 상단, <盡心章句 上> 제19장, 주(注); 같은 책, 276쪽 하단, <盡心章句 上> 제33장 따위 참고.

184) 참고로 우리나라 사료에서 일찍이 '제민'이라는 말이 쓰인 예를 들자면, 한국학문헌연구소 편, 『고려사(高麗史)』상(上)(서울: 아세아문화사, 1990 영인축쇄), 39쪽 하단, <세가> 권제1, 「태조」 1, 원년 8월 신해(辛亥)조, 조(詔)에 나오는 "제민으로 하여금 (자기) 몸과 자녀들을 팔아서 남의 노비가 되도록 하기에 이르렀다.(至使齊民 賣身鬻子 爲人奴婢)" 이하 곳곳을 꼽을 수 있다.

185) 이성규, 『중국 고대제국 성립사 연구』 중판(서울: 일조각, 1987), 특히 70~128쪽; 이춘식, 『중국 고대사의 전개』 중판(서울: 신서원, 1989), 147~155쪽; 이춘식, 『춘추전국시대의 법치사상과 세(勢)·술(術)』(서울: 아카넷, 2002), 99~116쪽 참고.

186) 이성규, 위의 책, 10쪽 참고.

187) 같은 책, 특히 그 서(序); 이춘식, 『중국 고대사의 전개』, 147~155쪽; 김유철, 「중국사에서 예속민과 신분제」, 역사학회 편, 『노비·농노·노예』(서울: 일조각, 1998), 229~240쪽 참고.

떤 존재도 용인하지 않는 체제였으며,[188] 법가(法家)나 묵가(墨家)의 사상적·인적(人的) 뒷받침을 받아 세워졌다고 한다.[189]

그러나 '양인'이라는 말이 내용상 '제민'을 가리키는 제도상·법전상의 용어가 된 것은 진나라·한나라 때에 등장하여 수나라·당나라 때에 확립·완성된 '양천제' 아래에서이다. 그러므로 '양인'이나 '제민'과 유교 이데올로기가 관련을 맺게 된 경과는 진나라 이후 제민지배체제의 전개 과정을 살펴보아야 알 수 있을 것이다.

제민지배체제는 진나라의 중국통일 이후 중국 황제지배체제의 기본적인 성격을 규정하였고 신해혁명(辛亥革命, 1911) 직전까지 장구히 계속되어 왔다고 한다.[190] 애초 진나라에 세워진 체제의 핵심 요소 가운데 평균주의적 인민 관념과 관련된 요소는 전제군주제와 농본경제라고 생각된다.[191] 군주가 소농(小農)으로 획일화된 인민을 전제적(專制的)으로 지배하는 체제가 곧 제민지배체제라고 할 수 있으며, 또한 그것이 제민지배체제의 이상형이나 이념형이라고 할 수 있을 것이다.

이와 같은 제민지배의 이념은 이미 진나라 때부터 제도적 변질을 겪었고 그 사회적 기반도 잃기 시작했으며 그러한 현상은 한나라 이후 더욱 현저해졌다고 한다.[192] 그러나 "비록 진 제국 이후의 제

---

188) 이성규, 『중국 고대제국 성립사 연구』 중판(서울: 일조각, 1987), 293쪽 및 296쪽.

189) 이춘식, 『중국 고대사의 전개』 중판(서울: 일조각, 1987), 145~147쪽 및 이춘식, 『춘추전국시대의 법치사상과 세·술』(서울: 아카넷, 2002), 99~116쪽에서는 법가(특히 상앙[商鞅])의 역할을 강조하였고, 이성규, 위의 책, 234~283쪽에서는 그 밖에 특히 묵가 집단의 역할을 강조하였다.

190) 이성규, 위의 책, 1쪽; 이춘식, 『춘추전국시대의 법치사상과 세·술』, 114~116쪽 참고.

191) 진나라 제민지배체제의 주요 구성 요소에 대해서는 이춘식, 위의 책, 114쪽 참고.

민지배체제가 허상에 불과하였을지라도" "이것은 적어도 소농민의 완전 해체에서 호족의 예민화(隸民化)로의 철저한 진행을 억제할 수 있는 이념적 또는 제도적인 축(軸)으로서 존재하면서, 호족과 국가(황제)의 양자 관계보다는 호족·국가(황제)·소농민(제민)의 3자 관계 속에서 소농민의 안정과 호족의 지나친 성장의 억제를 이념적으로 추구하는 체제가 유지될 수 있는 균형추의 역할을 하였던 것이다."193) 제민지배체제는 적어도 "이념과 명분" 면에서는 "소농민(편호제민)을 기초로 형성·유지"되었으며,194) 그러한 한에서는 평균주의적 인민 관념도 완전히 포기될 수는 없었을 것이라고 생각된다.

애초 진나라의 신분 질서에서 "특히 제민의 상위 신분인 유작자(有爵者)와 제민의 신분을 박탈당한 관노비가 모두 국가의 상벌체계(賞罰體系)를 통하여 창출된다는 점이 주목된다"고 하는데,195) 그렇듯 특별한 정당화 논리가 뒷받침되지 않는 한, 제민지배체제 아래에서는 일반 인민들 사이의 신분 분화를 인정하기 어려웠을 것으로 여겨진다. 바로 이와 같은 제민지배의 허구적 현실 논리 자체가, 그 법가적 또는 묵가적 연원을 떠나서, 나중에 '양인'이라는 신분 범주가 설정되는 데 가장 큰 영향을 끼쳤을 것으로 짐작된다.

양인이나 제민이라는 말, 또는 거기에 담긴 인민 관념을 유교적 맥락 속으로 편입시켰을 만한 직접적 계기는 찾아내기 어렵다. 다만 그 간접적 계기가 되었을 만한 사실이 한나라 때의 제민지배체제 전개 과정에서 보인다. 무제(武帝, 141~87 B.C.) 때에 이르러 유

---

192) 이성규, 「진의 신분질서구조」, 『동양사학연구』 제23집(서울: 동양사학회, 1985), 1~66쪽; 이성규, 『중국 고대제국 성립사 연구』 중판(서울: 일조각, 1987), 296~297쪽 참고.
193) 같은 책, 297쪽.
194) 같은 책, 2쪽.
195) 이성규, 위의 글, 2쪽.

가 사상을 국학(國學)으로 채택하여 국가의 공식 이데올로기로 표방
함과 아울러 법가 관료를 대거 등용하고 법가적 정책을 대거 채택·
시행함으로써 '외유내법(外儒內法)'의 제국을 형성한 것이 그것이
다.196) 그로 말미암아 유가(유교) 사상은 이제, 국가 운영을 뒷받침
하는 어용(御用) 이데올로기가 된 마당에, 그 국가 체제 자체에 전
제된 인민 관념을 표면적으로나마 수용하지 않을 수 없게 되었을
것이다. 일반적인 이치로 보아, 군주의 전제적 지배를 부정하지 않
고서는 인민들 사이의 평등 관계도 부정하기 어렵기 때문이다.

　아무튼 '양인'이라는 말은 유교가 제민지배체제 속에서 중심적 지
배 이데올로기로 자리 잡고 난 뒤에 명확한 제도적 신분 술어로 쓰
이게 되었다. 그리고 그 뜻은 ≪경국대전≫에 쓰인 경우와 마찬가
지로 '제민'이라는 말로 풀이하기에 알맞은 것이었다. ≪당률≫에서
나 ≪경국대전≫에서나, '양인'이 가리키는 사람들의 사회적 상한선
은 임금 바로 아래에까지 미쳤다. 두 법전 모두 관료 따위는 일반
평민들(서인[庶人])과 다르게 규율하였지만, 거기서 관료들은 양인이
아니어서가 아니라 기본적으로 양인이면서 그 위에 더하여 관직을
띠었기 때문에 특별히 다루어진 것으로 보인다. 이 점은 전국시대
진나라의 신분 질서에서 "제민의 상위 신분인 유작자와 제민의 신
분을 박탈당한 관노비가 모두 국가의 상벌체계를 통하여 창출된다"
는 것과 마찬가지의 논리적 기반 위에 서 있다고 생각된다.

　그런데 '제민'이 아닌 '양인'이 임금 아래의 평등한 백성을 가리
키는 제도상의 술어로 채택된 까닭은 무엇인가?

　이미 '제민'이라는 말이 일반적인 언어 소재로 존재하고 있었는데
도 굳이 '양인'이라는 말을 그 뜻까지 바꾸어 가면서 썼다는 점은

---

196) 이춘식, 『중국 고대사의 전개』 중판(서울: 신서원, 1989), 272쪽 및 29
　　1~295쪽 참고.

이해하기 어렵다. 굳이 그 이유를 추측해 보면 아무래도 '제민'이 그 유래로 보나 뜻으로 보나 당시의 중심적 지배 이데올로기였던 유교 사상과 어울리기 어려웠을 것이라는 점을 들 수밖에 없겠다.

양인이라는 범주는 비록 유교 국가의 신분 규범으로 굳게 자리잡기는 하였지만 유교적 인민 관념과 안정된 조화를 이루기 어려웠을 것으로 여겨진다. 유교는 그 일관된 사상 전개 속에서 제민지배체제의 인민 관념과 양인이라는 신분 범주를 수용한 것이 아니라 어용 이데올로기로서 군주제 논리를 부정할 수 없었기 때문에 마지못해 그에 상응하는 인민 관념과 신분 개념을 용납하게 되었을 것이다. 그러므로 유교가 지배 이데올로기로 자리잡고 있는 한 양인 신분 범주는 이데올로기적 뒷받침이 허술해서 균질성을 유지하기 어려웠을 것이다.

더욱이, 이른바 '양천제'가 존속한 기간 동안에는 제민지배체제가 이미 사회적 기반을 잃은 채 이념과 명분 면에서만 허상으로 유지되고 있었다는 점을 고려하면, 사회적 측면에서도 양인 범주의 취약성과 분화 가능성을 엿볼 수 있다. 중국 사회에서는 이미 전국시대에 유가(儒家)에서 파악한 바와 같은 사·농·공·상의 사민(四民)이 분화되어 있었다.[197] 그러한 사민 분립 구조는 전제 군주 아래의 관료 제도와 농업 본위의 자연 경제가 유지되는 한 끈질기게 유지될 수 있는 것이다.[198] 그러므로 제민이라는 말로써 표현되는

---

197) 이춘식, 『중국 고대사의 전개』 중판(서울: 신서원, 1989), 163~170쪽; 이춘식, 『춘추전국시대의 법치사상과 세(勢)·술(術)』(서울: 아카넷, 2002), 10~17쪽 참고.

198) 지승종, 「신분 개념 정립을 위한 시론」, 한국사회사연구회, 『한국 고·중세 사회의 구조와 변동』(서울: 문학과지성사, 1988), 60쪽에서도 "직업 분화가 그다지 진전되지 못했던 전통 사회에서의 직업은 대체로 이 네 범주 안에 포함된다"고 하였다.

평균주의적 인민 관념보다는 유교의 사민 차등적 인민 관념이 더 굳건한 사회적 기반을 가지고 더욱 보편적인 타당성을 가진다. 따라서 유교가 지배 이데올로기로 자리잡고 있는 한 '양인'이라는 테두리 안에서나마 차등적 인민 관념이 신분 제도에 투영될 수밖에 없을 것이다.

우리나라 역사에서 '양인'이라는 신분 규범과 제민지배체제의 관계를 보면, 다름 아닌 ≪경국대전≫ 체제에서 두 가지가 매우 이상적인 모습으로 결합되었다. "양천 신분제는 나말여초(羅末麗初)의 큰 사회 변동 속에서 세습 귀족이 소멸됨으로써 실시의 단서가 열리게 되었고, 고려 후기 이래 비노비자(非奴婢者)의 등질화가 괄목할 만큼 진전됨으로써 실시의 토대가 마련되었으며, 조선 초기에 이르러 마침내 제도적으로 확립된 것이었다."[199] 그러나 그것은 중국에서와 마찬가지로 사회적으로나 이데올로기적으로나 취약할 수밖에 없었다고 여겨진다.[200]

5) '양인'·'천인' 범주의 귀속성·세습성·폐쇄성

앞 항목의 양·천 구분의 유래와 배경에 대한 논의에서 '양인' 범주의 취약성과 분화 가능성을 지적하는 데까지 이르렀는데, 그 분화 관계를 살피기에 앞서 여기서 양인·천인 범주의 특색을 살핌으로써 양·천 구분에 대한 이론적 이해를 도모해 보겠다. 결론적으로 말해서, 양인과 천인은 서로 짝을 이루는 범주로서 서로 맞물려

---

199) 유승원, 『조선초기 신분제 연구』(서울: 을유문화사, 1987), 150쪽.
200) 이 절 서두의 각주에서 인용했던 김성우, 『조선중기 국가와 사족』(서울: 역사비평사, 2001), 22쪽의 논의 참고.

서 꽤 엄격한 귀속성과 세습성을 띠었고, 또한 그런 만큼 폐쇄성을 띠었다. 아래에서는 주로 그 귀속·세습 및 폐쇄의 기제를 살펴보기로 한다.

〈양·천 혈통 교류와 신분 전승에 대한 규제〉

우선 '양인'이나 '천인'이라는 신분은 당사자의 뜻에 얽매이지 않고 객관적 규범에 따라 부여되었고, 조상이 띠었던 양·천 징표는 원칙적으로 후손에게 영구히 그대로 물려졌다. 그리고, 그런 규제들은 적어도 ≪경국대전≫과 ≪대명률≫의 성문 법규상으로는 양·천 사이의 '봉쇄', 곧 혈통 교류에 대한 엄격한 제한을 전제로 한 것이었다.

그렇지만 실제로는 양·천 사이의 혼인이 엄격하게 금지되지 않았고 특히 양인이 천인 첩(妾)을 들이는 것은 합법적으로 인정되었으므로, 양·천 간의 혈통 교류와 신분 전승에 대한 복잡한 규제 장치가 마련되어 있었다. 그 관계 법조문을 보면 다음과 같다(≪대명률≫ 규정은 ≪명률≫로 표시함).

[규정 2-1] (≪명률≫, 양·천 혼인 규제)
"무릇 가장이 남종과 더불어 양인 여자를 맞아들여 아내로 삼은 경우에는 장(杖) 80대를 치고, 여자 집에 대해서는 1등급을 줄이되 알지 못한 경우에는 죄를 씌우지 않으며, 그 남종이 스스로 맞아들인 경우에도 죄가 또한 그와 같은데, 가장이 사정을 안 경우에는 2등급을 줄이고, 그것을 빌미로 호적에 올려 여종으로 삼은 경우에는 장 100대를 치며, 만약 함부로 노비를 양인이라고 하여 양인과 더불어 부부가 되게 한 경우에는 장 90대를 치고, 각각 갈라서게 하여 바로잡는다."[201]

---

201) 『명률강해』, 182~183쪽, <호율> ≪혼인≫률 「양천위혼인(良賤爲婚姻)」
조, "凡家長與奴 娶良人女爲妻者 杖八十 女家 減一等 不知者 不坐 其
奴自娶者 罪亦如之 家長知情者 減二等 因而入籍爲婢者 杖一百 若妄以

[규정 2-2] (≪명률≫, 양·천 간음 처벌)

"무릇 남종이 양인 여자를 간음한 경우에는 보통의 간음죄에 1
등급을 더하고, 양인이 다른 사람의 여종을 간음한 경우에는 1등급
을 줄이며, 남종과 여종이 서로 간음한 경우에는 보통의 간음으로
따진다."202)

[규정 2-3] (신분 전승 원칙)

"무릇 천인이 걸리는 바는 어머니의 역(役)을 따른다[오직 천인
이 양인 여자를 맞아들인 소생은 아버지의 역을 따르고……]."203)

[규정 2-4] (신분 전승 특칙)

"종친으로서 시마복(緦麻服) 이상이거나 외성(外姓)으로서 소공복
(小功服) 이상인 (임금의) 친족의 천첩자녀는 모두 양인으로 삼는
데, 몸값을 치르거나 역(役)을 서는 일이 없다[친공신(親功臣)의 천
첩자녀도 같다. ○ 창기(倡妓)나 여의(女醫)는 집에 둔 경우의 소생
말고는 양인으로 삼는 것을 허용하지 않는다{대·소 원인(員人)도
같다.}.]."204)

[규정 2-5] (신분 전승 특칙)

"대·소 원인(員人)[문·무 관원, 생원, 진사, 녹사(錄事), 유음자
손(有蔭子孫) 및 적실 아들과 손자가 없는 경우에 첩의 아들과 손
자로서 승중(承重)한 자]이 공·사 여종을 맞아들여 아내나 첩으로

奴婢爲良人 而與良人爲夫妻者 杖九十 各離異改正".

202) 『명률강해』, 459쪽, <형률> ≪범간(犯姦)≫률 「양천상간(良賤相姦)」조,
"凡奴姦良人婦女者 加凡姦一等 良人姦他人奴婢者 減一等 奴婢相姦者
以凡姦論".

203) 『대전』, 504쪽, <형전> 「공천」조(앞에서 [규정 1-10]으로 인용한 바 있음).

204) 『대전』, 500쪽, <형전> 「천처첩자녀」조, "宗親緦麻以上 外姓小功以上親
賤妾子女 並從良 無贖身立役[親功臣賤妾子女 同 ○ 倡妓女醫 家畜者所
生外 勿許從良{大小員人 同}]". 이 규정의 제정 경과는 지승종, 『조선
전기 노비신분 연구』(서울: 일조각, 1995), 32~33쪽에 정리되어 있다.

삼은 경우의 아들과 딸은 그 아버지가 장예원에 신고하고 사실을
조사하여 장부에 기록하고[아버지가 없으면 적모(嫡母), 적모가 없
으면 형제자매(同生), 형제자매가 없으면 조부모가 신고한다. ○ 자
기의 여종이나 아내의 여종의 소생 말고는 모두 몸값을 치르며{병
이 없고 나이가 서로 맞는 자로써 본디 주인에게 값을 치르는데,
들어주지 않을 것 같으면 관청에 신고한다.}, 향리·역리(驛吏)·염
간(鹽干)·목자(牧子) 따위에게 시집간 자기 여종의 소생은 그 아버
지가 역(役)을 지는 곳에 역을 정하여 벼슬길을 터주지 않는다.] 병
조에 공문을 보내어 보충대에 소속시키는데, 나이가 16살이 차도
신고하지 않는 경우나 신고서를 낸 다음 3년이 지나고서도 입안을
받지 않는 경우나 장부에 오른 뒤에도 입역하지 않는 경우에는 다
른 사람이 신고하는 것을 허용하여 천인으로 되돌린다[여자는 역
(役)이 없다. ○……○ 다른 사람의 노비이면 몸값을 치른 다음 보
충대 장부에 기록되어 역을 서는 경우나 이미 거관(去官)한 경우에
는 신고를 허용하지 않는다.]."205)

위의 법조문 가운데 [규정 2-1]과 [규정 2-2]는 ≪대명률≫에 실린
것으로서 양인과 천인 사이의 혈통 교류를 봉쇄한 장치이다. [규정
2-1]은 혼인 관계를 제한한 것이고, [규정 2-2]는 혼인 관계 밖의 혈
통 교류를 금지한 것이다.

---

205) 『대전』, 500~501쪽, <형전> 「천처첩자녀」조, "大小員人[文武官 生員 進
士 錄事 有蔭子孫及無嫡子孫者之妾子孫承重者]娶公私婢爲妻妾者之子女
其父告掌隷院 覈實錄案[無子則嫡母 無嫡母則同生 無同生則祖父母 告
○ 自己婢妻婢所生外 皆贖身{以無病年歲相當者 贖本主 若不聽 則告官}
鄉吏驛吏鹽干牧子等嫁自己婢所生 於父役處定役 不通仕路] 移文兵曹 屬
補充隊 年滿十六不告者 告狀後過三年不受立案者 付案後不立役者 許人
陳告 還賤[女 無役 ○……○ 他人奴婢則 贖身後補充隊錄案立役者 已曾
去官者 勿許陳告]". 이 규정은 ≪경국대전≫ 성립 앞뒤로 세종 때부터
중종 때까지 복잡한 변화를 겪었는데, 그 경과와 의미는 지승종, 『조선
전기 노비신분 연구』(서울: 일조각, 1995), 20쪽, 24~32쪽, 41~58쪽에
자세히 정리되어 있다.

[규정 2-1]의 내용을 뜯어보면, 전반부는 가장이 남종으로 하여금 양인 여자를 맞아들여 아내(妻)로 삼게 하거나 남종 스스로 그렇게 하는 것을 금지하였고, 후반부는 함부로 천인을 양인이라고 하여 양인과 부부가 되게 하는 것을 금지하였다. 전반부의 취지는 천인 남자가 양인 여자를 아내로 삼는 것을 막자는 것이고 후반부의 취지는 속임수에 의한 양인과 천인의 혼인을 막자는 것이라고 생각된다. 이 규정의 문언상(文言上) 금지 범위에는 양인과 천인 사이에 있을 수 있는 혼인 관계 가운데 천인 남자가 양인 여자를 화처(花妻)로 들이는 경우나 천인 여자가 신분을 숨김이 없이 양인 남자의 아내나 첩이 되는 경우 따위가 빠져 있다.206) [규정 2-2]의 내용에 대해서는 따로 더 설명할 필요가 없을 것이다.

그런데, 신분간의 혈통 교류나 남녀 간의 성적 결합에 대한 규범은 대개 강한 보수성과 민족적 특색을 띠기 마련이므로, 무턱대고 [규정 2-1]과 [규정 2-2]도 ≪경국대전≫ 체제에 포섭된 것으로 여기면 오류에 빠질 위험이 있다. 그러므로 이 규정들이 조선에서도 실제로 시행되었는지를 따져볼 필요가 있다.

[규정 2-1]의 시행 여부와 관련해서는 지승종이 이미 검토한 바 있다. 그에 따르면, 이른바 '노취양녀(奴娶良女)'는 고려시대에도 강력히 금지되었지만 말기에 이르러 성행하였고, 조선 건국 초기에도 사정이 비슷하여 태종 때에 거듭 금지하였으나 단종 때에 그 금지가 실효성을 잃었으며, ≪경국대전≫의 신분 세습 규정은 노취양녀가 사실상 묵인된 상태에서 성립·운용되었다.207) 더욱이 ≪경국대

---

206) 천인이 정식 아내 말고 또 맞아들인 여자는 첩이라고 하지 않고 화처라고 하였다.

207) 지승종, 『조선전기 노비신분 연구』(서울: 일조각, 1995), 10~15쪽 및 36~41쪽 참고.

전주해 후집≫에서는 "천인이 양인 아내를 맞아들이는 경우에 대하여 ≪경국대전≫에는 금지하는 조문이 없다"고 하여 [규정 2-1]의 취지를 무시하는 듯한 표현을 썼다.208) 이러한 사정들을 참작하면 [규정 2-1]은 조선에서는 엄격하게 일관하여 시행되지는 않고 조정의 논의가 양·천 혼잡을 근원적으로 막아야 한다는 쪽으로 흐를 때 가끔씩 그 시행이 선언될 뿐이었던 것으로 여겨진다.

[규정 2-2]와 관련해서는 자세한 사정을 추적하기 어려우나, 성종 때에 공·사 천인과 양녀(良女)들이 무리를 지어 드러내놓고 음란한 짓을 일삼은 데 대하여 ≪대명률≫「범간(犯姦)」조에 2등급을 더하여 죄를 준 다음 천인들은 관청과 주인에게 돌려보내고 양녀들은 그가 사는 고을과 여러 역에 영구히 소속시켜 여종으로 삼도록 한 사례를 찾아볼 수 있다.209) 이로 미루어 생각하면, 조선에서는 [규정 2-2]를 그대로 쓰지는 않았더라도 그 금지 취지만은 살렸던 것 같다.

그렇다면 양·천 사이의 혈통 교류에 대한 봉쇄는 혼인 관계 밖에서는 꽤 엄격하게 이루어졌고 혼인 관계에 대해서는 매우 허술하게 부분적으로 이루어졌다고 볼 수 있다. 박병호는 "조선시대에 이르러서는 사서불혼(士庶不婚) 또는 양천불혼(良賤不婚)의 관습이 확립되어 매우 엄격히 지켜졌으며 때로는 이에 위반하면 처벌되는 일도 있었다"고 하였는데,210) 이것은 매우 포괄적이고 개략적인 서술로서, ≪경국대전≫ 체제와 관련해서는 엄밀하게 한정하여 받아들여야 할 것 같다. [규정 2-1]의 주된 규율 대상인 천인 남자와 양인

---

208) 『경국대전주해』(서울: 단국대학교 출판부, 1979 영인), 326쪽, <형전>「공천(公賤)」조, "賤人娶良妻所生 從父役……賤人娶良妻者 大典則無禁條". 여기의 '良妻'는 ≪경국대전≫ 원문에는 '良女'로 되어 있다.

209) 『실록』 11집, 175쪽 하단, ≪성종≫ 권199, 18년 1월 병진(15일)조 참고. 적용 법조문은 '율문(律文) 범간조(犯奸條)'로 나온다.

210) 박병호, 『한국법제사』(서울: 한국방송통신대학 출판부, 1986), 136쪽.

여자 사이의 정식 혼인을 염두에 두고서, 그렇게 하지 않는 것이 '관습'이었고 그에 위반하면 '때로는' 처벌되기도 하였다고 보면 마땅할 것이다.

[규정 2-1]의 규율에서 빠진 경우들도 엄격히 금지되지 않은 듯하다. 천인 남자가 양인 여자를 화처로 들이는 것은 법리상 본처(本妻)로 들이는 경우보다 더 엄하게 금지 · 처벌되어야 할 텐데, 실제로 어떻게 처리되었는지는 밝히기 어렵다. 그런 경우가 있었다는 점은 확인되나,211) 그것이 문제된 사례는 찾지 못하였다. 천인 여자와 양인 남자의 혼인에 대해서는 또한 지승종이 이미 검토한 바 있다. 그에 따르면, 세종 때에 공 · 사 여종이 양인 남편에게 시집가는 것을 금지하면서 일정한 예외를 두었으나(동 · 서반 유품[流品] 따위에게는 허용), 결국은 이른바 '비가양부(婢嫁良夫)'가 사실상 묵인되는 것으로 귀결되었고, 명종 때에는 양인이 사비(私婢)를 본처로 맞아들이는 것을 금지하였으나 역시 별반 실효를 거두지 못하였다.212) 세종 때에 인정된 예외나 ≪경국대전≫ <형전> 「천첩」조 및 「천처첩자녀」조([규정 2-4]와 [규정 2-5])의 내용을 참작하면, 세력 있는 양인 남자들이 천인 여자를 첩으로 들이는 것은 법적으로 허용되었을 뿐만 아니라 오히려 그렇게 하는 것이 관습이었음을 엿볼 수 있다. 다만, ≪경국대전주해 전집≫에서 "대 · 소 원인(員人)이 공 · 사 여종을 맞아들여 아내(妻)로 삼을 리는 없다"고 하였는데, 본디 ≪경국대전≫에서도 그렇게 전제했는지는 분명하지 않다.213)

---

211) 『실록』 11집, 43쪽 하단, ≪성종≫ 권181, 16년 7월 신미(23일)조 참고.

212) 지승종, 『조선전기 노비신분 연구』(서울: 일조각, 1995), 15∼24쪽 및 36∼41쪽 참고.

213) 『경국대전주해』(서울: 단국대학교 출판부, 1979 영인), 40쪽, <형전> 「천처첩자녀」조, "대 · 소 원인이 공 · 사 여종을 맞아들여 아내나 첩으로 삼음: 대 · 소 원인이 공 · 사 여종을 맞아들여 아내로 삼을 리는 없는

결국 ≪경국대전≫에 전제된 양·천 혈통 교류에 대한 봉쇄는 허술하고 부분적인 것이었다고 여겨진다. 그렇지만 그런 바탕 위에 마련된 양·천 신분 부여에 대한 규제 장치는 매우 엄격하고 포괄적인 것이었다. [규정 2-3], [규정 2-4], [규정 2-5]가 그와 관련된 법조문들이다.

[규정 2-3]은 엄밀히 말하자면 천인의 '입역처(立役處)', 곧 소유권 귀속 관계를 규정한 것이다. 그런데 거기에서 곧바로 이미 전제되어 있는 양·천 신분의 귀속 및 전승에 대한 큰 원칙을 엿볼 수 있다. 양인들 사이의 소생만 양인이 되고 양인과 천인 사이의 소생 및 천인들 사이의 소생은 모두 천인이 된다는 것이다(一賤則賤).

[규정 2-4]는 [규정 2-3]에 전제된 큰 원칙에 대한 예외를 규정한 것이다. 그에 따라 양인 가운데 일정한 범위의 종친과 외성(外姓) 왕친(王親) 및 친공신을 아버지로 둔 사람은 어머니의 신분이 천인이더라도 양인이 된다. 다만, 집에 데려와 살지 않는 창기나 여의와의 소생은 양인이 될 수 없다. 종친 따위와 천처(賤妻)와의 소생에 대해서는 언급이 없는데, 아마도 그런 관계는 엄격히 금지되었을 것이며, 혹 그런 소생이 있으면 어떻든 양인으로 삼았을 것이다. 천인으로서 천처와의 사이에 소생을 얻고서 공신이 된 사람의 경우에, 그 소생을 양인으로 삼아 충의위(忠義衛)에 붙였으나 갖은 논란을 거쳐 끝내 과거는 볼 수 없도록 한 예가 있는데, 다만 공신이 된 뒤에 사족(士族) 여자를 아내로 삼게 하였다.214)

데, 첩의 자손으로서 승중(承重)한 경우를 가리켜 말한 것인지 옛 ≪(경국)대전≫의 '및 양인'이라는 글귀에 따라 지우지 않은 것인지 모르겠다.(大小員人娶公私婢爲妻妾: 大小員人無娶公私婢爲妻之理 疑指妾子孫承重者而言 或因舊大典及良人之文而不削)" 참고.

214) 세조~성종 때의 공신 조득림(趙得琳)과 아들 성(成)의 경우이다.『실록』 8집, 407쪽 하단, ≪예종≫ 권7, 원년 8월 임자(1일)조;『실록』10집,

[규정 2-5]는 언뜻 보면 [규정 2-3]에 전제된 신분 귀속·전승 원칙에 대한 예외를 규정한 것 같지만 자세히 보면 신분 변동에 대한 것이다. 대·소 원인과 천인 여자와의 소생은 본디 천인이지만 정해진 절차에 따라 몸값을 치르고(자기나 아내 소유로 되는 소생은 몸값 없음) 보충대에서 역을 선 다음 거관하면 양인이 된다는 내용이다. 그런데 그 신분 변동 사유가 다름 아닌 당사자 부모의 신분에 있으므로, 신분의 귀속·전승에 대한 규정으로 다루어도 큰 탈은 없을 것이다.

[규정 2-5]의 내용 가운데 향리·역리·염간·목자 따위와 자기 여종과의 소생에 대한 것만은 본디부터 신분 귀속·전승에 대한 규정이라고 보아야 할 것 같다. 그 소생은 태어날 때부터 양인으로서 그 아버지가 장예원에 신고하여 장부에 기록하기만 하면 공식적으로 양인 대접을 받을 수 있는데 다만 역을 서는 곳이 제한되고 벼슬길에 나아갈 수 없다는 취지를 담고 있다고 생각되기 때문이다.[215] 그런데 이 내용은, 일반적인 양인들의 경우와 견주어 볼 때 균형을 잃고 있으므로, 바로 아래에 지적할 바에서 그 본문의 "대·소 원인" 바로 다음에 "및 양인(及良人)"이라는 글귀가 끼워졌을 때에 제정되었다가 그 글귀가 빠진 다음에도 그대로 남겨진 것이라고 짐작된다.

[규정 2-5]에 대하여 한 가지 특별히 지적해 둘 것이 있는데, 그 규정의 논리적 흠에 대한 것이다. 그 규정을 그대로 두면 논리적으로 다음과 같은 일이 벌어지게 된다. 종친 따위도 아니고 대·소

623쪽 하단~624쪽 상단, ≪성종≫ 권170, 15년 9월 갑오(10일)조; 『실록』 11집, 25쪽 하단, ≪성종≫ 권180, 16년 6월 신묘(12일)조 따위 참고.

215) 지승종, 『조선전기 노비신분 연구』(서울: 일조각, 1995), 4쪽 및 47쪽에서도 같은 취지로 풀이하였다.

원인도 아니며 향리 따위도 아닌 여느 양인이 자기 여종과의 사이에서 얻은 소생은 따로 특별히 규제되지 않는 한 [규정 2-3]에 전제된 원칙에 따라 천인이 되는데, 그 소유권은 [규정 2-3]에 따라 자기 아버지에게 귀속된다. 그런데, 그 소생이 한 명인 경우에(같은 처지의 소생이 여럿이더라도 문제의 논리 구조는 같다), 아버지가 죽으면 그 소유권이 ≪경국대전≫ <형전>「사천」조의 상속 규정에 따라 바로 그 소생 자신에게 귀속된다. 그러면 그 소생은 스스로를 소유하는 천인이 된다. 앞에서 보았듯이 사천(私賤)은 자기 주인에게만 봉사하면 되고 형식적으로 잡색군에 소속되는 것 말고는 아무런 공적·사적 의무를 지지 않는다.216) 이제 그는 잡색군 명부에 이름을 걸어 두고 오로지 자기에게만 봉사하면 된다. 그러므로 마침내 그는 더할 나위 없이 완전한 '자유인'으로 다시 태어나게 된다. 이렇듯 [규정 2-5]에는 그냥 두고 보기 어려운 점이 있다. 아마도 그런 까닭에, 그 본문의 "대·소 원인" 바로 다음에 "및 양인(及良人)"이라는 글귀를 넣었다가 뺐다가, 참으로 많은 논의와 법령상의 변화가 있었다.

그런 논의와 변화를 포함하여, [규정 2-3], [규정 2-4], [규정 2-5]의 의미와 그 제정 경과 및 ≪대전속록≫·≪대전후속록≫ 규정을 비롯한 그 이후의 변화에 대해서는 지승종이 이미 자세히 정리한 바 있다.217) 그 밖에 위에서 언급한 것 말고 양·천 신분 귀속·전승 규칙에 대해서 덧붙일 만한 것은 없다. 그러므로 여기서는 다만 위에 소개한 규칙들에 따라 양인·천인 범주가 꽤 엄격한 귀속성과 세습성을 띠었다는 점만 지적해 두겠다.

---

216) 잡색군이 형식적 편제에 지나지 않았다는 점에 대해서는 『실록』 12집, 439쪽 하단~440쪽 상단, ≪성종≫ 권284, 24년 11월 정미(16일)조 참고.

217) 지승종, 『조선전기 노비신분 연구』(서울: 일조각, 1995), 2~60쪽 참고.

〈양·천 변동 통로〉

양인·천인 범주는 귀속성과 세습성을 띤 만큼 폐쇄성을 띠었다. 양·천 신분 징표가 귀속적·세습적으로 부여된 만큼, 두 범주 사이의 이동은 자유로울 수 없었다. 그러나 거기에도 합법적인 이동 통로가 열려 있었다. 그것은 크게 보아 양인이 천인으로 되는 길 한 갈래, 천인이 양인으로 되는 길 세 갈래, 모두 네 갈래로 나뉘어 있었다.

양인이 천인으로 되는 길은 오로지 한 갈래, 형벌만이 합법적인 것으로 인정되었다(연좌[緣坐] 포함). 그 점 및 양인을 노비로 만드는 구체적인 형률 규정들의 내용과 그 밖의 불법적인 노비화 방식들에 대해서도 이미 지승종이 자세히 논의한 바 있다.[218] 그에 대해 여기서 따로 덧붙일 만한 것은 없다. 형벌이 아닌 다른 방식으로 양인을 천인으로 삼지 못하게 한 까닭은 그렇게 하면 국역(國役)을 질 인적 자원이 줄어들 것이었기 때문이다.

천인이 양인으로 되는 길은 고관(高官)의 첩이 되는 것, 위에서 본 [규정 2-5]에 따른 것, 특별한 일이 있거나 특별한 공(功)을 세우는 것이다. [규정 2-5]는 위에서 소개하고 살폈으므로 빼고, 나머지 관계 법조문을 보면 다음과 같다.

[규정 3-1] (고관 천첩 속량)
"2품 이상의 아들·딸이 있는 공·사 천첩에게는 자기 여종으로써 장예원에 신고하여 몸값을 치르(고 양인이 되)는 것을 허용한다[사천(私賤)이면 본디 주인의 뜻과 바람에 따른다. ○ 무릇 몸값을 치르는 데에는 반드시 나이가 서로 비슷한 노비를 쓰며, 만약 도망하는 경우에는 (몸값을 치른) 본인이 살아있으면 채워 세우고, 채워 세우지 못하는 경우에는 천인으로 되돌린다.]."[219]

---

218) 『조선전기 노비신분 연구』(서울: 일조각, 1995), 60∼161쪽 참고.

[규정 3-2] (사노비 방량)

　"무릇 노비를 일이나 공(功)으로 말미암아 양인으로 삼는 경우에
는 공천으로써 채워 준다."220)

　[규정 3-1]은 2품 이상인 남자의 천첩이 일정한 요건을 채우면 양
인으로 될 수 있음을 규정한 것이다. 2품 이상이라는 것이 관직을
기준으로 하였는지 산계(散階)를 기준으로 하였는지 확인하기가 어
려우나, 아마도 신분적 성격이 강한 산계를 기준으로 하였을 것이
라고 생각된다. 그렇다면 종친 정의대부(正義大夫) 이상, 의빈(儀賓)
순의대부(順義大夫) 이상, 동·서반(東西班) 가선대부(嘉善大夫) 이
상이다.221) "2품 이상의 천첩"이 뜻하는 바는 글귀대로 따지면 천인
여자가 이미 2품 이상인 남자의 첩이 되는 경우와 어떤 남자의 첩
이 된 뒤에 그 남자가 2품 이상이 되는 경우를 모두 포함하는 것으
로 보인다.

　[규정 3-2]는 그 자체로 어떤 경우에 천인을 양인으로 삼는다고
하지는 않았으며 또 사노비에 대해서만 규정하였다. 그러나 특별한
일이 있거나 당사자가 특별한 공을 세우면 천인을 양인으로 삼을
수 있음을 전제하고 있다. 구체적으로 어떤 경우가 그에 해당하는
지에 대해서 ≪경국대전≫에서는 따로 규정하지 않았다.

　연정열의 연구에 따르면, 조선 초기에 실제로 노비를 '방량(放良)'
한 사유는 크게 군공(軍功)과 납속(納粟)으로 나뉜다.222) 공식적으로

---

219) 『대전』, 500쪽, <형전> 「천첩」조, "二品以上有子女公私賤妾 許以自己婢
　　告掌隷院贖身[私賤 則從本主情願 ○ 贖身 須用年歲相准奴婢 若逃亡者
　　本身生存則充立 不得充立者 還賤]".

220) 『대전』, 515쪽, <형전> 「사천」조, "凡奴婢因事功爲良者 以公賤充給".

221) 『대전』, 38~41쪽, <이전> 「경관직」조 및 339~341쪽, <병전> 「경관직」
　　조 참고.

222) 연정열, 「조선초기 노비법제고」(서울: 경희대학교 박사학위논문, 1982),

군역을 지지 않았던 천인이 군공으로 양인이 되었다는 점 의아하게 여겨질 지도 모르나, 임시로 천인을 군대에 붙이는 경우가 있었고 특히 실제 중요한 군사작전에서는 전투능력 있는 천인을 모집하여 종군(從軍)시킨 경우가 많았으므로, 이상할 것이 없다. 그 밖에 공신(특히 친공신)이 되는 경우도 들 수 있는데, 아마도 [규정 2-4]와 관련하여 당연한 것으로 여겼기 때문에 다루지 않은 듯하다. 또 그 밖에 유형화하기 어려운 여러 일과 공을 들 수 있겠으나, 그것은 결국 최고 입법권자이자 최고 사법권자인 임금이 어떻게 결정하는가에 달려 있던 문제이다.[223]

그리고, 연정열은 "도적(盜賊)을 잡는다든가 특별히 공을 세워 그 공으로 양인의 신분을 취득할 수 있도록 ≪경국대전≫은 명문(明文) 규정을 두고 있다"고 하였는데,[224] 그것은 오류이다. ≪경국대전≫에 그런 내용의 규정은 없으며, 오히려 범이나 도적을 잡은 경우에 일반적으로는 관직이나 산계를 상으로 주도록 규정하면서도 향리나 천인에게는 재물(무명베)을 상으로 주도록 규정하였다.[225]

98~108쪽 참고. 그 밖에 '군공'과 관련해서는 이홍두, 「조선시대 천인의 신분변동 연구」(서울: 동국대학교 박사학위논문, 1996), 83~116쪽, '납속'과 관련해서는 문수홍, 「조선시대 납속제에 관한 연구」(서울: 성균관대학교 박사학위논문, 1985), 14~56쪽 참고.

223) 연정열, 「조선초기 노비법제고」(서울: 경희대학교 박사학위논문, 1982), 108쪽에서 왕비의 동성(同姓) 5촌 친족이 임금에 의하여 방량된 경우를 소개하였는데, 이것은 특별한 '일'이 있는 경우라 하겠다. 『실록』 8집, 361쪽 하단, ≪예종≫ 권5, 원년 4월 을해(22일)조, "장예원에 전지(傳旨)하여 이르기를 '원경왕후(元敬王后)의 동성(同姓) 5촌인 원(院)의 여종 석이(石伊)와 남종 구지금(仇智金) 따위를 영구히 양인이 되도록 허용한다'고 하였다.(傳旨掌隷院曰 元敬王后同姓五寸 院婢石伊奴仇智金等 永許爲良)" 참고.

224) 연정열, 위의 글, 98쪽.

225) 『대전』, 434~435쪽, <병전> 「군사급사(軍士給仕)」조, '포호(捕虎)' 항목

양인·천인 범주의 폐쇄성과 관련하여 마지막으로 남은 문제는 (사)노비에 대하여 이른바 '임의방량(任意放良)'이 허용되었는지 여부이다.

≪경국대전≫에서는 "방역(放役) 노비의 뒤에 태어난 소생을 (주인의) 자손이 부리는 것을 허용한다"는 규정을 두었을 뿐이다.[226] 이영훈이 밝힌 바에 따르면 태종 5년(1405)에 제정한 노비법에서 "노비의 해방불가능성을 입법화"하였는데,[227] '방역' 노비에 대한 ≪경국대전≫의 규정은 연혁상 그것을 이어받은 것임을 짐작할 수 있다. 이영훈이 지목한 노비법의 규정은 본디 "여러 해에 걸쳐 수판(受判)한 영구히 지킬 노비 결절(決折) 조목" 가운데 하나로서 "노비를 한때의 공로로 방역하거나 속신(贖身)하여 방역한 경우에, 자손까지 영영 놓아주어서 양인과 혼잡하도록 해서는 마땅하지 않으므로, (공로로 인한—인용자 보충) 방역 노비의 뒤에 태어난 소생은 본디 주인의 자손이 도로 잡아서 부리는 것을 허용하고, 속신 노비의 뒤에 태어난 소생은 국유화하되 피하기를 꾀하여 구실을 게을리 하는 경우에는 (주인의—인용자 보충) 본디 후손이 신고하는 것을 허용하여 반으로 나눠준다"는 것이다.[228] 그런데, 이 조목에서는 공로로 인한 방역 노비와 속신한 방역 노비를 구분하여 전자는 주인 집안의 소유권에 복속하도록 하고 후자는 국유화하도록 한 데 비하여, ≪경

및 490~491쪽, <형전> 「포도(捕盗)」조 참고.

226) 『대전』, 514쪽, <형전> 「사천」조, "放役奴婢後所生 許子孫役使".

227) 이영훈, 「한국사에 있어서 노비제의 추이와 성격」, 역사학회 편, 『노비·농노·노예』(서울: 일조각, 1998), 373쪽.

228) 『실록』 1집, 335쪽 상단~하단, ≪태종≫ 권10, 5년 9월 무술(6일)조, "議政府上各年受判永爲遵守奴婢決折條目 允之 凡二十條…… 一 奴婢以一時功勞放役及贖身放役者 不宜子孫永放混雜良人 放役奴婢後所生 許本主子孫還執使用 贖身奴婢後所生 屬公 謀避閑役者 許本孫陳告 爲半分給……". 이영훈과는 조금 다르게 풀었다.

국대전≫에서는 방역 사유를 나누지 않고 모두 주인 집안의 소유권에 복속하도록 하였다.

≪경국대전≫ 규정이 공로로 인한 방역과 속신 방역을 아울러 규율한 것인지 전자만을 규율한 것인지는 분명하지 않다. 그러나 아무튼 그것이 '방량'이 아닌 '방역'에 대해서 규율한 것임은 분명하다. 그 점으로 미루어 보면 당시 사람들은 '방량'이란 것은 생각조차 하지 않았음을 알 수 있다. "사노비에 대한 방역은 솔거노비의 사환(使喚), 외거노비의 신공(身貢)을 면제해 줄 뿐 그 자신이나 자녀의 신분 해방과는 전혀 관계없는 것이다."[229] 방역은 당사자인 주인과 노비에 대해서는 인정되었지만 그 주인의 후손과 노비의 소생에 대해서는 인정되지 않았다. 하물며 방량은 적어도 법리상으로는 아예 어떤 경우에도 있을 수 없었을 것이며 혹 있었더라도 당연히 무효였을 것이다.

조선 후기의 사정과 관련해서는 당사자인 사천이 주인에게 노비와 전답을 대신 바치고 '속신(贖身)'하여 지방 수령(守令)의 입안(立案)을 받은 경우, 주인에게 돈을 주고 '속량(贖良)'한 '방량노(放良奴)'가 장예원에 '종량(從良)'을 바라는 소지(所志)를 올려 그대로 인정하는 제김(題音)을 받은 경우, 주인이 여종에게 '상전 섬기기를 충성으로써 하여 공이 있으므로' 당사자와 소생 모두의 '신역'을 영구히 없애주는 문서를 준 경우 따위가 학계에 소개되어 있다.[230] 그러나 조선 후기에는 노비 관계 법제와 현실이 전기와는 크게 달라졌으므로,[231] 그런 사례들을 ≪경국대전≫의 신분 규범과 관련된 것

229) 김용만, 『조선시대 사노비 연구』(서울: 집문당, 1997), 93~94쪽.

230) 최승희, 『한국고문서연구』 증보판(서울: 지식산업사, 1989), 464~470쪽 참고.

231) 『속대전(續大典)』(서울: 서울대학교 규장각, 1998 영인), 442~456쪽, <형전> 「천처첩자녀」·「공천」·「사천」조; 히라끼 마꼬또(平木實), 「노비종

으로 끌어댈 수는 없다.

어떻든 적어도 ≪경국대전≫ 체제에서는 사노비의 임의방량이 무효였으므로, 양·천을 가르는 금을 넘나들 수 있는 합법적인 길은 위에서 본 네 갈래밖에 없었다. 양인·천인 범주의 폐쇄성은 그 점에서만 완화되었다.

6) '양인'의 다층성과 '천인'의 균질성

양·천 구분과 관련된 주요 논점들은 이제까지 거의 다 검토하였다. 다음의 제4장에서는 양인 범주 내부에서 이루어진 신분 분화 관계를 살필 것인데, 그 구체적 내용을 보기에 앞서 간단히 양인·천인 범주 내부에서 이루어지는 분화의 개략적 얼개를 그려두기로 하겠다.

〈양인의 다층성〉

먼저, 양인에 대해서는 앞에서 유래와 배경을 살펴보고 나서 그 취약성과 분화 가능성을 지적한 바 있다. 또 바로 앞 항목에서는 [규정 2-4] 및 [규정 2-5]와 관련하여 종친, 외성 왕친, (친)공신, 대·소 원인, 향리, 역리, 염간, 목자 따위와 천인과의 소생의 신분이 여느 양인과 천인 사이에서 태어난 사람의 신분과는 다르게 부여되었다는 점도 살펴보았다. 바로 그 점에서 양인 범주의 취약성과 분화

량고」(서울: 서울대학교 석사학위논문, 1967); 히라끼 마꼬또(平木實), 『조선 후기 노비제 연구』(서울: 지식산업사, 1982); 문수홍, 「조선시대 납속제에 관한 연구」(서울: 성균관대학교 박사학위논문, 1985); 이홍두, 「조선시대 천인의 신분변동 연구」(서울: 동국대학교 박사학위논문, 1996); 김용만, 『조선시대 사노비 연구』(서울: 집문당, 1997) 따위 참고.

가능성이 실제 분화로 나타났음을 알 수 있다.

양인과 천인 사이의 혈통 교류를 화학 반응에 비유해서 말하자면, 종친 따위와 천인 사이의 화학 반응의 결과와 여느 양인과 천인 사이의 화학 반응의 결과는 서로 다르게 나타났다. 같은 반응에서 서로 다른 결과를 낳는 물질들을 똑같은 물질이라고 볼 수 없듯이, 종친 따위와 여느 양인들은 신분적으로 똑같은 처지에 있었다고 볼 수 없다.

이렇듯 양인들 사이에서 '신분적' 분화가 있었다는 점은 틀림없는 사실이다. 그런데 양인 범주 내부의 분화는 위에서 본 것에 그치지 않는다. 앞에서 제시한 신분 개념을 적용하면, 그 밖에도 여러 가지 요인에 따라 나뉜 작은 범주들을 뽑아낼 수 있다. 그 자세한 내용은 뒤에서 보기로 한다.

양인들 사이에서의 분화 관계를 살피는 데에서 특히 주의해야 할 점이 두 가지 있다. 그 하나는 '신분'과 '계급'을 혼동하지 말아야 한다는 것이고, 또 하나는 '신역'과 신분 징표를 혼동하지 말아야 한다는 것이다.

사민(四民) 차등이 유교적 인민 관념의 핵심 내용이었던 만큼, 유교 국가인 조선의 기본 법전이었던 《경국대전》에서도 '사족(士族; 사대부[士大夫]·사인[士人]·사류[士類]로도 표현함)'을 우대하고 '공장(工匠)'과 '상고(商賈)'를 천대하는 여러 규정들을 두었다.232) 그런

---

232) '사족' 따위의 명목이 나오는 규정의 예는 『대전』, 232~234쪽, <예전> 「의장(儀章)」조; 같은 책, 263쪽, <예전> 「오복」조 주; 같은 책, 282쪽, <예전> 「봉사(奉祀)」조; 같은 책, 284쪽, <예전> 「혼가(婚嫁)」조 ; 같은 책, 298쪽, <예전> 「장권(獎勸)」조; 같은 책, 299쪽, <예전> 「혜휼(惠恤)」조; 같은 책, 314쪽, <예전> 「잡령」조; 같은 책, 484쪽, <형전>, 「수금」조; 같은 책, 484~485쪽, <형전> 「추단」조; 같은 책, 495~498쪽, <형전> 「금제」조, '공장'이나 '상고'에 대한 규정의 예는 같은 책, 204~205쪽, <호전> 「잡세」조; 같은 책, 476쪽, <병전> 「잡류」조 주; 같은

데 공장과 상고는 사람들이 우연적 · 임의적으로 사실상 영위한 생업을 가리켜 일컬은 것으로서 '인위적으로 고착된 규범적 속성 징표'가 아니다. 그러므로 그 명목들은 어디까지나 계급을 나타내는 것으로 보아야지 신분을 나타내는 것으로 보아서는 안 된다. ≪경국대전≫ 체제에서 농 · 공 · 상 사이에 '생업 선택의 자유'를 제한하였다는 어떤 증거도 찾아볼 수 없으므로, 농민을 신분적으로 특별히 다루지 않는 한 공장이나 상고도 신분적으로 특별히 다룰 수 없다. '사족'이라는 말이 뜻하는 바에는 계급적인 면도 있고 신분적인 면도 있으므로, 그 점은 매우 조심스레 살펴야 할 것이다. 그에 대해서는 나중에 자세히 논의하기로 한다.

≪경국대전≫에는 사민 차등 관념에 따른 차별 규정 말고도 고공(雇工), 재인(才人), 백정(白丁), 무격(巫覡) 따위를 특별히 다루는 규정들이 실려 있다.233) 그들도 '생업 선택의 자유'가 보장된 바탕 위에서 우연적 · 임의적으로 사실상 특별한 계급적 처지에 놓인 사람들이었으므로 특별한 신분 범주로 묶을 수 없다. 다만, 재인과 백정에 대해서는 그 양 · 천 구별과 관련하여 학계의 의견이 일치하지 않고 있다. 이영훈은 그들이 "이류(異類)로서" "양(良)과 천(賤) 어느 신분에도 속하지 않았다"고 하였는데,234) 혹 그렇게 볼 수 있을 지도 모르겠다. 그러나, 재물성이 없어서 다른 사람의 소유권에 복속

책, 494쪽, <형전>「고존장」조 주; 같은 책, 546~613쪽, <공전>「공장」· 「경공장」·「외공장」조 참고.

233) 고공을 특별히 다룬 규정으로는 『대전』, 333쪽, <예전>「호구식」조; 같은 책, 494쪽, <형전>「고존장」조 주, 재인과 백정을 특별히 다룬 규정으로는 같은 책, 490쪽, <형전>「재백정단취(才白丁團聚)」조 참고.

234) 이영훈, 「한국사에 있어서 노비제의 추이와 성격」, 역사학회 편, 『노비 · 농노 · 노예』(서울: 일조각, 1998), 378쪽 참고. 거기에서는 『실록』 7집, 508쪽 하단~509쪽 상단, ≪세조≫ 권27, 8년 1월 임술(27일)조의 기사를 근거로 들었다.

하지 않는 사람을 양인으로 본다면, 유승원처럼 그들을 양인으로 다루는 것이 이론적으로 더 유리하다고 생각한다.235) 이준구가 연구한 바에 따르면 조선 중기에는 백정들이 실제로 편호(編戶)된 사례들이 많이 보이는데,236) 그것은 ≪경국대전≫ 체제 아래의 재인·백정들이 양인이었음을 방증한다.

신역은 일반적으로 국가의 인력 수요에 따라 뽑아서 정하는 것이므로(差定) 대개 '고착된 속성 징표'가 될 수 없다. 그러나 그 종류에 따라서는 어떤 사람들에게 고정적으로 지우는 것도 있었고 더 나아가 자손들에게 대대로 물려서 지우는 것도 있었다. 경·외 공장이 전자의 대표적인 예라고 짐작되고,237) 향리가 후자의 대표적인

---

235) 유승원, 『조선초기 신분제 연구』(서울: 을유문화사, 1987), 45쪽 참고. 거기에서는 『실록』 2집, 559쪽 상단, ≪세종≫ 권22, 5년 10월 을묘(8일)조의 기사를 근거로 들었다. 그 밖에 재인·백정의 신분과 관련해서 鮎貝房之進, 『雜攷 花郎攷·白丁攷·奴婢攷』(東京: 國書刊行會, 1973 복각), 181~346쪽 / 원본은 鮎貝房之進, 『雜攷』第五輯 再版(京城: 朝鮮印刷株式會社, 1938); 강만길, 「선초백정고(鮮初白丁考)」, 『사학연구』 제18호(서울: 한국사학회, 1964), 491~526쪽; 문철영, 「고려말·조선초 백정의 신분과 차역(差役)」, 『한국사론』 26(서울: 서울대학교 국사학과, 1991), 59~90쪽; 이준구, 「조선 전기 백정의 범죄상과 제민화 시책」, 『대구사학』 제56집(대구: 대구사학회, 1998), 103~140쪽; 이준구, 「조선시대 백정의 전신(前身) 양수척, 재인·화척, 달단(韃靼)」, 조선사연구회 편, 『조선사연구』 제9집(서울·대구: 형설출판사, 2000), 1~31쪽; 이준구, 「조선 전기 백정의 습속과 사회·경제적 처지」, 최승희 정년기념 『조선의 정치와 사회』(서울: 집문당, 2002), 565~587쪽; 한희숙, 「조선 태종·세종대 백정의 생활상과 도적 활동」, 고려사학회 편, 『한국사학보(韓國史學報)』 제6호(서울: 열린책들, 1999), 271~305쪽 참고.

236) 이준구, 「조선 중기 편호백정(編戶白丁)의 존재와 그 성격」, 이수건 정년기념 『한국중세사논총』(경산: 같은 책 간행위원회, 2000), 405~439쪽 참고.

237) 『대전』, 546~613쪽, <공전> 「공장」조, 본문에서 "경·외 공장에 대해서는 장부를 만들어 공조(工曹), 해당 관청, 해당 도(道), 해당 고을에 보관한다(京外工匠 成籍 藏於本曹本司本道本邑)"고 하고서 그 주에서

예이다. 또한, 잘못은 저지른 사람에 대한 징벌로 그 자신이나 자손을 어떤 역에 고정시키는 경우가 있었다. 앞에서 [규정 2-5]와 관련해서 본 향리 따위와 천인과의 소생의 경우도 그런 예라고 볼 수 있을 것이다. 그러므로 신역은 특별한 경우에는 그 자체가 신분 징표일 수 있다.

어떤 신역을 신분 징표로 다루어야 하는지에 대해서는 앞에서 제시한 신분 개념을 기준으로 삼아서 판단해야 한다. 단순히 관성적으로, 또는 '행정 편의상', 아니면 우연히 여러 여건이 맞아서 특정한 사람에게 종신 고정적으로 지워진 신역은 신분 징표라고 볼 수 없다. 특정한 사람에게 어떤 신역을 고정적으로 지우는 것이 규범적 원리·원칙·기대에 따른 것일 경우에, 그 신역은 신분 징표일 수 있다. 그런데 그런 신역이 모두 신분 징표인 것은 아니다. 그것이 다른 공적·사적 생활 영역에서 차별 대우의 기준으로 작용해야만 비로소 신분 징표라고 할 수 있다. 본보기로, 공장(工匠)의 경우처럼 입역 연한(대개 60살)이 차서 제역(除役)되었는데 그 다음에는 그 입역 사실이 아무런 의미를 갖지 못한 경우에는, 그 신역은 신분 징표라고 보기 어렵다.

〈천인의 균질성〉

다음으로, 천인 범주를 들여다보면 그 안에서는 '신분적' 분화를 거의 찾아볼 수 없다. 노비는 당시에도 '공노비(공천)'와 '사노비(사천)'를 비롯한 갖가지 이름으로 분류·구분되었고 이론적으로도 갖가지로 나누어 볼 수 있으나,[238] 그것은 대개 신분적 구별과는 관계

"나이가 예순에 차면 구실을 덜어준다(年滿六十 除役)"고 한 점으로 미루어, 공장은 일반적인 입역 연한 동안 줄곧 한 가지 역을 지게 되어 있었음을 짐작할 수 있다.

가 없는 것이다. [규정 3-2]에 따르면 사노비가 국가의 조치에 의하여 방량되거나 종량된 경우에 공노비로써 채워주도록 되어 있는데, 그것은 바로 공노비와 사노비 사이에 '호환성(互換性)'이 있었음을 뜻하며, 그 호환성은 곧 신분적 동질성을 뜻한다. '공노비'와 '사노비'는 노비 집단을 나누는 가장 큰 범주들일 텐데, 그 두 가지가 신분적으로 같다고 평가된 것이다. 그러므로 그 밖에 노비들을 분류·구분하는 작은 범주 지칭들 사이에 신분적으로 다른 점이 없었을 것임은 두말할 할 나위가 없다.

다만, 천인 가운데서도 비록 잡직(雜職)이나마 벼슬길에 나아가 산계를 받은 사람들, '궁녀'가 된 사람들, 특정한 입역처(立役處)에 '영속(永屬)'된 사람들, 화처(花妻) 소생은 신분적으로 특수한 처지에 놓였던 것으로 보인다. 천인도 나이 80살이 되면 노인직(老人職)으로 산계를 받을 수 있었으나,239) 그 경우는 명목에 지나지 않았고 또 입역 연한(60살)도 지났으므로 신분 이론상 특별히 다룰 필요가 없다.

유승원에 따르면 "잡직은 유외직(流外職)으로서 유품직(流品職)과 명확히 구분되어 유품원(流品員)에 주어지는 관인(官人)으로서의 특권은 주어지지 않았을 뿐 아니라 자손은 물론 당자(當者)의 법제적 지위에도 별 영향을 끼치지 못하는 것이었고" "노비에 있어 잡직의 수직(受職)이란 오직 체아록(遞兒祿)의 수록(受祿) 이상의 의미를 지니지 못하였다".240) 대체로 옳은 지적이나, 잡직 산계 보유가 전혀 무의미한 것은 아니었다. ≪경국대전≫에서 "여러 관청의 종(奴)들

---

238) 김용만, 『조선시대 사노비 연구』(서울: 집문당, 1997), 15~30쪽에 공노비와 사노비를 아울러 온갖 명목들이 소개되어 있다. 거기서 공노비는 자세하게 다루지 않았으나, '신분'을 따질 때에는 결론적으로 그 구분 명목들을 자세히 볼 필요가 없다.

239) 『대전』, 165쪽, <이전> 「노인직」조 참고.

240) 유승원, 『조선초기 신분제 연구』(서울: 을유문화사, 1987), 57쪽.

이 관직을 받아 7품 이하에서 벼슬을 그만둔 경우에는 본디 역(役)
으로 되돌린다"고 규정하였는데,[241] 거꾸로 보면 6품 이상에서 그만
둔 경우에는 아마도 역을 서지 않고 그냥 '한산(閑散)'하였을 것이
기 때문이다. 그러므로 6품 이상의 잡직 산계는 적어도 그 보유자
본인에게는 신분 징표였다고 하지 않을 수 없다. 잡직의 신분적 성
격에 대하여 더 자세한 것은 나중에 양인들 사이의 신분 분화를 살
피면서 함께 보기로 한다.

'궁녀'는 양인과 천인이 섞여 있었던 특수한 범주이고 '관직'과
관련되므로,[242] 편의상 천인 궁녀의 경우도 양인들 사이의 신분 분
화를 살피면서 함께 보기로 한다.

국가에서 공식적 징벌 조치로 잔읍(殘邑)·잔역(殘驛)·변원(邊遠)·
절도(絶島) 따위 특별한 곳을 지목하여 '영속(永屬)'한 노비도 신분
적으로 특수한 처지에 놓였다고 볼 수 있다.[243] 그런데 '영속'의 의
미는 입역처를 따지지 않고 '양인을 영구히 노비로 삼는다'는 데 무
게를 둔 경우도 있었고 '노비를 특별한 입역처에 영구히 붙인다'는
데 무게를 둔 경우도 있었다. 그 가운데 후자만 천인 내부의 신분
분화와 관계된다. 그러나 일반적으로 노비들은 자기 마음대로 입역
처를 옮길 수 없었으므로, 입역처가 고정되었다는 점을 신분적으로
특별히 다룰 필요는 없다.

---

241) 『대전』, 502쪽, <형전>「공천」조 주 "各司奴受職七品以下除仕者 還本役".

242) 앞에서 인용했던 이영숙, 「조선 초기 내명부에 대하여」, 『역사학보』 제
96집(서울: 역사학회, 1982), 111쪽; 김용숙, 『조선조 궁중풍속 연구』(서
울: 일지사, 1987), 33쪽 참고.

243) '영속'의 예는 매우 많으므로 굳이 따로 들지 않는다. 그 근거 법조문
에 대해서도 번거로움을 피하기 위하여 직접 인용하지 않고 지승종, 『조
선전기 노비신분 연구』(서울: 일조각, 1995), 60~94쪽, 특히 93쪽 <표
1-1>에 잘 정리되어 있다는 점을 소개하는 것으로 대신하겠다.

화처 소생은 사법적(私法的)인 면에서 혹 문제되었을 수 있다. 천인은 원칙적으로 관직에 나아갈 수 없었고 국역(國役)도 지지 않았으므로 화처 소생에 대하여 공법적 문제가 생길 여지는 없었다고 보아도 된다. 사법적인 면에서는 특히 재산 상속과 관련하여 일반적으로 적실(嫡室) 자녀와 첩자녀 사이의 차별을 규정한 법조문이 있었으므로,[244] 천인의 화처 소생에 대한 대우가 문제될 수 있었다. 그런데 그 규정이 천인의 화처 소생에게까지 적용되었는지 확신할 수도 없고 실제 문제된 사례를 찾아볼 수도 없으므로, 이론적으로 어떻게 처리하는 것이 좋을지 판단하기가 매우 어렵다. 여기서는 일단 미루어두었다가 나중에 '서얼'에 대해 살피면서 함께 언급하기로 한다.

잡직 천인들, 천인 궁녀들, 화처 소생은 양인들과 함께 보기로 하고 그 밖에는 '천인' 범주가 균질적이라고 치면, 이제 남은 것은 '양인' 범주 안에서 이루어진 신분 분화 관계를 살피는 일 뿐이다. 그에 대해서는 장(章)을 바꾸어서 보기로 한다.

---

244) 『대전』, 505~513쪽, <형전> 「사천」조 참고.

제4장
벼슬과 신역에 따른
양인의 하위 범주 구분

1. 양인의 신분적 구분과 분화에 대한 이해

〈구분의 기제와 분화의 계기〉

앞에서 보았듯이 '양인'은 흔히 '임금 아래 평등한 백성'이라는 뜻의 '제민'이라는 말로써 설명되었다. 그러나 양인이라는 신분 범주는 평등한 사람들의 단순한 집합일 수 없었다. 《경국대전》 체제는 그 범주에 드는 인구 집단에게 행정적 필요에 따라 갖가지 벼슬과 신역을 배분하여 국가를 운영하도록 기획된 것이었고, 거기에는 여러 벼슬이나 신역을 어떤 사람에게 종신토록 고정해서 배분하는 제도적·규범적 장치가 담겨 있었다. 이미 여러 차례 지적하였듯이, 그 갖가지 벼슬과 신역의 체계 및 일정한 벼슬이나 신역을 어떤 사람들에게 종신토록 고정시키는 제도적 장치가 바로 양인 범주 안에서 하위 신분 범주들을 구분하는 기제였다.

그런 정적·동적 틀 속에서, 양인 범주에 드는 인구 집단은 여러 가지 계기를 통해서 작은 하위 범주들로 분화되게 되어 있었다. 그 분화의 계기는 양인들끼리나 임금, 중, 천인 따위 다른 범주의 사람들과 맺는 갖가지 '관계(關係)'와 그런 관계 및 관직·신역 체계 속에서 개인들이 이루는 긍정적·부정적 '성취'였다.

하나의 커다란 그물을 이루는 갖가지 사회적 관계들 가운데 《경국대전》 체제 아래의 양인들 사이에서 신분 분화를 일으킨 핵심적 매듭은 혈연과 혼인, 특별한 '의리', 생업 관계에서의 계급적 상태('동류[同類]'와 '이류[異類]') 따위였다. 여기서 '의리'는 일반적인 사회 관계에서의 추종과 보호, 충성과 시혜, 결탁과 동맹 따위를 가리키는데, 계급적 상태나 혈연 및 혼인과는 달리 이것만은 사람들의 변덕스런 심리에 크게 좌우되므로 다른 특별한 끈이 없을 경우 깨지기 쉬운 것이다. 아마도 그런 이유로, ≪경국대전≫ 체제에서 신분 분화의 계기로 작용한 의리로는 임금과 관련된 것밖에 찾아볼 수 없다(공신의 경우).

신분 분화와 관련된 혈연 및 혼인 관계는 다시 네 가지로 나누어 볼 수 있다. 첫째는 임금과의 관계인데, 그에 대해서는 앞에서 임금의 신분적 영향력을 살펴보면서 간단히 지적한 바 있다. 둘째는 이미 높은 벼슬에 오르거나 특정한 신역에 얽매인 사람들과의 관계이다. 이미 높은 벼슬에 오른 사람들과 혈연이나 혼인으로 맺어진 일정한 범위의 사람들에게는 특정한 통로를 통하여 관직에 쉽게 접근할 수 있는 자격이 귀속적으로 주어졌다(음자제취재[蔭子弟取才], 대가[代加], 서경[署經]). 몇몇 종류의 신역은 특정한 사람들이 대대로 물려가며 지도록 제도화되었다. 셋째는 천인과의 관계인데, 자기는 양인으로 태어났으나 조상 가운데 천인이 있었던 사람 및 몸소 천인이다가 양인이 된 사람은 일반적인 양인의 권리를 온전히 누릴 수 없었다. 넷째는 적(嫡)·서(庶) 분별에 관련된 것이다. 똑같은 양인이더라도 적실(嫡室) 소생은 양인의 권리를 온전히 누릴 수 있었던 데 비해 첩 소생은 그렇지 못하였으며, 첩 소생 가운데서도 양첩자손과 천첩자손 사이에 차별이 있었다.[1]

≪경국대전≫ 체제에서 사람들의 생업과 관련된 계급 관계가 곧바로 벼슬이나 신역이 신분적으로 고정되는 계기로 작용하지는 않았다. ≪경국대전≫ 체제는 사람들에게 '생업 선택의 자유'를 인정하였다. 공장(工匠), 상고(商賈), 고공(雇工), 무격(巫覡) 따위의 경우에서 볼 수 있듯이, 사람들의 계급적 상태도 관직을 맡기고 신역을

---

1) 적·서 분별은 이런 점에서는 벼슬과 신역에 따른 양인 신분 분화의 한 계기로 작용하지만 그 자체가 하나의 독립적인 신분 범주 구분 틀이기도 하다(제5장 참고).

지우는 데서 차별 기준이 되었다.[2] 그러나 그런 계급적 상태는 사람들의 자유에 맡겨진 바탕 위에서 차별 기준이 되었으므로 '신분'이라고 할 수 없다. 다만, 생업 관계상 일종의 유한(有閑)·기생(寄生) 계급으로서 이데올로기적으로 관직을 생업으로 여기던 사람들과 그 겨레붙이들, 곧 당시의 집단 지칭으로 '사족(士族)'이라고 불리던 사람들은 특수한 경로를 통해서 '신분'으로 전화(轉化)되는 도중에 있었던 것으로 보인다.[3] 그들은 음자제취재나 대가(代加)를 통해 관직에 쉽게 접근하는 통로를 확보하고 서경을 통해 다른 부류들의 관직 접근을 방해하면서 문·무·역(譯)·의(醫) 따위의 관직 계열별 입사(入仕) 방식을 까다롭게 통제하는 한편 사실상 계급내혼제(階級內婚制)를 취하여 혈통을 정화(淨化)함으로써 중요 관직을 차지하는 데 필요한 자격을 점점 독점적으로 확보해 나갔다. 그러나 ≪경국대전≫ 체제의 관직 부여 규범들 가운데에서 직접 계급을 신분으로 전화시키는 장치는 뚜렷이 드러나지 않으므로, 그에 대해서는 이론적으로 조심스레 다루어야 할 것이다.

갖가지 사회적 관계 및 관직·신역 체계 속에서 개인이 이룰 수 있는 신분적 성취 통로는 크게 세 가지였다. 과거(科擧), 취재(取才), 천거(薦擧), 입역(立役, 취재나 차정[差定]에 따름), 택차(擇差), 대가

---

2) 유교적 사민(四民) 관념에 따른 계급적 차별 주장에 대하여, 『실록』 8집, 662쪽 하단, ≪성종≫ 권19, 3년 6월 기사(4일)조, 박시형(朴時衡)의 말; 『실록』 10집, 321쪽 상단~322쪽 상단, ≪성종≫ 권140, 13년 4월 계축(15일)조, 채수(蔡壽)의 소(疏) 따위 참고.

3) 특정한 집단 지칭이 '계급' 범주에서 '신분' 범주로 전화해 가는 과정에 대하여, 마르크 블로크(Marc Bloch) / 한정숙 역, 『봉건 사회(La société féodale)』 II(서울: 한길사, 1986), 11~26쪽 및 69~86쪽의 서양 중세 봉건 귀족에 대한 서술 참고. 김필동, 『차별과 연대』(서울: 문학과지성사, 1999), 58쪽에서도 "신분의 성립 과정은 하나의 '정치적' 과정이다"고 하였다.

(代加) 따위를 통해서 관계(官階)를 획득하는 것과 정규 형벌을 대신한 징벌에 따라 본인이나 후손의 벼슬길을 금고(禁錮)당하는 것,[4] 그리고 징벌이나 행정적 편의에 따라 신역을 고정당하는 것이다.[5]

〈하위 범주 구분〉

≪경국대전≫ 및 ≪조선왕조실록≫ 따위에서 대체로 확인할 수 있는 양인 범주 안의 하위 신분 범주는 이론적으로 다음과 같이 구획할 수 있을 것이다.

첫째, 임금과 혈연과 혼인 및 의리 관계로 맺어진 일정한 범위의 사람들은 그 관계를 빌미로 일정한 벼슬을 받았고 그 벼슬에 따라 특별히 귀한 대접을 받았으므로 '귀족'이라고 할 수 있을 것이다.

둘째, 귀족 가운데 일부를 뺀 모든 사람들(나머지 귀족 포함)은 개인의 성취에 따라 각기 다른 벼슬을 받을 수 있었는데, 그 벼슬 자체가 대개 종신토록 의미를 갖고 여러 생활 영역에서 차별 대우의 기준이 되었으므로, 갖가지 명목의 벼슬을 받은 사람들을 '관인(官人)'이라는 하나의 범주로 묶어서 다루는 것이 좋을 것이다. 이른바 '사족'도 그 범주와 관련해서 이해하는 것이 좋다.

셋째, 행정상의 편의나 징벌을 빌미로 특별한 신역에 종신, 또는

---

4) ≪경국대전≫에서 후손의 벼슬길을 금고한 사람들은 장리(贓吏)의 아들과 손자 및 거듭 시집간 여자의 아들과 손자인데, 그런 사람들은 '(범죄)조건부'로만 존재할 수 있으므로 이 책에서 그들을 위해 따로 하나의 신분 범주를 설정하지는 않겠다. 관계 법조문은 『대전』, 36~37쪽, <이전> 「경관직」조 및 213~214쪽, <예전> 「제과(諸科)」조 주 참고. 관련 연구 성과로는 김성준, 「조선 초기 장리자손 금고법의 성립」, 연세대학교 국학연구원 편, 『동방학지』 제45집(서울: 연세대학교 출판부, 1984), 93~133쪽; 유승원, 『조선 초기 신분제 연구』(서울: 을유문화사, 1987), 74~75쪽 및 90~91쪽 참고.

5) 나중에 볼 '역리(驛吏)'와 '수군(水軍)'의 경우가 이에 해당한다.

대대로 얽매인 사람들이 있었으며 그 사람들은 벼슬살이를 비롯한 다른 생활 영역에서도 차별 대우를 받았으므로, 그들 또한 별도의 신분 범주로 묶어서 다루지 않을 수 없다. 향리(鄕吏)와 역리(驛吏), 수군(水軍)과 조졸(漕卒), 염간(鹽干)과 목자(牧子) 따위가 바로 그런 사람들이다. 그들 각 부류의 성격이 조금씩 달라서 하나의 범주로 묶기 어려운 점이 있으나 신역에 얽매였다는 공통점이 있으므로 크게 하나로 묶고 그 안에서 나누어 보는 것이 좋을 것이다. ≪경국대전≫에 실린 신역 관계 규정은 관직 관계 규정보다 훨씬 엉성하므로, 그 밖에도 신역에 얽매인 사람들이 있었을 가능성을 열어두지 않을 수 없다. 이 책에서는 그들을 '신역에 얽매인 사람들'이라는 이름으로 묶어서 다루기로 하겠다.

넷째, 위의 세 범주 어디에도 들지 않는 양인들은 저절로 하나의 범주로 묶이게 된다. 말하자면 '소극적으로' 규정되는 것이다. 그들에게는 당시에 쓰이던 말을 빌려 '평민(平民)'이라는 이름을 붙이는 것이 가장 알맞다.

〈하위 범주들 사이의 관계〉

위와 같이 양인 범주 안에서 대체로 네 개의 하위 범주를 검출·구획할 수 있는데,[6] 그 하위 범주들 사이의 관계는 단순하지 않다.

먼저, 그것들 사이의 중복 관계는 다음과 같이 설명할 수 있다. '귀족'과 '관인'은 겹칠 수 있다. 뒤에서 보게 되듯이, 귀족 가운데 후궁·대전유모·종친·왕녀·의빈을 빼고 난 나머지 사람들은 일

---

6) 각 하위 범주들은 다시 작은 범주들로 나눌 수 있으며, 순전히 이론적으로만 따지면 그런 구분은 무한정 계속될 수 있다. 다만 그 '사회적' 의미를 어디까지 부여할 것인지가 문제일 뿐이다. 그런 까닭에 앞의 신분 개념 규정에서 '사회 전체적 규모의 유별·구획'을 언급했다.

반 관원이 될 수 있었다. '귀족'·'관인'과 '신역에 얽매인 사람들'은 겹치지 않는다고 보는 것이 옳겠다. '귀족'이 특정한 신역에 얽매인 경우는 찾아볼 수 없다. 신역에 얽매인 사람들이 실제 입역할 경우에 산계(散階)를 받을 수는 있었으나, 그것은 그들이 특정 신역에 얽매여 있는 한 헛된 명목일 뿐이어서 이른바 '실직(實職)'의 전제 요건으로 작용하지 않았다. 그러므로 '관인'과 '신역에 얽매인 사람들'은 겹치지 않는다고 보는 것이 마땅하다. '평민'은 '귀족'·'관인'·'신역에 얽매인 사람들'에 들지 않는다는 소극적 징표로써 구획되는 범주이므로 그 범주들과 겹칠 수 없다.

다음으로, 위에 언급한 범주들 사이의 상하 관계는 다음과 같이 설명할 수 있다.[7] 전체적으로 범주 자체의 높낮이를 따지자면 '귀족'이 가장 높고 그 다음이 '관인'이며 '평민'이 중간적·표준적 위치에 있고 '신역에 얽매인 사람들'이 양인들 가운데서는 가장 낮다고 할 수 있다. 그런데, 각 범주들이 서로 겹칠 수 있으므로, 예컨대 귀족 가운데 가장 낮은 사람이 관인 가운데 가장 높은 사람보다 더 높았다는 식으로 이해해서는 안 된다. 서로 겹치지 않는 범주들 사이에서도, 예컨대 평민 가운데 가장 낮은 사람이 신역에 얽매인 사람들 가운데 가장 높은 사람보다 더 높았다는 식으로 이해해서는 안 된다.

여기까지 설명한 양인의 하위 범주 구분 및 그것들 사이의 중복·상하 관계는 다음과 같이 그림으로 나타낼 수 있을 것이다.

---

7) 여기서 굳이 높낮이를 따지는 까닭은 일반적으로 인간 사회의 '불평등'에 대한 이해가 신분 제도 연구의 목적 가운데 하나로 꼽히기 때문이다. 높낮이를 재는 기준에 대해서는 막연하게 '사람들이 가지는 사회적 서열 관념'이라고 할 수밖에 없다.

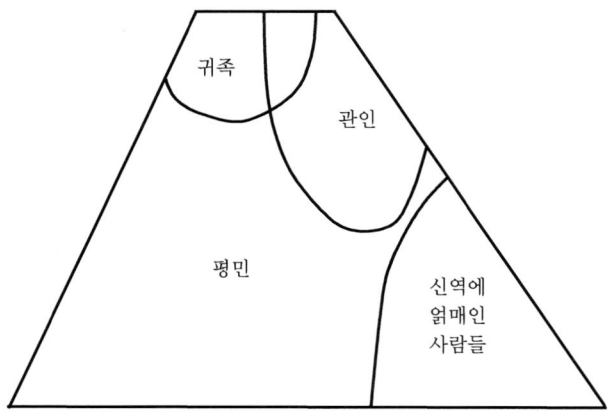

양인 범주 안에서 이루어진 신분적 분화의 기제와 구조는 대체로 위에서 본 바와 같다. 아래에서는 그 하위 범주들의 내포와 외연 및 특색을 살피기로 하는데, 소극적으로 구획되는 '평민'들에 대해서는 논의하지 않겠다. 그들은 양인의 '표준'이라고 볼 수 있으므로, 그들의 신분적 처지는 양·천 구분 관계를 살피면서 본 양인의 규범적 속성에서 미루어 이해하면 된다.

2. 귀족

1) '귀족' 범주 구획의 가능성

당시 사람들은 '귀족'이라는 말을 좀처럼 쓰지 않았던 듯하며, 간혹 쓴 경우에도 꼭 범위가 뚜렷한 신분 집단을 가리키지는 않은 듯하다.8) 또, 당시 사람들이 여기서 말하는 귀족들을 하나로 뭉뚱그려서 다른 어떤 한 마디 말로 표현한 경우도 보지 못하였다. 그렇지만 여기서는 먼저 '귀족'이라는 이름을 붙여 놓고 하나의 신분 범주를 이론적으로 구획해보고자 한다.

여기서 살펴볼 여러 부류들 각각은 나중에 보게 되듯이 당시에도 독립된 이름들을 가지고 있었으며 그마다 신분적 의미가 뚜렷하였다. 그러므로 그들을 한 데 묶을 수 있는 근거를 제시하면 귀족 범주를 설정하는 데 무리가 없을 것이다. 그런 근거를 꼽아보면 다음과 같다.

첫째, 앞의 [규정 2-4]에 보이듯이 ≪경국대전≫에서는 '종친', 그 밖의 '왕친(王親)', '공신', '의빈(儀賓)', '외척' 따위에게 비슷한 대우를 하도록 규정하고 있는 경우가 많다. 그 점 뒤에 나올 [규정 4-2], [규정 4-3]을 비롯한 여러 법조문들에서 확인할 수 있을 것이다.

둘째, 종친을 포함한 일정한 범위의 종성 왕친과 일정한 범위의 외척들은 ≪대명률≫의 '의친(議親)' 개념에 따라 ≪경국대전≫ 체제에서도 한 범주로 묶여서 형률상 여느 사람들과 다른 대우를 받았다.

셋째, ≪경국대전≫ 체제에서는 여기서 '귀족'으로 묶으려는 사람들에게는 여느 경우와는 다른 특별한 근거나 원리에 따라 벼슬을 주었다. 그들에게는 일을 맡을 능력보다는 임금과의 혈연·혼인 관계를 근거로 벼슬을 주었으며 그 벼슬들은 여느 벼슬과는 달리 공

---

8) 『실록』 5집, 111쪽 하단~112쪽 상단, ≪세종≫ 권123, 31년 1월 계묘(22일)조, 사간원에서 올린 소(疏)에 나오는 "비록 사대부의 아내와 귀족의 딸일지라도 길거리에 거닐면서 조금도 부끄러워하지 않아서, 무식한 무리들이 어깨를 나란히 하여 다니기도 하고 말을 달려 스치기도 하는데, 여느 사람의 며느리·딸과 다름이 없으니 참으로 옳지 못합니다.(雖士大夫之妻 貴族之女 徒行街路 恬不爲愧 無識之徒 或比肩以行 或走馬以觸 與庸人婦女無異 誠爲未便)"는 말 참고.

통적으로 '직사(職事)'가 없는 것이었다. ≪경국대전≫에서는 이른바 '외명부(外命婦)'의 벼슬에 대해서만 '작(爵)'이라는 표현을 썼으나, 실질적으로는 '귀족'에게 주어진 벼슬들을 모두 '관직(官職)'이 아닌 '(관)작([官]爵)'으로 볼 수 있을 것이다.[9]

넷째, 종친, 공신, 왕녀(王女)와 의빈(儀賓), 왕비의 부모(외척을 대표함)의 벼슬 이름에는 여느 경우와는 달리 공통적으로 '읍호(邑號)'를 쓰도록 하였다.

다섯째, ≪경국대전≫에서 '후궁(後宮)'과 '대전유모(大殿乳母)'에 대해서는 매우 간단히 규정하고 있으나 그들도 종친 따위와 마찬가지로 임금과의 특별한 관계를 근거로 벼슬을 받아서 귀한 대접을 받았다. 후궁은 당시의 친족 규범인 상복(喪服) 제도로 따지면 임금의 '유복친(有服親)'이 아니었으나 임금과의 사이에서 종친과 왕녀를 생산할 수 있는 특별한 자리에 있었다. 대전유모는 임금과 핏줄로 이어지지는 않았으나 당시의 친족 규범상 본종(本宗) 유복친으로 의제되었다.

여섯째, 공신은 종친 따위와는 달리 임금과 친척 관계로 맺어지지 않았으나 여느 사람들과는 달리 임금과 특별한 의리 관계로 맺어졌고 종친에 버금가는 귀한 대접을 받았다.

일곱째, 여기서 귀족으로 다루려는 모든 부류의 사람들은 개인 단위가 아니라 일정한 친족 단위로 묶여서 함께 특별한 대우를 받았다. 종친과 그 밖의 종성 왕친, 왕녀와 의빈 및 이성 왕친, 그리고 외척이 친족 단위로 묶였다는 데 대해서는 더 말할 나위가 없을 것이다. 후궁과 대전유모는 그들끼리가 아니라 임금을 중심으로 한 데 묶였지만 특별히 '임금' 범주에 들 수 없었을 뿐이다. 공신의 경

---

9) '관'과 '작'의 구별에 대해서는 이성규, 「중국 고대 황제권의 성격」, 동양사학회 편, 『동아사상(東亞史上)의 왕권』(서울: 한울, 1993), 7~65쪽 참고.

우에는 특별한 대우가 그 아내와 후손(자자손손)에게까지 미쳤으며, 이른바 '친공신(親功臣)'과 '공신 승습(承襲) 적장자(嫡長子)'는 대개 2품 이상으로 봉군(封君)되었으므로 그의 자녀가 있는 천첩(賤妾)까지도 몸값을 물고 양인이 될 수 있었다. 이렇듯 귀족들에게는 '족(族)'자를 붙일 만하다.

이와 같은 점들을 근거로 삼아, 이 책에서는 다음에 볼 여러 부류의 사람들을 '귀족'이라는 하나의 신분 범주로 묶어서 파악하기로 하겠다. 아래에서 귀족의 범위, 특권, 이론적 특색 따위를 각 부류별로 살펴보기로 한다.

2) 귀족의 계열별 범위, 특권, 특색

(1) 후궁과 대전유모

〈후궁〉

후궁은 한 마디로 임금이나 세자의 첩(妾)이다. 그 이름은 당시의 규범상 임금이나 세자가 그들에게 '딴 집(宮) 살림'을 차려주도록 되어 있었기 때문에 붙은 듯하다. 어떤 사람의 첩이라는 지위는 본디 사법상(私法上)·가족법상의 신분에 지나지 않지만, 후궁은 그 지아비인 임금이나 세자가 사회적으로 특수한 존재였기 때문에 '사회적' 신분 범주로 다루어야 마땅하다. 그 지위의 종신 고착성은 당시의 혼인 규범을 떠올리면 당연히 인정할 수 있을 것이며, 그것이 공·사 생활에서 차별 기준으로 작용하였다는 점에 대해서도 특별한 설명이 필요하지 않을 것이다.

≪경국대전≫에서 후궁에 대해 규정한 곳은 딱 두 군데, <이전>

첫 머리의 「내명부」조와 <예전> 「상장(喪葬)」조의 주(註)밖에 없다. 「내명부」조에서는 왕궁(선왕궁[先王宮]을 포함한 듯함)·세자궁 명부(命婦)들의 품계(品階)와 직함(職銜)만을 규정하고 있어서 그것만 보면 어디까지가 후궁을 위한 것인지 알 수 없으나,[10] ≪세종실록≫ 10년 3월 경인(8일)조와 12년 윤12월 임자(16일)조의 기사를 참고하면 왕궁의 정1품 빈(嬪)에서부터 종4품 숙원(淑媛)까지 여덟 자리와 세자궁의 종2품 양제(良娣)부터 종5품 소훈(昭訓)까지 네 자리가 각각 왕궁과 세자궁의 내관(內官), 곧 임금과 세자의 후궁을 위한 벼슬임을 알 수 있다.[11] 각 자리의 정원(定員)이 표시되어 있지 않으나, 각각 1명씩이었던 듯하다.[12] 「상장」조의 규정 취지는 빈(嬪)과 귀인(貴人, 종1품)이 죽으면 예장(禮葬)을 한다는 것이다.[13]

위의 법조문들에 따르면 후궁에게는 당연히 내관의 직함을 부여하고 그 가운데 빈과 귀인만은 죽고 나서 예장을 해 주도록 되어 있었다. 그 밖의 다른 면에서 후궁이 규범적으로 어떤 존재로 여겨졌는지는 명확히 정리하기 어렵다.[14]

'후궁'을 하나의 신분 범주로 볼 때, 위에서 설명한 내용 말고도 그 외연범위, 귀속성·세습성·폐쇄성, 다른 범주와의 관계 따위가 문제되므로 그에 대해서 간단히 짚어보겠다.

---

10) 『대전』, 29~31쪽 참고.

11) 『실록』 3집, 119쪽 하단(≪세종≫ 권39) 및 283쪽 상단~하단(≪세종≫ 권50); 이영숙, 「조선 초기 내명부에 대하여」, 『역사학보』 제96집(서울: 역사학회, 1982), 91~93쪽 및 95~96쪽 참고.

12) 같은 글, 93쪽 <표 4>와 96쪽 <표 7> 및 그에 대한 설명 참고.

13) 『대전』, 285쪽 참고.

14) 후궁들의 현실적 처지에 대해서는 이영숙, 위의 글, 99~107쪽 및 125~135쪽; 신명호, 『조선의 왕』(서울: 가람기획, 1998), 201~205쪽을 참고할 수 있다.

'후궁'의 외연범위는 처음부터 후궁으로 간택(揀擇)·봉작(封爵)된 여자들과 임금의 '승은(承恩)'을 입은 궁궐과 민간의 여자들 가운데 내관의 직함을 받은 사람들만으로 한정하는 것이 마땅하다고 생각한다. 김용숙과 신명호는 승은을 입은 여자들이 모두 후궁인 것처럼 여겼으나,[15] 내관이 아닌 사람들은 다만 임금과의 사통(私通) 관계에 있거나 임금에 의해 성적(性的)으로 점유된 상태에 있는 데 지나지 않은 것으로 보아야 마땅하다. 그런 관계나 상태는 일반적으로는 징벌 대상이었지만, 그 한 쪽 당사자가 임금이었기 때문에 묵인되거나 오히려 우대되었을 뿐이다.

후궁 범주의 귀속성·세습성·폐쇄성 따위와 관련해서는 앞에서 본 왕비의 경우와 마찬가지로 실제로는 폐쇄성만이 문제된다. 이영숙은 조선 초기 후궁의 종류를 "① 가문, 부덕(婦德), 자색(姿色)을 겸비한 처녀를 간택하여 입궁(入宮)한 경우와 ② 전·현직 관료가 자기 딸을 납(納)하는 경우며 ③ 궁인(宮人), 비(婢), 창기(娼妓) 등을 승은한 경우" 셋으로 나눈 바 있는데,[16] 그로써 미루어 보면 '후궁' 범주는 거의 완전히 개방되어 있었던 듯하다. 여느 양인 여자가 후궁이 되는 길은 매우 좁았던 듯하나, 그것은 사실상 임금과의 접촉 기회가 공간적으로 제약되었기 때문이라고 생각된다.

후궁과 다른 신분 범주와의 관계를 보면, 왕비와 마찬가지로 임금과의 사이에서 '종친'과 '왕녀(王女)와 의빈(儀賓)' 및 '이성(異姓; 곧 여계[女系]) 왕친(王親)'이라는 또 다른 귀족 범주를 파생시켰다. 또, 후궁의 아들이 임금이 되지 못한다는 '법'은 없었다. 다만, 왕비

---

15) 김용숙, 『조선조 궁중풍속 연구』(서울: 일지사, 1987), 78쪽; 신명호, 『조선의 왕』(서울: 가람기획, 1998), 201~202쪽 참고.

16) 이영숙, 「조선 초기 내명부에 대하여」, 『역사학보』 제96집(서울: 역사학회, 1982), 125쪽.

와는 달리 '외척(外戚)' 범주를 파생시키지는 못하였다.[17] 후궁의 친정 피붙이와 그 배우자들이 외척 대접을 받지 못한 까닭은 아마도 당시의 유교적 혼인·상복(喪服; 친척의 멀고 가까움을 재는 기준이었음) 제도상 '첩친(妾親)'이라는 친척 계열이 인정되지 않았기 때문일 것이다.[18]

〈대전유모〉

후궁과는 전혀 다른 성격을 띠지만 편의상 그에 덧붙여 살펴볼 만한 '귀족'으로 대전유모(大殿乳母)가 있었다. 대전유모는 대개 한 사람이었을 것이며 혹시 그렇지 않았더라도 기껏 두세 명을 넘지 않았을 것이므로 따로 살피기는 마땅하지 않으며, 다른 귀족 계열에 넣어서 다루기는 더더욱 마땅하지 않다. 《경국대전》에서 「내명부」조 바로 다음 「외명부」조의 첫 머리에 규정하였으므로,[19] 그에 대해 여기서 아울러 살펴보기로 한다.

대전유모는 임금의 유모이다. 유모라는 구실은 한 때에 그치는 것이지만 그로써 맺어진 의리는 살아있을 때를 넘어서 죽어서까지 이어졌다. 당시의 법제상 일반적으로 유모가 죽으면 시마(緦麻) 석 달의 상복을 입어야 했다.[20] 유모는 본종(本宗)의 유복친(有服親)으로 의제된 것이다.

---

17) 「조선 초기 내명부에 대하여」, 『역사학보』 제96집(서울: 역사학회, 1982), 127~128쪽에서는 조선 초기에 "후궁의 족친(族親)"을 각별히 우대한 여러 사례들을 들었으나, 그것은 '사실인 관습'에 지나지 않았다고 생각한다. 《경국대전》에서는 후궁의 친정 피붙이들에 대해 어떤 규정도 두지 않았다.

18) 『대전』, 250~271쪽, 〈예전〉「오복(五服)」조 참고.

19) 『대전』, 31~32쪽, 〈이전〉「외명부」조 '대전유모' 항목 참고.

20) 『대전』, 265쪽, 〈예전〉「오복(五服)」조 '본종(本宗)' 항목 참고.

왕족 남자의 유모는 그가 기른 아이가 나중에 임금이 되면 특별한 대접을 받게 되어 있었다. ≪경국대전≫에서는 대전유모에게 '봉보부인(奉保夫人)'이라는 종1품 봉작(封爵)을 주도록 규정하였다. 임금과 그 유모와의 의리 관계는 종신 고착되었고 특별 대우의 근거가 되었으므로 그것은 곧 '신분'이다. 대전유모의 지위는 그 기른 아이가 임금이 됨에 따라 단순한 사법상(私法上)·가족법상의 신분에서 '사회적' 신분으로 바뀐다.

대전유모가 비록 임금의 유복친으로 의제되기까지 하였으나 대개 본디 천인이었으므로 그를 귀족으로 보는 것이 마땅한지가 문제될 수 있을 것이다. 그러나, 비록 법전에 실린 관련 규정은 없지만, 예종의 유모 홍씨(洪氏)의 경우 그 삼촌까지의 피붙이를 영구히 양인으로 삼았고 성종의 유모 백씨(白氏)의 경우 본인과 아울러 천인이었던 남편까지 양인이 되어 벼슬이 당상관(堂上官)에 이르렀다.[21] 그러므로 본디 천인이었다는 데 얽매이지 않는 것이 옳다. 또 성종 때에 병조(兵曹)에서 봉보부인은 대궐 안에서 말을 타도 되는 사람임을 인정한 바 있고 백씨를 두고서는 ≪경국대전≫에 봉보부인에 대한 예장(禮葬) 규정이 없는 것이 궐전(闕典, 입법의 흠결)임을 도승지(都承旨)까지 인정하여 종1품 종재(宗宰)의 예에 따라 예장하도록 한 바 있었다.[22] 그러므로 대전유모에 대한 대우가 '귀족'이라는 이름에 값할 만한 것이었음도 의심할 바 없을 것이다.

대전유모는 워낙 특수한 신분 범주이므로 그 신분성과 귀족성을 지적하는 데 그치고 더 이상의 이론적 논의는 삼가기로 한다.[23]

---

21) 『실록』 8집, 314쪽 상단, ≪예종≫ 권2, 즉위년 12월 무술(12일)조; 『실록』 11집, 676쪽 상단~하단, ≪성종≫ 권248, 21년 12월 신유(14일)조 참고.
22) 『실록』 11집, 544쪽 하단, ≪성종≫ 권234, 20년 11월 을해(21일)조; 같은 책, 676쪽 하단, ≪성종≫ 권248, 21년 12월 임술(15일)조 참고. 뒤의 기사에서는 봉보부인의 예장이 빈(嬪)과 귀인(貴人)의 예장에 비교되었다.

(2) 종친과 그 밖의 종성(宗姓) 왕친(王親)

≪경국대전≫에서 '종친'은 임금의 아들·손자·증손자·현손자(玄孫子), 곧 임금을 아버지·할아버지·증조·고조로 둔 남자들 가운데 임금과 세자·세손 따위를 뺀 사람들만을 가리킨다. 그들은 일을 맡은 일반 관원(조관[朝官], 직사관[職事官])으로 벼슬길에 오를 수 없었던 반면 아래에서 볼 갖가지 제도적 특권을 누렸다.[24] 그러므로 '종친'이 신분 집단이며 그 가운데서도 귀족이라는 점에 대해서는 더 말 할 나위가 없다.

종친이 아니면서 종성(宗姓)을 가진 임금의 후손들도 경우에 따라 특권이 주어졌다. 특권이 주어지는 범위는 경우에 따라 달랐다. 아무튼 그들도 제도에 따라 특권을 부여받은 한에서는 귀족이라고 볼 수밖에 없다.

〈종성 귀족의 범위와 특별 대우〉

먼저 아래에 소개하는 ≪경국대전≫ 규정을 통해서 종친 및 그 밖의 종성(宗姓) 귀족의 범위와 그들에 대한 특별 대우의 일부 내용을 확인해 두기로 한다(밑줄은 인용자가 그음).

[규정 4-1] (종친의 벼슬길)
"<u>친진(親盡)</u>하면 문·무 관원 자손의 예에 따라 벼슬(길)에 든다."[25]

---

23) 신명호, 『조선의 왕』(서울: 가람기획, 1998), 24~25쪽에도 대전유모에 대한 간략한 설명이 있다.

24) 고려와 조선의 "종친에게는 일을 맡기지 않는다(宗親不任以事)"거나 "종친에게는 벼슬살이를 시키지 않는다(宗親不仕)"는 원칙에 대해서 김성준, 「종친부고(宗親府考)」, 『사학연구(史學硏究)』18(서울: 한국사학회, 1964), 11~39쪽 참고.

[규정 4-2] (돈녕부 관직 제수)

"임금의 친족과 외척의 관청인데, 종성(宗姓) 9촌, 이성(異姓) 6촌 이상의 친족과 왕비의 동성 8촌, 이성 5촌 이상의 친족과 세자빈의 동성 6촌, 이성 3촌 이상의 친족과 위 촌수 안의 고모·이모·손위 누이·손아래누이·조카딸·손녀의 남편들에게 제수한다[선왕(先王)과 선후(先后)의 친척도 같다.].")[26]

[규정 4-3] (장례에서의 예우)

"종친이나 대신이 죽으면 임금에게 아뢰고 조정(朝政)을 멈추며 [……] 부의(賻儀)를 보내고 조제(弔祭)를 지내며[종성인 단문(袒免) {고조의 형제, 증조의 사촌형제, 할아버지의 육촌형제, 아버지의 팔촌형제, 자기의 십촌형제이다. ○ 여자는 비록 시집갔더라도 본복(本服)에 따른다.}, 이성(異姓)인 시마(緦麻) 이상 친족 및 그 아내, 문·무 관원 종2품 이상 및 공신이 해당한다{……}. ○……] 예장(禮葬)하는데[왕비의 부모, 빈(嬪), 귀인(貴人), 대군·왕자군 및 그 부인, 공주, 옹주 및 의빈·종친 종2품 이상, 문·무 관원 종1품 이상 및 공신이 해당한다. ○……], ……. ○ 무덤에는 한계를 정하여 경작과 목축을 금지한다[종친이면 1품은 4면 각 100보(步), 2품은 90보, 3품은 80보, 4품은 70보, 5품은 60보, 6품은 50보를 한계로 하고, 문·무 관원이면 10보씩 줄이되……].")[27]

---

25) 『대전』, 37~38쪽, <이전> 「경관직」조 "정1품 아문" '종친부' 항목, 주 "親盡則 依文武官子孫例 入仕".

26) 『대전』, 41~43쪽, <이전> 「경관직」조 "정1품 아문" '돈녕부' 항목, 주 "王親外戚之府 宗姓九寸異姓六寸以上親 王妃同姓八寸異姓五寸以上親 世子嬪同姓六寸異姓三寸以上親 已上寸內姑姊妹姪女孫女夫 除授[先王先后親 同]". 같은 책, 256쪽, <예전> 「오복」조에 따르면 '姑'는 아버지의 손위·손아래 누이와 어머니의 손위·손아래 누이를 뜻하므로, 그것을 '고모·이모'로 풀었다.

27) 『대전』, 284~285쪽, <예전> 「상장(喪葬)」조 "宗親大臣卒 啓聞輟朝[……] 致賻弔祭[宗姓 袒免{高祖兄弟 曾祖四寸兄弟 祖六寸兄弟 父八寸兄弟 已 十寸兄弟 ○ 女 雖出嫁 依本服} 異姓 緦麻以上 親及妻 文武官 從二品以 上 及功臣{禮葬者 則無致賻} ○ 因公在外死者 戰死者 勿論職秩 並致賻

[규정 4-4] (군역의 특례―족친위)

　"종성인 단문, 이성인 시마 이상 친족 및 왕비의 시마 이상 친족, 세자빈의 기친(期親)을 붙인다[선왕(先王)과 선후(先后)의 친족도 같다. ○……○ 첩의 자손도 또한 붙인다.]."28)

[규정 4-5] (요역의 특례―복호)

　"종성인 단문, 외성(外姓) 및 왕비의 동성 시마 이상 친족으로서 농지(田)가 15맻(結) 이하이면 복호(復戶)한다[선왕과 선후의 친족도 같으며,……].".29)

　[규정 4-1]의 '친진'이 뜻하는 바는 ≪경국대전주해≫에 따르면 "왕자의 자손이 증손(曾孫) 바깥으로 나가는 경우를 말하는 것"이므로,30) 종친의 범위는 결국 위에서 말한 바와 같다. 여자들은 '외명부(外命婦)'에 속하므로 빠진다.31) 종친은 각기 정해진 관작(官爵; 무품[無品]에서 정6품까지)을 받아 종친부에 속하였는데, 거기서 적(嫡)·서(庶), 양(良)·천(賤)의 차별은 다만 벼슬 등급 하나 차이에

致祭] 禮葬[王妃父母 嬪 貴人 大君王子君及夫人 公主 翁主 及儀賓宗親 從二品以上 文武官從一品以上 及功臣 ○……]……○ 墳墓 定限禁耕牧 [宗親 一品四面各限一百步 二品九十步 三品八十步 四品七十步 五品六十步 六品五十步 文武官 則遞減一十步……]".

28) 『대전』, 409~410쪽, <병전> 「번차도목(番次都目)」조 '족친위' 항목, 주 "宗姓袒免 異姓緦麻以上親 及王妃緦麻以上親 世子嬪期親 屬焉[先王先后親 同 ○……○ 妾子孫 亦屬]".

29) 『대전』, 466쪽, <병전> 「복호」조, "宗姓袒免外姓及王妃同姓緦麻以上親 田十五結以下 復戶[先王先后親 同……]".

30) 『경국대전주해』(서울: 단국대학교 출판부, 1979 영인), 67쪽, ≪후집≫ <이전> 「종친부」조, "親盡: 言王子子孫出於曾孫之外者".

31) 『대전』, 31~32쪽, <이전> 「외명부」조 '왕녀(王女)'·'왕세자녀(王世子女)' 항목 참고. 또한 종친부라는 관청의 '관원'이 될 수 있는 사람이 곧 종친이었는데, 당시의 일반 원칙상 여자는 관원이 될 수 없었으므로 종친이 될 수 없었다.

그쳤다.[32]

[규정 4-2]에 따르면 종친이 아닌 종성 사람들 가운데 임금의 9촌 이내 친족(여자인 경우 그 남편)은 돈녕부에 속하여 그 관원이 될 자격을 가졌다. 같은 항렬(行列)로만 따질 경우 종친의 범위는 임금의 8촌 형제까지이므로, 9촌이라는 범위는 종친에서 1촌 더 멀어진 것이다. 바꾸어 말하면, 자기는 종친이 아니면서 아버지가 종친인 사람들(여자인 경우 그 남편)이 돈녕부에 속할 자격을 가졌다. 이 범주에 드는 사람들은 종친이 아니므로 일반 조관(朝官)으로 벼슬살이를 할 수도 있었다. 다만, 종친은 원칙적으로 모두 종친부 관작을 받을 수 있었던 데 비해, 돈녕부 관직은 당연히 주어지는 것이 아니었다.

[규정 4-3], [규정 4-4], [규정 4-5]에 따르면 돈녕부에 속할 수 있었던 사람들보다 왕통(王統)에서 1촌 더 멀어진 사람들까지 군역을 질 경우 족친위에 속할 자격과 죽을 경우 국가로부터 부의와 조제를 받을 자격을 가졌으며 여느 사람들보다 경제적 사정이 나은데도 복호될 수 있었다. 부의와 조제는 남녀 구별이 없는데 남자들의 경우 그 아내에게까지 미쳤고, 족친위 소속 자격은 남자들에게만 주어졌다. 족친위의 입역 여건이 다른 역종(役種)의 그것보다 좋았음은 물론이다.[33]

---

32) 『대전』, 38~40쪽의 [규정 4-1]에 이어진 부분;『속대전』(서울: 서울대학교 규장각, 1998 영인), 57쪽, <이전>「경관직」조, "종친으로서의 대수(代數)가 다하기 전에는 본디 적·서의 다름이 없으므로 그 자손들이 문과에 급제하여 홍문록(弘文錄)에 오르고 무과에 급제하여 선전관(宣傳官)에 추천되는 데 거리낌을 두지 않는다.(宗代未盡之前 元無嫡庶之異 其子孫 文科弘錄 武科宣薦 勿爲枳礙)"는 규정 참고.

33) 『대전』, 410~413쪽의 [규정 4-4]에 이어진 부분 참고.

〈의친(議親) 개념에 따른 특별 대우〉

위의 규정들에 나타난 것 말고도, ≪경국대전≫에서는 ≪대명률≫에서 빌려온 '의친(議親)'이라는 개념을 써서 종친을 포함한 종성 왕친들을 외척(外戚)들과 아울러 특별히 대우하도록 하기도 하였다. 의친의 범위는 임금의 단문 이상 친족 및 왕대비·대비의 시마 이상 친족, 왕비의 소공(小功) 이상 친족, 세자빈의 대공(大功) 이상 친족이다.[34] 그러므로 의친에 드는 종성 왕친의 범위는 [규정 4-3], [규정 4-4], [규정 4-5]에 의해 특권을 인정받은 종성 왕친의 범위와 일치한다. ≪경국대전≫에 실린 의친에 대한 규정은 다음과 같다(밑줄은 인용자가 그음).

[규정 5-1] (파직과 재임용 규제)

"한 해 동안 병(으로 근무하지 않은 날)이 30일에 차는 경우와 <u>의친</u>·공신이 10악(十惡) 말고 죄를 다섯 번 지은 경우에는 모두 사면에 앞선 것인지를 가리지 않고 (임금에게) 아뢰어 파직(罷職)한다[한산(閑散)한 사람이면 한 해가 지나고 나서 관직을 준다{한산한 사람이라는 것은 <u>의친</u>·공신이면서 산관(散官)에 둔 경우를 일컫는다.}. ○ 병조(兵曹)도 같다.]. ○……○ 포폄(褒貶)에서 하등(下等)에 들거나 사죄(私罪)를 지어서 파직된 경우에는 두 해가 지나고 나서 관직을 준다[<u>의친</u>·공신이 하등에 든 경우에는 한 해가 지나고 나서 (관직을 주는데), 당상관은 이 제한 범위에 두지 않는다. ○……○ 병조(兵曹)도 같다.]."[35]

---

34) 『명률강해』, 49쪽, <명례율> 「팔의(八議)」조 참고.

35) 『대전』, 163쪽, <이전> 「고과(考課)」조, "周年病滿三十日者 議親功臣十惡外五犯罪者 並勿揀赦前 啓聞罷職[閑散人 則經一年乃叙{閑散人 謂議親功臣而置散者} ○ 兵曹 同]. ○……○ 褒貶居下等及犯私罪罷職者 經二年乃叙[議親功臣居下等者 經一年 堂上官 不在此限 ○……○ 兵曹 同]". 이른바 '10악'에 대해서는 『명률강해』, 47~48쪽, <명례율> 「십악」조 참고.

[규정 5-2] (군무 관련 처벌)

"도총관(都摠管) 이하 한결같이 군무(軍務)를 맡아 띤 사람이 저지른 바(죄)는 병조에서 (임금에게) 아뢰고 낱낱이 캐묻는데, 임금이 (대궐 밖으로) 나가 있을 때이면 당상관·의친·공신 및 군사(軍士) 말고는 장(杖) 80대 이하는 직접 처단한다. ○……○ 장수(將帥)가 명령을 받아 지방에 나가 있는 경우에는 당상관·의친·공신 말고는 장(杖) 이하는 직접 처단하고, 여러 진장(鎭將)은 태(笞) 이하는 직접 처단하고 장 이상은 주진장(主鎭將)에게 전하여 보고한다[……]."36)

[규정 5-3] (일반 형사 절차상의 특례)

"죽을 죄(를 지은 사람)에는 칼(枷)을 씌우고 수갑(杻)을 채우며 발에 쇠사슬을 채우고, 유(流) 이하에는 칼을 씌우고 수갑을 채우며, 장(杖)에는 칼을 씌운다. ○ 의친·공신 및 당상관·사족부녀(士族婦女)가 죽을 죄를 지으면 목에 쇠사슬을 채우고, 당하관·서인부녀(庶人婦女)는 목과 발에 쇠사슬을 채우되 장(杖)이면 목에 쇠사슬을 채우는데, 종묘·사직에 관계된 경우에는 이 제한 범위에 두지 않는다."37)

[규정 5-4] (일반 형사 절차상의 특례)

"무릇 고신(拷訊)[……]은 임금의 지시(旨)를 받아서 행하되[……○ 공신·의친에 대한 고신을 아뢰어 청할 때에는 아울러 공신·의친이라고 적어서 아뢴다.] 지방이면 관찰사에게 보고하며[……], 형조·개성부(開城府)·관찰사는 유(流) 이하를 직접 처단하고 각

---

36) 『대전』, 477쪽, <병전> 「용형(用刑)」조, "都摠管以下一應職帶軍務者所犯 本曹啓聞擧劾 行在時 則堂上官議親功臣及軍士外 杖八十以下 直斷 ○……○ 將帥受命在外者 堂上官議親功臣外 杖以下 直斷 諸鎭將 笞以下 直斷 杖以上 傳報主鎭將[……]".

37) 『대전』, 484쪽, <형전> 「수금(囚禁)」조 주 "死罪枷杻鎖足 流以下枷杻 杖枷 ○ 議親功臣及堂上官士族婦女 犯死罪 鎖項, 堂下官庶人婦女 鎖項足 杖則鎖項 關係宗社者 不在此限".

아문에서는 태(笞) 이하를 직접 처단한다[……○ 2품 이상에 대해서는 추문(推問)을 마치고 임금의 지시를 받는다{3품 이하에 대해서는 비록 공신·의친이더라도 형률을 적용하여 아뢴다.}. ○……○ 의친의 상복(喪服)이 있는 여자는 비록 시집갔더라도 죄를 청할 때에는 본복(本服)에 따라 따진다.]."[38]

위에서 볼 수 있듯이 '의친' 개념에 따른 종성 왕친과 외척에 대한 특별 대우는 주로 범죄에 대한 형률 적용과 관련하여 이루어졌다. 그 점은 그 개념이 본디 형률상의 개념이기 때문에 당연한 것이다. [규정 5-1]에서 의친 개념이 포폄(관원들의 근무 성적 평가)에 원용된 것은 본래의 용도를 벗어난 것이지만, 그것도 일종의 징벌과 관계된 것이다.

〈'종친'에 대한 이론적 이해〉

종친 아닌 종성 왕친들에 대한 특별 대우 규정으로서 《경국대전》에 실린 것은 여기까지 본 것 말고는 없다. 그러나 종친에 대한 특별 대우는 [규정 4-1]과 [규정 4-3] 및 [규정 5-1]~[규정 5-4] 규정 말고도 여러 곳에 규정되어 있다. 그 가운데 중요하다고 생각되는 것을 꼽아보면 다음과 같다.

첫째, 종친을 위한 고유한 산계(散階) 체계가 마련되었고, 모든 종친의 아내는 남편의 관직에 따라 봉작(封爵)되었으며, 모든 종친 및 2품 이상 종친의 아내는 읍호(邑號)를 쓰도록 되어 있었다.[39]

---

38) 『대전』, 484~486쪽, <형전> 「추단(推斷)」조, "凡拷訊[……] 取旨乃行 [……○ 功臣議親拷訊啓請時 幷錄功臣議親以啓] 外則報觀察使[……] 本曹開城府觀察使 流以下直斷 各衙門 笞以下直斷[……○ 二品以上 畢推取旨{三品以下 雖功臣議親 照律以啓} ○……○ 議親有服之女 雖出嫁 請罪時 依本服論]".

둘째, 배종(陪從)하는 아전(衙前), 반당(伴倘), 근수(根隨)하는 종(奴)을 붙여주는 데서 종친은 일반 관원에 비해 우대하도록 되어 있었다.[40]

셋째, 시마복 이상 종친의 천첩자녀는 모두 양인으로 삼되 몸값을 치르거나 역(役)을 서는 일이 없도록 되어 있었다.[41]

넷째, 모든 종친에게는 근무일수를 따지지 않고 녹(祿)을 주도록 되어 있었다.[42]

다섯째, [규정 5-4]의 예외로서, 종친만은 (자기) 집안의 종들을 자기 일로 끌어다 물어볼 것이 있는 경우에는 직접 잡아다가 추문(推問)할 수 있도록 되어 있었다.[43]

이와 같이, 종친에게는 일반 관원으로 벼슬을 할 수 없도록 한 반면 여러 가지 특혜를 베풀어주었다. 그런 사실로부터 '종친'이라는 신분 범주 구획이 갖는 규범적 의미를 이끌어낼 수 있을 것이다.

종친 범주 구획의 핵심 요소인 '종친불사(宗親不仕)'의 원칙이나 종친부 설치의 의미에 대한 평가는 기존 학계에서 이미 이루어진 바 있다. 김성준은 "≪경국대전≫에 '종친불임이사(宗親不任以事)'의 원칙을 재현(再現)시킨 것"은 "정치적 불안정이 크게 작용한 것"이며 "왕권 강화 문제와 관련이 있는" 것으로 보았다.[44] 남지대는 종

---

39) 『대전』, 31~34쪽, <이전> 「외명부」조; 같은 책, 35쪽 및 38~40쪽, <이전> 「경관직」조 참고.

40) 『대전』, 144~145쪽, <이전> 「경아전」조 '종친부' 항목 및 372쪽, <병전> 「경아전」조 '종친부' 항목; 같은 책, 379~380쪽, <병전> 「반당」조 주; 같은 책, 519쪽, <형전> 「근수」조 참고.

41) 앞의 [규정 2-4] 참고.

42) 『대전』, 175쪽, <호전> 「녹과(祿科)」조 주 참고.

43) 『대전』, 484~485쪽, <형전> 「추단」조 참고.

44) 김성준, 「종친부고(宗親府考)」, 『사학연구(史學研究)』18(서울: 한국사학회, 1964), 38~39쪽.

친부는 이른바 '예우아문(禮遇衙門)'의 하나로서 왕실의 남계(男系) 외연을 포섭하여 특권적으로 예우함으로써 왕실을 보위하는 정치적 울타리로서의 기능과 왕실을 유지·재생산하는 기능을 수행하였다고 하였다.[45]

거기서 조금 더 나아가 거시적으로 보면 종친의 벼슬길을 막는 대신 특권을 보장한 것은 임금, 왕족, '사족(士族)' 3자 사이의 균형을 이루기 위한 장치였다고 할 수 있다. 종친에게 벼슬길을 열어준 경우를 가정하면, 임금과 종친이 한 편으로 뭉쳐서 사족을 누르고 전제정(專制政)이나 과두정(寡頭政)을 펼 수도 있었을 것이고 종친이 독자 세력을 키워 왕권을 위협할 수도 있었을 것이다. 종친에게 특권을 보장하지 않은 경우를 가정하면, 왕실이 지나치게 약해져서 사족이 전횡했을 가능성이 크다. 종친을 ≪경국대전≫에 따라 대우했기 때문에 왕실은 적당한 위세(威勢)를 유지하면서도 임금의 세력 확장에 한도가 생겨서 임금과 사족 사이에 권력 균형을 이룰 수 있었을 것이다. 특권을 통해 세력을 보전하던 종친이 친진한 다음 벼슬길에 오르면 왕권을 위협하지 않는 친위 세력이 될 수도 있었을 것이다. 그러므로 ≪경국대전≫의 종친에 대한 신분적 규제는 일종의 '권력 분립' 장치였다고 할 수 있다.

'종친' 범주의 특색으로는 완전한 귀속성과 폐쇄성을 띠고 제한적 세습성을 띠었다는 점을 꼽을 수 있다. 성취에 의해 종친이 되는 길은 없었으므로 그 범주는 완전히 귀속적이고 폐쇄적이었다. 그 세습성은 남계(男系)로만 관철되었고 왕자에서 그 증손(曾孫)까지에 한정되었다는 점이 특징적이다.

종친을 포함한 '종성 왕친'이라는 범주는 한 가지 특수한 경로를

---

45) 남지대, 「조선 초기 예우아문의 성립과 정비」, 동양학연구소 편, 『동양학(東洋學)』 제24집(서울: 단국대학교 출판부, 1994), 144쪽 참고.

통해서 확장되는 모습을 보였는데, 바로 [규정 4-2]에 따라 "종성 9
촌……안의 고모·손위누이·손아래누이·조카딸·손녀의 남편"에
게도 돈녕부 관직을 받을 자격이 주어진 것이다. 그들은 종성이 아
니지만 종성을 우대하려는 목적에 따라 특혜를 받았다.

(3) 공신과 원종공신

공신은 임금이 그 목숨을 보전하거나 그 자리를 차지·보전하여
왕조(王朝)를 이어가는 데 특별한 공을 세워서 '공신'으로 책훈(策
勳)된 사람들이다. 넓은 의미의 공신은 정공신(正功臣)과 원종공신
(原從功臣)으로 나뉘었는데, ≪경국대전≫에서는 그냥 '공신'이라고
만 할 경우 정공신만을 가리키면서 원종공신은 반드시 따로 '원종
(공신)'이라고 표시하였다.[46]

공신과 원종공신의 특권은 대개 그 종통(宗統)을 이은 자손에게
무한대로 세습되었던 듯한데,[47] 몸소 처음 정공신에 책훈된 사람을
'친공신(親功臣)'이라고 하고 물려받은 사람을 '공신승습(功臣承襲)'
이라고 하였다. 공신의 승습은 원칙적으로 적장자(嫡長子)가 하고
적자(嫡子)가 없으면 첩자손 승중자(承重者)가 하였다.[48] 정공신의

---

46) 『대전』, 35쪽, <이전> 「경관직」조, 소주(小註) 참고.

47) 『경국대전주해』(서울: 단국대학교 출판부, 1979 영인), 14~15쪽, ≪전집≫
   <이전>에서 "……<호전> 「전택(田宅)」조의 '공신전은 자손에게 물려준다
   (功臣田 傳子孫)'……<병전> 「충의위(忠義衛)」조(「번차도목」조의 '충의
   위' 항목을 가리킴―인용자) 주(註)의 '공신자손을 붙이는데, 첩자손 승
   중자도 또한 붙인다(功臣子孫屬焉 妾子孫承重者 亦屬)', 「충찬위(忠贊衛)」
   조 주의 '원종공신 및 자손을 붙이는데, 첩자손 승중자도 또한 붙인다
   (原從功臣及子孫屬焉 妾子孫承重者 亦屬)'……에서 ('자손'이라는 말은―
   인용자 보충) 곧 자자손손(子子孫孫)을 일컫는다"고 한 점 참고.

48) 공신 지위의 전승(傳承)에 대하여 자세한 것은 정긍식, 「조선 전기 공신

특권 가운데 '봉군(封君)'만은 그 적장자 가운데 품계가 2품 이상에 이른 사람에게 하고 그 작호를 물려받도록(襲號) 하였던 것 같다.[49)]

〈공신〉

'공신'의 신분성과 귀족성을 확인하기 위하여, 여기서도 그 주요 특권들을 ≪경국대전≫의 규정 내용을 통해서 보기로 한다.[50)]

첫째, 친공신은 모두 봉군(종2품 이상)되었던 듯하며, 공신이나 공신승습으로 봉군된 사람은 모두 읍호를 쓰도록 되어 있었다.[51)]

둘째, 공신과 공신승습으로 봉군된 사람에게는 배종 아전을 붙여 주도록 되어 있었고, 봉군 여부를 막론하고 모든 공신에게는 반당 (伴倘)과 구사(丘史; 공노비의 일종)를 붙여주도록 되어 있었다.[52)]

셋째, 앞의 [규정 5-1]~[규정 5-4]에 보이는 바와 같이 공신은 파직과 재임용, 군무 관련 처벌, 일반 형사 절차 따위에서 의친과 마찬가지 대우를 받았다.[53)]

넷째, 공신과 공신적장으로서 실직(實職) 당상관을 지내고 작산 (作散)한 사람 가운데 각각 5명씩은 봉조하(奉朝賀)로 제수되어 종

지위의 승계」, 서울대학교 『법학』 제43권 2호[통권 123호](서울: 서울대학교 법학연구소, 2002), 269~285쪽 참고.

49) 『실록』 7집, 177쪽 하단, ≪세조≫ 권6, 3년 2월 갑인(20일)조 참고.

50) 아울러 정긍식, 위의 글, 264~269쪽 참고.

51) 『대전』, 35쪽, <이전> 「경관직」조 본문; 같은 책, 41~44쪽, <이전> 「경관직」조 "정1품 아문" '충훈부(忠勳府)' 항목; 이종일, 『대전회통 연구(권수[卷首]·이전편)』 수정재판(서울: 한국법제연구원, 2000), 238쪽 참고.

52) 『대전』, 146쪽, <이전> 「경아전」조 '충훈부' 항목 및 373쪽, <병전> 「경아전」조 '충훈부' 항목; 같은 책, 379~380쪽, <병전> 「반당」조; 같은 책, 503쪽, <형전> 「공천」조 참고. 구사에 대해서는 아울러 이종일, 『대전회통 연구(형전·공전편)』 재판(서울: 한국법제연구원, 1998), 398쪽 참고.

53) [규정 5-1] 참고. 이른바 '10악'에 대해서는 『명률강해』, 47~48쪽, <명례율> 「십악」조 참고.

신토록 녹(祿)을 받고 조하(朝賀)에 참가할 수 있도록 되어 있었는데, 공신 봉조하는 공신적장 봉조하보다 우대되고 공신적장 봉조하는 범인(凡人) 봉조하보다 우대되었다.[54]

다섯째, 공신이 죽으면 관직의 높고 낮음을 가리지 않고 나라에서 부의(賻儀)를 보내고 조제(弔祭)를 지내주며 예장(禮葬)하도록 되어 있었다(예장하면 부의 없음).[55]

여섯째, 추증(追贈)과 증시(贈諡)에서 친공신은 관직이 낮더라도 정2품에 추증되고 모두 시호를 받을 수 있도록 되어 있었다.[56]

일곱째, 처음으로 공신이 된 사람은 제사 지내는 대수가 다하더라도 사당(家廟)에서 옮기지 않고 따로 한 방을 두어 모시도록 되어 있었다.[57]

여덟째, 공신은 공신전(功臣田)을 받아 무한대로 상속할 수 있도록 되어 있었다.[58]

아홉째, 공신의 아들, 손자, 사위, 아우, 조카에게는 음자제(蔭子弟) 취재(取才)에 응시할 자격이 주어졌다.[59]

열째, 공신의 자손이 군역을 질 경우 그 적장자손은 '공신적장'에, 그 밖의 자손(첩자손 승중자 포함)은 '충의위(忠義衛)'에 소속되

---

54) 『대전』, 99~101쪽, <이전> 「봉조하」조; 『대전통편(大典通編)』 상(서울: 서울대학교 규장각, 1998 영인), 117쪽, <이전> 「봉조하」조 주 "본디 통정대부 이상으로 작산한 사람에게 녹을 주기 위한 관직이었는데, 이제는 치사(致仕)한 뒤에 비로소 봉조하에 붙이며, 정해진 수가 없다.(原爲通政以上作散人付祿之職 今則致仕後始付奉朝賀 無定數)" 참고.

55) 앞의 [규정 4-3] 참고.

56) 『대전』, 165쪽, <이전> 「추증」조 및 「증시(贈諡)」조 참고.

57) 『대전』, 282쪽, <예전> 「봉사(奉祀)」조 주 참고.

58) 『대전』, 196쪽, <호전> 「전택(田宅)」조; 『경국대전주해』(서울: 단국대학교 출판부, 1979 영인), 23쪽, ≪전집≫ <호전>, "처음으로 공신이 된 사람은 가묘(家廟)에서 옮기지 않으므로 그 토지는 영구히 자손에게 전한다(始爲功臣者 不遷於家廟 故其田永傳子孫)." 참고. 다만, 천첩자손이 승중할 경우에는 제전(祭田) 30몫(結)만 남기고 나머지는 속공(屬公)하도록 되어 있었다(「전택」조 주 참고).

59) 『대전』, 154~155쪽, <이전> 「취재」조 '음자제' 항목 참고.

어 여느 군사들보다 유리한 여건에서 입역하도록 되어 있었다.[60]

열한째, 친공신의 천첩자녀는 모두 양인으로 삼는데 몸값을 치르거나 역(役)을 서는 일이 없도록 되어 있었다.[61]

위의 특권들은 모두 공신의 신분성과 귀족성을 나타내지만, 그 가운데 특히 첫째의 읍호, 셋째의 의친에 상당하는 대우, 여덟째 이하의 자손에 대한 특별 대우 등이 그 귀족성을 매우 뚜렷이 보여준다. 일곱째의 특권은 이른바 '불천위(不遷位)'라는 것으로 공신에게만 특유한 대우이며 그 자손들에게 특권이 물려지는 근거가 된다.

공신 범주의 제도적 성격을 보면 매우 독특한 점들이 눈에 띈다. 공신이 될 기회는 임금 범주에 들지 않은 모든 사람에게 열려 있었으며(천인 포함), 그런 점에서 공신 범주는 완전히 성취적이고 개방적이었다. 그런데 일단 공신이 된 사람들의 특권은 강한 세습성을 띠었다. 특히 '공신적장'은 친공신에 버금가는 특권을 대수(代數) 제한 없이 누릴 수 있었다.

〈원종공신〉

'원종공신'도 공신과 마찬가지로 신분 범주임은 틀림없으며 몇몇 특권을 누렸다는 점에서 귀족이라고 하지 않을 수 없다. 그러나 ≪경국대전≫에서는 그들에 대해서 몇 군데에서 간단히 언급하였을 뿐인데, 그 관계 규정의 내용은 다음과 같다.[62]

---

60) 『대전』, 407~413쪽, <병전> 「번차도목」조 '공신적장' 항목 및 '충의위' 항목 참고.

61) 앞의 [규정 2-4] 참고.

62) 아울러 『실록』 8집, 594쪽 상단~하단, ≪성종≫ 권11, 2년 8월 을축(25일)조, "이조(吏曹)에 지(旨)를 전하여 말하기를 '원종공신 1등은 각각 한 자급(資級)을 더하고, 아들과 손자가 승음(承蔭)하게 하며, 유사(宥赦)가 후세(後世)에까지 미치도록 하고, 그 부모를 봉작(封爵)하라. 2등은 각각

첫째, 원종공신을 대우하기 위한 관청으로서 종2품 아문으로 '충익부(忠翊府)'를 두었다.[63]

둘째, 내시부(內侍府)의 환관(宦官)들은 임금의 특지(特旨)가 있을 경우에만 3품 이상의 벼슬에 오를 수 있었는데, 원종공신인 환관은 통훈대부(通訓大夫, 정3품 당하관)까지는 문·무관에 대한 일반 원칙에 따라 특지 없이 제수될 수 있었다.[64]

셋째, 원종공신의 아들과 손자에게는 음자제(蔭子弟) 취재(取才)에 응시할 자격이 주어졌다.[65]

넷째, 원종공신과 그 후손들이 군역을 질 경우에는 '충찬위(忠贊衛)'에 소속되어 입역하도록 되어 있었다(첩자손 승중자 포함).[66]

한 자급을 더하고, 아들과 손자가 승음하게 하며, 유사가 후세에까지 미치도록 하고, 아울러 아들과 손자 가운데 스스로 바라는 바에 따라 산관(散官) 한 자급을 더하되 아들이나 손자가 없는 경우에는 형·아우·사위·조카 가운데 스스로 바라는 바에 따라 산관 한 자급을 더하라. 3등은 각각 한 자급을 더하고 아들과 손자가 승음하게 하며, 유사가 후세에까지 미치도록 하라. 각 등급에서 통훈대부(通訓大夫) 이상이면 아들·손자·형·아우·처남·조카·사위 가운데 한 사람에게 스스로 바라는 바에 따라 산관 한 자급을 더하고, 죽은 사람이면 각각 본디 등급에 따라 시행하되 각각 한 자급을 추증(追贈)하며, 죄를 지은 산직(散職)된 사람이면 모두 본디 품계에 서용(敍用)하고, 상(喪) 중에 있거나 까닭 없이 산직된 사람이면 각각 한 자급을 더하여 서용하며, 영구히 서용하지 않도록 한 사람이면 벼슬길을 열어주고, 직첩(職牒)을 거두어들인 사람이면 모두 돌려주며, 첩의 아들이면 품계에 제한을 두지 말고, 공·사 천인이면 모두 천인을 면하라.'고 하였다.(傳旨吏曹曰 原從功臣一等 各加一資 子孫承蔭 宥及後世 父母封爵 二等 各加一資 子孫承蔭 宥及後世 並子孫中 從自願 加散官一資 其無子孫者 兄弟婿姪中 從自願 加散官一資 三等 各加一資 子孫承蔭 宥及後世 各等通訓以上 則子孫兄弟娚姪女婿中 一人 從自願 加散官一資 物故人 則各依本等施行 各追贈一資 犯罪作散人 則並於本品敍用 在喪及無故作散人 則各加一資敍用 永不敍用人 則許通仕路 職牒收取人 則並還給 妾子 則勿限品 公私賤 則並免賤)" 참고.

63) 『대전』, 52~54쪽, <이전>「경관직」조 "종2품 아문' '충익부' 항목 참고.

64) 『대전』, 101쪽, <이전>「내시부」조 주 및 소주(小註) 참고.

65) 『대전』, 154~155쪽, <이전>「취재」조 '음자제' 항목 참고.

다섯째, 원종공신의 천인 아내나 첩에서 난 아들로서 승중(承重)한 사람이 양인이 되기 위하여 보충대에서 입역할 경우 가계(加階)에 필요한 근무일수를 반(半)으로 덜어주었다.[67]

위에서 볼 수 있듯이 원종공신의 특권은 공신의 특권에 비해 매우 적었다. 그러나 이러한 특권들은 일반 백성들이 처한 여건에 비추어 볼 때 원종공신의 귀족성을 뚜렷하게 드러내는 것이다.

(4) 왕녀와 의빈 및 이성(異姓) 왕친

〈왕녀와 의빈〉

왕녀는 글자 그대로 임금의 딸이며, 의빈은 그 남편이다. 세자의 딸과 그 남편도 큰 탈이 없으면 끝내 같은 범주에 들게 된다. 그들의 신분성과 귀족성에 대해서는 의심할 바 없다.

≪경국대전≫에서 그들의 특권에 대해 규정한 주요 내용은 다음과 같다.

첫째, 임금의 적녀(嫡女)는 공주(公主; 무품[無品]), 그 서녀(庶女)는 옹주(翁主; 무품), 왕세자의 적녀는 군주(君主; 정2품), 왕세자의 서녀는 현주(縣主; 정3품)으로 봉작하도록 하였다.[68]
둘째, 의빈을 위해서는 독립된 산계(散階) 체계를 마련하였고, 공주의 남편은 종1품 위(尉), 옹주의 남편은 종2품 위, 군주의 남편은 정3품 당상 부위(副尉), 현주의 남편은 종3품 첨위(僉尉)로 각각 처음 제수하여 정1품 위(尉)까지 올리도록 하였다.[69]

---

66) 『대전』, 413~415쪽, <병전> 「번차도목」조 '충찬위' 항목 참고.
67) 『대전』, 426쪽, <병전> 「번차도목」조 '보충대' 항목 참고.
68) 『대전』, 31~32쪽, <이전> 「외명부」조 '왕녀' 항목 및 '왕세자녀' 항목 참고.

셋째, 군주와 현주 및 모든 의빈은 읍호를 쓰도록 하였으며,[70] 공주와 옹주에게는 따로 작호(爵號)를 지어주었던 듯하다.

넷째, 왕녀(공주·옹주)와 당상관(정3품 상계[上階] 이상)인 의빈에게는 배종 아전을 붙여주도록 하였다.[71]

다섯째, 왕녀·왕세자녀나 의빈이 죽으면 그 지위에 따라 나라에서 부의(賻儀)를 보내고 조제(弔祭)를 지내주거나 예장(禮葬)하도록 하였다.[72]

여섯째, 반당을 붙여주는 데서(품반당), 위(정1품~종2품)와 부위는 죽은 뒤 3년이 지나더라도 그 아내(왕녀나 왕세자녀)가 살아있으면 그대로 두도록 하였고, 공주·옹주에게는 그 남편이 죽어도 남편의 관직에 따라 녹봉을 주도록 하였다.[73]

위와 같이 왕녀·왕세자녀 또는 의빈에게는 종친에 버금가는 특권이 주어졌다. '왕녀'·'왕세자녀'는 귀속적인 범주인 데 비해, '의빈'은 성취적인 범주이다. '왕녀', '왕세자녀', '의빈' 모두 한 세대에 그치는 징표이므로 세습성은 문제되지 않는다. '의빈'과 관련하여 폐쇄성이 문제되는데, 임금이나 왕세자의 사위가 될 수 있는 사람들의 범위는 사실상 어느 정도 한정되었을 것이나 규범적인 면에서 그 폐쇄의 기제나 테두리를 확인하기는 어렵다.

69) 『대전』, 38~40쪽, <이전> 「경관직」조 본문; 같은 책, 41~44쪽, <이전> 「경관직」조 "정1품 아문" '의빈부(儀賓府)' 항목 참고. 의빈에게 일반 관원과 다른 산계를 쓴 것은 의빈도 종친과 마찬가지로 조정의 직사관으로 벼슬을 할 수 없다는 점을 전제했기 때문일 것이다.

70) 『대전』, 31쪽, <이전> 「외명부」조 주; 같은 책, 35쪽, <이전> 「경관직」조 참고.

71) 『대전』, 146~147쪽, <이전> 「경아전」조 '의빈부' 항목 및 372·374쪽, <병전> 「경아전」조 '종친부'·'의빈부' 항목 참고.

72) 앞의 [규정 4-3] 참고.

73) 『대전』, 379~380쪽, <병전> 「반당」조 주; 같은 책, 175쪽, <호전> 「녹과(祿科)」조 주 참고.

〈이성 왕친〉

왕녀 및 왕세자녀와 의빈은 그 사이에서 핏줄을 통하여 또 하나의 귀족 범주를 파생시킨다. 그 사이의 소생들은 임금이나 왕세자의 외손자녀로서 의빈의 성(姓)을 이어받은 이성(異姓) 왕친이 된다. 외손자녀는 시마친이며 아울러 외손부(外孫婦)도 시마친으로서, 여기까지가 여계(女系) 유복친(有服親)이다.[74] 그런데 ≪경국대전≫에서 특별히 대우하도록 규정한 임금과 왕세자의 여계 친족, 곧 이성 왕친의 범위는 종성 왕친과 마찬가지로 유복친의 범위를 넘어선다.

먼저, 앞의 [규정 4-3]과 [규정 4-4]에서는 이성 유복친, 곧 시마 이상의 친족 및 그 아내가 죽으면 부의를 보내고 조제를 지내주며 군역을 질 경우에는 족친위에 붙여 입역시키도록 하였다.

다음으로, 앞의 [규정 4-2]에서는 이성 6촌 이상 친족 남자와 그 범위 안의 여자의 남편에게 돈녕부 관원이 될 자격을 주었다.

마지막으로, <병전> 「번차도목」조 '충순위(忠順衛)' 항목에서는 유복친 아닌 이성 6촌 이상 친족 남자를 충순위에 붙이도록 하였다.[75]

그 밖에 ≪경국대전≫에서 여계 왕친에 대해 따로 규정한 바는 없다.

(5) 외척

외척은 '임금' 범주에 든 여자들, 곧 대왕대비, 왕대비, 대비, 왕비, 세자빈, 세손빈 따위의 친정 피붙이 및 그들과 혼인 관계로 맺

---

74) 『대전』, 261～262쪽, <예전> 「오복」조 참고.

75) 『대전』, 413쪽, 주 참고. 거기에 나오는 "異姓緦麻外六寸以上親"이라는 글귀의 뜻에 대해 논란이 있을 수 있는데, "(임금과) 성이 다른 시마복을 벗어난 6촌 이상(이내)의 친족"이라고 보는 것이 옳다(6촌 이내의 무복친). 시마복 이상의 친족(유복친)은 이미 족친위에 붙이도록 하였으며 ≪경국대전≫에서는 '외6촌'이라는 식의 표현은 쓰지 않았기 때문이다.

어진 사람들이다. 그들이 ≪경국대전≫ 체제에서 특별한 대우를 받았다는 점은 이제까지 다른 계열의 귀족들에 대한 논의를 해 오는 과정에서 적잖이 엿볼 수 있었을 것이다. '귀족'이라고 할 만한 외척의 범위와 그들이 누린 특권의 내용을 확인하기 위하여, ≪경국대전≫의 주요 관련 규정 내용을 앞에서 간접적으로 나온 것까지 아울러서 보기로 한다.

첫째, 왕비의 부모는 정1품으로 봉작·봉군하고 읍호를 쓰도록 하였다.76)

셋째, 왕비의 부모가 죽으면 예장(禮葬)하도록 하고, 선후·왕비의 부모의 무덤에는 친진(親盡)하기 전에는 수묘군(守墓軍) 2명씩을 붙여 지켜주도록 하였다.77)

둘째, 왕비·선후(先后)의 동성 8촌, 이성 5촌 이상의 친족 남자와 세자빈의 동성 6촌, 이성 3촌 이상의 친족 남자 및 그 범위 안에 드는 여자의 남편에게 돈녕부 관원이 될 자격을 주었다.78)

넷째, 왕비·선후의 시마 이상 친족 남자와 세자빈의 기친(期親) 남자가 군역을 질 경우에는 앞에서 본 종성·이성 왕친과 함께 족친위에 붙여 입역시키도록 하였다.79)

다섯째, 왕비·선후의 유복친 아닌 5촌 이상 친족 남자가 군역을 질 경우에는 앞에서 본 이성 왕친 및 일정한 범위 안의 관원(官員) 경력자 따위와 함께 충순위에 붙여 입역시키도록 하였다.80)

───────────────

76) 『대전』, 31~32쪽, <이전>「외명부」조 주 및 '왕비모(王妃母)' 항목; 같은 책, 41쪽, <이전>「경관직」조 참고.
77) 앞의 [규정 4-3] 및 『대전』, 476쪽, <병전>「잡류(雜類)」조 주 참고.
78) 앞의 [규정 4-2] 참고.
79) 앞의 [규정 4-4] 참고.
80) 『대전』, 413쪽, <병전>「번차도목」조 '충순위' 항목, 주 참고. 거기에 나오는 "王妃緦麻外五寸以上親"이라는 글귀의 뜻에 대해 논란이 있을 수 있는데, "왕비의 시마복을 벗어난 5촌 이상(이내)의 친족"이라고 하는 것이 옳다(5촌 이내의 무복친).

여섯째, <u>임금과 선왕(先王)의 외성(外姓; 어머니의 성) 및 왕비의</u> 동성 시마 이상 친족으로서 농지(田)가 15맺(結) 이하인 사람은 원칙적으로 복호(復戶)하도록 하였다.[81]

일곱째, <u>임금의 외성 소공복(小功服) 이상 친족의 천첩자녀는 모두 양인으로 삼되 몸값을 치르거나 역(役)을 서는 일이 없도록 하였다.</u>[82]

'외척'은 '임금'에서 '처친(妻親)'이나 '외친(外親)' 계열을 따라 파생된 귀족 범주로서, 그에 속하는 사람들은 위와 같이 경우에 따라 다른 범위에서 특권을 누렸다. 그 범주의 성격은 거시적으로 임금이나 세자와 혼인 관계를 맺는 면에서는 성취적이라고 보아야 마땅하고 미시적으로는 왕비나 세자빈과 친족 관계로 맺어지는 면에서는 귀속적이라고 볼 수도 있다. 그 징표가 귀속성을 띠는 한에서 그 범주는 세습적·폐쇄적이었다고 볼 수 있다.

3) '귀족' 범주 구획의 의미

앞에서 '귀족' 범주 구획이 가능하다는 데 대한 근거를 제시한 다음 이제까지 그 각 부류·계열별 범위와 그 신분성·귀족성 및 세습성·귀속성·폐쇄성 따위의 특색을 살펴보았다. 그 결과 앞서 귀족 범주 구획의 가능성을 제시하면서 들었던 여러 가지 공통점들이 구체적으로 어떻게 공유되었는지가 드러났으며, 아울러 각 부류들 사이의 차이도 자연스레 드러났다. 여기서는 여러 계열의 귀족 부류들이 대체로 공유하는 중요한 특성들을 되짚어봄으로써 귀족 범

---

81) 앞의 [규정 4-5] 참고.
82) 앞의 [규정 2-4] 참고.

주를 따로 구획하는 것이 어떤 의미를 갖는지를 밝히기로 한다.

귀족 범주를 하나로 묶어주는 가장 포괄적인 공통점은 뭐니뭐니 해도 임금과의 '사사로운' 관계이다. 그 점, 앞에서 임금의 신분적 영향력을 살피면서 이미 지적한 바 있다. 공신과 원종공신 및 그 겨레붙이들을 뺀 나머지 귀족들이 임금과 혈연이나 혼인 따위로 사사로운 관계를 맺고 있었던 사람들이라는 데 대해서는 의문이 없을 것이다. 임금과 공신과의 관계에 대해서는 이 책에서 줄곧 '의리'라는 표현을 써 왔는데, 그것이 사사로운 것이라는 점은 중국의 작제(爵制)에서 유공자(有功者)가 갖는 성격에서 엿볼 수 있다. 이성규에 따르면 "사작(賜爵)의 기준은 친(親)과 공(功), 따라서 그 대상은 종실(宗室)과 유공자에 국한되었으며, 여자는 원칙상 제외되었다"고 하는데, 그는 중국의 작제가 황제의 사사로움(私)을 보증한 것이라고 하였다.[83]

귀족들에 대한 특별 대우 가운데 가장 특이한 것은 종친과 그 아내, 봉군(封君)된 공신, 왕녀(王女)와 의빈(儀賓), 왕비의 부모의 벼슬 이름에 '읍호'를 쓰도록 한 점이다. 다른 실질적 특권들은 대신(大臣)이나 당상관(堂上官) 따위의 일반 고위 관원들에게도 비슷하게 주어진 경우가 많으나, 읍호라는 형식적 특권만은 귀족들에게 한정해서 주어졌다. 그것은 본디 '봉건적' 통치 제도에서 관할 지역을 가리켰는데, ≪경국대전≫ 체제에서는 허울만 남았다. 읍호라는 것이 비록 허울에 지나지 않지만, 그래도 거기에는 봉건적 관념이 스며있다고 여기지 않을 수 없다.

귀족을 대우하기 위한 여러 제도들 가운데 또 한 가지 특징적인 것은 일반 관원들을 위한 것과는 다른 종친과 의빈을 위한 독립된

---

83) 이성규, 「중국 고대 황제권의 성격」, 동양사학회 편, 『동아사상(東亞史上)의 왕권』(서울: 한울, 1993), 20~41쪽, 인용문은 28쪽.

산계(散階) 체계이다. 그것이 의미하는 바는 아마도 종친과 의빈에게는 직사(職事)를 맡기지 않는다는 점일 것이다. 이미 보았듯이 '종친불사(宗親不仕)'는 간접적 형태로 ≪경국대전≫에 명시되었다. 의빈의 벼슬살이에 대해서는 따로 규정된 바 없고 실제로 의빈을 시위(侍衛) 무관(武官)을 비롯한 직사관에 임명한 경우도 있었지만, 독립된 산계 체계를 마련한 규범적 취지는 그들에게 직사를 맡기지 않는다는 것이라고 여기지 않을 수 없다. 그렇게 본다면 종친과 의빈은 귀하게 대접받았지만 원칙적으로 권력을 행사할 수 없었던, 일종의 '거세(去勢)'된 귀족이라고 할 수 있을 것이다. 그들의 거세를 일종의 '권력 분립'으로 볼 수 있음은 앞에서 이미 짚어둔 바 있다.

　이와 같은 귀족의 핵심적 특징들을 참작하면, 귀족 범주를 따로 구획하는 것은 곧 첫째로 임금의 '사사로움'이 신분 제도에 미친 영향 범위를 확인하고, 둘째로 신분 제도에 남은 '봉건제'의 잔영(殘影)을 확인하며, 셋째로 신분 제도에 맞물린 권력의 작동 기제를 엿볼 수 있는 통로를 마련함을 뜻한다고 할 수 있다.

3. 관인(官人)과 사족(士族)

1) '관인'의 징표와 범위 및 그 신분성

〈관인의 징표로서의 산계(散階)〉

　'관인'이라는 말은 당시 사람들도 썼는데, 대개 정규적인 '관직'을 가진 사람이라는 뜻이었다.[84] 그러나 그런 뜻을 뚜렷이 나타내려면

'관원(官員)'이라고 하는 것이 더 낫고, 실제로도 그 말이 더 자주 쓰였다. 그런데 어떤 사람이 관원이라는 사실은 별다른 신분적 의미를 갖지 않는다. 그것은 한 때의 지위일 뿐 어떤 사람에게 고착된 규범적 속성을 나타내는 것이 아니기 때문이다. 그러므로 관직과 관련된 규범 현상에서 신분적 요소를 끌어내려면 논리적으로 조금 더 거슬러 올라가야 한다.

관직 자체가 신분적 의미를 띠지 않았다고 해서 거기에 관련된 신분적 요소가 전혀 없지는 않았다. 앞에서 지적했듯이 당시의 관제(官制)에 따르면 논리적으로 관직에 앞서 산계(散階)를 주도록 되어 있었는데,[85] 그것이 바로 관직을 받을 수 있는 자격을 나타내는 신분 징표였다.[86] 이 책에서는 그 점에 주목하여 대체로 산계를 보

---

84) 대표적으로 『실록』 2집, 291쪽 하단, ≪세종≫ 권2, 즉위년 12월 임진(17일)조, 허조(許稠)의 말 "향학(鄉學)에 교수관(教授官)이 없는 곳에는 이미 관찰사로 하여금 학장(學長)을 정하여 가르치게 하였으나, 학장은 이미 관인이 아니고 또한 봉급이 없어서 양식을 싸서 가져다가 근무하므로 수자리 서는 일처럼 꺼립니다.(鄉學無教授官處 已令觀察使定學長教之 然學長旣非官人 又無俸廩 賚粮趨仕 憚若戍役)" 참고.

85) 『대전』, 34쪽, <이전> 「경관직」조에서 "무릇 직함(職銜)에는 먼저 계(階), 다음에 사(司, 관청), 그 다음에 직(職)을 쓴다(凡職銜 先階次司次職)"고 한 데서 그 점을 엿볼 수 있다. 高明士(가오밍스), 「당대(唐代)의 문(文)과 무(武)」, 조선시대사학회 편, 『동양 삼국의 왕권과 관료제』(서울: 국학자료원, 1999), 324~330쪽에 따르면 당나라 때에 완비된 중국의 관제는 "계(階)·관(官, 직[職]이라고도 함)·훈(勳)·작(爵)"으로 이루어졌다고 한다. 그러나 ≪경국대전≫에 담긴 관제에서는 '계'만 뚜렷이 드러나며, '관'과 '작'은 구별되기는 하나 둘 사이의 경계가 모호하고, '훈'은 거의 드러나지 않는다.

86) 이성무, 『조선 초기 양반 연구』(서울: 일조각, 1980), 116~120쪽; 이성무, 『조선 양반사회 연구』(서울: 일조각, 1995), 49쪽; 『한국사』 23(과천: 국사편찬위원회, 1994), 120쪽(한충희 집필 부분) 참고. 高明士(가오밍스), 위의 글, 327~328쪽에서는 "당조(唐朝)의 산관(散官)을 품계(品階)·산위(散位)·본품(本品)이라고도 불렀다. 무릇 무임(無任) 직사관(職事官)이고

유한 사람들, 곧 원칙적으로 관직을 받을 자격을 가진 사람들을 '관인'이라는 이름 아래 하나의 신분 범주로 다루기로 하겠다.

산계는 관직의 전제 조건이었을 뿐만 아니라 실질적으로 '작(爵)'의 성격을 띠는 귀족들의 벼슬에도 전제되는 것이었으며, 관직에서 물러난 사람들도 산계만은 원칙적으로 종신 가지도록 되어 있었다.[87] 또한 단지 헛된 이름에 지나지 않는 '영직(影職)'을 주는 데서도 논리적으로 그에 앞서 산계를 주었다. 심지어 군사(軍士)나 아전(衙前) 따위로 신역을 지는 사람들에게도 산계를 주도록 규정하였다(오직 반당[伴倘]은 제외).[88] 다만, 여자들에게는 산계를 주지 않은 채 실제 직사(職事)가 있거나 없는 여러 벼슬들을 주었다(내·외 명부).

이와 같이, 산계는 모든 남자들이 정식으로 '관(官)'에 접근하거나 관직을 맡으려 할 때에 반드시 기본적으로 갖추어야 하는 그 무엇이었다. 곧, 적어도 남자들에게는 산계가 '벼슬'의 최소 기본 요소였다.

또한, 산계는 한 사람에게 하나만 주어졌다. 관직은 겸할 수 있었던 데 비해 산계는 겸할 수 없었다는 점은 후자가 그것을 가진 사람의 인신적(人身的) 정체성(正體性)을 대표하는 것이었음을 뜻한다.

〈산계의 종류와 관인의 계열〉

≪경국대전≫에 규정된 산계 체계는 모두 여덟 가지로서, 종친계(宗親階), 의빈계(儀賓階), 문산계(文散階), 무산계(武散階), 동반(東班)

오로지 산위만을 가지고 있는 자를 산관이라 불렀다. 산위는 임관(任官)될 수 있는 자격만을 말하고, 직사관이야말로 실질적인 직무와 직책을 가지고 있었다."고 하였다.

87) 이성무, 『조선 초기 양반 연구』, 116~120쪽 참고.

88) 『대전』, 404~431쪽, <병전> 「번차도목」조 참고. 거기서 '반당'을 뺀 까닭은 아마도 그들을 '관인'이나 '공인(公人)'이 아닌 '사인(私人)'으로 여겼기 때문일 것이다.

토관계(土官階), 서반(西班) 토관계, 동반 잡직계(雜職階), 서반 잡직계
가 마련되어 있었다.89)

　각 산계 체계마다 규정된 벼슬 등급의 범위가 달랐는데, 그에 따
라 각 계열별로 원칙적으로 받을 수 있는 관작(官爵)의 범위도 달랐
다.90) 종친계는 위로 정1품부터 아래로 정6품까지(맨 위의 왕자들은
무계[無階]), 의빈계는 정1품부터 정3품까지, 문산계와 무산계는 정1
품부터 종9품까지, 동·서반 토관계는 정5품부터 종9품까지, 동·서
반 잡직계는 정6품에서 종9품까지의 벼슬들로 이루어져 있다.

　이렇게 등급 범위를 기준으로 보면, 여덟 가지 산계 체계를 다시
종친·의빈의 '귀족계(貴族階)', 문·무 '유품계(流品階)', 동·서 '토
관계', 동·서 '잡직계'의 네 가지로 나눌 수 있다. 신분의 계층적·
위계적(位階的) 성격에 주목하면, 신분 문제를 따지기 위해서 굳이
동반·서반의 계열을 나눌 필요는 없다. 이 책에서는 일단 그 가운
데 귀족계를 제외한 유품계, 토관계, 잡직계의 보유 여부를 관인인
지 아닌지를 판별하는 잣대로 삼기로 하겠다.91)

---

89) 『대전』, 38~41쪽, <이전> 「경관직」조; 같은 책, 340~341쪽, <병전> 「경
　관직」조; 같은 책, 136~137쪽, <이전> 「토관직」조; 같은 책, 368~369쪽,
　<병전> 「토관직」조; 같은 책, 104~105쪽, <이전> 「잡직」조; 같은 책,
　350쪽, <병전> 「잡직」조 참고. 《경국대전》에서는 각 산계 체계의 이름
　을 붙이지 않았고 《대전회통》에서는 종친계·의빈계·문산계를 '동반
　관계(東班官階)'로, 무산계를 '서반관계(西班官階)'로 표시하였으나, 동반
　관계를 세분해서 파악하기 위해 종친계·의빈계·문산계·무산계라는
　이름을 관행에 따라 붙였다.
90) 원칙적으로 산계(사람의 등급)와 직질(職秩, 관작의 등급)을 맞추도록 되
　어 있었으나, 문·무 유품관(流品官)은 이른바 '행수법(行守法)'에 따라 그
　원칙에 크게 얽매이지 않았다. 『대전』, 34~35쪽, <이전> 「경관직」조 참고.
91) 귀족계를 받도록 되어 있는 종친과 의빈을 '관인'으로 다루어도 큰 탈은
　없을 것이다. 그러나 그렇게 하면 '귀족' 범주 구획의 의미가 크게 줄어
　든다.

그에 맞추어, 관인의 세부 계열도 '유품관(流品官)', '토관', '잡직인(雜職人)'으로 나누기로 한다. 다만, 유품계를 받도록 되어 있었던 사람들 가운데 내시부(內侍府)의 관직을 맡은 '환관(宦官)'들만은 따로 떼어서 독립된 계열로 다루기로 하겠다. 그들은 문산계를 받기는 하였으나 여느 유품관과는 매우 다른 대우를 받았기 때문이다.

앞에서 본 귀족 범주에 드는 사람들이 귀족계가 아닌 일반 산계를 받은 경우에도 관인 범주에 넣는 것이 마땅하다. 그런 사람들은 이중적 신분을 띠었다고 보면 되기 때문이다. 귀족에게 주어지는 대우와 관인에게 주어지는 대우는 성질이 다른 것이므로 귀족 범주와 관인 범주는 겹칠 수 있으며, 후궁·대전유모·종친·왕녀·의빈이 아닌 귀족들의 경우에 아울러 쉽게 관인 범주에 들어갈 수 있었다는 점이 오히려 귀족으로서의 특권 가운데 하나였다.

〈관인의 범위와 신분성〉

'관인'을 신분 범주로 다루면서 산계를 그 징표로 삼을 경우에 이론적으로 몇 가지 문제가 생긴다.

첫째, 위에서 짚어두었듯이 여자들은 다른 방식으로 다루어야 한다. 그 가운데 외명부(外命婦)들은 직사가 없는 '작(爵)'을 받게 되어 있었으므로, 그들을 굳이 관인 범주에 넣을 필요는 없다. 내명부 가운데 후궁들도 오로지 귀족으로만 다루는 것이 마땅하다. 그 나머지, 문제가 되는 것은 오로지 후궁이 아닌 내명부들, 곧 이른바 '궁관(宮官)'들이다. 그들은 산계만 없었다 뿐이지 명실상부한 직사관(職事官)이었으며 원칙적으로 평생 궁궐 안에서 벼슬살이를 하도록 되어 있었다. 그러므로 다른 이유를 들지 않고 바로 그 사실에 주목하여 '궁관'은 관인 범주에 넣어서 따로 한 계열로 다루기로 한다.

둘째, 군사나 아전 따위로 신역을 지면서 받는 산계는 그 동안에

체아직(遞兒職)을 받거나 거관(去官)한 다음 실직(實職; 잡직[雜職] 포함)·영직(影職)을 받는 데서만 근거 자격으로 작용하였으므로 꼭 신분 징표가 아닐 수 있다. 군사나 아전 따위는 신역을 지는 동안에 산계를 받도록 되어 있었지만, 아무런 특전이 따르지 않는 낮은 자급(資級)을 받은 채 거관해버리면 그 산계는 한 때의 지위에 그칠 뿐 종신 고착되는 신분 징표로서의 의미를 갖지 못한다. 그러므로 군사들의 산계는 거관 제도의 적용을 받지 않는 직업군인에게 주어진 것, 거관 후 실직(잡직 포함)을 받도록 되어 있는 사람들에게 주어진 것, 입역(立役)이나 직사(職事) 없이도 산계(散階) 그 자체에 부가적 특전이 따르는 높은 것 따위만 관인의 신분 징표로 다루어 마땅하다. 그런 점 여기서 강조해 두고 나중에 각 관인 계열별 구체적 논의에서는 따로 언급하지 않겠다.

셋째, 노인직(老人職)을 받은 사람 가운데 당상관에게는 "승음(承蔭)과 예우"가 따랐지만 당하관에게는 아무런 특전이 따르지 않았으므로,[92] 본디 산계가 없다가 노인직만으로 비로소 산계를 받게 된 사람들도 관인에서 빼는 것이 마땅하다.

넷째, 비록 산계를 받지는 못하였으나 거기에 매우 가까이 접근한 사람들이 있었는데, 그들도 관인 범주에 넣어서 다루는 것이 여러 모로 마땅하다. 과거(科擧) 출신(出身), 생원(生員)·진사(進士), 유음자손(有蔭子孫; 넓게는 서[壻]·제[弟]·질[姪] 포함) 따위를 두고 하는 말이다. 그들은 여러 계열의 산계 체계 가운데서도 유품계에 매우 가까이 다가서 있었으며, 당시의 제도상 그들에게는 실제

---

92) 『한국사』 23(과천: 국사편찬위원회, 1994), 110쪽(한충희 집필 부분) 참고. 거기서는 "당하관 이하는 면역의 특전에 그쳤다"고 하였지만, 노인직을 받은 사람들 스스로는 이미 입역 연한을 지났으며 그 자손에 대한 면역 사유는 부모의 나이이지 노인직이 아니므로, 결국 노인직 당하관에게는 아무런 부가적 특전이 없었다.

직사를 맡은 관인들에 버금가는 대우를 해주는 여러 가지 장치가
마련되어 있었다. 그러므로 그들은 '유품관'의 주변부 관인으로 보
아 아울러 논의하기로 한다.

이와 같은 약간의 예외를 빼면 산계는 관인의 징표로 삼기에 모
자람이 없다.

어떤 사람이 산계를 가졌다거나 과거 출신, 생원·진사, 유음자
손, 또는 궁관이라는 사실은 일단 한 번 확정되면 원칙적으로 그가
죽을 때까지 바뀌지 않았다. 특정한 죄를 지으면 산계를 빼앗는 제
도가 있었으나(고신[告身] 추탈[追奪]), 한 등급도 남김없이 완전히
몰수당하지 않는 한 관직을 받을 자격은 유지하였다. 산계를 가진
사람이나 궁관 및 과거 출신, 생원·진사, 유음자손 등이 관직과 동
떨어진 다른 생활 영역에서도 특별한 대우를 받았다는 점에 대해서
는 두말할 나위가 없다. 그러므로 관인 범주의 테두리를 위와 같이
그으면 그 신분성을 인정하지 않을 수 없게 된다.

관인 범주의 특색에 대해 잠깐 언급하자면, 그것은 귀속성·세습
성·폐쇄성을 거의 띠지 않은 범주이다. 그 점과 관련된 신분 변동
따위의 구체적 사항은 아래에서 계열별로 보기로 한다.

2) 관인에 대한 계열별 규제

(1) 궁인(宮人)과 궁관(宮官)

궁인(宮人)은 흔히 '궁녀(宮女)'나 '내인(內人; '나인'이라고도 함)'
으로 알려진 사람들로서, 당시에도 그렇게 일컫기도 하였으나 ≪조
선왕조실록≫에는 '궁인'이라는 말이 더 많이 나오며, ≪경국대전≫

에는 세 가지 이름 가운데 어느 것도 나오지 않는다. 그렇지만 ≪경국대전≫에는 실질적으로 궁인에 대해 규정한 곳이 두 군데 있는데, 바로 <이전> 「내명부」조와 <형전> 「금제(禁制)」조이다.

「내명부」조에서는 궁중 여관(女官)들의 품계(品階)와 직함(職銜)을 규정하였는데, 그 가운데 앞에서 본 내관(內官; 후궁)을 뺀 나머지가 궁관(宮官)으로서 궁인들에게 주어진 것이다.[93] 거기에 규정된 궁관직은 왕궁(선왕궁을 포함한 듯함)에 정5품 상궁(尙宮)·상의(尙儀)에서부터 종9품 주변치(奏變徵)·주치(奏徵)·주우(奏羽)·주변궁(奏變宮)까지 27자리, 세자궁에 종6품 수규(守閨)·수칙(守則)에서부터 종9품 장장(掌藏)·장식(掌食)·장의(掌醫)까지 9자리, 모두 36자리인데,[94] 내관과 마찬가지로 각 자리의 정원(定員)이 표시되어 있지 않다.

「금제」조에서는 "조관(朝官; 일반 직사관[職事官])이 (대궐에서) 놓아 내보낸 시녀(侍女)나 무수리(水賜)를 맞아들인(娶) 경우"에 장(杖) 100대를 치도록 규정하였다.[95] 여기에 나오는 '시녀'와 '무수리'의 정체는 뚜렷이 밝혀지지 않았으나, 대개 시녀는 일반 궁녀로 파악되고 무수리는 청소 따위를 맡은 여종으로 파악된다.[96] 그러므로

---

93) 『실록』 3집, 119쪽 하단, ≪세종≫ 권39, 10년 3월 경인(8일)조 및 같은 책, 283쪽 상단~하단, ≪세종≫ 권50, 12년 윤12월 임자(16일)조; 이영숙, 「조선 초기 내명부에 대하여」, 『역사학보』 제96집(서울: 역사학회, 1982), 91~93쪽 및 95~96쪽 참고.

94) 『대전』, 30~31쪽 참고.

95) 『대전』, 495쪽, "……朝官娶放出侍女水賜者……並杖一百". 『실록』 11집, 174쪽 상단, ≪성종≫ 권199, 18년 1월 병오(5일)조에 따르면 그 조목 앞에 "종친 및(宗親及)"이라는 글귀를 덧붙여서 시행하도록 하였다. 그 기사에서는 '시녀' 대신 '궁녀(宮女)'라는 표현을 썼으므로, 시녀가 곧 궁녀임을 알 수 있다.

96) 『실록』 1집, 616쪽 상단, ≪태종≫ 권22, 11년 윤12월 무오(2일)조; 이영숙, 위의 글, 110쪽; 김용숙, 『조선조 궁중풍속 연구』(서울: 일지사, 1987), 14쪽; 한국정신문화연구원 역사연구실 편, 『역주 경국대전(주석편)』 재

무수리는 궁관 직책을 맡을 수 있는 궁인 범주에 들지 않았다고 보는 것이 옳을 듯하다.

여기서 따져보아야 할 핵심적인 문제는 궁인과 궁관의 신분적 성격 및 둘 사이의 관계이다. 조선 초기에 대하여 그것을 뚜렷이 밝힐 수 있는 근거 자료는 충분하지 않으나, 기존 학계의 연구 성과를 참고하여 정리해보겠다.

이영숙에 따르면 "예종(睿宗) 이전에도, 이후에도 시녀의 신분이나 선출 방법이 제도화되지 못하였음을 알 수 있는데" "예종 이후 궁녀는 각사(各司)의 관비(官婢)로서 뽑도록 상례화(常例化)되었던 것 같다"고 한다.97) 그러나 그런 상례는 왕왕 지켜지지 않아서 양가(良家)의 딸도 계속해서 궁인으로 들어갔음이 밝혀졌다.98)

궁인이 궁궐에 들어가는 나이는 조선 초기에 대해서는 밝혀지지 않았으며, 조선 말기에는 대개 네댓 살에서 열 다섯 살 사이였다고 한다.99) "궁녀들은 일단 한 번 입궁(入宮)하면 종신제(終身制)라고 할 수 있다"고 하는데,100) 예외적으로 궁궐 밖으로 내보낸 경우도 있었다. 조선 초기에는 가뭄이 들어 음양(陰陽)의 조화를 회복하기 위하여 내보낸 경우, 병이 들어서 내보낸 경우, 일하기 어려울 정도로 나이가 많아서 내보낸 경우 따위가 있었고, 조선 후기에는 모시

판(서울: 조은문화사, 1995), 184쪽; 이종일, 『대전회통 연구(형전·공전편)』재판(서울: 한국법제연구원, 1998), 97쪽, 주 302 참고.

97) 이영숙, 「조선 초기 내명부에 대하여」, 『역사학보』제96집(서울: 역사학회, 1982), 111쪽.

98) 같은 글, 111~112쪽; 김용숙, 『조선조 궁중풍속 연구』(서울: 일지사, 1987), 33쪽; 이영화, 『조선시대 조선사람들』(서울: 가람기획, 1998), 55쪽 참고.

99) 김용숙, 위의 책, 35쪽 참고. 이영화, 위의 책, 56쪽에서는 "궁녀는 대체로 10살 정도에 궁궐에 들어왔다"고 하였다.

100) 김용숙, 위의 책, 45쪽; 이영화, 위의 책, 57쪽. 이영숙, 위의 글, 113쪽 이하의 서술도 그 점을 전제하고 있는 듯하다.

고 있던 어른이 승하(昇遐)하였을 때에도 내보냈다고 한다.[101] 일단 궁궐에 들어갔던 궁인은 밖으로 풀려나더라도 혼인을 할 수 없었고 또 다른 사람들과 접촉하거나 궁중의 비밀을 누설해서는 안 되었다.[102] ≪경국대전≫ <형전> 「금제」조의 규정은 바로 예외적으로 풀려난 궁인의 혼인 금지를 전제한 것이다.

궁인들이 궁궐에 들어가서 겪게 되는 지위 변화도 조선 초기에 대해서는 뚜렷이 밝혀지지 않았다. 조선 후기에 대해 밝혀진 바를 보면, 원칙적으로 궁궐에 들어가서 처음 15년 동안 '생각시'·'아기 내인(內人)'·'견습여관(見習女官)' 따위로 불리면서 일을 익힌 다음 관례(冠禮)를 올렸는데, 그 관례는 임금을 신랑으로 의제한 결혼식이었으며, 관례를 올리고 나면 '내인'·'항아(姮娥)님'으로 불리면서 15년 동안 시녀 노릇을 한 뒤에야 비로소 '상궁(尙宮; 구체적 직함이 아니고 궁인들의 등급을 나누어 일컫는 이름임―인용자)'·'마마님'으로 승급하였다고 한다.[103] 일반 '내인'과 이른바 '상궁'의 경계에 대하여 기존 학계에서는 법전상의 구체적 직함으로 따져서 밝혀 놓지 않았으나, 아마도 정7품 전빈(典賓; 왕궁)·장찬(掌饌; 세자궁)과 종6품 상기(尙記; 왕궁)·수칙(守則; 세자궁) 사이였을 것 같다. 왕궁 여관의 직함을 기준으로 보면 그 위로만 '상(尙)'자를 썼으며 남자 관원들의 경우에도 6품과 7품 사이가 이른바 '참상(參上)'·'참내(參內)'와 '참하(參下)'·'참외(參外)'를 가르는 경계였기 때문이다.

궁인의 전체 수는 정해져 있지 않았다. 성종 원년(1470)의 경우

---

101) 이영숙, 「조선 초기 내명부에 대하여」, 『역사학보』 제96집(서울: 역사학회, 1982), 113~114쪽; 김용숙, 『조선조 궁중풍속 연구』(서울: 일지사, 1987), 45~46쪽; 이영화, 『조선시대 조선사람들』(서울: 가람기획, 1998), 57쪽 참고.

102) 이영숙, 위의 글, 114~116쪽; 김용숙, 위의 책, 45~46쪽 참고.

103) 같은 책, 19~24쪽 및 37~44쪽; 이영화, 위의 책, 56~59쪽 참고.

'시녀(侍女)'라는 이름을 띤 사람들이 대왕대비전 10명, 왕대비전 9명, 대전(大殿) 20명으로 모두 39명으로 나타나는데(무수리 따위까지 더하면 모두 105명), 아직 내전(內殿), 세자궁, 세자빈궁 따위가 없어서 예외적으로 적었던 경우이다.[104] 기존 학계에서는 조선 중기부터 후기까지의 궁녀 수를 대개 4백~7백 명이나 5백~6백 명쯤 되었던 것으로 파악하고 있다.[105] 그런데 그것이 흔히 '시녀'라는 이름으로 나타나는 정규 궁인만을 말하는 것인지 그 밖에 무수리 따위까지 모두 더한 것인지 분명하지 않다.

만약 정규 궁인의 수가 그 정도였다면 그 가운데 일부만이 궁관 벼슬을 받았다고 볼 수밖에 없다. 그런데 성종 원년의 대전 '시녀' 수 20명은 지금 전하는 ≪경국대전≫(성종 16년, 1485)에 앞서 세종 10년(1428)에 정한 왕궁의 '궁관' 수 20명과 꼭 들어맞는다.[106] 그러므로 적어도 ≪경국대전≫의 궁관 규정은 모든 정규 궁인(시녀)에게 궁관 벼슬을 준다는 점을 전제하였으리라고 생각된다. 거기서 각 직함별 정원을 표시하지 않은 까닭은 아마도 내전, 대비전, 왕대비전 따위의 존폐에 대비했기 때문인 듯하다. 세종 때에 정한 왕궁의 궁관 제도에서 각 자리에 한 명씩을 두도록 하였는데, 그 점을 참작하면 원칙적으로 각 궁전마다 ≪경국대전≫에 규정된 직함을 띤 궁관들을 한 명씩 두었으리라고 추측된다.

---

104) 『실록』 8집, 463쪽 상단, ≪성종≫ 권3, 원년 2월 을묘(6일)조; 이영숙, 「조선 초기 내명부에 대하여」,『역사학보』제96집(서울: 역사학회, 1982), 113쪽 <표 8> 및 그에 대한 설명 참고.

105) 같은 글, 113쪽 주 155; 김용숙, 『조선조 궁중풍속 연구』(서울: 일지사, 1987), 25~28쪽; 이영화, 『조선시대 조선사람들』(서울: 가람기획, 1998), 55쪽 참고.

106) 『실록』 3집, 119쪽 하단, ≪세종≫ 권39, 10년 3월 경인(8일)조; 이영숙, 위의 글, 90쪽 <표 3> 및 그에 대한 설명 참고.

성종 원년의 궁인 수가 나오는 바로 그 기사를 보면 시녀에게 뿐만 아니라 무수리 이하 잡역을 맡은 여자들에게까지도 의전(衣纏; 옷과 띠)·선반(宣飯; 근무 중의 끼니)·삭료(朔料; 월급)를 주도록 하였는데, 거기서 궁인의 직함이 헛된 명목이 아니었음을 알 수 있다. 그리고 ≪세종실록≫ 25년 7월 경신(7일)조의 기사를 보면 궁녀의 직첩(職牒) 제도가 고신(告身)에서 관교(官敎)로 바뀌었음을 알 수 있다.[107]

여기까지 정리한 바를 되짚어보면 '궁인'이 신분 징표라는 점과 그 징표를 띤 사람들을 관인(官人) 범주에 넣는 것이 마땅함을 확인할 수 있다. 이른바 '생각시'로 궁궐에 들어간 사람들은 원칙적으로 평생 궁인 노릇을 해야 했으며, 정식으로 시녀(궁녀)가 된 사람들은 적어도 ≪경국대전≫ 체제에서는 원칙적으로 모두 궁관이었던 듯하다. 결국 생각시 시기를 벗어난 정규 궁인 범주와 궁관 범주는 일치하였던 것 같다. 생각시 시기의 궁인들도 '견습여관'으로서 관인이라고 보아야 마땅하다.

궁인이나 궁관 범주의 특색으로는 귀속성·세습성·폐쇄성을 전혀 띠지 않았다는 점을 들 수 있다.

---

107) 『실록』 4집, 490쪽 하단(≪세종≫ 권101), 임금의 말 "5품 이하는 모두 대간(臺諫)으로 하여금 그 고신에 서경(署經)하도록 한 것은 사람됨이 어진지 아닌지와 세계(世系)를 따지게 하려는 것이다. 궁녀 같으면 의논할 만한 것이 없기 때문에 이미 고신의 법을 폐지하고 모두 관교를 준다.(五品以下悉令臺諫署經告身者 欲使之論人賢否世系也 若宮女 則無有可議者 故已罷告身之法 皆給官敎)" 참고. 관교는 임금의 명의로 직접 내리며 서경을 거치지 않았다.

(2) 유품관과 그 외연

'유품관(流品官)'이라는 말은 당시에도 대개 환관을 뺀 문산계·무산계 보유자 모두를 통틀어 가리켰는데,[108] 이 책에서도 그런 뜻으로 한정해서 쓰기로 한다. ≪경국대전≫에는 그 말이 나오지 않지만, 실질적으로 그들을 규제한 조문은 매우 많다. 또한 학계에서도 이른바 '양반(兩班)'이나 '사족(士族)'이라는 명목 아래 그들에 대해 연구한 성과를 많이 축적해 놓았다.[109] 그러므로 여기서 ≪경국대전≫의 관련 조문들을 모두 언급하기는 어려울 뿐만 아니라 그럴 필요도 없다. 이 책에서는 다만 이론적으로 '신분'과 관계되는 중요한 사항만 정리해보기로 하겠다.

〈법전의 규정 내용〉

≪경국대전≫에 나오는 말 가운데 실질적으로 유품관을 뜻할 때가 있는 것은 '문무관(文武官)'이다. '문관'·'무관'이라는 말이 따로 쓰인 경우에, 가장 좁게는 각각 문과(文科) 출신 관원과 무과(武科)

---

108) 『실록』1집, 25쪽 상단, ≪태조≫ 권1, 원년 7월 정미(28일)조, '문·무 백관의 제도(文武百官之制)'에 나오는 "문무 유품 말고 따로 내시부를 두어 환관의 관직으로 삼고, 액정서(掖庭署)를 두어 내수(內竪)의 관직으로 삼고, 전악서(典樂署)·아악서(雅樂署)를 두어 악공(樂工)의 관직으로 삼게 하니, 모두 그 산관(散官)·직사(職事)의 이름을 다르게 하여 유품에 섞이지 않도록 한 것이다.(文文武流品之外 別置內侍府 爲宦官職 掖庭署 爲內竪職 典樂署雅樂署 爲樂工職 皆別其散官職事之號 不使雜於 流品)"는 말; 같은 책, 25쪽 하단, ≪태조≫ 권1, 원년 8월 신해(2일)조에 나오는 '입관보리법(入官補吏法)' 참고.

109) 이성무의 『조선 초기 양반 연구』(서울: 일조각, 1980); 『조선 양반사회 연구』(서울: 일조각, 1995); 『한국 과거제도사』(서울: 민음사, 1997)가 가장 대표적이다. 『한국사』25(과천: 국사편찬위원회, 1994), 55~110쪽의 '양반'에 대한 서술 부분도 이성무가 집필하였다.

출신 관원을 가리켰고,110) 그보다 조금 더 넓게는 '잡학'이나 '잡업'이 아닌 유학(儒學)이나 무예(武藝) 종사자로서 과거(科擧)나 음로(蔭路)를 통해 관료가 된 사람들을 가리켰으며,111) 가장 넓게는 각각 문산계 보유자 모두와 무산계 보유자 모두를 가리켰다.112) 따로 쓰인 경우에 대개 어떤 뜻인지를 보면, 적어도 ≪경국대전≫에서는 넓은 뜻인 경우보다 좁은 뜻인 경우가 오히려 많다.113) 그런데 문관

110) 이종일, 『대전회통 연구(권수[卷首]·이전편)』 수정재판(서울: 한국법제연구원, 2000), 138쪽 주 54 참고. 거기에 따르면 과거 출신자 이외의 관료들은 모두 '음관(蔭官)'이라고 하며 생원·진사도 출신자는 아니므로 그들이 관원이 되면 음관인데 음관에는 문음(門蔭)·습음(襲蔭)·공음(功蔭)·천음(薦蔭) 따위 여러 종류가 있었다.

111) 당시에는 대개 '학(學)'은 곧 '업(業)'으로 파악되었다.

112) 꼭 그런 뜻으로 쓰인 예를 『대전』, 46~47쪽, <이전> 「경관직」조 "정2품 아문" '육조(六曹)' 항목, 주의 "이조 문선사(文選司)는 종친·문관·잡직·증직(贈職)의 제수(除授)·고신(告身)·녹패(祿牌)……를 맡고……고공사(考功司)는 문관의 공과(功過)·근만(勤慢)·휴가(休假)……를 맡으며……병조 무선사(武選司)는 무관·군사(軍士)·잡직의 제수·고신·녹패·부과(附過; 잘못을 기록함)·급가(給假; 말미를 줌)……를 맡는다(吏曹 文選司 掌宗親文官雜職贈職除授告身祿牌……考功司 掌文官功過勤慢休假……兵曹 武選司 武官軍士雜職除授告身祿牌附過給假……)"는 글귀에서 볼 수 있다(밑줄은 인용자가 그음).

113) '무관'보다는 '문관'이 가리키는 바가 특히 문제이다. ≪경국대전≫에는 '문관'이라는 말이 스무 번 남짓 나오는데, 열 군데 넘는 곳에서 거의 틀림없이 좁은 뜻으로 쓰였다. 곧, 『대전』, 42~81쪽, <이전> 「경관직」조의 "정1품 아문" '의정부' 항목 주, "정2품 아문" '육조(六曹)' 항목 소주(小註), "정3품 아문" '사간원'·'경연(經筵)'·'홍문관'·'예문관'·'성균관'·'춘추관'·'승문원'·'봉상시(奉常寺)' 항목 각각의 주, "종3품 아문" '세자시강원' 항목 주에 공통적으로 "모두 문관을 쓴다(並用文官)"는 표현이 나오는데, 원칙적으로 '무관'이 맡을 수 없는 '동반(東班)' 관직과 관련하여 특별히 쓰인 '문관'이라는 말은 널리 '문산계 보유자'를 가리키는 것일 수가 없다. 특히 같은 책, 96쪽, <이전> 「경관직」조 "종6품 아문" '혜민서(惠民署)' 항목에서는 "의학교수 2명" 가운데 "하나는 문관이 겸한다"고 규정하였는데("醫學教授 二員[一 文官

과 무관을 아울러 표현한 '문무관'이라는 말은 주로 넓은 뜻으로, 곧 유품관을 가리켜 쓰였다. ≪경국대전≫에는 그 말이 스무 번 가까이 나오는데, 유품관에 대한 일반적인 규제가 대개 어떻게 이루어졌는지를 보기 위하여, 그 예들 가운데 유품관에 대한 실질적 규제를 담은 규정들을 살펴보기로 한다(밑줄은 인용자가 그음).

[규정 6-1] (외명부의 벼슬)
"지아비의 관직에 따라 벼슬(爵)을 봉(封)한다[서얼 및 거듭 시집간 경우에는 봉하지 않으며, 고쳐 시집간 경우에는 좇아 빼앗는다. ○……]."114)

[규정 6-2] (봉사 대수 규제)
"문무관 6품 이상은 3대(代)를 제사지내고, 7품 이하는 2대를 제사지내며, 서인(庶人)은 다만 아버지와 어머니를 제사지낸다."115)

[규정 6-3] (무덤의 넓이)
"무덤에는 한계를 정하여 경작과 목축을 금지한다[종친이면 1품은 사방 각 100보(步)……6품은 50보로 한정하고, 문무관이면 차례대로 10보씩 줄이되 7품 이하 및 생원·진사·유음자제는 6품과 같이 하며, 여자는 남편의 관직에 따른다.]."116)

[규정 6-4] (살림집의 크기)
"살림집은 대군(大君) 60간, 왕자군(王子君)·공주 50간, 옹주 및

___

兼]"), 거기서 '문관'은 같은 문산계 보유자인 '의관(醫官)'과 구별되는 좁은 뜻의 문관일 수밖에 없다.
114) 『대전』, 31쪽, <이전> 「외명부」조, "封爵從夫職[庶孽及再嫁者勿封 改嫁者追奪 ○……]".
115) 『대전』, 282쪽, <예전> 「봉사(奉祀)」조, "文武官六品以上 祭三代 七品以下 祭二代 庶人 則只祭考妣".
116) 앞에 나온 [규정 4-3]의 한 부분임.

종친·문무관 2품 이상 40간, 3품 이하 30간, 서인(庶人) 10간으로 한다."117)

[규정 6-5] (형사 절차)

  "장죄(杖罪) 이상은 가두는데, 문무관 및 내시부, 사족(士族) 여자, 중은 임금에게 아뢰어 가두되[……] 죽을 죄를 지은 경우에는 먼저 가두고 뒤에 아뢴다."118)

[규정 6-6] (형사 절차)

  "무릇 고신(拷訊)[……]은 임금의 명령(旨)을 받아서 행하되[서인(庶人) 및 도둑질을 한 경우에는 그렇지 않다. ○……] 지방이면 관찰사에게 보고하며[……○ 문무관, 내시부, 사족 여자, 중에 대해서는 관찰사가 (임금에게) 아뢰며…….], 형조·개성부(開城府)·관찰사는 유(流) 이하를 직접 처단하고 각 관청에서는 태(笞) 이하를 직접 처단한다[……○ 사죄(私罪) 장(杖) 60대를 지은 경우에는 (임금에게) 아뢰어 고신(告身) 1등급을 좇아 빼앗고{……}, 70대에는 2등급을, 80대에는 3등급을, 90대에는 4등급을, 100대에는 모조리 좇아 빼앗아 이조(吏曹)·병조(兵曹)로 보낸다{……}. ○……○ 문무관 및 내시부·유음자손·생원·진사는 십악(十惡), 간음, 도둑질, 법 밖의(非法) 살인, 왕법수장(枉法受贓)을 저지른 경우 말고는 태(笞)와 장(杖)은 모두 죄값(贖)을 거두며, 공죄(公罪) 도(徒)와 사죄(私罪) 장(杖) 100대 이상은 장을 친다. ○……]."119)

---

117) 『대전』, 545~546쪽, <공전> 「잡령」조, "家舍 大君 六十間 王子君公主 五十間 翁主及宗親文武官二品以上 四十間 三品以下 三十間 庶人 十間".

118) 앞에 나온 [규정 1-12]의 한 부분임. 이 규정(≪경국대전≫ <형전> 「수금」조)은 ≪대명률≫ <명례율> 「직관유범(職官有犯)」조에 대한 '특별법'으로서의 성격을 띤다. 『명률강해』, 50~51쪽 참고.

119) 『대전』, 484~486쪽, <형전> 「추단」조, "凡拷訊[……] 取旨乃行[庶人及犯盜者 否 ○……] 外則報觀察使[……○ 文武官內侍府士族婦女僧人 觀察使啓聞……] 本曹開城府觀察使 流以下直斷 各衙門 笞以下直斷[…… ○ 犯私罪杖六十者 啓聞追奪告身一等{……} 七十 二等 八十 三等 九十 四等 一百 盡行追奪 送吏兵曹{……} ○……○ 文武官及內侍府有蔭子孫

[규정 6-7] (자기 여종과의 소생의 신분)

　"대 · 소 원인(員人)[문무관, 생원, 진사, 녹사(錄事), 유음자손 및 적실 아들과 손자가 없는 경우에 첩의 아들과 손자로서 승중(承重)한 사람]이 공 · 사 여종을 맞아들여 아내나 첩으로 삼은 경우의 아들과 딸은 그 아버지가 장예원에 신고하고 사실을 조사하여 장부에 기록하고[……] 병조에 공문을 보내어 보충대에 소속시키는데, 나이가 16살이 차도 신고하지 않는 경우나 신고서를 낸 다음 3년이 지나고서도 입안을 받지 않는 경우나 장부에 오른 뒤에도 입역하지 않는 경우에는 다른 사람이 신고하는 것을 허용하여 천인으로 되돌린다[……]."120)

　위의 법조문들을 보면, '문무관'이라는 이름으로 뭉뚱그려 어떤 사항을 규율할 때에는 대개 그들과 '서인(庶人)'을 차별해서 대우하면서 그들 사이에서는 품계에 따라 차등을 두도록 하였다는 점이 먼저 눈에 띈다. '서인'은 귀족이나 관인이 아닌 여느 인민, 곧 산계나 관직을 갖지 않은 보통 사람들을 가리킨다. 그렇다면 '문무관'은 문산계나 무산계를 보유한 사람들뿐만 아니라 토관계나 잡직계를 보유한 사람들까지 아울러서 널리 '서인'이 아닌 모든 사람들을 통틀어 가리킨 말이 아닌가?

　그렇지는 않다고 생각된다. ≪경국대전≫ 편찬을 조금 앞둔 때의 기록에 '문무관'과 '토관'이나 '잡직'을 구별한 예가 있는 것으로 보아,121) 위에 나오는 '문무관'은 유품관을 한정해서 가리키는 것으로

　　生員進士 犯十惡奸盜非法殺人枉法受贓外 笞杖並收贖 公罪徒私罪杖一百
　　以上 決杖 ○……]"(앞에 나온 [규정 1-13] 및 [규정 5-4]와 겹침). 이
　　규정은 ≪대명률≫ <명례율> 「문무관범공죄(文武官犯公罪)」조 · 「문무
　　관범사죄(文武官犯私罪)」조에 대한 '특별법'으로서의 성격을 띤다. 『명
　　률강해』, 52～53쪽 참고.
120) 앞에 나온 [규정 2-5]의 한 부분임.
121) 토관과 구별한 예는 『실록』 6집, 508쪽 하단, ≪단종≫ 권1, 즉위년 6

여겨진다. 그렇다면 일반적인 사회적 등급상 '문무관'과 '서인' 사이에 놓인 '환관', '토관', '궁관', '잡직인' 따위에 대한 규제는 위의 규정들에서 빠졌을 뿐이다. 위의 규정들은 그런 면에서 엄밀히 따지자면 이른바 '궐전(闕典; 입법의 흠결)'인 것이다.

위의 규정들이 대개 그런 면에서 궐전이라는 사실에서도 미루어 생각해볼 점이 있다. 먼저, 거기서 당시 사람들이 유품관과 서인의 차이를 얼마나 중요하게 여겼는지를 엿볼 수 있을 것이다. 다음으로, 유품관과 서인의 차별에 대한 규정이 유품관과 환관·토관·궁관·잡직인 사이, 또는 그들과 서인 사이의 차별에 대한 준거(準據) 구실을 하였을 것이라는 점을 짐작할 수 있다. 또한, 유품관들 사이의 등급에 따른 차등은 여러 관인 계열들 사이의 차등 및 각 계열 안에서의 차등에 대한 준거 구실을 하였을 것이라는 점도 짐작할 수 있다.

〈유품관의 규범적 속성〉

위의 법조문들을 하나씩 살펴보면 유품관과 서인이 대개 어떤 면에서 다르게 여겨졌는지를 알 수 있다. 이론적으로 보자면, 그들 사이의 규범적 속성의 차이를 엿볼 수 있는 것이다. 유품관과 서인 사이의 가장 큰 차이는 말할 나위 없이 '관인'인지 여부, 곧 관직을 맡을 자격 유무이다. 위의 규정들에 나타난 유품관과 서인의 차등은 관직에 따른 직무와 직접 관련되지 않는 '그 밖의 다른 생활 영역'에서 인정되었던 관인과 서인 사이의 차등을 대표한다.

위의 규정들을 통해서 보면 제사지내는 조상의 범위([규정 6-2]), 무덤의 넓이([규정 6-3]), 살림집의 크기([규정 6-4]), 죄를 지었을 때

월 임술(1일)조, 사간원에서 아뢴 말; 잡직과 구별한 예는 『실록』 10집, 406쪽 하단, ≪성종≫ 권148, 13년 11월 갑진(10일)조, 경연(經筵)에서 오간 말 참고.

의 수금(囚禁) 절차([규정 6-5]), 고신(拷訊) 절차와 죄를 지었을 때의 처벌 내용([규정 6-6]), 천인과의 사이에 둔 소생의 신분 결정([규정 6-7]) 따위에서 일반적으로 관인과 서인, 특히 '유품관'과 서인이다르게 여겨졌고 때로는 유품관들 사이에서도 품계에 따라 차등이 있었음을 알 수 있다. [규정 6-1]은 관직과 밀접하게 관련된 규정이다.

위의 규정들에 나오지 않은 유품관과 서인 사이의 중요한 차이가하나 있는데, 바로 군역을 서는 조건의 차이이다. 일정한 범위의 이성(異姓) 왕친(王親)과 외척(外戚)에게 '충순위(忠順衛)'에 속할 자격이 주어졌음은 앞에서 이미 보았는데, "동반(東班) 6품이상과 서반(西班) 4품 이상으로 일찍이 실직(實職)을 지낸 현관(顯官), 문과·무과 출신, 생원·진사, 음(蔭)이 있는 아들·손자·사위·아우·조카"에게도 마찬가지로 충순위에 들어가 입역할 자격이 주어졌다.122)

또 하나, 서울에 집 지을 터를 주는 데서 관인들에 대해서는 특별한 계열 구분 없이 품계를 기준으로 삼았는데, 거기서 유음자손은 7품 이하의 관원과 마찬가지로 대우하였고 관원들과 서인 사이에는 차등을 두었다.123)

서인과의 차이 말고, 관인으로서의 '유품관'의 고유한 규범적 속성은 원칙적으로 그들만이 '정직(正職)'을 맡을 수 있었다는 것이다. ≪경국대전≫에는 '유품관'이라는 말 자체가 나오지 않고 그들의 관인으로서의 속성에 대해서도 규정한 바 없다. 그러나 사실상 '유품관'과 '정직'은 서로가 서로를 규정하는 개념들이다. '유품관'만이 '정직'을 맡을 수 있었고 '정직'을 맡을 수 있는 사람이 곧 '유품관'이었다. 또

---

122) 『대전』, 413~414쪽, <병전> 「번차도목」조 '충순위' 항목, 주 "……東班六品以上 西班四品以上 曾經實職顯官 文武科出身 生員 進士 有蔭子孫 壻弟姪 屬焉".

123) 『대전』, 196~197쪽, <호전> 「급조가지(給造家地)」조 참고.

한 경우에 따라서는 바로 위에 나온 '현관(顯官)'이라는 개념이 그 사이에 끼이는 경우가 있어서,124) 그 경우에는 셋이 서로를 규정하는 관계에 있었다. 그러므로 그 뜻을 설명하자면 셋 가운데 하나만 설명하면 되는데, 구체적으로 실체를 띠는 '정직'을 설명하기가 가장 쉽다.

≪경국대전≫에 주어진 실마리는 <이전> 「잡직」조 주(註)에 나오는 단 한 구절, "정직을 줄 때에는 한 품계를 내린다"는 규정뿐이다.125) 그런데 거기서는 '정직'은 '잡직'이 아니라는 것밖에 알 수 없다. '정직'이 적극적으로 뜻하는 바는 <이전> 「경관직」조와 「외관직」조 및 <병전> 「경관직」조와 「외관직」조에 실린,126) 관청(司)과 직과(職窠)와 직사(職事)와 직질(職秩)이 정해진 정규 벼슬이다. 종친계와 의빈계를 바탕으로 주어지는 벼슬도 '정직'임은 말할 나위가 없으나, 그런 자리들은 유품관과는 관계가 없다.

〈유품관의 외연〉

이제까지 유품관에 대해 살펴보는 과정에서 몇몇 부류의 사람들이 그들과 비슷한 대우를 받도록 정해져 있었다는 사실이 드러났다. 정과(正科, 문과·무과) 출신자, 생원과 진사, 녹사, 유음인(有蔭人) 따위를 두고 하는 말이다([규정 6-3], [규정 6-6], [규정 6-7], 충순위 관계 서술 참고).

---

124) 『경국대전주해』(서울: 단국대학교 출판부, 1979 영인), 12쪽, ≪전집≫ <이전>, "이미 6품 이상의 현관(顯官)을 지낸 경우: 현관은 동·서반 정직을 일컫는다.(已行六品以上顯官: 顯官 謂東西班正職也)" 참고.

125) 『대전』, 104쪽, "授正職時 降一階". 잡직계를 근거로 잡직을 맡고 있는 사람이나 단순히 잡직계만 보유하고 산관(散官)이 된(작산, 作散) 사람에게 정직을 줄 때에는 그 근거가 되는 문산계나 무산계도 주되 한 품계 내려서 준다는 뜻이다. 이것이 ≪경국대전≫에서 '정직(正職)'이라는 말이 나오는 유일한 예이다.

126) 『대전』, 37~99쪽·114~135쪽·339~349쪽·350~367쪽 참고.

이미 짚어둔 바대로, 그들은 유품계에 매우 가까이 다가선 사람들이었다. 특히 녹사는 비록 정직이 아닌 아전직(衙前職)에 머물러 있었으나 입사(入仕)에 따른 '가계(加階)' 제도의 적용을 받아 이미 유품계를 받고 있었고, 다만 선무랑(宣務郞; 종6품 하계[下階])에 올라 거관(去官)할 때까지 정직을 맡을 자격을 정지당하고 있을 뿐이었다.127) 문과·무과 출신자들은 본디 산계가 없던 경우에도 그 급제 과차(科次)에 따라 처음부터 종6품(장원[壯元])에서부터 정9품(병과[丙科])에 이르는 문산계·무산계를 각각 받도록 되어 있었다.128) 생원과 진사는 각각 생원시(生員試)와 진사시(進士試)에 입격(入格)한 사람들로서, 성균관(成均館)에 들어가서 유리한 조건에서 문과 준비를 할 수 있는 자격을 얻은 사람들이었다.129) 유음인(有蔭人)들은 본디 공신이나 높은 관원의 피붙이나 사위로서, 오경(五經) 가운

---

127) 『대전』, 144쪽, <이전> 「경아전」조 참고. 다만, 실제로 관직을 맡기 위해서는 거관한 다음 수령(守令) 취재(取才)에 입격해야 했고, 그렇지 못하면 서반(西班) 체아직(遞兒職)의 빈 자리에 갈 수 있었다. 또한 같은 책, 88~89쪽, <이전> 「경관직」조 "종4품 아문" '전연사(典涓司)' 항목에 따르면 아전직에 입사하는 동안에도 전연사의 직장(直長; 종7품) 이하 참봉(參奉; 종9품)까지의 체아직을 맡을 수 있었다. 서반 체아는 잡직이 아닌 정직(正職)인 경우 모두 같은 책, 344~345쪽, <병전> 「경관직」조 "종2품 아문" '오위(五衛)' 항목에 규정된 상호군(上護軍; 정3품 당하관)에서 부사용(副司勇; 종9품)까지의 관직 가운데 어느 것이었는데(그 관직들 가운데는 실직 자리와 체아직 자리가 섞여있다는 뜻임), 이하 서반 체아에 해당하는 경우에 이런 설명을 모두 생략한다.

128) 『대전』, 158쪽, <이전> 「제과(諸科)」조 및 447쪽, <병전> 「무과(武科)」조 참고. 이성무, 『조선 초기 양반 연구』(서울: 일조각, 1980), 67쪽과 이성무, 『조선 양반사회 연구』(서울: 일조각, 1995), 98쪽에서는 ≪경국대전≫ <이전> 「제과」조와 ≪태종≫ 권3, 2년 1월 기축(6일)조의 기사를 참고하여 문과 급제자와 무과 급제자의 응수(應授) 관계(官階)를 서로 다르게 보았으나 잘못이며, ≪경국대전≫ <병전> 「무과」조를 참고하지 않았기 때문인 듯하다.

129) 『대전』, 246~247쪽, <예전> 「생도(生徒)」조 '성균관' 항목, 주 참고.

데 하나와 사서(四書) 가운데 하나를 골라 책을 펴놓고 강(講)하는 시험에 합격하기만 하면 벼슬길에 나아갈 자격을 얻었다.[130]

이러한 점들을 참작하면, 정과 출신자, 생원·진사, 녹사, 유음인 따위는, 그들이 유품관에 비길 만한 대우를 받도록 정해져 있었던 한도 안에서, 유품관의 외연으로서 '관인'으로 다루는 것이 좋을 것이다. 그 징표의 인신적 고착성과 차별 기준으로서의 구실 따위에 대해서는 의심할 바 없다.

유품관 범주 안을 들여다보면, 그들 사이에서는 '입사로(入仕路)'의 '계열' 차이에 따른 신분적 차등이 있었다.[131]

〈입사로의 종류: 유품관 신분 획득 통로〉

먼저 입사로의 종류를 보면, 문산계나 무산계를 받는 길은 크게 과거(科擧), 취재(取才), 천거(薦擧), 입역(立役; 취재나 차정[差定]에 따름), 택차(擇差) 따위로 나눌 수 있다.

과거는 다시 문과(文科), 역과(譯科), 의과(醫科), 음양과(陰陽科), 율과(律科), 무과(武科)로 나뉘고, 그 가운데 역과는 다시 한학(漢學), 몽학(蒙學), 여진학(女眞學), 왜학(倭學)으로, 음양과는 다시 천문학(天

---

130) 『대전』, 155~156쪽, <이전>「취재」조 '음자제(蔭子弟)' 항목 참고. 거기에 나오는 유음인의 범위는 "공신 및 2품 이상의 아들·손자·사위·아우·조카(원종공신이면 아들·손자), 실직(實職) 3품인 사람의 아들·손자, 일찍이 이조·병조·도총부(都摠府)·사헌부·사간원·홍문관·부장(部將)·선전관(宣傳官)을 거친 사람의 아들로서 나이 스물 이상"인 사람이다.

131) 당연히 품계의 높낮이나 입사로의 '종류' 차이에 따른 차등도 있었으나, 그것은 종신 고착되는 '신분적' 차등이 아니다. 여기서 입사로의 '계열'이라고 하는 것은 '문'·'무'·'의(醫)'·'역(譯)' 따위의 구분을 말하며, 그 '종류'라고 하는 것은 과거·취재·천거 따위의 구분을 말한다.

文學), 지리학(地理學), 명과학(命課學)으로 나뉘었다.132) 문과 · 무과를
뺀 나머지를 통틀어 '잡과(雜科)'라고 불렀다. 문과는 '대과(大科)'라
고도 하였다. 그에 대응하여 소과(小科)'로 불린 생원시 · 진사시가
있었는데, 그것도 '과거'이지만 원칙적으로 성균관 입학 시험일 뿐
직접적인 입사로는 아니었다.

과거 출신자에게는 급제 과차에 따라 본디 산계를 가진 경우에는
정해진 품계를 뛰어 올려 주고 본디 관계를 가지지 않은 경우에는
관계를 주도록 되어 있었다. 정과 출신자에게 처음 주어진 품계에
대해서는 위에서 보았다. 역과 출신자에게는 종7품(1등)에서부터 종
9품(3등)까지, 음양과 · 의과 · 율과 출신자에게는 종8품(1등)에서부터
종9품(3등)까지의 문산계를 처음 주도록 되어 있었다.133)

취재에는 여러 가지가 있었다. ≪경국대전≫에는 주로 <이전>「취
재」조와 <예전>「취재」조 및 <병전>「시취」조에 규정되어 있고,134)
그 밖에 각 아문(衙門)에 대한 규정에도 관련 내용이 보인다. 각 아
문과 관련해서 규정된 것을 빼고 기본적인 내용을 설명하자면 다음
과 같다.

<이전>「취재」조에 규정된 취재는 수령(守令), 지방 교관(外交官;
향교의 교수[敎授; 종6품]와 훈도[訓導; 종9품]), 역승(驛丞; 종9품) ·
도승(渡丞; 종9품) · 서제(書題), 음자제(蔭子弟),135) 녹사(錄事), 도류
(道流), 서리(書吏) 따위를 뽑는 것으로서, 그 가운데 음자제 취재 말

---

132) 『대전』, 158쪽, <이전>「제과(諸科)」조; 같은 책, 213~228쪽, <예전>「제
　　과」조; 같은 책, 386~395쪽, <병전>「시취(試取)」조; 같은 책, 447쪽,
　　<병전>「무과」조 참고.

133) 『대전』, 158쪽, <이전>「제과(諸科)」조 참고.

134) 『대전』, 154~157쪽, 285~289쪽, 386~404쪽 참고.

135) 이 '음자제'는 유음인 가운데 실제로 산계를 주어 관직을 맡길 사람을
　　　뜻한다.

고는 응시 자격이 규정되어 있지 않다.

<예전> 「취재」조에 규정된 취재는 세 가지이다. 첫째는 유생(儒學)·화학(畫學)·도학(道學)을 뺀 여러 생도(生徒)[136] 및 종친부·의정부·충훈부·도총부(都摠府)·육조(六曹)의 의원(醫員)[137] 가운데에서 관직(대개 체아직)을 맡길 사람을 뽑는 것이다. 둘째는 화원(畫員), 도류(道流), 악생(樂生)·악공(樂工) 가운데에서 관직(대개 체아직)을 맡길 사람을 뽑는 것이다. 셋째는 내의원(內醫院) 관원 가운데에서 관직을 올리고 내려줄 사람을 가리거나 새로 내의원 관원으로 쓸 사람을 뽑는 것이다. 각 취재에 대한 응시 자격은 명시되지 않았으나, 모두 해당 생도나 본업인(本業人)에 한정되었다.

<병전> 「시취」조에 규정된 취재는 크게 네 가지로 나눌 수 있다. 그 하나는 '도시(都試)'인데, 군사(軍士)나 동·서반 종3품 이하의 산계 보유자 및 한량인(閑良人; 입역하지 않고 관직도 없는 양인) 가운데에서 관직을 맡길 사람을 뽑는 것이다. 또 하나는 내금위(內禁衛), 별시위(別侍衛)·친군위(親軍衛), 갑사(甲士), 선전관(宣傳官), 파적위(破敵衛), 장용위(壯勇衛), 착호갑사(捉虎甲士),[138] 대졸(隊卒)·

---

136) 여러 생도의 계열은 '잡과'의 각 계열에 대응하는 것 및 산학(算學)·화학·도학으로 이루어져 있었다. 그 소속처와 정액에 대해서는 『대전』, 246~250쪽, <예전> 「생도」조 참고.

137) 이 '의원'들은 해당 관청에 속한 (군역 대체) 입역인(立役人)으로서, 『대전』, 415~417쪽, <병전> 「번차도목」조 '의원' 항목에 따르면 의정부와 6조에 3명씩, 종친부·충훈부·도총부에 2명씩, 모두 27명이 있었는데 그들을 위해 체아직 9자리(종8품 7, 종9품 2)가 마련되어 있었으며, 번차(番次)와 거관 제도는 규정되어 있지 않다. 같은 책, 97쪽, <이전> 「경관직」조 "종6품 아문" '활인서(活人署)' 항목에 따르면 그 참봉(종9품) 2자리가 모두 의원들을 위한 체아직이었다. 그리고 같은 책, 298쪽, <예전> 「장권(獎勸)」조에 따르면, 의원 가운데 비록 의학 책을 읽지 못하더라도 부스럼 및 여러 악질(惡疾)을 잘 고쳐서 효험을 가장 많이 본 사람 1명을 세초(歲抄) 때에 아뢰어 관직을 주도록 되어 있었다.

팽배(彭排), 취라치(吹螺赤)·태평소(太平簫) 따위 여러 종류의 군사를 뽑는 것이다. 다른 하나는 서반 정직(正職) 실직(實職)인 도총부당하관(都摠府堂下官)·부장(部將)이나[139] 동반 잡직인(雜職人)인 마의(馬醫)를 뽑거나 서반 외관직(外官職)인 첨절제사(僉節制使; 종3품)·만호(萬戶; 종4품)로[140] 가기를 바라는 예비 인원의 무예를 시험하여 그 적격자를 가려내는 것이다. 나머지 마지막 하나는 정병(正兵) 가운데서 그 단위 부대의 지휘자인 여수(旅帥)·대정(隊正)을 뽑거나 정병·수군(水軍) 가운데 당번(當番)이 된 사람들의 무예를 시험하는 것이다. 이 마지막 종류의 취재(시취)는 산계나 관직을 비로소 주거나 올리는 것과 직접 관련이 없다.

천거는 이미 관직을 맡은 관원들이 다른 사람을 추천하는 것인데, 막연히 하는 경우와 일정한 벼슬자리를 놓고 하는 경우로 나눌 수 있다. 전자의 경우에는 3품에서 무직인(無職人)까지가 천거 대상이었으며, 후자의 경우에는 수령(守令)·만호 자리나 관찰사·절도사(節度使) 자리를 놓고 하는 것은 정해진 천거 대상이 없었고 '이임(吏任)'을 놓고 하는 것은 공신자손(功臣子孫)이 천거 대상이었다.[141] 어느 경우이든지 천거된 사람이 이미 취재 시험(시재[試才])

---

138) 착호갑사는 갑사 정액에 포함되는 특수한 갑사이다. 『대전』, 409~413 쪽, <병전> 「번차도목」조 '갑사' 항목 참고.

139) 도총부당하관은 『대전』, 340쪽, <병전> 「경관직」조 "정2품 아문" '오위도총부(五衛都摠府)' 항목에 규정된 종4품 경력(經歷) 4자리와 종5품 도사(都事) 4자리를 가리키며, 부장은 같은 책, 345쪽, 같은 조 "종2품 아문" '오위(五衛)' 항목에 규정된 종6품 부장 25자리를 가리킨다.

140) 『대전』, 351쪽, <병전> 「외관직」조 주에 따르면 첨절제사와 만호는 '무예'를 시험한 사람으로 뽑되 무과출신·겸사복(兼司僕)·내금위는 그 제한 범위에 두지 않도록 되어 있었는데, <병전> 「시취」조 '무예' 항목에 규정된 취재가 바로 그 무예 시험이다.

141) 『대전』, 157쪽, <이전> 「천거」조 참고.

을 거치거나 6품 이상의 현관(顯官; 정직[正職])을 지내지 않았으면 사서(四書) 가운데 하나, 오경(五經) 가운데 하나를 스스로 바라는 바에 따라 시험하여 뽑도록 하였다.[142]

입역(立役)으로 유품계를 받게 된 것은 여러 부류의 아전(衙前) · 잡직인 · 군사들의 경우이며,[143] 택차(擇差)로 유품계를 받는 예는 생원 · 진사가 도호부(都護府)의 '교수(敎授)'로 뽑히게 되어 있었던 데에서 볼 수 있다.[144] 이제까지의 논의에서 다루지 않은 다른 아전과 군사 따위 입역인들은, 그들이 받을 산계가 한 때의 지위를 나타낼 뿐 계속해서 어떤 의미를 가지지 않았으므로, 신분 범주상 '관인'에 넣어서 다루기에 마땅하지 않다. 그들에 대해서는 '신역'과 관련해서 살피면 될 것이다. 이제까지의 논의에서 다루었던 입역인들 가운데서도 일부 사람들에 대해서만 산계가 신분적 징표 구실을 하였지만, 여기서는 그것을 굳이 가려내지 않기로 한다.

〈유품관의 계열별 차등〉

위에서 설명한 각 종류의 입사로마다 모두 문 · 무 · 역(譯; 다시 한 · 몽 · 여진 · 왜로 나뉨) · 의(醫) · 음양(陰陽; 다시 천문 · 지리 · 명과로 나뉨) · 율(律) · 산(算) · 화(畵) · 도(道) · 악(樂) · 마의(馬醫)의 '계열'이 구분되었다.[145]

---

142) 같은 곳 참고.

143) 잡직은 많은 경우에 입역하는 사람들에게 주도록 되어 있었는데, 잡직인 가운데 마의(馬醫), 도류(道流), 화원(畵員), 악생(樂生)과 양인인 악공(樂工)에게는 유품계(문산계)를 주도록 되어 있었다. 『대전』, 104~114쪽, <이전> 「잡직」조 참고.

144) 『대전』, 116~117쪽, <이전> 「외관직」조 주 참고.

145) '산학(算學)'은 『대전』, 248쪽, <예전> 「생도」조에 규정된 호조의 '산학 생도'와 같은 책, 49~51쪽, <이전> 「경관직」조 "정2품 아문" '육조' 항목에 규정된 호조의 '산원(算員; 일종의 아전임)' 및 산학교수(算學敎

각 계열별로 입사(入仕)할 수 있는 관청이나 관직이 한정되어 있었고 거기에는 일정한 품계(직질[職秩])가 정해져 있었으므로, 같은 유품계(특히 문산계) 보유자들 사이에서도 입사 계열에 따라 오르내릴 수 있는 품계와 자급(資級)의 한도가 달랐다.[146] 그러므로, 서로 다른 계열들 사이의 이동이 자유롭지 못한 한, 유품관들 사이에서 입사 계열의 차이는 신분적 제약으로 작용할 수밖에 없었다. 그에 따라 '유품관' 범주를 여러 입사 계열을 기준으로 삼아 다시 여러 개의 작은 '신분' 범주들로 나눌 수도 있다.

입사 계열이 어떻게 나뉘었는지를 설명하는 것은 사실상 작은 신분 범주들을 구분하는 것이기도 하다. 아래에서는 여러 유품관들이 입사 계열별로 오르내릴 수 있었던 품계·자급의 한도를 살펴보기로 한다.[147]

첫째, '문'·'무' 계열의 유품관들은 원칙적으로 각각 종9품에서 정1품까지의 문산계와 무산계를 제한 없이 받을 수 있었고 원칙적으로 거기에 맞추어 여러 관청의 종9품에서 정1품까지의 직질(職秩)에 해당하는 관직들을 맡을 수 있었다. 그들을 위해 마련된 관직은 서울과 지방의 여러 관청에 흩어져 있었는데, 원칙적으로 다른 계열을 위해 마련된 관직을 빼고는 모두 문·무 계열을 위해 마련된 것이었다. 다만, 본디 '문' 계열의 유품관도 매우 이례적으로 이른바

授, 종6품), 산사(算士; 종7품), 계사(計士; 종8품), 산학훈도(算學訓導; 정9품), 회사(會士; 종9품) 따위로 하나의 계열을 이루었다.

146) '문·무' 계열을 뺀 나머지 계열에 대한 자세한 규제 내용은 이성무, 「조선 초기의 기술관(技術官)과 그 지위」, 『혜암 류홍렬 박사 화갑기념논총』(서울: 탐구당, 1971), 193~229쪽 참고. 거기서는 특히 좁은 의미의 문관·무관(양반, 사족)과 기술관의 신분적 차이를 강조하였다.

147) 이하 그에 대한 설명에서는 전거(典據) 인용을 생략한다. 대개 ≪경국대전≫ <이전> 「경관직」조와 「외관직」조 및 「잡직」조를 참고하였다.

'군함체아(軍銜遞兒; 서반 체아)'에 해당하는 직책을 맡을 경우에는 무산계를 받도록 되어 있었는데, 그나마 좁은 의미의 '문관', 곧 문과(文科) 출신의 유품관에게는 그런 일이 있을 수 없었다. 또 산계와 직질(職秩)을 일치시킨다는 원칙은 이른바 '행수법[行守法]'에 따라 완화되었는데, 문·무 계열의 유품관들에게는 특히 그 완화 정도가 컸다.

둘째, '역(譯)' 계열의 유품관들을 위해 마련된 관직은 사역원(司譯院), 평양부(平壤府), 의주목(義州牧)·황주목(黃州牧), 부산포(釜山浦)·제포(薺浦)에만 있었다. 그 가운데 사역원을 뺀 나머지 지방의 역관직(譯官職)은 모두 종9품의 역학훈도(譯學訓導)나 왜학훈도(倭學訓導)이다. 사역원 관직의 직질은 종9품(참봉[參奉])에서 정3품 당하관(정[正])까지였다. 그러므로 '역' 계열 유품관들의 품계 한도는 원칙적으로 종9품에서 정3품 당하관까지였다고 할 수 있다. 그것을 문산계상의 자급(資級)으로 치면 장사랑(將仕郎)에서 통훈대부(通訓大夫)까지이다. 예외적으로 공(功)을 세우는 경우 역관도 당상관으로 올리는 경우가 있었으나, 법전에 예정된 원칙은 역관은 당하관에 머물러야 한다는 것이었다.

셋째, '의(醫)' 계열의 유품관들을 위해 마련된 관직은 내의원(內醫院), 전의감(典醫監), 혜민서(惠民署), 활인서(活人署) 및 지방의 각도(道), 절도사도(節度使道),[148] 제주목(濟州牧)에 흩어져 있었다. 그 가운데 지방의 관직은 모두 종9품 심약(審藥) 자리였다. 의관(醫官)이 올라갈 수 있는 가장 높은 자리는 내의원과 전의감의 정3품 당

---

148) 절도사도는 절도사(節度使)과 관할하는 일종의 군관구(軍管區)이다. 여기서는 수군절도사도(水軍節度使道)가 아닌 병마절도사도(兵馬節度使道) 가운데 관찰사가 겸하지 않는 병마절도사가 관할하는 관구(管區) 또는 그 관청(병영[兵營])을 가리킨다.

하관 정(正)이었다. 예외적으로는 의관도 당상관에 오르는 경우가 있었으나, 법전에 예정된 원칙은 의관은 당하관에 머물러야 한다는 것이었다.

넷째, '음양(陰陽)' 계열의 유품관들을 위해 마련된 관직은 오로지 관상감(觀象監)에만 있었다. 관상감 관직의 직질은 종9품(참봉)에서 부터 정1품(영사[領事])까지였으나, 그 가운데 정1품 자리(영사)는 좁은 의미의 '문관'인 영의정이 예겸(例兼)하도록 되어 있어서 음양관(陰陽官)들에게 주어진 것 가운데 가장 높은 것은 정3품 당하관 자리(정[正])였다. 음양관 또한 예외적으로 공(功)을 세우는 경우에 당상관으로 오를 수 있었으나, 법전에 예정된 원칙은 음양관은 당하관에 머물러야 한다는 것이었다. '음양' 계열과 관련하여 또 하나 덧붙일 만한 것은 좁기는 하지만 본디 '문'·'무' 계열에 속하는 지방의 수령(守令)으로 나갈 수 있는 길이 열려 있었다는 점이다. 곧, 관상감에는 일종의 과외직관(窠外職官)으로 '천문학습독관(天文學習讀官)' 30명을 두었는데, 그들은 종6품에서 거관한 다음 수령취재(守令取才)에 입격(入格)하면 그 길로 나아갈 수 있게 되어 있었다.

다섯째, '율(律)' 계열의 유품관들을 위해 마련된 관직은 형조(刑曹)와 지방의 각 도(道) 및 제주목(濟州牧)에 흩어져 있었다. 그 가운데 지방의 관직은 모두 종9품 검률(檢律) 자리였다. 형조 관직의 직질은 종9품(검률)에서 정2품(판서)까지였으나, 그 가운데 높은 자리는 모두 좁은 의미의 '문관'을 위한 것이었고 율관(律官)에게는 다만 종6품(율학교수)에서 종9품(검률)까지의 9직과(職窠)만 주어졌다. 결국 법전에 예정된 원칙으로 따지면 율관(律官)에게는 겨우 참상(參上)에 드는 것까지만 허용되었으며, 더욱이 그들에게는 사실상 특별한 공(功)을 세울 기회도 거의 주어지지 않았다.

여섯째, '산(算)' 계열의 유품관들을 위해 마련된 관직은 오로지 호조(戶曹)에만 있었다. 호조의 직과 구성 및 관직 부여 원칙도 형조의 그것과 비슷하였으며, 산학인(算學人)에게는 다만 종6품(산학교수)에서 종9품(회사[會士])까지의 9직과만 주어졌다. 그들에게도 사실상 특별한 공을 세울 기회가 거의 주어지지 않았으므로, 겨우 참상에 드는 것까지만 허용된 것이다.

일곱째, '화(畫)' 계열은 본디 유품(流品)이 아닌 유외(流外) 잡직의 계열로 분류되어야 한다. 다만 화원(畫員) 또는 화학인(畫學人)에게는 잡직계가 아닌 문산계('군함체아'의 경우 무산계; 이하 같음)를 주도록 되어 있었을 뿐이다. '화' 계열의 생도(生徒)와 관인(官人)은 모두 도화서(圖畫署)에 속하도록 되어 있었는데, 도화서의 직과에는 정직과 잡직이 섞여 있었으며, 화원 또는 화학인들에게는 잡직 자리만 주어졌고 그 가운데 가장 높은 것의 직질은 종6품(선화[善畫])이다. 그러므로 화원 또는 화학인에게도 원칙적으로 겨우 참상에 드는 것까지만 허용되었다. 그러나 그들에게는 특별한 공을 세울 기회가 있었으므로(본보기로, 어진[御眞] 따위를 잘 그리는 경우), 더 높이 올라갈 수도 있었을 것이다.

여덟째, '도(道)' 계열 또한 본디 유품이 아닌 잡직의 계열로 분류되어야 한다. 도류(道流)에게도 산계만은 잡직계가 아닌 문산계를 주도록 되어 있었을 뿐이다. '도' 계열의 생도와 관인은 모두 소격서(昭格署)에 속하도록 되어 있었는데, 소격서의 직과에도 정직과 잡직이 섞여 있었다. 도류에게는 그 가운데 정직의 참봉(종9품) 자리와 잡직의 상도(尙道; 종8품)·지도(志道; 종9품) 자리가 주어졌다. 그러므로 도류가 맡을 수 있는 가장 높은 관직은 기껏해야 종8품 잡직에 지나지 않았다. 다만, 그들은 '도류' 명목의 과외직관(窠外職官)으로 소격서에 속하여 일하면서 산계를 올려 받아 4품에서 거관하도록 되어 있었으므로, 산계만은 4품까지 올라갈 수 있었다.

아홉째, '악(樂)' 계열도 마찬가지로 본디 잡직의 계열로 분류되어야 한다. 악인(樂人)들은 다시 아악(雅樂)과 속악(俗樂)의 두 계열로 나뉘었는데, 모두 장악원(掌樂院)에 속하도록 되어 있었다. 아악인들은 모두 양인(良人)이었으며 속악인들은 대개 공천(公賤)이었으나 간혹 양인일 수도 있었다. 그들 가운데 양인은 문산계를 받았으며 천인은 잡직계를 받았다. 장악원의 직과에도 정직과 잡직이 섞여 있었는데, 정직 자리 가운데 가장 높은 것은 정3품 당하관 정(正)이었으며, 잡직 자리 가운데 가장 높은 것은 정6품 전악(典樂)이었다. 장악원의 정직 자리에 대해서는 좁은 의미의 '문관'을 쓴다는 따위의 규정이 없으나, 그 성격을 보면 모두 악인이 맡기에는 알맞지 않으며 실제로도 정(正)의 경우에 조선 전기에는 좁은 의미의 문관이 맡은 예밖에 확인되지 않는다.[149] 그러므로 악인들이 맡을 수 있는 관직은 잡직뿐이었다고 여겨지며, 그 가운데 가장 높은 것은 정6품 자리였다.

열째, 마지막으로 '마의(馬醫)' 계열도 본디 잡직의 계열로 분류되어야 한다. 마의는 모두 사복시(司僕寺)에 속하였는데, 사복시의 직과에도 정직과 잡직이 섞여 있으며 그 가운데 정직 자리는 마의가 맡기에 알맞지 않다. 그러므로 마의가 맡을 수 있는 관직도 잡직뿐이었다고 생각된다. 그러나 그들이 받은 산계는 문산계였다.[150] 사복시의 잡직 직과의 직질은 종6품(안기[安驥])에서 종9품(보기[保驥])

---

149) 『실록』 10집, 124쪽 상단, ≪성종≫ 권117, 11년 5월 갑신(5일)조; 같은 책, 162쪽 하단~163쪽 상단, ≪성종≫ 권121, 11년 9월 신묘(14일)조; 『실록』 11집, 128쪽 하단, ≪성종≫ 권192, 17년 6월 경진(7일)조 참고.

150) 『대전』, 403~404쪽, <병전>「시취」조 주에 따르면 시취는 병조와 사복시 제주가 함께 하도록 되어 있으나, 『실록』 9집, 476쪽 하단, ≪성종≫ 권82, 8년 7월 임오(17일)조 기사에서 무산계가 아닌 문산계를 받았음을 확인할 수 있다.

까지였으므로 마의가 맡을 수 있는 가장 높은 관직은 잡직 종6품 자리였다. 잡직인에게 정직을 줄 때에는 1계(階)를 내리도록 되어 있었으므로, 그것을 정직으로 치면 정7품에 해당하여 참상(參上)에도 들지 못하는 것이었다. 마의는 거관 제도의 적용을 받지 않아서 더 높은 산계를 받을 수는 있었을 테지만, 관직으로 따지면 참외(參外)에 머무를 수밖에 없었다.

〈유품관 범주의 귀속·세습·폐쇄 문제〉

여기까지 조금 장황하게 유품관의 각 계열별 승급 한도를 살펴보았다. 이제 유품관의 '신분'과 관련해서 마지막으로 남은 중요한 논점은 그 범주가 귀속성·세습성·폐쇄성 따위의 특색을 띠었는지 여부이다. 아래에서 그에 대해 따져보고 유품관에 대한 논의를 마무리하기로 한다.

위에서 살펴본 바로는 유품관 및 정과 출신자, 생원·진사, 유음인(有蔭人) 따위를 아우르는 하나의 신분 범주는 오직 유음인과 관련해서만 미약하게 귀속성과 세습성을 띠었다. 유음인이 명실상부한 '관인'이 되기 위해서는 '취재(取才)'라는 관문을 통과해야만 했으나, 유음인이라는 사실 자체만으로도 특별한 대우를 받았기 때문에, 그와 관련해서는 귀속성과 세습성을 인정하지 않을 수 없다.

≪경국대전≫에 실리지 않은 규범으로서, 나라에 좋은 일이 있거나 어떤 관인이 특별한 공(功)을 세웠을 경우에 관인의 산계·자급(資級)을 올려주면서 본인 말고 그 아버지·형제·아들·사위·조카 따위의 관계·자급을 올려주는 '대가(代加)'라는 제도가 있었는데,[151] 그와 관련해서도 유품관 범주의 귀속성·세습성을 어느 정도 인정

---

151) '대가' 제도의 자세한 내용은 최승희, 「조선시대 양반의 대가제(代加制)」, 『진단학보』 제60호(서울: 진단학회, 1985), 1∼32쪽 참고.

하지 않을 수 없다. 그 점 모든 '관인'들에게 해당하는 것이라고 생각하기 쉬우나, 그렇지 않다. 대가(代加)는 대개(또는 원칙적으로) 본인이 자궁(資窮; 정3품 당하관에 오름)한 경우에만 이루어졌고 유품관과 환관(宦官)만 자궁할 수 있었기 때문이다.[152]

아무튼 '유품관 및 그 외연' 범주는 유음인이나 대가(代加)와 관련된 한에서만 귀속성·세습성을 띠었고 그 밖의 다른 점에서는 전혀 '성취적'이었다.

처음부터 유품관으로 태어나는 사람은 없었기 때문에, 그 폐쇄성에 대해서는 그 범주와 다른 범주와의 관계 속에서 따져야 하는 것이 아니라 논리적으로 그 범주가 있기 전에 존재하는 여러 부류의 신분 집단에 대하여 개방된 정도를 놓고 따져야 한다. 유품관 범주의 폐쇄 기제는 입사로의 '종류'에 따라 달랐으므로, 그에 맞추어 따져보기로 하겠다. 천인이 유품관이 될 수 없다는 원칙은 ≪경국대전≫에 실려 있지 않으나 당연한 것이었으므로, 그 점은 논외(論外)로 한다.

먼저, 과거와 관련하여 ≪경국대전≫에 규정된, 이미 유품관으로 있지 않은 사람에 대한 응시 자격 제한은 "죄를 지어 영구히 관직에 임용하지 않도록 한 사람, 장리(贓吏)의 자손, 거듭 시집가거나 행실(行實)을 잃은 여자의 자손 및 서얼 자손은 문과나 생원시·진사시에 응시하는 것을 허용하지 않는다"는 것과 "음양과(陰陽科)의 천문학에는 천문학 생도 말고는 응시하는 것을 허용하지 않는다"는 것 및 무과에 "향리는 무경(武經) 7가지 책을 강(講)하여 조(粗) 이상의 성적을 거둔 경우에 응시를 허용한다"는 것뿐이다.[153] 그 밖에 향리는 그 집의 정남(丁男) 3명에 한 명씩만 소속 고을의 진성(陳

<hr />

152) 같은 글, 2쪽·8쪽·10쪽·11쪽 참고.

153) 『대전』, 213~214쪽, <예전> 「제과(諸科)」조 주 및 같은 책, 387쪽, <병전> 「시취」조 '무과' 항목, 주 참고.

省)을 받아 잡과(雜科)에 응시하거나 서리(書吏)가 될 수 있었는데, 그 경우는 향리에 대한 부분적 금고(禁錮)로 다루는 것이 알맞고 잡과(雜科)의 응시 자격 폐쇄로 보는 것은 마땅하지 않다.

다음으로, 취재(取才)나 천거(薦擧)를 통한 입사(入仕)에 대해서는 위에서 본 바대로 몇 가지의 자격 제한이 있었지만, 유품관 범주를 폐쇄하는 성격을 띤 것은 없다. '음자제' 취재나 '공신자손' 천거의 경우에는 그 대상이 매우 폐쇄적이지만, 유음인이나 공신자손이 아닌 사람은 다른 길로 돌아서 유품관이 되면 그만이었으며, 또한 유음인이나 공신자손은 이미 '유품관'의 외연에 들어 있었다.

마지막으로, 입역(立役)이나 택차(擇差)에도 특별히 유품관 범주를 폐쇄하는 기제가 작동하지 않았다. 오히려 그와 관련해서는 천인에게도 유품관이라는 징표가 주어질 수 있었던 유일한 기제를 찾아볼 수 있다. 관상감의 명과학(命課學) 계열에 '명과맹(命課盲)'이라는 것을 두어 서반 9품 체아직을 번갈아 주도록 되어 있었는데, 거기에는 천인도 뽑힐 수 있었던 것이다. 그 경우 다만 그 산계를 종6품에 그치게 하였다. 천인 명과맹에게 유품계를 주었던 까닭은 아마도 그를 뽑을 필요는 있었던 반면 관상감에는 천인을 위한 잡직 자리가 없었기 때문일 것이다.

각 입사로 종류별로 규정된 자격 제한 말고, 실제로 관직을 받아 유품관으로서 '관인' 노릇을 하는 데는 절차적 규제 장치가 하나 더 있었다. 임금으로부터 5품 이하의 '관직(환관직·토관직·잡직 포함)'을 받은 모든 사람의 고신(告身; 임명장)에 대해서는 이조(吏曹)·병조(兵曹)에서 사헌부·사간원 서경(署經)을 살펴본 다음 당사자에게 주도록 되어 있었는데,[154] 서경에서 관직을 맡기에 알맞지 않다고 판정된 사람에게는 고신을 내어주지 않았던 것이다. 특히 그 가

---

154) 『대전』, 160쪽, <이전> 「고신(告身)」조 참고.

운데서도 "의정부·이조(吏曹)·병조(兵曹)·사헌부·사간원·장예원(掌隸院)·홍문관(弘文館)·춘추관(春秋館)·지제교(知製敎)·종부시(宗簿寺)·(세자)시강원(侍講院)·도사(都事)·수령(守令)·도총부(都摠府)·선전관(宣傳官)·부장(部將)"으로 임명된 사람에 대해서는 그 자신 및 내·외 사조(四祖; 아버지·할아버지·증조·외조)가 흠이 있는 사람인지 아닌지를 판정하였는데, 거기서는 대개 조상 가운데 천인이 있는지 여부나 그 밖의 결격사유(범죄·영불서용[永不敍用] 따위)를 따졌다.155)

또 한 가지, 실체적 규정으로 "장리(贓吏)의 아들 및 손자에게는 의정부·육조(六曹)·한성부·사헌부·개성부·승정원·장예원·사간원·경연·세자시강원·춘추관·지제교·종부시·관찰사·도사·수령의 관직을 주지 않으며, 행실을 잃은 여자 및 거듭 시집간 여자의 소생은 동·서반 관직에 쓰지 않고 증손(曾孫)에 이르러서야 비로소 이상의 각 관청 밖에 쓴다"는 것이 있었다.156)

위에서 살펴본 바를 바탕으로 판단하면, '유품관과 그 외연' 범주는 일반적으로는 천인과 이른바 '영불서용자(永不敍用者)' 및 '거듭 시집가거나 행실을 잃은 여자의 아들과 손자'에게만 폐쇄되었고 그 가운데 문·무 계열의 특정 관직들은 그들뿐만 아니라 '서얼' 및 그 밖의 '천인에서 양인으로 된(지 4대[代]가 되지 않은) 사람들'에게도 폐쇄되었던 것으로 여겨진다. '유품관과 그 외연' 범주는 이러한 점에서만 폐쇄성을 띠었고, 나머지 다른 면에서는 전혀 개방적이었다.

---

155) 이성무, 『조선 초기 양반 연구』(서울: 일조각, 1980), 163쪽 참고. 조상 가운데 천인이 있는지를 살피는 것은 일반적으로 종량된 경우뿐만 아니라 천첩 서얼인지 여부를 따지는 것도 된다.

156) 『대전』, 36~37쪽, <이전>「경관직」조.

(3) 환관

환관들은 이른바 '엄인(閹人・奄人; 고자)'으로서 궁궐 안에서 음식물 감독, 명령 전달, 문지기, 청소 따위를 맡은 관인들이다. 그 정액은 모두 140명이었으며, 문산계를 받아 종9품 상원(尙苑)에서부터 종2품 상선(尙膳)까지 모두 60자리의 관직(그 가운데 23자리는 체아직)을 맡을 수 있었는데, 3품 이상의 산계・관직을 받으려면 임금의 특지(特旨)가 있어야 했다.[157] 곧, 환관은 당상관에 오를 수 있었던 것이다.

환관도 관인으로서의 일반적인 권리를 누리고 의무를 졌으나,[158] 그들에게만 특유한 규제도 있었다. 첫째, 환관은 당상관이 되더라도 다른 문산계・무산계 보유자, 곧 일반 유품관의 경우 당상관이면 받을 수 있었던 품반당(品伴倘)을 받을 수 없었다.[159] 둘째, 일반적으로는 군사(軍士)에게 주는 '보(保)'를 환관에게도 주었는데, 장번(長番)인 경우에는 2보(4정[丁])를 주었고 출입번(出入番)인 경우에는 1보(2정)를 주었다.[160] 보를 받은 사람은 보인(保人)에게서 달마다 무명베 1필을 넘지 않는 범위 안에서 재물을 거둘 수 있었다. 셋째, 환관은 여러 군사와 마찬가지로 집안에 거느리는 정남(丁男)이 5명 이하이거나 전지(田地)가 5땞(結) 이하인 경우에 번을 서는 때(上番)에는 복호(復戶)하였다.[161] 넷째, 환관이 환관을 아들로 삼은 경우(養子)에는 세 살 이전에 거두어 기른 경우와 마찬가지로 여겨서 아들・딸이 없는 양부모의 재산을 그 양자에게 모두 물려주도록 하였다.[162]

---

157) 『대전』, 101~104쪽, <이전> 「내시부」조 참고.
158) 앞의 [규정 6-5]와 [규정 6-6]에서 볼 수 있듯이 '수금(囚禁)'・'고신(拷訊)'과 관련해서는 유품관과 마찬가지의 대우를 받았다.
159) 『대전』, 380쪽, <병전> 「반당」조 주 참고.
160) 『대전』, 463쪽, <병전> 「급보(給保)」조 주 및 소주(小註) 참고.
161) 『대전』, 465쪽, <병전> 「복호」조 참고.

위의 둘째와 셋째 규제에서 환관이 군사와 비슷한 대우를 받은 점이 특징적이다.

그 밖에 ≪경국대전≫에서 환관에 대하여 언급한 바는 없다. 다른 자료에서도 환관에 대한 더 이상의 구체적인 '신분적' 규제 내용을 찾아보기는 어렵다. 그러므로 '환관' 범주가 어떤 특색을 띠었는지도 더 이상 따져보기 어렵다.

(4) 토관

토관은 이른바 '양계(兩界)', 곧 영안도(永安道; 뒷날의 함경도)와 평안도의 도호부(都護府)이상 고을 가운데 일부에 둔 특별한 '관인'·'관직'이다.[163] 토관을 둔 고을에서는, 동반(東班)의 경우 세습 신분 집단으로서의 향리를 두지 않고 일반 양인에게 아전직을 맡겨 일을 시키다가 그들이 입역(立役) 기간을 채워 거관(去官)하면 토관직을 주었고(의주[義州]의 역학생도[譯學生徒]에게도 줌), 서반(西班)의 경우 영흥(永興)·평양(平壤)의 지방군(地方軍)인 진북위(鎭北衛)·진서위(鎭西衛)의 효위(驍尉; 경군[京軍]의 대졸[隊卒]에 해당)가 입역 기간을 채워 거관하면 토관직을 주었으며, 그래도 남는 자리는 해당 고을이 속한 도(道)의 일반 양인과 군사로 채웠다.

앞에서 보았듯이 토관의 산계는 동반과 서반 모두 종9품(동반 시사랑[試仕郎], 서반 탄력도위[殫力徒尉])에서 정5품(동반 통의랑[通議

---

162) 『대전』, 511쪽, <형전> 「사천(私賤)」조 주 참고.

163) 토관에 대한 일반적인 사항에 대해서는 이재룡, 「조선 초기의 토관에 대하여」, 진단학회 편, 『진단학보』 제29·30합병호(서울: 을유문화사, 1966), 119~128쪽; 국사편찬위원회 편, 『한국사』 10(서울: 국사편찬위원회, 1974), 626~629쪽(신해순 집필 부분); 『한국사』 25(과천: 국사편찬위원회, 1994), 149~152쪽 참고.

郞], 서반 건충대위[建忠隊尉])까지로 이루어져 있었으며, 그것이 곧 토관의 신분적 등급 한계였다. 그들도 행수법(行守法)의 적용을 받아서 자급(資級)과 직질(職秩)이 다를 수 있었다.

토관직의 직질·직과는 토관계에 맞추어 종9품 섭사(攝事; 동반)·부여용(副勵勇; 서반)부터 정5품 도무(都務; 동반)·여직(勵直; 서반)까지로 이루어졌다.

토관은 토관직에 머무르지 않고 유품직을 받을 수도 있었는데, 그 경우에는 1품(品)을 내리도록 되어 있었다.[164]

토관도 '관인'으로서 그 산계·관직을 받으면 서경을 거쳐야 했으므로, 거기서 유품관에 버금가는 입사(入仕) 자격 심사를 받았을 것이다. 그러나 토관이 되는 데 구체적으로 어떤 자격이 요구되었는지는 밝히기 어렵다.

그러므로 토관 범주의 귀속성·세습성·폐쇄성 따위에 대해서도 구체적으로 살펴볼 수 없다. 다만, '유품관'이 일부 고위직을 제외하면 개방되어 있었던 점에서 미루어 생각하건대 귀속성·세습성은 적어도 규범적인 면에서는 전혀 띠지 않았을 것이다. 토관 범주의 폐쇄성과 관련하여 특별히 지적할 만한 것은 토관계·토관직은 해당 도(道) 사람들에게만 주어졌다는 점이다. 그러므로 토관 범주는 일반적으로 천인에 대해서뿐만 아니라 다른 지역 사람들에게도 폐쇄되었다고 할 수 있다.

---

164) 『대전』, 135쪽, <이전>「토관직」조 주 및 소주(小註) 참고. 거기에는 "경관(京官)을 줄 때 1품을 내린다"고 되어 있으나, 유품 외관직을 줄 때에는 그대로 둔다는 뜻이라고 볼 수 없으므로, 널리 유품계·유품직을 줄 때 1품을 내린다는 뜻으로 보아야 할 것이다. 잡직인에게 정직 (유품직)을 줄 때에는 1계(階)만 내리도록 되어 있었던 데 비해 토관에게 유품직을 줄 때에는 1품을 내리도록 되어 있었다. 다만, 잡직계의 가장 높은 벼슬을 유품계로 치면 종6품인 데 비해, 토관계의 가장 높은 벼슬을 유품계로 치면 정6품이다.

(5) 잡직인(雜職人)

잡직은 본디 특별한 직사(職事)를 맡기기 위해 설치된 관직이라기보다는 특정한 곳에서 역(役)을 서는 공천(公賤), 공장(工匠; 양·천 섞임), 양인인 마의(馬醫)·도류(道流)·화원(畵員)·악생(樂生), 공장이나 천인으로 군사가 된 파진군(破陣軍; 본디 [화]약장[{火}藥匠])과 대졸(隊卒)·팽배(彭排) 따위의 입역(立役)을 격려·보상하기 위해 설치된 '벼슬자리'이다. 그러므로 잡직을 맡게 된 사람들은 관인이기 이전에 기본적으로 '입역인(立役人)'이었다. '잡직인' 징표의 신분성이 그만큼 약하다는 말이다.165)

그러나 잡직도 '관직'이었고 잡직인도 '관인'이었으므로, 여기서 그에 관련된 제도의 내용을 살펴보기로 한다.

먼저, 잡직을 맡는 데 필요한 산계, 곧 잡직계는 동반과 서반 모두 종9품(동반 전근랑[展勤郎], 서반 근력부위[勤力副尉])에서 정6품(동반 공직랑[供職郎; 상계]·여직랑[勵職郎; 하계], 서반 봉임교위[奉任校尉; 상계]·수임교위[修任校尉; 하계])까지로 이루어져 있었으며, 그것이 곧 잡직인의 '관인'으로서의 신분적 등급 한계였다. 그들도 행수법(行守法)의 적용을 받아서 자급(資級)과 직질(職秩)이 다를 수 있었으나, 잡직인들이 대개 받게 되어 있었던 체아직은 수직(守職)으로 받을 수 없었다.166)

---

165) 앞에서 '천인' 범주의 균질성을 논의하면서 천인이 잡직을 받는 것은 대개 체아록(遞兒祿)을 받는다는 의미밖에 지니지 못하였고 6품 이상에서 벼슬을 그만둔 경우에라야 신역에서 벗어난다는 의미가 있었다는 점을 이미 짚어둔 바 있다.

166) 『대전』, 164쪽, <이전> 「체아(遞兒)」조 참고. 모든 체아직은 수직(守職)으로 주지 않았는데, 산계가 낮은 사람에게 높은 직질에 해당하는 체아록을 주지 않기 위해서였다.

잡직은 대개 정직(正職) 위주로 짜여진 아문(衙門)에 덧붙여 설치되었고 혹 잡직 위주로 짜여진 아문에도 반드시 정직이 설치되었으며, 잡직 직과(職窠)만으로 이루어진 아문은 없었다. 그렇다고 모든 아문에 잡직이 설치된 것도 아니어서, 잡직이 설치된 아문은 동반(東班)의 14개에 한정되었다.[167) 서반(西班)의 잡직은 특정한 아문에 설치된 직과가 아니라 특정한 역종(役種)의 군사들에게 주어진 직함(職銜)일 뿐이었다.[168)

동반 각 아문의 잡직 직과의 직질(職秩)은 잡직계에 맞게 종9품부터 정6품까지였다. 그러므로 동반 잡직인들은 그 산계에 해당하는 높이의 관직을 받아 그에 따르는 체아록(遞兒祿)을 받을 수 있었다. 그러나 서반 잡직 직함의 직질은 종9품(추사[趨事]·대부[隊副]), 정9품(대장[隊長]), 종8품(종사[從事]), 종7품(근사[勤事])밖에 없었다. 그러므로 서반 잡직인들은 산계가 아무리 높아도 종7품의 체아록밖에 받을 수 없었다.

체아직을 맡으면 체아록을 받는다는 것 이외에, 잡직계를 받고 잡직을 맡는다는 데 덧붙는 특전은 한 마디로 없었다고 해도 좋다.

다만, 천인의 경우에 6품에 오른 뒤에 거관·제사(除仕)하면 그 자신만은 몸소 신역을 지지 않아도 되었다.[169)

양인의 경우에는 잡직인으로 있으면서 공(功)을 세우거나 다른 통

---

167) 공조(工曹), 교서관(校書館), 사섬시(司贍寺), 조지서(造紙署), 사옹원(司饔院), 상의원(尙衣院), 사복시(司僕寺), 군기시(軍器寺), 선공감(繕工監), 장악원(掌樂院), 소격서(昭格署), 장원서(掌苑署), 액정서(掖庭署), 도화서(圖畵署)이다.

168) 서반 잡직의 근사(勤事; 종7품)·종사(從事; 종8품)·추사(趨事; 종9품)는 모두 파진군(破陣軍)을 위한 것이었고 대장(隊長; 정9품)·대부(隊副; 종9품)는 모두 대졸(隊卒)·팽배(彭排)를 위한 것이었다. 그 직함들은 모두 체아록(遞兒祿)을 주는 기준이 되었다.

169) 이 점 '천인' 범주의 균질성에 대한 논의와 앞의 각주에서 지적하였다.

로를 통하여 정직(正職)을 받을 수 있었으므로, 그 경우에는 잡직인으로서 받아놓은 산계가 유품관 사로(仕路)에서 '따 놓고 들어가는 점수'가 될 수 있었다. 다만, 잡직인이 정직을 받으면 1계(階)를 깎였다.

'잡직인' 범주의 특색을 보면, 귀속성·세습성은 도무지 띨 수 없었고, 잡직 벼슬길은 천인에게도 열려 있었으므로 폐쇄성도 전혀 띠지 않았다.

3) '사족'의 범위와 성격

앞에서 '유품관' 범주에 대해 살피면서 그 외연이 조금 확장되었던 점을 보았는데, 그와 관련하여 '사족(士族)' 또는 '양반(兩班)'이라는 말과 그 개념적 실체 따위를 두고 학계에서 많은 논란이 있었고 지금도 끊이지 않고 있다. '양반'이라는 말은 적어도 ≪경국대전≫에는 한 번도 나오지 않으므로 그에 대해서는 논의를 삼가겠다. '사(士)' '사류(士類)', '사대부(士大夫)', '사족', '사인(士人)' 따위의 말은 비록 드물게라도 ≪경국대전≫에 나오므로, 그 말들에 담긴 신분적 의미를 따져보기로 한다.

〈법전상의 용어례〉
먼저 그 말들이 나오는 규정을 소개하면 다음과 같다(밑줄은 인용자가 그음).

[규정 7-1] (사[士] 또는 사류[士類]; 복식)
"사류가 아닌 사람(非士類; '사'가 아닌 무리)[반당·수군·조졸·보정병(步正兵)·파적위·장용위·취라치·태평소·궁인(弓人)·시

인(矢人) · 관령(管領) · 잉사서리(仍仕書吏) · 응사(鷹師) · 잡량인(雜良人)] 및 잡직 4품 이상은 궁궐 안에서 의관(衣冠)을 갖추며, 맡은 바가 있는 사람(有任者; 직사가 있는 벼슬을 가리키는 듯함)은 참상 이상이면 또한 (귀가리개에) 비단(絹) · 쥐가죽(鼠皮)을 쓴다."170)

[규정 7-2] (사대부; 양부[養父]에 대한 상복)
  "<u>사대부</u>가 천인에게일 것 같으면 시마복(을 입는다)."171)

[규정 7-3] (사대부; 봉사)
  "<u>사대부</u>의 두 아내 이상은 아울러 함께 제사지낸다. / <u>사대부</u>가 아들 · 딸이 없어서 노비로써 무덤을 지키고 제사를 지내도록 하고 자 할 경우에는 그 주인의 뜻에 따라 문기(文記)에 서명하여 그 제사를 받들게 하되 대부는 6구, <u>사</u> 이하는 4구로 한다."172)

[규정 7-4] (사대부; 재혼)
  "<u>사대부</u>가 아내를 여읜 경우에는 세 해 뒤에 고쳐 맞아들인다."173)

---

170) 『대전』, 233쪽, <예전> 「의장(儀章)」조 '관(冠)' 항목, 3품 상복(常服), 주 "非士類[伴倘 水軍 漕卒 步正兵 破敵衛 壯勇衛 吹螺赤 太平簫 弓人 矢 人 管領 仍仕書吏 鷹師 雜良人] 及雜職四品以上 闕內具衣冠 有任者 參 上以上 亦用絹鼠皮". '잡량인'의 뜻은 분명하지 않으나 잡직인 가운데 양인을 가리키는 듯하다. 잡직계(雜職階)가 정6품까지밖에 없는데 '잡 직 4품 이상'이라고 언급된 것은 이상하게 보일 수 있으나, 교서관 잡 직인인 제원(諸員)의 경우 그 산계가 정3품에 이를 수 있었고 소격서 잡직인인 도류는 4품에 이를 수 있었다(양인으로서 문산계를 받음).
171) 『대전』, 263쪽, <예전> 「오복(五服)」조 '본종(本宗)' 항목, 양부(養父), 주 "士大夫若於賤人 緦麻".
172) 『대전』, 282쪽, <예전> 「봉사(奉祀)」조 주 "士大夫二妻以上 並祔 / 士大 夫無子女 欲以奴婢墓直主祭者 從財主之意 署文記 使奉其祀 大夫六口 士以下四口".
173) 『대전』, 284쪽, <예전> 「혼가(婚嫁)」조, "士大夫妻亡者 三年後改娶".

[규정 7-5] (사족; 예행[禮行] 장려)

"삼강행실도를 한글로 풀어 서울과 지방의 <u>사족</u> 가장(家長)·부로(父老) 또는 그 교수·훈도 등으로 하여금 여자들·어린이들을 가르쳐 깨우치게 한다."174)

[규정 7-6] (사족; 혼인 비용 지원)

"<u>사족</u>의 딸이 나이 서른에 가깝도록 가난하여 시집가지 못한 경우에는 예조에서 (임금에게) 아뢰어 곡식과 옷감을 헤아려서 준다."175)

[규정 7-7] (사족; 복식)

"<u>사족</u>의 옷은 철릭이나 치마가 13폭(幅)을 넘기지 못하며, 서인(庶人)의 옷은……, <u>사족</u>의 대갓(草笠)은……서인의 대갓은……"176)

[규정 7-8] (사족; 형사 절차)

"장죄(杖罪) 이상은 가두는데, 문·무 관원 및 내시부(內侍府), <u>사족부녀(士族婦女)</u>, 중은 임금에게 아뢰어 가두되[……] 죽을 죄를 지은 경우에는 먼저 가두고 뒤에 아뢴다[……○ 의친·공신 및 당상관·<u>사족부녀</u>가 죽을 죄를 지으면 목에 쇠사슬을 채우고, 당하관·서인부녀(庶人婦女)는 목과 발에 쇠사슬을 채우되 장(杖)이면 목에 쇠사슬을 채우는데……. ○ 무릇 잡아서 끌고갈 때에는 목에 쇠사슬을 채우되 <u>사족부녀</u>는 죽을 죄 말고는 그렇지 않다. ○ 무릇 가두지 않는 경우에는 공함(公緘)으로 추문(推問)하되, 7품 이하의 관원 및 중은 곧바로 추문한다{<u>사족부녀</u>는 뭇 소송(詞訟)을 아들·손자·사위·조카·노비 가운데 대신하도록 허용한다. ○……}. ○……]."177)

---

174) 『대전』, 298쪽, <예전> 「장권(獎勸)」조, "三綱行實飜以諺文 令京外士族家長父老或其教授訓導等 教誨婦女小子 使之曉解".

175) 『대전』, 299쪽, <예전> 「혜휼(惠恤)」조, "士族之女年近三十貧乏未嫁者 本曹啓聞 量給資財".

176) 『대전』, 314쪽, <예전> 「잡령」조, "士族衣服 帖裏及裳 毋過十三幅 庶人衣服……士族草笠……庶人草笠……".

177) [규정 1-12], [규정 5-3], [규정 6-5]와 겹침.

[규정 7-9] (사족; 형사 절차)

"무릇 고신(拷訊)[……]은 임금의 명령(旨)을 받아서 행하되[서인 (庶人) 및 도둑질을 한 경우에는 그렇지 않다. ○……] 지방이면 관찰사에게 보고하며[……○ 문무관, 내시부, 사족부녀, 중에 대해서는 관찰사가 (임금에게) 아뢰며…….], 형조·개성부·관찰사는 유 (流) 이하를 직접 처단하고 각 관청에서는 태(笞) 이하를 직접 처단한다[……]."178)

[규정 7-10] (사족과 사인[士人]; 특정 행위 규제)

"……사족부녀가 산골짜기·물굽이에서 놀며 잔치하거나 야제 (野祭)·산천제(山川祭)·성황제(城隍祭)·사묘제(祠廟祭)를 몸소 지낸 경우……에는 아울러 장(杖) 100대를 친다. ○……○ 대·소 원인(員人)이 붉은빛·잿빛·흰빛 겉옷, 패랭이, 붉은 말다래(紅粘)를 쓴 경우, ……[……○……사족부녀·어린이·서울기생(京妓)의 온갖 겉치레 금·은·구슬과 정병(正兵)·서인(庶人)의 흰빛 옷은 막지 않는다.], ……, 관청이나 당하관 이하 혼인하는 사람이 여러 비단이나 털담요를 쓰는 경우[사족부녀·어린이·서울기생은 막지 않는다.], ……에는 아울러 장 80대를 친다. ○……○ 사인(士人)이 강상을 무너뜨리거나(敗常) 장죄(贓罪)를 지은 경우와 사족부녀가 행실을 잃은 경우[세 지아비에게 고쳐 간 경우도 같다.]에는 장부에 적어 두고 이조·병조·사헌부·사간원에 글을 보낸다."179)

〈용어례 분석: 사족의 범위〉

위의 법조문들에서 볼 수 있듯이, 《경국대전》 규정만으로는 '사'

---

178) [규정 6-6]의 한 부분임.
179) 『대전』, 495~498쪽, <형전> 「금제」조, "……士族婦女遊宴山間水曲及親行野祭山川城隍祠廟祭……並杖一百 ○……○ 大小員人用紅灰白色表衣白笠紅粘者……[……○……士族婦女兒童京妓雜飾金銀珠玉 正兵庶人白色衣 勿禁]……官舍及堂下官以下婚姻人用紗羅綾段罽毯者[士族婦女兒童京妓勿禁] 並杖八十 ○……○ 士人敗常及犯贓者 士族婦女失行者[更適三夫者 同] 錄案 移文吏兵曹司憲府司諫院".

· '사류' · '사대부' · '사족' · '사인'이라는 말 가운데 어느 것의 뜻도 뚜렷이 파악할 수 없다. 다만, [규정 7-1]에서 '사'나 '사류'가 아닌 사람이 어떤 사람들인지를 알 수 있을 뿐이다. 거기서 '사'나 '사류'가 아닌 것으로 꼽힌 사람들은 모두 직업군인이 아닌 군사 따위의 입역인(立役人)들로서 유품계를 받게 되고 관직도 맡을 수 있지만 아직 입역을 마치지 못한 상태, 곧 실직(實職)은 맡을 수 없고 다만 체아직을 맡을 수 있는 상태 있던 사람들이라고 생각된다.[180] 그 점을 뒤집어서 생각하면 '사'나 '사류'는 유품계를 가진 사람들 가운데 실직(實職)을 맡을 자격을 가진 사람들을 가리킨다고 볼 수 있을 것이다.

'사대부'는 [규정 7-2]나 [규정 7-4]에 쓰인 경우에는 그 뜻이 모호하나, [규정 7-3]에서 '대부'와 '사'를 나누어 가리킨 것을 보면 유품계를 가진 사람들, 곧 정1품에서 종4품까지의 '대부'와 정5품에서 종9품까지의 '사'를 아울러 가리킨 말이라고 생각할 수밖에 없다.

'사족'이라는 말은 글자 그대로 "'사'나 '사류'나 '사대부'의 피붙이(와 인척)"라는 뜻을 가진다고 생각된다. 그렇다면 '사족부녀'는 "'사'나 '사류'나 '사대부'의 피붙이인 여자"나 "'사'나 '사류'나 '사대부'의 딸과 며느리"를 가리켰을 것이다.

'사인'은 "'사'나 '사류'나 '사대부'인 사람" 또는 "사족인 사람"을 가리킨 것으로 보인다.

이렇게 보면, 적어도 ≪경국대전≫에 쓰인 '사'나 '사대부'라는 말은 결코 유품관 범주를 벗어나지 않았으며 '사족'이라는 말은 유품관 및 그 피붙이와 며느리 말고 다른 사람을 가리키지는 않았던 것으로 여겨진다.

---

180) [규정 7-1]에 나오는 궁인 · 시인은 공장(工匠)으로서 잡직계를 받았을 것으로 생각하기 쉽지만, 『대전』, 418~421쪽, <병전> 「번차도목」조에 따르면 상의원 · 군기시에 속한 경우에는 유품계를 받았던 것으로 보인다.

그런데, 그 말들이 ≪경국대전≫ 밖에서 쓰인 예를 보면 꼭 위와 같은 뜻으로만 쓰이지는 않았던 것 같다. 먼저, 그 말들 가운데 핵심 낱말인 '사'·'사대부(줄여서 사부[士夫])'가 유품관 범주를 넘어서 잡직인까지 아울러 가리킨 경우가 있다.[181] 그 점에서 미루어 생각하면, '사'라는 말은 '궁관'을 뺀 나머지 '관인' 일반을 가리켜 쓰일 수도 있었을 듯하다. 다음으로, 오늘날 학계에서 많이 논란되고 있고 당시에도 흔히 쓰인 '사족'이라는 말의 쓰임새를 보면, 그것은 좀 더 좁은 뜻으로 쓰이기도 했던 것이 분명하다.[182]

〈용어례로 본 사족의 성격〉

결국 ≪경국대전≫이 편찬되고 시행될 당시에 쓰이던 '사'·'사류'·'사대부'·'사족'·'사인'이라는 말들은 그 가리키는 범위가 일정하지 않았다. 그런 점에서 그런 말들에는 이른바 '신분 지칭'이라고 인정하기 어려운 면이 있다. 온전한 신분 지칭은 사람들을 어떤 기준에 따라 뚜렷이 유별·구획하는 구실을 해야 하는데, '사' 따위의 말들은 그렇지 못했기 때문이다.

---

181) 『실록』 3집, 531쪽 상단, ≪세종≫ 권62, 15년 12월 무오(9일)조, 임금의 말 "무공(武工)·악공(樂工)·재랑(齋郎)·조례(皂隸)의 무리들도 거관(去官)하여 관직을 받으면 나는 그들을 조정의 선비(朝士)로 대우한다(武工樂工齋郎皂隸之輩 去官受職 則予以朝士待之).";『실록』 8집, 47쪽 상단, ≪세조≫ 권40, 12년 11월 경오(2일)조, 양성지(梁誠之)의 소(疏)에 나오는 말 "이제부터 뒤로는 야인(野人)으로서 투화(投化)하는 사람은 겨레붙이의 튼튼하고 약함에 따라 3등으로 나누어서, 1등은 문음(門蔭) 사대부 집에, 2등은 잡직 사부(士夫) 집에, 3등은 평민 집에 통혼(通婚)하도록 하고……(今後野人之投化者 以族屬强弱分爲三等 一等於門蔭士大夫家 二等於雜職士夫家 三等於平民家 通婚……)." 참고.

182) 『실록』 10집, 319쪽 하단, ≪성종≫ 권140, 13년 4월 신해(13일)조, 채수(蔡壽)의 차자(箚子)에 나오는 말 "의(醫)·역(譯) 갈래는 모두 미천한 출신으로 사족이 아닙니다(醫譯之流 皆出賤微 非士族也)." 참고.

또한, 위에 소개한 ≪경국대전≫ 규정들을 보면 그 말들이 특정 분야에 치우쳐 쓰였음을 알 수 있다. [규정 7-1]에서 [규정 7-7]까지는 모두 '예(禮)'나 의례(儀禮)와 관련된 것이고, [규정 7-8]과 [규정 7-9]는 '형(刑)'과 관련된 것이며, [규정 7-10]은 의례와 '형' 양쪽에 걸친 것이다. [규정 7-8]에서 [규정 7-10]까지 모두 '예'나 예우(禮遇)와 관련된 것으로 볼 수도 있다. 그러므로 '사'·'사족' 따위의 말들이 가리킨 바는 '예'나 '형'과 관련해서 차별 기준으로서의 구실을 했고 사회생활의 나머지 다른 면과 관련해서는 그런 구실을 하지 않았다고 볼 수 있다. 그런 점에서도 '사'·'사족' 따위의 말들을 온전한 신분 지칭이라고 하기가 어렵다.

'예'와 '형'은, "예악형정(禮樂刑政)"이라는 유교적 상투어에서도 엿볼 수 있듯이, 당시 사람들이 중요하게 여겼던 생활 영역이기는 하다. 그러나 ≪경국대전≫의 수많은 법조문 가운데 꼭 '예'·'형'과 관련된 몇 개의 조문에서만 '사'·'사족' 따위의 말이 쓰였다는 사실은 ≪경국대전≫에서 가장 많은 조문으로 가장 자세히 규율한 '관직'·'신역'이라는 생활 영역과 관련해서는 그 말들이 차별 대우의 기준을 나타내는 술어로 알맞지 않았다는 점을 드러낸다고 생각된다.

≪경국대전≫에 나타난 쓰임새에서 '사'나 '사대부'라는 말이 가리킨 바를 보면 그것은 이 책에서 '유품관'이라고 한 신분 범주의 당시 이름이었던 듯도 하나, 주로 '관직'에 대해 규정한 법조문들에서 그 말들이 나오지 않는다는 점을 참작하면 그렇게 보기도 어렵다. 그 말들은 적어도 ≪경국대전≫이 편찬될 즈음에는 '법률 용어'보다는 '일상어'로 쓰였다고 보는 것이 오히려 마땅하다. 곧, 그 말들은 '신분'을 지칭한 것이 아니라 '계급'을 지칭한 것이라는 말이다. 그 점 '사족'도 마찬가지이다.

당시에 일상 언어로 쓰인 '사'·'사대부'나 '사족'이 가리키는 바가 한결같지 않았다는 점은 위에서 지적하였다. 그 때문에라도 그 말들은 온전한 신분 지칭으로 보기에 마땅하지 않다. 그렇지만 그 것들을 계급 지칭으로 인정하는 데는 아무런 장애가 없다.

제2장에서 보았듯이 '계급'은 분석적 개념이다. 그러므로 계급만 큼은 일부러 지어낸 학문적 술어가 아니라 어느 시대의 어떤 사회 에서 쓰이는 말을 빌려 파악하는 것이 좋다. '사' · '사대부'나 '사족' 따위는 그런 요건을 충족한다.

'사' · '사대부'나 '사족'이 가리키는 바의 실체도 계급적으로는 어 느 정도 뚜렷이 규정할 수 있다. 또 계급의 테두리는 어느 정도만 뚜 렷이 규정해도 된다. 계급 개념에 대해서는 테두리를 긋는 것보다는 중심을 잡아주는 것이 더 중요하다. 아무튼 계급 개념으로서의 '사' · '사대부'나 '사족'은 생업 관계로 보면 일종의 유한(有閑) · 기생(寄 生) 계급이면서 이데올로기적 · 정치적으로는 독서(讀書) · 연무(鍊武) 나 수신(修身), 벼슬살이(仕宦)나 경세(經世) 따위를 '생업처럼' 여기 던 사람들(과 그 겨레붙이들)을 가리킨 집단 지칭이라고 할 수 있다.

〈이후의 변화〉

'사족'이라는 말은 나중에 중종 · 명종 때에 이르면 한 편으로 일 상어로 계속 쓰이면서도 또 한 편으로 뚜렷한 '법률 용어', 곧 '신 분 지칭'으로서의 성격을 갖추게 된다. 그 때 마지막으로 그어진 '사 족' 범주의 테두리는 "문 · 무과 출신자의 아들 · 손자 및 양쪽(내 · 외) 사조(四祖) 가운데 모두 현관(顯官)이 있는 사람과 몸소 생원 · 진사인 사람"이었는데, 거기서 '현관'은 "동 · 서반 정직(正職) 5품 이 상, 6조(曹)의 낭관(郎官), (사헌부) 감찰(監察), 수령(守令), (5위) 부 장(部將), 선전관(宣傳官)"을 가리키는 것으로 정해졌다.[183]

183) 『각사수교(各司受敎) · 수교집록(受敎輯錄) · 신보수교집록(新補受敎輯錄)』

'사'의 범위는 구체적으로 확정된 바 없지만, 이 '사족' 개념에서 소급해서 뽑아낼 수 있다. 곧 문·무 출신인과 현관 및 생원·진사를 아울러 신분 범주로서의 '사'라고 할 수 있는 것이다. 그런데 이런 식의 '사' 개념은 실제로는 쓰이지 않았다. '사'는, ≪경국대전≫ 당시나 조선 후기에나 계속해서, 한 편으로는 뚜렷하면서도('관인[궁관 제외]' 또는 '유품관') 또 한 편으로는 모호한 개념으로, 그래서 결과적으로 통틀어 보면 모호한 개념으로 남아 있었다.

이렇게 신분 지칭으로서의 '사족' 개념이 확립된 뒤에 나온 ≪속대전≫에는 '사(대체로 '사족'을 가리킴)'·'사족'이라는 말이 ≪경국대전≫에서보다 훨씬 많이 나오며 널리 쓰였다.

〈사족의 성격〉

여기까지 살펴본 바로는, ≪경국대전≫ 체제 아래의 '사족'은 계급으로부터 신분으로 전화(轉化)하는, 또는 진화(進化)하는 도중에 있었던 것으로 판단된다. 그리고 그렇게 '사족'이 계급에서 신분으로 전화한 과정과 형태는 일찍이 마르크 블로크(Marc Bloch)가 밝혀놓은 바 서양 중세의 '귀족'이 계급에서 신분으로 전환된 과정 및 그 형태와 매우 비슷한 것으로 생각된다.[184]

조선의 '사족'은 '문(文)'을 숭상하였고 서양의 '귀족'은 '무(武)'를 숭상하였다는 큰 차이가 있기는 하다. 그러나 그 핵심층은 공통적으로 넓은 토지를 소유한 유한 계급이었다. 또한 '사족'과 '귀족' 모

(서울: 서울대학교 규장각, 1997 영인), 55~56쪽, <형조수교>「경술(명종 5년, 1550) 2월 27일 전교(傳敎)」;『실록』16집, 449쪽 상단, ≪중종≫ 권55, 20년 8월 갑인(27일)조 참고.

184) 마르크 블로크(Marc Bloch) / 한정숙 역,『봉건 사회(La société féodale)』Ⅱ(서울: 한길사, 1986), 11~26쪽 및 69~86쪽 참고. 블로크의 신분 개념은 '세습성'을 요소로 함(11쪽 참고)에 주의해야 한다.

두 의례(儀禮)를 정화해 나가는 과정에서 자신들의 존재 가치나 우월성을 다른 계급들에게 강요하였다. 조선에서 대간(臺諫)이나 전조(銓曹; 이조와 병조)가 사족 범주의 실체적 테두리를 긋는 데 중요한 구실을 하였듯이, 서양에서는 재판소가 '귀족' 범주의 실체적 테두리를 긋는 데 중요한 구실을 하였다. 더욱이 두 계급이 사실상 내혼제(內婚制)를 시행함으로써 기를 쓰고 혈통의 순수성을 유지하려고 한 점도 비슷하다. 그뿐만 아니라 두 계급이 신분으로 전화해 간 과정의 첫 단계에서 그 계급에 속한 여자들의 법률적 지위가 문제되었던 점까지 비슷하다.[185]

아무튼, ≪경국대전≫ 체제 아래의 '사족'은 아직 그 범위가 모호한 '계급'이었지만 오로지 거기에 머물러 있지 않고 '신분'으로 진화하는 도중에 있던, 그 가운데서도 초기 단계에 있던 사회적 (집단) 범주라고 생각된다.

4. 신역에 얽매인 사람들

1) 향리와 역리

향리는 지방의 각 고을에서 동반(東班)에 해당하는 아전(衙前) 직임(職任)을 신역으로서 의무적으로 맡아야 했던 사람들이며, 역리는 각 역(驛)의 동반에 해당하는 아전 직임을 신역으로서 의무적으로

---

185) 마르크 블로크(Marc Bloch) / 한정숙 역, 『봉건 사회(La société féodale)』
    Ⅱ(서울: 한길사, 1986), 19~26쪽 · 69~71쪽 · 81쪽 곳곳 참고.

맡아야 했던 사람들이다.

〈향리의 직임〉

≪경국대전≫에서는 각 고을의 아전 가운데 서반(西班)의 직임 명목과 정액만 규정해 놓았고 동반(東班) 직임에 대해서는 아무런 규정도 두지 않았다. 그 <병전> 「외아전」조에 따르면, 각 고을에는 서원(書員)과 일수(日守)를 두도록 되어 있었고 각 역에는 일수를 두도록 되어 있었으며 또 각 진(鎭)에는 나장(羅將)과 차비군(差備軍)을 두도록 되어 있었다.[186] 이들 직임은 평민들을 뽑아 군역 대신 맡겼으므로 향리들과는 관계가 없다.[187]

일수나 서원이 향리들의 직임이 아니라는 점은 ≪경국대전≫ 규정에서 확인할 수 있다. 먼저 <병전> 「잡류」조에서는 '잡색군'에 붙이는 사람들의 명목으로 일수·서원과 별도로 '각 고을 인리(各邑人吏)'를 들었다.[188] 또 <호전> 「수세(收稅)」조에서는 전세(田稅)의 양을 확정할 때에 "전부(佃夫)가 짐짓 재해를 당하였다고 신고하거나 일을 맡은(當該) 리(吏)·권농관(勸農官)·서원이 함께 짜고 못된 짓(妄冒)을 하면" 처벌하도록 하고 수령(守令) 또한 처벌하도록 하였다.[189] <병전> 「영송(迎送)」조에서는 "수령 및 가속(家屬)이 가고 돌아올 때 필요한 사람과 말은 향리·일수·관노(官奴) 가운데에서 뽑아 정한다"고 규정하였고, <공전> 「영선(營繕)」조에서는 지방의 관청 건물들을 수리할 때에 "인리, 일수, 관노"를 부리도록 규정하였

---

186) 『대전』, 380~381쪽 참고.

187) 유승원, 『조선 초기 신분제 연구』(서울: 을유문화사, 1987), 447~454쪽; 최종탁, 「조선초 향촌지배세력의 역학구도」, 『국사관논총』 제92집(과천: 국사편찬위원회, 2000), 223쪽 참고.

188) 『대전』, 476쪽 참고.

189) 『대전』, 202쪽 참고.

다.190) 그 규정들에 나오는 '리(吏)'나 '인리(人吏)'는 거의 틀림없이 '향리'를 가리킬 것이므로 일수나 서원이 향리들의 직임이 아님을 알 수 있다.

<이전> 「토관직」조를 참고하면 향리가 없고 토관(土官)을 두었던 고을들의 경우에 동반(東班)의 아전 명색으로 '지인(知印)', '육방(六房)', '주사(主事)'를 두었던 것으로 여겨지는데,191) ≪조선왕조실록≫에 나타나는 사례들로써 판단하면 지인·육방 명색은 토관이 설치되지 않은 다른 고을에는 두지 않았던 듯하다.192)

결국 ≪경국대전≫ 체제에서 향리들에게 맡겨진 아전 직임이 구체적으로 어떤 것이었는지는 밝히기 어렵다. 다만, <예전> 「경외관영송(京外官迎送)」조에 '호장(戶長)'·'기관(記官)'·'장교(將校)' 명색이 향리에 속하는 것으로 표시되어 있는데,193) 그것들이 바로 향리들이 맡은 직임의 '계열'이었던 것으로 짐작된다.194) 그리고, <이전>

---

190) 『대전』, 473쪽 및 540쪽 참고.

191) 『대전』, 135쪽, 주 참고.

192) 『연조귀감』(서울: 서강대학교 인문과학연구소, 1982 영인), 215쪽(서울시립종로도서관 소장 필사본의 <이직명목해(吏職名目解)>)에서는 "의성의 호장 이탁영의 집에 만력(萬曆, 1573~1619) 때의 이안(吏案)이 있는데 '호정(戶正)'·'병정(兵正)'·'창정(倉正)'이라고 썼으므로 '정(正)'을 고쳐 '방(房)'과 '빗(色)'으로 한 것은 임진왜란 뒤인 듯하다(義城戶長李擢英家 有萬曆間吏案 而書以戶正兵正倉正 改正爲房與色 似在壬辰亂後也)"고 하였다.

193) 『대전』, 304쪽 참고.

194) 『실록』 4집, 139쪽 상단, ≪세종≫ 권81, 20년 4월 갑인(1일)조; 이성무, 「조선 초기의 향리」, 한국사연구회 편, 『한국사연구』 5(서울: 광명출판사, 1970), 90쪽; 최종탁, 「조선초 향촌지배세력의 역학구도」, 『국사관논총』 제92집(과천: 국사편찬위원회, 2000), 225~234쪽 참고. 김필동, 『차별과 연대』(서울: 문학과지성사, 1999), 67쪽에서는 "조선 초기에는 대체로 호장·기관·장교·통인(通印, 원문대로—인용자) 등 네 계열·범주의 향리가 존재했다"고 하였는데, ≪조선왕조실록≫에서도 '통인(通引)'

「향리」조에 나오는 '섭호장(攝戶長)'·'정조호장(正朝戶長)'·'안일호장(安逸戶長)' 명목은 '호장' 계열 향리들의 직위를 가리키는 것이라고 생각된다.[195]

≪경국대전≫에서는 향리들의 직임을 구체적으로 규정하지 않고 평민들이 신역으로 맡는 서반(西班)의 아전 직임만 규정하였다. 그 까닭을 짐작해 보면, 향리들에게 맡길 직임을 가지런히 짜서 더군다나 동반(東班)에 두었을 경우에는 그 명목에 맞는 실질적·정규적 '대우'를 해주지 않기가 어려웠을 것이기 때문이라고 생각된다. 곧, 향리들의 직임에 대한 ≪경국대전≫의 규율 태도는 향리들에게 국가나 '관(官)'의 위세를 빌미 삼을 만한 명분(名分)을 주지 않으려는 것이었다고 짐작된다.

〈향리에 대한 신분적 규제〉

아무튼, 향리들이 지방 고을의 이역(吏役)에 얽매인 사람들이었다는 점은 틀림없다. ≪경국대전≫ <이전> 「향리」조에 따르면, 본디 향리의 후손이 아닌 사람도 어떤 빌미로든 그 할아버지와 아버지가 내리 향리역(鄕吏役)을 진 경우에는 자손까지 아울러 그 역(役)에 얽매이게 되어 있었다.[196] 일단 향리역에 얽매이고 나면 그 고을에서 구실살이를 해야 했을 뿐만 아니라 해마다 돌아가면서 서울에 올라가 여러 관청에서 땔감을 준비하는 일도 해야 했다.[197]

향리들에게는 원칙적으로 대를 물려가며 이역(吏役)이 지워졌던 반면에 관직에 나아가거나 이역을 벗어날 수 있는 길도 열려 있었다.[198]

의 존재를 확인할 수 있으나 ≪경국대전≫에는 그것이 나와 있지 않다.

195) 『대전』, 167쪽 참고.

196) 『대전』, 167쪽 참고.

197) 『대전』, 545쪽, <공전> 「경역리(京役吏)」조 참고.

≪경국대전≫ <이전> 「향리」조에서는 "무릇 향리가 문과·무과·생원시·진사시에 급제·입격한 경우, 특별히 군공(軍功)을 세워 사패(賜牌)를 받은 경우, 세 정남(丁男) 가운데 한 아들이 잡과에 입격하거나 서리(書吏)에 속하여 거관(去官)한 경우에는 아울러 자손의 역(役)까지 벗겨준다"고 규정하였다.[199] 이 규정은 향리가 정과(正科)나 생원시·진사시에 응시할 수 있음을 전제한 것이며, 또한 잡과에 응시하거나 경아전(京衙前)인 서리가 되는 것은 한 집의 정남(丁男) 세 사람마다 한 사람씩에게만 허용된다는 점을 전제한 것이다. <병전> 「시취(試取)」조 '착호갑사(捉虎甲士)' 항목에서는 "지방의 착호인(捉虎人)은 절도사(節度使)가 군사 및 향리·역리(驛吏)·공천(公賤)·사천(私賤) 가운데에서 스스로 바라는 바를 들어주어 뽑아 정한다"고 규정하였고,[200] 「군사급사(軍士給仕)」조에서는 "향리가 한 해에 몸소 (범) 다섯 마리를 잡은 경우에는 신역을 벗겨준다"고 규정하였다.[201] 다만, <형전> 「포도(捕盜)」조에서는 강도를 잡는 일을 주도하거나 절도·강도를 여러 번 먼저 신고한 경우에 여느 사람들에게는 각각 관직이나 산계를 상으로 주도록 하면서도 향리나 천인에게는 무명베를 상으로 주도록 규정하였다.[202]

향리에게는 또한 더 나쁜 처지로 떨어질 수 있는 길도 열려 있었다. ≪경국대전≫ <형전> 「원악향리(元惡鄉吏)」조에 따르면, 향리가 "도죄(徒罪)를 지은 경우에는 영구히 그 도(道)의 허물어진 역의 역

---

198) 이성무, 「조선 초기의 향리」, 한국사연구회 편, 『한국사연구』 5(서울: 광명출판사, 1970), 86~90쪽 참고.

199) 『대전』, 167쪽, "凡鄉吏 中文武科生員進士者 特立軍功受賜牌者 三丁一子中雜科及屬書吏去官者 並免子孫役".

200) 『대전』, 399쪽, "外方捉虎人 則節度使於軍士及鄉驛吏公私賤中 聽自願抄定".

201) 『대전』, 438쪽, "鄉吏一年自捕五口者 免身役".

202) 『대전』, 490~491쪽 참고.

리에 붙이고, 유죄(流罪)를 지은 경우에는 영구히 다른 도의 허물어진 역의 역리에 붙이도록" 되어 있었다.[203)

향리에 대한 특별한 규제로서, 향리가 자기 여종을 아내나 첩으로 맞아들여 얻은 소생은 양인으로 삼되 그 향리와 같은 곳에 역(役)을 지워서 벼슬길을 터주지 않는다는 것이 있었다. 그에 대해서는 [규정 2-5]와 관련하여 언급한 바 있다.

여기까지 살펴본 바를 바탕으로 '향리' 범주의 특색에 대해 말하자면, 그것은 그리 강하지 않은 귀속성·세습성·폐쇄성을 띠었다고 할 수 있다. 그 귀속·세습·폐쇄의 기제는 위에서 살펴본 바와 같다.

〈역리의 신분적 처지〉

위의 논의에서 엿볼 수 있듯이, 역리는 향리보다 더 나쁜 처지에 있었다. 조선 초기 역리의 신분적 지위에 대해서는 유승원과 조병로가 이미 자세히 밝혔는데,[204) 여기서 특별히 더 덧붙일 것이 없다.

유승원의 논의를 요약하면 역리는 공천(公賤)과 마찬가지로 범죄인이나 그 후손이라는 사실 때문에 영구히 신역을 세전(世傳)해야하는 것으로 이해되었으며 [규정 2-5]의 예외를 빼면 역리는 원칙적으로 역리와 양녀의 혼인에 의해서만 재생산될 수 있었다는 것이다.[205) 조병로의 논의는 특히 역리들이 진 신역의 내용에 대해 참고할 만하다.[206)

---

203) 『대전』, 492쪽, "犯徒者 永屬本道殘驛吏 犯流者 永屬他道殘驛吏".
204) 유승원, 『조선 초기 신분제 연구』(서울: 을유문화사, 1987), 258~298쪽; 조병로, 「조선 전기 역리에 대한 일고(一考)」, 남도영 화갑기념 『사학논총』(서울: 태학사, 1984), 269~307쪽; 조병로, 『한국역제사(韓國驛制史)』(과천: 한국마사회 마사박물관, 2002), 239~283쪽 참고.
205) 특히 유승원, 위의 책, 260~264쪽 및 274~298쪽 참고.

≪경국대전≫의 역리 관련 규정 가운데 그 '신분'과 관련된 것은 [규정 2-5] 및 <병전> 「복호(復戶)」조이다. 「복호」조의 내용은 역리 는 갖가지 '군사(軍士)'와 마찬가지로 거느리는 정남(丁男)이 다섯 명, 토지(田)가 5맺 이하인 경우에는 모두 복호한다는 것이다.207)

2) 수군과 조졸(漕卒)

수군은 말 그대로 수군으로서 군역을 진 사람이며 조졸은 조운 (漕運)을 맡은 역군(役軍)이다. 그들의 신분적 특수성은 모두 원칙적 으로 그 신역을 자손들에게 물려주고 다른 신역은 지지 않도록 되 어 있었다는 데 있다.208) 그러므로 수군과 조졸의 경우에 그 신역이

---

206) 조병로, 「조선 전기 역리에 대한 일고(一考)」, 남도영 화갑기념 『사학논 총』(서울: 태학사, 1984), 279~283쪽; 조병로, 『한국역제사(韓國驛制史)』 (과천: 한국마사회 마사박물관, 2002), 269~283쪽 참고.

207) 『대전』, 465쪽 참고.

208) 『대전』, 427쪽, <병전> 「번차도목」조 '수군'·'조졸' 항목에서 둘 다 똑 같이 "그 맡은 바를 대대로 물리고 다른 구실에 뽑지 않는다(世傳其任 勿差他役)"고 하였다. 조선 초기(전기) 수군의 신분적 처지 변화와 입역 (立役) 실태에 대해서는 육군사관학교 한국군사연구실, 『한국군제사(韓 國軍制史)』—근세조선전기편(서울: 육군본부, 1968), 45쪽(액수)·105~ 108쪽·137~142쪽·239~249쪽·287~291쪽; 이재룡, 「조선 전기의 수 군」, 한국사연구회 편, 『한국사연구』 5(서울: 광명출판사, 1970), 113~ 141쪽; 방상현, 「조선 전기 수군 군역고(軍役考)」, 『경희사학』 제11집 (서울: 경희대학교 사학회, 1983), 47~79쪽; 방상현, 「조선 초기 수군 연구」, 『경희사학』 제15집(서울: 경희대학교 사학회, 1988), 247~276쪽; 노영구, 「조선 초기 수군과 해령직(海領職)의 변화」, 『한국사론』 33(서 울: 서울대학교 국사학과, 1995), 79~141쪽 참고. 이재룡과 방상현의 연구(각각 133쪽, 263쪽)에 따르면 수군역의 세습이 처음 법제화된 때 는 성종 5년(1474)이다. 『실록』 12집, 355쪽 하단~356쪽 하단, ≪성종≫

곧 '신분'이었으며, 그 징표는 원칙상 귀속적·세습적·폐쇄적으로 부여되었다. 그런데 그 신역의 '대물림'의 의미에 대하여 논란이 있어서 끝내는 "아버지가 구실살이를 하는 동안 그 아들들은 다른 신역을 지지 않으면서 자유로이 벼슬도 할 수 있되, 다만 아버지가 제역(除役)되거나 죽을 경우에 아들들 가운데 관직이 없는 등으로 입역에 적합한 상태에 있는 사람에게 그 구실을 물려준다"는 뜻으로 해석되었다.209) 그러므로 그런 한도에서는 폐쇄성이 완화되었다. 그리고, 수군의 구실살이는 매우 고된 것이었으므로 징벌 방식으로 활용되어 여느 사람을 새로 수군으로 만드는 규정이 마련되어 있었다.210)

3) 염간(鹽干)과 목자(牧子)

염간은 소금을 구워 나라에 바치는 신역을 진 사람들이고 목자는 각 목장(牧場)에서 구실을 바쳐 말 기르는 일을 맡은 사람들이다.

≪경국대전≫에서 염간에 대해 규정한 바는 [규정 2-5]에 담긴 것뿐이다. 그런데 유승원이 밝혀놓은 바에 따르면 조선 초기(대개 세종 때까지)의 염간은 신역을 세습하였다.211) 그런 사실과 [규정 2-5]

권280, 24년 7월 무술(6일)조 참고. 조졸에 대해서는 학계의 연구가 거의 이루어지지 않은 듯하다.

209) 『실록』 12집, 356쪽 하단, ≪성종≫ 권280, 24년 7월 무술(6일)조 참고.

210) 『대전』, 386~387쪽, <병전> 「시취」조 주 "무릇 (남에게) 대신 시험보게 한 사람과 대신 시험본 사람은 모두 장 100대를 치고 몸을 수군에 붙인다.(凡借者代者 並杖一百 身充水軍)" 참고.

211) 유승원, 『조선 초기 신분제 연구』(서울: 을유문화사, 1987), 322~325쪽 참고. 이찬희, 「조선 전기 염간에 대한 연구」, 남도영 화갑기념 『사학논총』(서울: 태학사, 1984), 327~355쪽에서도 염간의 신분에 대해 논의하였는데, 이 책의 주제와 관련된 한에서는 유승원이 밝혀놓은 바 이

의 내용에서 미루어 보면, 염간은 ≪경국대전≫ 체제에서도 일반적으로(이른바 '양·천 교가[交嫁]' 소생이 아니더라도) 신역을 세습했을 것 같다.

목자에 대해서는 [규정 2-5]를 포함한 여섯 개의 ≪경국대전≫ 규정이 있으나 [규정 2-5] 말고 그들의 신역을 일반적으로 세습시킨다는 내용은 보이지 않는다.[212] 그러나 그 <병전> 「성적(成籍)」조에 따르면 목자에 대해서는 향리·역리에 대해서와 마찬가지로 3년마다 장부를 만들어 보관하도록 되어 있었는데(염간은 빠짐),[213] 그 점에서 미루어 생각하면 목자가 신역을 세습했을 가능성은 염간이 그랬을 가능성보다 더 크다고 여겨진다.

일찍부터 목자의 신분에 대한 연구 성과를 쌓아놓은 남도영은 목자가 조선시대 내내 일반적으로 그 역(役)을 세습한 것으로 여기고 있으나,[214] 그 점에 대하여 그가 근거로 드는 것 또한 [규정 2-5]밖에 없다.[215] 그는 보충적 근거로 "목자의 아들들(子枝)은 다른 역(役)에 정하지 않는다[……○ 목자가 되는 것을 꺼려서 일이 적은 곳(歇處)에 투속(投屬)하는 경우에는 추려서 본디 역에 되돌린다…….]"는 ≪속대전≫ 규정을 들었는데,[216] 그것은 오히려 적어도 규

상의 내용이 없다.

212) 『대전』, 200쪽, <호전> 「어염(魚鹽)」조; 같은 책, 464쪽, <병전> 「급보(給保)」조 주; 같은 책, 464~465쪽, <병전> 「성적(成籍)」조; 같은 책, 470~472쪽, <병전> 「구목(廐牧)」조; 같은 책, 476쪽, <병전> 「잡류(雜類)」조 주; 같은 책, 500쪽, <형전> 「천처첩자녀(賤妻妾子女)」조 주 참고.

213) 『대전』, 464~465쪽 참고.

214) 남도영, 「조선시대 지방 마정(馬政) 조직에 대한 소고(小考)」, 『사학연구』 제18호(서울: 한국사학회, 1964), 158~166쪽; 남도영, 『한국마정사(韓國馬政史)』(과천: 한국마사회 마사박물관, 1996), 324~338쪽 참고.

215) 같은 책, 334쪽 참고.

216) 같은 곳; 『속대전』(서울: 서울대학교 규장각, 1998 영인), 395쪽, <병전>

범적으로는 목자의 신역을 일반적으로 세습시킨다는 원칙이 ≪속대
전≫에 이르러서야 확립되었음을 나타내는 것 같기도 하다. 결국
지금으로서는 목자의 신역 세습 여부에 대해 어떻다고 잘라 말할
수는 없다.

4) 그 밖의 가능성

염간과 목자 말고도, 뚜렷한 근거는 없지만 혹 신역을 고정당하
거나 세습했을 가능성이 의심되는 부류들이 있다. ≪경국대전≫
<병전>「번차도목」조를 비롯한 다른 곳에서 자세히 규정되지 않고
서 그 「잡류(雜類)」조에 명목이 보이는 사람들을 두고 하는 말이다.
비록 「잡류」조 본문에서는 "잡류인(雜類人)을 뽑아서 정하는 데는
차이를 둔다"고 하여 그들의 신역을 고정시키지 않고 뽑아서 정하
는 것처럼 표현하였으나,[217] 그것만으로 의심이 완전히 떨쳐지지
않는다.

이제까지 이 책에서 그 신역 고정 여부에 대해 언급하지 않았고
또 「번차도목」조에도 나오지 않으면서 「잡류」조에는 보이는 명목들
은 수릉군(守陵軍), 수묘군(守墓軍), 태실간수군(胎室看守軍), 단지기
(壇直), 당지기(堂直), 진부(津夫), 수부(水夫), 빙부(氷夫), 약부(藥夫),
어부(漁夫), 원주(院主) 따위이다. ≪조선왕조실록≫ 기사를 통해서
보면 약부를 뺀 나머지 사람들의 신역은 유동적이었던 듯도 하나,
사례의 수가 충분하지 못하여 잘라 말하기 어렵다.

「구목」조, "牧子子枝 勿定他役[……○ 厭避牧子投屬歇處者 刷還本役……]"
참고.

217) 『대전』, 476쪽, "雜類人差定有差".

지금 전하는 ≪경국대전≫ 편찬 이전의 잡류인들의 역(잡색역[雜色役])에 대해서는 유승원이 많은 부분을 밝혀놓았는데,[218] 그에 따르면 적어도 ≪경국대전≫ 시행 이전에는 위에서 든 부류들 가운데 수릉군·수묘군·태실간수군·단지기·당지기는 역을 세습하지 않았고 약부와 진부는 역을 세습하였다.[219]

---

218) 유승원, 『조선 초기 신분제 연구』(서울: 을유문화사, 1987), 423~456쪽 참고.

219) 유승원, 같은 책, 425~432쪽 참고. 손홍렬, 「조선시대의 의료제도(Ⅰ)」, 『역사교육』30·31합집(서울: 역사교육연구회, 1982), 110쪽에는 ≪경국대전≫ 체제에서도 약부가 신역을 세습하도록 되어 있었다고 본 듯하다. 거기에 근거로 제시된 기록은 ≪성종≫ 권98, 9년 11월 임신조인데, 원문의 날짜가 '임오(壬午)'(25일에 해당)로 되어야 할 것이 '임신(壬申)'(15일에 해당)으로 잘못 표시되어 오해의 소지가 있다. 원문의 '임신'을 '임오'로 고치고 25일로 보아야 옳다. 『실록』 9집, 667쪽 하단~668쪽 하단(실질적 내용은 668쪽 하단) 참고.

제5장
적·서 분별에 따른 서얼 차별

〈서얼의 개념〉

이른바 '적(嫡)·서(庶) 분별'에서 '서'에 해당하는 사람들을 모두 '서얼'이라고 한다면 '중'을 뺀 모든 남자들에게서 서얼이 파생할 수 있었다. 위로는 임금의 후궁 소생이 있을 수 있었고 보통은 귀족·관인·평민 따위의 첩 소생이 있었으며 맨 아래에는 천인의 화처(花妻) 소생이 있을 수 있었기 때문이며, 사통(私通) 관계의 소생도 중의 소생이 특수하게 규제된 경우를 빼면 모두 서얼로 여겨졌기 때문이다. 그런데 그 각 부류의 서얼들 각각에 대한 규범적 규제 내용이 달랐고 그에 따라서 각 부류의 서얼들의 규범적 속성이 달랐다. 그러므로 서얼의 개념, 그 내포와 외연이 문제된다.

기존 학계에서 그 개념을 어떻게 파악해왔는지를 보면, 이상백은 단순히 '첩자(妾子)'로 보았고,[1] 이태진도 단순히 '첩자손'으로 본 듯하며,[2] 이성무도 마찬가지로 '첩자손'으로 보았고,[3] 이종일은 "사족(士族) 아닌 자의 첩자녀와 그 후손"을 가리키는 서얼 개념이 성립할 수 있음을 인정하면서도 "조선시대의 서얼"을 "사족의 첩자녀와 그 후손"으로 한정하였으며,[4] 지승종은 말의 뜻으로는 "서얼은 곧 첩자"이지만 신분 범주로는 양인인(양인이 된) 첩자손만 서얼이라고 보았고,[5] 김필동은 서얼은 "첩의 소생(과 그 자손)"을 말한다

---

1) 이상백, 「서얼 차대(差待)의 연원(淵源)에 대한 일(一) 문제」, 이병도 편, 『진단학보』 제1권(서울[京城]: 진단학회, 昭和九年[1934]), 26쪽; 이상백, 「서얼금고시말(庶孽禁錮始末)」, 『동방학지(東方學志)』 제1집(서울: 연희대학교 동방학연구소, 단기 4287년[1954]), 161쪽 참고.

2) 이태진, 「서얼차대고(庶孽差待考)」, 『역사학보』 제27집(서울: 역사학회, 1965), 66쪽에서 "서얼계층 전체"와 "관료의 첩자손"을 대비하였다.

3) 이성무, 『조선 초기 양반 연구』(서울: 일조각, 1980), 38쪽에서 "양반의 서얼"이라는 표현과 "양반의 첩자손(서얼)"이라는 표현을 썼다.

4) 이종일, 「조선시대 서얼신분 변동사 연구」(서울: 동국대학교 박사학위논문, 1988), 1쪽 주 1 및 본문.

고 하면서도 "주로 양반의 서얼을 지칭한다"고 하였다.6) '첩'이라는
말은 임금의 후궁이나 천인의 화처에 대해서는 쓰이지 않았으므로,
그 말의 쓰임새를 엄밀히 따지면 기존 학계에서는 가장 넓게 쳐도
'양인'의 첩자녀 및 그 후손만을 '서얼' 범주에 넣어서 다루어 온
셈이다.

그런데, 가장 심하게 임금이 후궁 소생인 경우는 젖혀두더라도,
크게 나누어 후궁 소생인 종친과 그 후손 및 일반 종친들의 첩 소
생(①), 종친을 뺀 양인들의 양첩 소생과 그 후손(②), 종친을 뺀 양
인들의 천첩 소생 가운데 양인이 된 사람과 그 후손(③), 양인의 천
첩 소생으로서 양인이 되지 못하고 천인으로 남은 사람과 그 후손
(④), 천인들의 화처 소생(⑤) 각각에 대한 법적 규제의 내용이 달랐
다.7) ①에 해당하는 사람들은 주로 종친부 관직 부여, 제사 승계,
재산 상속에서 차별 대우를 받았다. ②나 ③에 해당하는 사람들은
주로 일반 관직 부여(과거 응시 포함), 제사 승계, 재산 상속에서 차
별 대우를 받았다. ④에 해당하는 사람들은 첩의 후손이라는 사실
을 근거로 해서는 원칙적으로 제사 승계와 재산 상속에서만 차별을
받도록 되어 있었다. ⑤에 해당하는 사람들은 제사 승계와 재산 상
속에서 차별을 받았을 가능성이 있는데 실제 사례로서 확인되지는
않는다. 이런 차이가 있으므로, '서얼'의 개념은 여러 가지로 규정될
수 있다. 여기서는 일단 ①에서 ⑤까지 모든 부류의 사람들을 아울
러 '서얼'이라고 해 두고, 앞으로의 논의에서는 주로 ②에서 ④까지
의 사람들을 염두에 두기로 하겠다.8)

---

5) 지승종, 「조선 전기의 서얼 신분」, 한국사회사연구회, 『한국의 전통사회와
   신분구조』(서울: 문학과지성사, 1991), 100쪽 및 103쪽 참고.
6) 김필동, 『차별과 연대』(서울: 문학과지성사, 1999), 69쪽 및 70쪽 참고.
7) 양인의 천첩 소생이 양인과 천인으로 나뉜 까닭은 앞에서 본 [규정 2-3] ·
   [규정 2-4] · [규정 2-5]에 담긴 신분 전승 규칙이 작용했기 때문이다.

〈적・서 분별의 제도적 위상〉

위에서 실제 사례도 확인되지 않고 가능한 차별의 의미도 크지 않을 ⑤의 경우를 빼고 보면, 적・서 분별에 따른 '적출'과 '서얼'의 구분은 제4장에서 본 벼슬과 신역에 따른 하위 범주 구분과는 전혀 다른 차원에서 그 구분과 중첩해서 이루어지는 양인 범주 안에서의 또 한 가지 하위 신분 범주 구분이 된다. 다시 말하면, 적출과 서얼의 구분은 '양인' 범주 안에서만, 그리고 그 안에서는 언제 어디서나 큰 의미를 띠는 특수한 신분적 범주 구분이라고 할 수 있다.

적・서 분별이 '신분적'이라는 점에 대해서는 별다른 설명이 필요할 것 같지 않다. 적출이나 서얼이라는 징표는 매우 뚜렷한 규범적 기준에 따라 부여되어 여러 모로 차별 대우의 기준 구실을 하였고, 한 사람의 평생에 떼어낼 수 없는 것이었을 뿐만 아니라 자자손손, 대대손손 영원히 떼어낼 수 없는 것이었다. 적출과 서얼이라는 신분 범주는 어김없는 귀속성・세습성・폐쇄성을 띠었다. 그러므로 적출과 서얼이야말로 전근대적 신분의 전범(典範)이라고 할 만하다.

〈서얼 차별의 내용과 성격〉

서얼에 대한 차별 대우의 내용에 대해서는 앞에서 든 여러 학자들의 연구 성과가 쌓여 있으므로 ≪경국대전≫에 나타난 것만 정리해 보기로 하겠는데, 관련 법조문에 직접 보이는 내용에 대해서는

---

8) 『속대전』(서울: 서울대학교 규장각, 1998 영인), 57쪽, <이전> 「경관직」조에서 "종친으로서의 대수(代數)가 다하기 전에는 본디 적・서의 다름이 없다(宗代未盡之前 元無嫡庶之異)"고 한 점 참고. 종친들 사이의 적・서 차별에 대해서는 앞에서 간단히 짚어둔 바도 있다. 천인들의 화처 소생은 상속 및 봉사(奉祀)와 관련해서는 문제가 되었을 수도 있으나, 일반적으로 천인들의 재산은 보잘 것 없었고 또 나라에서도 대개 그들을 '예교(禮敎)'의 대상에서 제외하였으므로, 그 가능성은 크지 않다.

따로 설명을 덧붙이지 않겠다.

≪경국대전≫에 실린 서얼 관계 규정들은 다음과 같다(밑줄은 인용자가 그음).

[규정 8-1] (외명부의 벼슬)

"지아비의 관직에 따라 벼슬(爵)을 봉(封)한다[<u>서얼</u> 및 거듭 시집 간 경우에는 봉하지 않으며……. ○……]."9)

[규정 8-2] (관리 임용의 등급 한계)

"문·무관 2품 이상의 <u>양첩자손</u>은 정3품에 한하고 <u>천첩자손</u>은 정5품에 한하며, 6품 이상의 <u>양첩자손</u>은 정4품에 한하고 <u>천첩자손</u>은 정6품에 한하며, 7품 이하에서 무직인에 이르기까지의 <u>양첩자손</u>은 정5품에 한하고 <u>천첩자손</u> 및 천인이다가 양인이 된 자는 정7품에 한하며, <u>양첩자의 천첩자손</u>은 정8품에 한한다[병조도 같다. ○ 2품 이상의 <u>첩자손</u>은 사역원·관상감·전의감·내수사·혜민서·도화서·산학·율학에 받아들여 재주에 따라 임용한다.]."10)

[규정 8-3] (공신전 전승)

"공신전은 자손에게 물려준다[……○ 적실에 자손이 없는 경우에는 <u>양첩자손</u>에게 물려주고, 양첩자손이 없으면 <u>천첩자손</u>으로서 승중(承重)한 사람에게 다만 제전(祭田) 30결을 주고 그 나머지는 국유화한다. ○……]."11)

---

9) [규정 6-1]의 한 부분임.

10) 『대전』, 159~160쪽, <이전> 「한품서용」조, "文武官 二品以上 良妾子孫 限正三品 賤妾子孫 限正五品 六品以上 良妾子孫 限正四品 賤妾子孫 限正六品 七品以下至無職人 良妾子孫 限正五品 賤妾子孫 及賤人爲良者 限正七品 良妾子之賤妾子孫 限正八品[兵曹 同 ○ 二品以上妾子孫 許於司譯院觀象監典醫監內需司惠民署圖畵署筭學律學 隨才敍用]".

11) 『대전』, 196쪽, <호전> 「전택」조, "功臣田 傳子孫[……○ 嫡室無子孫者 傳良妾子孫 無良妾子孫 則賤妾子孫承重者 只給祭田三十結 其餘屬公 ○……]".
여기에 나오는 제전은 그 용도가 제사에 쓰이는 비용을 마련하는 것이

[규정 8-4] (과거 응시 자격)

　"죄를 지어 영영 서용(敍用)하지 말 사람, 장리(贓吏)의 아들, 거듭 시집가거나 행실을 잃은 여자의 자손 및 <u>서얼자손</u>은 문과시·생원시·진사시를 보는 것을 허용하지 않으며……."[12]

[규정 8-5] (봉사 자격)

　"……적장자에게 후손이 없을 것 같으면 중자(衆子)가, 중자에게 후손이 없으면 <u>첩자(妾子)</u>가 제사를 받든다[적장자에게 다만 <u>첩자</u>만 있어서 아우의 아들로서 뒤를 잇기를 바라는 경우에는 들어주고, 자기가 <u>첩자</u>와는 따로 하나의 지파(支派)가 되고자 하더라도 또한 들어준다. ○ 양첩자(良妾子)에게 후손이 없으면 천첩자(賤妾子)가 승중(承重)하며, 무릇 <u>첩자</u>가 승중하는 경우에 그 어머니는 사실(私室)에서 제사하되 그 자신에서 그친다.]."[13]

[규정 8-6] (군역─충의위)

　"공신의 자손이 속한다[<u>첩자손</u>이 승중한 경우에도 또한 속한다.]."[14]

[규정 8-7] (군역─충찬위)

　"원종공신 및 자손이 속한다[<u>첩자손</u>이 승중한 경우에도 또한 속한다.]."[15]

라는 뜻일 뿐 <호전> 「제전(諸田)」조에 나오는 이른바 '공전(公田)'의 한 종류인 숭의전(崇義殿)에 할당된 제전과는 다른 것이다.

12) 『대전』, 213~214쪽, <예전> 「제과」조 주 "罪犯永不敍用者 贓吏之子 再嫁失行婦女之子孫 及庶孽子孫 勿許赴文科生員進士試……". 『경국대전주해』(서울: 단국대학교 출판부, 1979 영인), 14~15쪽, ≪전집≫ <이전>에서는 여기서 '서얼자손'만은 '자자손손(子子孫孫)'으로 해석하였다.

13) 『대전』, 282쪽, <예전> 「봉사(奉祀)」조 "……若嫡長子無後 則衆子 衆子無後 則妾子 奉祀[嫡長子 只有妾子 願以弟之子爲後者 聽 欲自與妾子別爲一支 則亦聽 ○ 良妾子無後 則賤妾子承重 凡妾子承重者 祭其母於私室 止其身]".

14) 『대전』, 409쪽, <병전> 「번차도목(番次都目)」조 '충의위(忠義衛)' 항목 주, "功臣子孫屬焉[妾子孫承重者 亦屬]".

[규정 8-8] (재산 상속)

"나누지 않은 노비는 아들과 딸, 살아있고 죽었고를 가리지 않고 나누어 주고[……], 나눌 수가 차지 않는 경우에는 적자녀에게 고루 주며, 남는 수가 있을 것 같으면 승중한 아들에게 먼저 주고, 그래도 나머지가 있으면 나이들고 어린 차례대로 그것을 주는데, 적실 자녀가 없으면 <u>양첩자녀</u>에게, 양첩자녀가 없으면 <u>천첩자녀</u>에게 마찬가지로 한다. ○ 전지(田地)도 같다."16)

[규정 8-9] (재산 상속) "(※ 다음 쪽 표의 내용)"17)

위의 규정들 가운데 [규정 8-1]·[규정 8-2]·[규정 8-4]·[규정 8-6]·[규정 8-7]은 '공법(公法)'의 성격을 띠고, [규정 8-5]·[규정 8-8]·[규정 8-9]는 '사법(私法)'의 성격을 띠며, [규정 8-3]은 공법의 성격과 사법의 성격을 아울러 띤다. 이 점에서 서얼 범주의 한 가지 특징적인 면을 엿볼 수 있다. 곧, '서얼'이 ≪경국대전≫ 체제에서 공법적인 면뿐만 아니라 사법적(私法的)인 면에서도 중요한 규제를 받았던 오로지 하나 뿐인 신분 집단이었다는 것이다. '천인'에 대해서도 사법적인 면에서 상속인의 범위가 제한되었으나, 그것은 사소한 것이라고 볼 수 있다. 사법적인 면에서 서얼은 제사 승계와 재산 상속에서 차별을 받았는데, 그것은 중요한 것이라고 여기지 않을 수 없다.

---

15) 『대전』, 413쪽, <병전> 「번차도목(番次都目)」조 '충찬위(忠贊衛)' 항목 주, "原從功臣及子孫屬焉[姜子孫承重者 亦屬]".

16) 『대전』, 505쪽, <형전> 「사천(私賤)」조 주, "未分奴婢 勿論子女存歿 分給[身歿無子孫者 不在此限] 未滿分數者 均給嫡子女 若有餘數 先給承重子 又有餘 則以長幼次序給之 嫡無子女 則良妾子女 無良妾子女 則賤妾子女 同 ○ 田地 同".

17) 『대전』, 505~513쪽, <형전> 「사천」조(원문은 생략하며, 중복을 피하기 위하여 틀을 약간 바꾸고 필요 없는 부분은 뺐음).

(상속인) (상속재산)	승중자 (承重子)	중자녀 (衆子女)	양첩자녀 (良妾子女)	천첩자녀 (賤妾子女)
부모의 노비	5분의 1을 더한다[중자녀에게 각각 5구를 줄 것 같으면 승중자에게는 6구를 주는 따위이다.].	고루 나눈다.	7분의 1이다[적자녀에게 각각 6구를 줄 것 같으면 양첩자녀에게는 각각 1구를 주는 따위이며, 아래도 같은데 적모(嫡母)의 노비는 그렇지 않다{천첩자녀도 같다.}.].	10분의 1이다.
적실에 아들·딸이 없는 경우의 노비			고루 나누며, 승중자에게는 5분의 1을 더한다.	5분의 1이다.
적실에 아들은 없고 딸은 있는 경우의 노비			승중자에게는 그 몫에 두 몫을 더한다.	
적실 및 양첩에게 아들·딸이 없는 경우의 노비				고루 나누며, 승중자에게는 5분의 1을 더한다.
적실 및 양첩에게 모두 아들은 없고 딸은 있는 경우의 노비				승중자에게는 그 몫에 두 몫을 더한다.
적실에 아들·딸이 없는데 양첩에게 아들은 없고 딸은 있는 경우의 노비				승중자에게는 5분의 1에 두 몫을 더한다.
아들·딸이 없는 적모(嫡母)의 노비			7분의 1이며, 승중자에게는 세 몫을 더하고, 나머지는 친정 사람에게 돌려주되[형제자매가 없으면 3촌, 3촌이 없으면 4촌 친족에게 주되, 양첩자손에게는 7분의 1을 주고 천첩자손에게는 10분의 1을 주며, 친정 사람들의 수가 비록 많더라도 한꺼번에 주고 만약 노비 수가 작을 것 같으면 첩자녀에게 먼저 준다.] 친정 사람이 없으면 국유로 한다[아래도 같다.].	10분의 1이며, 승중자에게는 두 몫을 더한다.
아들은 없고 딸은 있는 적모의 노비			승중자에게 7분의 1을 주는데, 3구를 넘지 못한다.	승중자에게 10분의 1을 주는데, 3구를 넘지 못한다.

마지막으로 한 가지, 서얼에 대한 차별은 다른 나라에 없었을 뿐만 아니라 우리 역사에서도 조선시대에만 있었던 별난 신분 현상이라는 점을 지적하지 않을 수 없다. 그 점에 대해서는 이미 여러 학자들이 언급하였으므로, 여기서는 그것이 조선의 신분 제도가 갖는 중요한 역사적·비교론적 특이점 가운데 하나라는 것만 지적해 두겠다.

제6장
결 론

이 책의 본론을 이루는 제3장부터 제5장까지에서, 처음에 제시했던 ≪경국대전≫에 직접 담기거나 그에 전제되거나 거기에서 논리적으로 끌어낼 수 있는 신분 제도의 틀과 내용 및 작동 원리를 밝혀본다는 목표 아래 나름대로 논의를 전개해 보았다. 그런데 '신분'이라는 개념 자체부터가 당시 사람들이 명시적으로 쓰지 않았고 또 알지도 못했던 것처럼 보이는 것이어서, 이론적 이해를 위해서는 그 개념을 일부러 설정해서 쓸 수밖에 없었다. 말하자면, 이 책에서는 당시 사람들 사이에 공유되고 있던 어떤 개념적 실체를 분석한 것이 아니라 지금에 와서 인위적으로 설정한 '신분'이라는 개념을 잣대로 삼아 당시의 사상(事象)을 재단(裁斷)하고 신분 개념이 제공하는 틀에 따라 그 결과를 기술(記述)했을 뿐이다.

엄격한 실증주의적 관점에서 본다면 역사적 현상에 대한 이런 식의 기술은 그 기술하는 사람의 독단에 지나지 않는 것으로 보일 수도 있을 것이다. 그러나, 모름지기 실증에 바탕을 두지 않은 역사 이해는 가상이나 허구에 지나지 않을 것이지만, 또 한 편으로 순전히 실증에 그친다면 그것은 무미건조한 오성적(悟性的) 인식에 머무를 뿐 그로부터 어떤 '의미'를 끌어낼 수 있는 이해에는 이르지 못할 것이다. 그러므로, 역사 연구를 유적(類的) 존재로서의 인간이 스스로를 이해하고 스스로의 존재에 대하여 어떤 의미를 부여해 보려는 노력의 한 갈래로 본다면, 이른바 '사료'를 분석하여 역사가 전개될 당시에 있었던 일들을 하나의 형상(形象)으로 되살려내는 것과 더불어, 비록 당시에는 존재하지 않았지만 뒷날에 와서 어떤 의미를 갖게 된 이론적 개념에 따라 당시의 사상(事象)을 다시 해체하여 재구성해보는 것도 역사 연구에서 허용될 뿐만 아니라 필요한 일일 것이다. 그런 점에 기대어, 이 책에서는 '신분'이라는 개념을 잣대로 들이대어 ≪경국대전≫이 편찬될 즈음의 역사적 사상(事象)들을 재단하고 그 결과를 기술해 본 것이다.

그런데 그 신분 개념이란 것이 기존 학계에 특정한 내용으로 공유되고 있지 않아서, 그것부터 제2장에서 따로 설정하고 들어갔다. 그 대목을 다시 떠올려보면, 신분을 "지배적 사회규범에 의해 사회 전체적 규모로 유별·구획된 사람들에게 다양한 계기를 통해 주어져서 원칙적으로 종신토록 고착되며 공적·사적 생활과 관련된 각종 권리·의무 부여에서 차별 기준이 되는 규범적 속성 징표"라고 규정했었다. 이러한 개념에 이르게 된 과정은 꽤 자세히 밝혔는데, 거기서 가장 중요하게 고려한 것은 신분은 최소한 계급과 구별되어야 한다는 점과 신분 제도는 간단히 말하면 사회 구성원 모두에게 인위적 딱지를 고정적으로 붙여놓고 그에 따라 사람들을 차별하는 제도라는 점이다.

이와 같은 개념을 통해 신분 현상에서 엿볼 수 있는 사람들의 관념은 사람의 규범적 속성에 대한 생물학적 비유(比喩)이다. 신분 현상의 바탕 내지 배후에는 본디 가변적이고 가소적(可塑的)인 인간의 성격이나 자질을 규범적인 면에서 고정된 속성으로 의제(擬制)해서 그것을 마치 자연적 형질(形質)인 것처럼 다루려는 관념이 작용하고 있다고 여겨진다. 그러한 의제와 비유는 시대와 장소(사회)에 따라 다양한 모습으로 나타날 수 있다. 그러므로 시대와 장소에 따라 다르게 나타나는 신분 제도의 모습에서 규범적 측면에서 파악되는 인간의 속성과 관련된 그 사회의 '시대 정신'의 내용을 엿볼 수 있는데, 거기서 신분적 유별·차별의 범위 내지 규모와 신분 징표의 세습(유전) 정도를 그 '전근대성'을 가늠하는 잣대로 삼을 수 있다.

≪경국대전≫이 편찬될 즈음의 조선 사회에 살았던 사람들이 공유한 시대 정신 가운데 이른바 '신분 관념'에 해당하는 것 및 그것이 제도화된 형태는 이 책의 제3장부터 제5장까지에서 기술(記述)한 신분 범주 구획과 각 범주별 특색을 요약해 보면 간명한 형태로 드러날 것이다. 먼저 신분 범주 구획 관계를 그림으로 요약하고(아래 그림 참고) 각 범주별 특색에서 엿볼 수 있는 당시 사람들의 신분 관념을 간단히 되짚어보기로 한다.

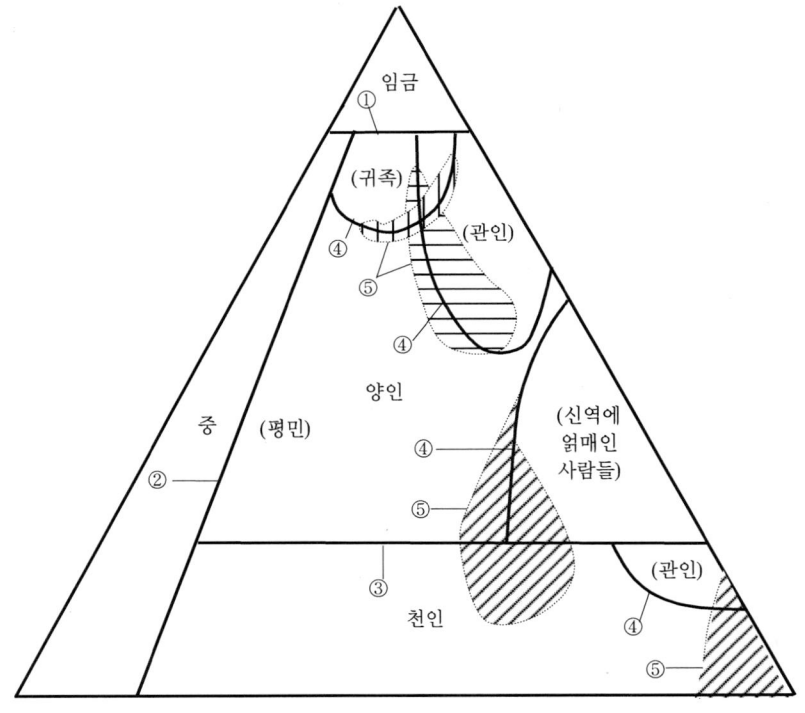

※ ▨▨ : 서얼의 대체적 분포범위를 나타냄.
　　①~⑤ : 신분 구획의 논리적 순서를 나타냄.
※ 천인 범주 안의 관인과 서얼은 신분적 성격이 매우 약함.

위의 그림에는 본문에서 언급한 신분 범주 구획 가운데 일부만 표시되어 있다. 그림에 표시되지 않은 범주 가운데 '인민'은 '임금'을 뺀 나머지 부분이고, '속인(俗人)'은 '임금'과 '중'을 뺀 나머지 부분이다. '귀족' 범주 안에서 다시 나뉘는 다섯 개의 작은 범주(후궁과 대전유모, 종친과 그 밖의 종성 왕친, 공신과 원종공신, 왕녀와 의빈 및 이성 왕친, 외척)와 '관인' 안에서 다시 나뉘는 다섯 개의 작은 범주(궁인과 궁관, 유품관과 그 외연, 환관, 토관, 잡직인) 및 '신역에 얽매인 사람들'의 세 부류(향리와 역리, 수군과 조졸, 염간과 목자)는 따로 표시하지 않았다. 그림에 표시된 '서얼'의 위치는 정확하지 않을 수밖에 없는데, 그들은 '임금'과 '중'을 뺀 구획 가능한 모든 신분 범주들의 하층부에 편재(遍在)하고 있었다고 생각하면 된다.

그림의 위아래 배치는 위계(位階) 관념을 표시하며, 좌우 배치는 별다른 의미를 갖지 않는 편의적인 것이다. 사회 전체를 나타내는 삼각형이 상하·좌우 모든 면에서 여러 신분 범주로 구분된다는 점은 신분 제도의 전사회적 포괄성을 보여준다.

그림에 표시하거나 위에서 언급한 신분 범주들 가운데 '임금'·'인민', '양인'·'천인', '적출'·'서얼' 따위는 대체로 엄격한 귀속성·세습성·폐쇄성을 띠었다. 거기에는 "생래적 형질은 대체로 영구히 유전된다"는 관념이 강하게 작용하였다고 생각된다. '신역에 얽매인 사람들'은 대체로 엄격한 귀속성과 세습성을 띠었으며, 어느 정도의 폐쇄성도 띠었다. 거기에도 그런 관념이 작용했다고 볼 수 있다.

'공신과 원종공신'은 대체로 애초에 귀속성은 띠지 않았으나 강한 세습성을 띠었고, 세습성이 나타나는 국면에서는 엄격한 폐쇄성을 띠었다. 거기에는 "획득 형질도 영구히 유전될 수 있다"는 관념이 작용하였다. '신역에 얽매인 사람들'도 이와 마찬가지로 파악할 수도 있다. '획득 형질의 영구 유전'이라는 관념은 '생래 형질의 영구 유전'이라는 관념보다 더 강력한 과잉 유추이며, 더욱 더 '전근대적'인 것이라고 할 수 있다.

'종친과 그 밖의 종성 왕친', '왕녀와 의빈 및 이성 왕친'은 대체로 엄격한 귀속성·폐쇄성과 범위가 한정된 세습성을 띠었다. 거기에는 "생래적 형질은 대체로 유전되지만 그 가운데에는 대(代)가 내려갈수록 희석되고 퇴색하여 일정한 범위를 벗어나면 없어지는 것도 있다"는 관념이 작용한 것으로 보인다. 이 범주들에 적용된 한대(限代) 유전 원리는 전근대성이 약한 부분이라기보다는 오히려 전근대적 특권을 굳게 보존하기 위한 자기 도태(淘汰)·정화(淨化) 장치라고 생각된다.

'유품관과 그 외연'의 일부(유음 사족[有蔭士族]) 및 '외척'은 대체로 귀속성은 띠지 않았지만 어느 정도의 세습성과 폐쇄성을 띠었다. 거기에는 "획득 형질 가운데 일부는 유전되기는 하지만 대가 내려갈수록 희석되고 퇴색하여 일정한 범위를 벗어나면 없어진다"는 관념이 작용하였다. 거기서 보이는 것과 같은 '신분적' 현상은 현대에도 가끔 일어나는 것으로('독립유공자'의 예),[1] 그 '전근대성'은 강하지 않다고 생각된다.

이른바 '후궁과 대전유모', 유음 사족(有蔭士族)을 제외한 '관인', '중'은 대체로 귀속성·세습성·폐쇄성 가운데 어느 것도 띠지 않았

---

1) 현행 <독립유공자 예우에 관한 법률>이나 <국가유공자 등 예우 및 지원에 관한 법률>에서는 각각 독립유공자의 자녀와 손자녀, 국가유공자의 자녀에 대해서도 '특전(特典)'을 부여하면서 원칙적으로 그 특전을 받을 권리를 양도·압류하거나 담보로 제공하지 못하도록 하였다. <독립유공자 예우에 관한 법률>(2002. 12. 30. 일부 개정, 법률 제6836호) 제5조 제1항 제2호 및 제3호, 제11조 제2항; <국가유공자 등 예우 및 지원에 관한 법률>(2002. 1. 26. 일부 개정, 법률 제6648호) 제5조 제1항 제2호, 제19조 참고.

다고 할 수 있다. 거기에는 주로 "획득 형질은 대체로 유전되지 않는
다"는 관념이 작용한 것으로 여겨진다. 거기서 보이는 것과 같은 신
분 현상은 현대에도 꽤 존재하는 것으로('종신 자격증'의 예), 그것을
굳이 특정 시대에 한정되는 현상이라고 평가할 필요나 이유는 없다.

위에서 본 것과 같은 ≪경국대전≫ 체제의 신분 제도는 세속적·
국가주의적 관점에서 기획된 것으로, 그 범주 구획의 이면에 작용
한 목적론적 원리 내지 그 범주 구획의 규범적 의미는 다음과 같이
설명할 수 있다.

첫째, 사회 구성원들의 전체집합을 '임금'과 '인민'으로 나눈 것은
'통치자'와 '피치자'를 구분한 것이다.

둘째, '인민'을 '중'과 '속인'으로 나눈 것은 '세속적' 통치의 범위
를 확정한 것이다. 곧, 중들을 세속적 통치에서 배제하거나 중들에
게는 세속적 통치를 면제한 것이다.

셋째, '속인'을 '양인'과 '천인'으로 나눈 것은 국가 공공 생활에
'인신적(人身的)'으로 참여할 수 있는 사람들의 범위를 양인으로 한
정한 것이다. 천인은 원칙적으로 국가의 공공 생활에 몸소 참여할
권리나 의무를 갖지 못했다. 그것은 천인이 사법적(私法的)으로 재
물로 여겨졌다는 데에서 말미암은 것이다.

넷째, 후궁과 대전유모를 비롯한 다섯 부류의 사람들에게 '귀족'
이라는 이름이 어울릴 만큼 특전을 부여한 것은 한 편으로는 세습
군주제 국가의 '왕실'을 옹호하려는 것이면서 또 한 편으로는 임금
의 '사사로움'이 국가의 공적(公的) 제도에 침투한 것이다.

다섯째, '관인'들에게 신분적 특전을 부여한 것은 한 편으로는 국
가 운영에 필요한 고급 인력을 안정적으로 확보하는 장치이면서 또
한 편으로는 그들의 기득권(旣得權)을 필요 이상으로 보호함으로써
그 부담을 다른 인민 집단에게 떠넘기는 장치이다. 특히 '관인' 범

주가 세습 기제를 통해 '유음인(有蔭人)'까지 확장된 것은 이른바 '집권 세력의 전횡(專橫)'을 보여주는 대목으로서 기득권 집단의 '사사로움'이 국가의 공적 제도에 침투한 것이다.

여섯째, 일정한 범위의 사람들을 (국가적) '신역(身役)'에 얽어맨 것은 국가 운영에 필요한 저급 인력을 안정적으로 확보하는 장치이다. 오늘날의 관점에서는 '신역에 얽매인 사람들'은 국가 운영상의 필요에 희생당한 사람들로밖에 보이지 않는다. 국가 권력의 억압성·폭력성을 적나라하게 보여주는 부분이다.

일곱째, 적·서 분별은 여러 면에서 매우 독특한 성격을 드러낸다. '적출'과 '서얼' 범주의 구획은 일단 '귀족'과 '관인'들의 자기 정화(淨化) 장치로 볼 수 있다. 그런데 그 논리가 사회 전반으로 확장되어 '사법적(私法的)'인 면(상속)에서도 서얼들에 대한 차별이 이루어졌다는 것은 특기할 만한 점이다.

애초에 연구 방향을 설정하면서 신분 제도의 구성 부분 가운데 '신분적 차별 장치'는 여러 신분 징표들이 나타내는 규범적 속성의 차이에 의해 자연스럽게 설명될 것이라고 했는데, 실제 본문의 논의에서 중요한 차별 장치들을 거의 빠짐없이 다루기는 하였으나 그것을 일목요연하게 드러내지는 못한 것 같다. '관직'을 부여하고 '신역'을 부과하는 장치가 신분 범주 구획 장치이면서 또한 신분적 차별 장치라는 점은 두드러지게 드러낸 것 같으나, 다른 생활 영역에서의 차별을 각 범주에 대한 설명에서 언급함으로써 차별 장치들 사이의 '체계'를 드러내지는 못하였다. 그 점을 보충하는 의미에서, 뒤늦게나마 각 신분 집단들에 대해 대체로 어떤 영역에서 어떠한 차별이 이루어졌는지를 다음 300~301쪽의 도표로 요약해두고자 한다(이해하기 어려운 용어나 표현에 대해서는 본문의 해당 부분 논의 참고).

≪경국대전≫ 체제의 신분 제도를 총괄적으로 평가해 보면, 그것
은 위와 같이 생물(분류)학적 유추에 따라 형성된 관념으로 뒷받침
되고 세속적·국가주의적·실용적 필요에 따라 고안되었으며 거기
다가, 특히 신분 징표의 세습과 신분적 차별이 과도하게 이루어졌
다는 점에서, 약간의 부작용까지 덧붙여진 것이라고 할 수 있다.

이 책에서 살펴본 바와 같은 내용을 가진 ≪경국대전≫ 체제의
신분 제도가 당시 사람들에 의해 어떤 의미로, 어느 정도로 받아들
여졌는지, 또는 당시 사람들이 그 제도에 어떻게 적응하고 어떻게
반응하였는지는 이 책에서 밝힐 수 없었다. 그런 문제들에 대한 답
은 연구 범위를 훨씬 더 넓히고 접근 방향을 훨씬 더 다양한 각도
에서 잡아야 제대로 구할 수 있을 것이다. 그 답을 이미 축적되어
있는 학계의 연구 성과에서 구할 수 있을 지도 모르겠으나,[2] 아직
당시의 신분 현상에 대한 학계의 연구가 충분하다고는 할 수 없다.
특히 사회사, 법제사를 포함한 제도사, 사상사, 비교론 등 각 분야
에서의 접근이 더욱 깊이 있게 이루어지고 그 성과들이 결합되어야
할 것이며, 복합적이고 종합적인 방법론에 입각한 접근도 이루어져
야 할 것이다. 또한 공시적(共時的) 이해와 통시적(通時的) 이해의
결합도 이루어져야 할 것이다.

---

2) 대표적으로 김석형, 『조선 봉건시대 농민의 계급 구성 / 양반론』(서울: 신
   서원, 1993 재편집), 16~442쪽 곳곳; James B. Palais(제임스 팔레), 「조선
   왕조의 관료적 군주제」, 조선시대사학회 편, 『동양 삼국의 왕권과 관료제』
   (서울: 국학자료원, 1999), 116~117쪽; 김성우, 『조선중기 국가와 사족』
   (서울: 역사비평사, 2001), 17~300쪽 따위를 참고할 수 있다.

이 표는 세로쓰기(90° 회전)로 된 복잡한 표입니다.

신분범주	차별영역	관직	신역	요역	형사	상장	기타	신분세습	봉사	상속	재물성
(구분)		초월	초월	초월	초월	특별	특별		특별	초월	초월
임금						예장		(적장자), 영구		일반 원칙 따름	없음
귀족	후궁 등	내명부내관, 봉보부인	없음	없음				없음			
	종친 등	종친부(봉사), 종친제, 봉군, 음죽, 파직제한 등	족친위	복호우대	계문(군무, 일반), 자가주문	부의, 조제, 예장	무덤·집 터 우대	한대, 무속신종량	불천위		
	공신 등	충훈부, 봉군, 음죽, 봉조하, 파직제한, 음자제한 등	공신적장, 충의위, 충찬위	복호우대	계문(군무, 일반)	부의, 조제, 예장	공신전	적장자, 영구, 무속신종량			
	왕녀 등	도녕부, 봉작, 음죽, 의빈제, 파직제한 등	족친위, 충순위	복호우대	계문(군무, 일반)	부의, 조제, 예장	집터 우대	한대, 무속신종량			
관인	외척 등	돈녕부, 파직제한 등	족친위, 충순위		계문(군무, 일반)		왕비부모 우대	한대, 무속신종량			
	궁인	내명부궁관	없음					없음			
응인 / 속인 / 인민	유품관 등	유품제, 부녀봉작	충순위		계문(군무, 일반), 당상관우대, 수속	부의, 조제, 예장	무덤·집 터 자등 우대	조건부, 한대, 속신종량	2~3대		

신분범주	차별영역	공법적 영역						사법적 영역			
		관직	신역	요역	형사	상장	기타	신분세습	봉사	상속	재물성
관인	(사족)	유품계, 품반당 없음			부녀우대		예계특례, 부녀규제		특례	일반 한직 따름	없음
	환관		금보	일부복호	제문(일반), 수속			없음			
	토관	토관계	금보				1품낮음	없음			
	잡직	잡직계	전문역				1계낮음	없음			
양인	평민	무제한	군역					소극적	부모		
	향리	간접제한	세습					영구			
	역리	금지	세습					영구			
	수군	간접제한	세습					영구			
	조졸	간접제한	세습					영구			
	염간	금지?	세습?					영구?			
	부자	금지?	세습?					영구?			
	서얼	부가 승급 직접제한		무차별	차별		공천은 잡직진출 활동제한	영구	자격 제한	못 제한	
속인	천인	무자적	사역, 여자포함	복역	제문(일반)			영구		범위 제한	있음
인민	중	배제	면제			탈피		없음	탈피	탈피	없음

[참고문헌]

〈원전 자료〉

『경국대전』(서울: 서울대학교 규장각, 1997 영인)

『경국대전주해』(서울: 단국대학교 출판부, 1979 영인)

『대명률강해(大明律講解)』(서울: 서울대학교 규장각, 2001 영인)

『대전속록·대전후속록·경국대전주해』(서울: 서울대학교 규장각, 1997 영인)

『각사수교(各司受教)·수교집록(受教輯錄)·신보수교집록(新補受教輯錄)』(서울: 서울대학교 규장각, 1997 영인)

『속대전』(서울: 서울대학교 규장각, 1998 영인)

『대전통편』 상(서울: 서울대학교 규장각, 1998 영인)

『연조귀감(掾曹龜鑑)』(서울: 서강대학교 인문과학연구소, 1982 영인)

법제처 편, 『대명률직해』(서울: 법제처, 1964)

송병기 등 편, 『한말 근대법령 자료집』Ⅰ(서울: 국회도서관, 1970)

『조선왕조실록』1~16(서울: 국사편찬위원회, 1986 영인축쇄), <태조~중종>

김부식 찬(撰) / 이병도 교감(校勘), 『삼국사기』 원문편(서울: 을유문화사, 1977)

역사문제연구소, 『동학농민전쟁사료총서』1(서울: 사운연구소, 1996)

한국학문헌연구소 편, 『고려사(高麗史)』 상(上)(서울: 아세아문화사, 1990 영인축쇄)

_____, 『고려사(高麗史)』 중(中)(서울: 아세아문화사, 1990 영인축쇄)

김택민·임대희 역주,『역주(譯註) 당률소의』명례편(서울: 한국법제연
　　구원, 1994)

　　　　　　　　　　　,『역주(譯註) 당률소의』각칙(상)(서울: 한국법제
　　연구원, 1997)

　　　　　　　　　　　,『역주(譯註) 당률소의』각칙(하)(서울: 한국법제
　　연구원, 1998)

中華民國 國務院 法制局 重校,『宋刑統』天一閣鈔本 第二冊(民國七年
　　[1918])

高承 撰 / 李果 訂,『事物紀原』二(北京: 中華書局, 1985)

顧實圻 識誤,『韓非子』(臺北: 臺灣中華書局, 民國七十一年[1982] 영인)

馬總 撰,『意林』(北京: 中華書局, 1991)

班固 撰 / 顔師古 注,『漢書』(北京: 中華書局, 1983)

范甯 集解,『春秋穀梁傳(附 札記)』二(北京: 中華書局, 1985)

孫詒讓 撰 / 王文錦·陳玉霞 點校,『周禮正義』第十一冊(北京: 中華書
　　局, 1987)

沈約 撰,『宋書』(서울: 경인문화사 영인, 1976)

呂不韋 著 / 高誘 注,『呂氏春秋』(上海: 上海古籍出版社, 1989 영인)

朱熹 集注,『孟子(集注)』(서울: 보경문화사, 1984 영인)

支偉成 編,『莊子(校釋)』(上海: 泰東圖書局, 1924)

陳壽 撰 / 裴松之 注,『三國志』(六)(臺北: 臺灣商務印書館, 民國五十七年
　　[1968])

陳澔 注,『禮記(集說)』(上海: 上海古籍出版社, 1987)

桓寬·張敦仁,『鹽鐵論·鹽鐵論考證』(北京: 中華書局, 1991 영인)

〈사전류〉

김증한 책임편집,『법률학사전』제4전정판(서울: 법문사, 1999)

박재연 편저,『중조대사전(中朝大辭典)』6(아산: 선문대학교 중한번역문
   헌연구소, 2002)

이택규 대표편저,『신법률학대사전』개정증보판(서울: 법률신문사, 1995)

이항녕·박일경 대표편집,『법률학대사전』개정신판(서울: 한국사전연
   구사, 1995)

한국정신문화연구원 편찬부,『민족문화대백과사전』13(성남: 한국정신
   문화연구원, 1990)

諸橋轍次,『大漢和辭典』修訂版, 卷十(東京: 大修館書店, 昭和六十年[1985])

A. Kuper and J. Kuper eds., *The Social Science Encyclopedia*(London:
   Routledge & Kegan Paul, 1985)

D. L. Sills ed., *International Encyclopedia of the Social Sciences Vol. 15*
   (New York: Macmillan, 1968)

E. F. Borgatta & Rh. J. V. Montgomery eds., *Encyclopedia of Sociology
   2nd ed. Vol. 4*(New York: Macmillan, 2000)

E. R. A. Seligman & A. Johnson eds., *Encyclopedia of the Social Sci-
   ences Vols. 13/14, 11th Printing*(New York: Macmillan, 1954)

F. N. Magill ed., *International Encyclopedia of Sociology Vol. 2*(London:
   Fitzroy Dearborn, 1995)

G. D. Mitchell ed., *A Dictionary of Sociology*(London: Routledge & Kegan
   Paul, 1968)

G. Marshall ed., *The Concise Oxford Dictionary of Sociology*(Oxford: Oxford
   Univ. Press, 1994)

H. Ritter, *Dictionary of concepts in history*(Westport, Connecticut: Greenwood
   Press, 1986)

〈연구 단행본〉

구병삭, 『한국 사회법제사 특수연구』(서울: 동아출판사, 1968)

국사편찬위원회 편, 『한국사』 10(서울: 국사편찬위원회, 1974)

『한국사』 23—조선 초기의 정치구조(과천: 국사편찬위원회, 1994)

『한국사』 25—조선 초기의 사회와 신분구조(과천: 국사편찬위원회, 1994)

『한국사』 7(과천: 국사편찬위원회, 1997)

김석형, 『조선 봉건시대 농민의 계급 구성 / 양반론(兩班論)』(서울: 신
　　　서원, 1993 재편집)

김성우, 『조선중기 국가와 사족』(서울: 역사비평사, 2001)

김용만, 『조선시대 사노비 연구』(서울: 집문당, 1997)

김용숙, 『조선조 궁중풍속 연구』(서울: 일지사, 1987)

김일수, 『형법총론』 제8판(서울: 박영사, 2000)

김채윤, 『사회계층이란 무엇인가』(서울: 민음사, 1995)

김철수, 『헌법학개론』 제12전정신판(서울: 박영사, 2000)

김필동, 『차별과 연대—조선 사회의 신분과 조직』(서울: 문학과지성사,
　　　1999)

남도영, 『한국마정사(韓國馬政史)』(과천: 한국마사회 마사박물관, 1996)

박병호, 『한국법제사고』(서울: 법문사, 1974)

＿＿＿, 『한국의 전통사회와 법』(서울: 서울대학교 출판부, 1985)

＿＿＿, 『한국법제사』(서울: 한국방송통신대학 출판부, 1986)

＿＿＿, 『근세의 법과 법사상』(서울: 진원, 1996)

성낙인, 『헌법학』 제2판(서울: 법문사, 2002)

신명호, 『조선의 왕—조선시대 왕과 왕실문화』(서울: 가람기획, 1998)

유승원, 『조선 초기 신분제 연구』(서울: 을유문화사, 1987)

육군사관학교 한국군사연구실, 『한국군제사(韓國軍制史)』—근세조선전기
　　　편(서울: 육군본부, 1968)

윤국일, 『경국대전 연구』(서울: 신서원, 1990 영인)

이병도,『국사대관』수정 8판(서울: 백영사, 단기 4286년[1953])

_____,『국사대관』신수판(新修版)(서울: 보문각, 단기 4288년[1955])

이상백 저 / 진단학회 편,『한국사(근세전기편)』(서울: 을유문화사, 1962)

이성규,『중국 고대제국 성립사 연구—진국(秦國) 제민지배체제의 형성』
        중판(서울: 일조각, 1987)

이성무,『조선 양반사회 연구』(서울: 일조각, 1995)

_____,『조선 초기 양반 연구』(서울: 일조각, 1980)

_____,『한국 과거제도사』(서울: 민음사, 1997)

이영화,『조선시대 조선사람들—신분으로 읽는 조선사람 이야기』(서울:
        가람기획, 1998)

이정규,『한국법제사』(서울: 국학자료원, 1996)

이종일,『대전회통 연구(호전 · 예전편)』정정판(서울: 한국법제연구원, 1999)

이종하,『조선왕조의 노동법제』(서울: 박영사, 1969)

이춘식,『중국 고대사의 전개』중판(서울: 신서원, 1989)

_____,『춘추전국시대의 법치사상과 세(勢) · 술(術)』(서울: 아카넷, 2002)

전영섭,『중국 중세 신분제 연구』(서울: 신서원, 2001)

조병로,『한국역제사(韓國驛制史)』(과천: 한국마사회 마사박물관, 2002)

지승종,『조선전기 노비신분 연구』(서울: 일조각, 1995)

최승희,『한국고문서연구』증보판(서울: 지식산업사, 1989)

최재현,『열린 사회학의 과제』(서울: 창작과비평사, 1992)

최종고,『한국법사상사』전정신판(서울: 서울대학교 출판부, 2001)

한국정신문화연구원 역사연구실 편,『역주 경국대전(주석편)』재판(서울:
        조은문화사, 1995)

한영우,『조선시대 신분사 연구』(서울: 집문당, 1997)

히라끼 마꼬또(平木實),『조선 후기 노비제 연구』(서울: 지식산업사, 1982)

神野淸一,『律令國家と賤民』(東京: 吉川弘文館, 昭和六十一年[1986])

滋賀秀三,『中國法制史論集(法典と刑罰)』(東京: 創文社, 2003)

鮎貝房之進,『雜攷 花郞攷 · 白丁攷 · 奴婢攷』(東京: 國書刊行會, 1973 복각)

E. E. 에반스 프리차드(Evans-Pritchard) 저 / 권이구 · 강지현 공역,『누

어인』(서울: 탐구당, 1988)

마르크 블로크(Marc Bloch) / 한정숙 역,『봉건 사회(*La société féodale*)』
　　Ⅱ(서울: 한길사, 1986)

모시스 핀리(M. I. Finley) / 송문현 옮김,『고대 노예제도와 모던 이데
　　올로기(*Ancient Slavery and Modern Ideology*)』(서울: 민음사, 1998)

<연구 논문>

강만길,「선초백정고(鮮初白丁考)」,『사학연구』제18호(서울: 한국사학회,
　　1964)

고재국,「양반제도론」,『학풍(學風)』통권 13호(서울: 을유문화사, 1950)

구병삭,「한국 고대 노비제도」, 한국법사학회 편,『법사학연구』창간호
　　(서울: 한국법학원, 1974)

권영국,「신분구조와 직역(職役)」, 한국역사연구회 엮음,『한국역사입문
　　②—중세편』(서울: 풀빛, 1995)

김경현,「서양 고대세계의 노예제」, 역사학회 편,『노비·농노·노예—
　　예속민의 비교사』(서울: 일조각, 1998)

김석형,「이조 초기 국역(國役) 편성의 기저(基柢)」,『진단학보(震檀學報)』
　　제14권(서울[京城]: 진단학회, 昭和十六年[1941])

김성우,「한국 중세 사회의 계급과 신분」, 강만길 등 편,『한국사』24
　　—한국사의 이론과 방법(2)(서울: 한길사, 1994)

김성준,「조선 초기 장리자손(贓吏子孫) 금고법(禁錮法)의 성립」, 연세
　　대학교 국학연구원 편,『동방학지』제45집(서울: 연세대학교 출
　　판부, 1984)

　　　　,「종친부고(宗親府考)」,『사학연구(史學研究)』18(서울: 한국사학
　　회, 1964),

김유철,「중국사에서 예속민과 신분제」, 역사학회 편,『노비·농노·노

308

예—예속민의 비교사』(서울: 일조각, 1998)

김인걸, 「조선 후기 신분사 연구 현황」, 근대사연구회, 『조선 중세 사
　　회 해체기의 제(諸) 문제(하)—경제·사회편』(서울: 한울, 1987)

김재문, 「조선 왕조의 노비에 관한 법제와 사상의 변천에 관한 고찰」
　　(서울: 동국대학교 석사학위논문, 1979)

김정실, 「근세조선의 사회계급」, 『신동아』 제4권 제10호(서울[京城]: 신
　　동아사, 昭和九年[1934])

김필동, 「신분 이론 구성을 위한 예비적 고찰」, 서울대학교 사회학연구
　　회 편, 선정 김채윤 교수 회갑기념 논문집 『사회계층—이론과
　　실제』(서울: 다산출판사, 1991)

남도영, 「조선시대 지방 마정(馬政) 조직에 대한 소고(小考)」, 『사학연
　　구』 제18호(서울: 한국사학회, 1964)

남지대, 「조선 초기 예우아문의 성립과 정비」, 동양학연구소 편, 『동양
　　학(東洋學)』 제24집(서울: 단국대학교 출판부, 1994)

노영구, 「조선 초기 수군과 해령직(海領職)의 변화」, 『한국사론』 33(서
　　울: 서울대학교 국사학과, 1995)

문수홍, 「조선시대 납속제에 관한 연구」(서울: 성균관대학교 박사학위
　　논문, 1985)

문철영, 「고려말·조선초 백정의 신분과 차역(差役)」, 『한국사론』 26(서
　　울: 서울대학교 국사학과, 1991)

박병호, 「조선 초기 법제정과 사회상」, 『국사관논총』 제80집(과천: 국사
　　편찬위원회, 1998)

방상현, 「조선 전기 수군 군역고(軍役考)」, 『경희사학』 제11집(서울: 경
　　희대학교 사학회, 1983)

_____, 「조선 초기 수군 연구—선초 수군 세전(世傳)과 군역 중심」, 『경
　　희사학』 제15집(서울: 경희대학교 사학회, 1988)

손홍렬, 「조선시대의 의료제도(Ⅰ)—선초(鮮初) 의료기구의 설치를 중심
　　으로」, 『역사교육』 30·31합집(서울: 역사교육연구회, 1982)

송준호, 「조선양반고—조선조 사회의 계급구조에 관한 한 시론」, 『조선

사회사연구』(서울: 일조각, 1987)

연정열, 「조선 초기 노비법제고」(서울: 경희대학교 박사학위논문, 1982)

_____, 「조선 초기 노비 상속과 증여에 관한 일 연구」, 박병호 교수 환갑기념논총 간행위원회 편, 『한국법사학논총』(서울: 박영사, 1991)

윤재수, 「고대신분법사고(古代身分法史稿)」, 한국법사학회 편, 『법사학 연구』 창간호(서울: 한국법학원, 1974)

이범직, 「신분의 구분」, 『한국사』 25—조선 초기의 사회와 신분구조(과천: 국사편찬위원회, 1994)

_____, 「신분제론」, 김용섭 교수 정년기념 한국사학논총 『한국사 인식 과 역사이론』(서울: 지식산업사, 1997)

_____, 「조선 전기의 신분제」, 강만길 등 편, 『한국사』 7—중세 사회 의 발전(1)(서울: 한길사, 1994)

이상백, 「서얼 차대(差待)의 연원(淵源)에 대한 일(一) 문제」, 이병도 편, 『진단학보』 제1권(서울[京城]: 진단학회, 昭和九年[1934])

_____, 「서얼금고시말(庶孼禁錮始末)」, 『동방학지(東方學志)』 제1집(서울: 연희대학교 동방학연구소, 단기 4287년[1954])

이성규, 「진(秦)의 신분질서구조」, 『동양사학연구』 제23집(서울: 동양사학회, 1985)

_____, 「중국 고대 황제권의 성격」, 동양사학회 편, 『동아사상(東亞史上)의 왕권』(서울: 한울, 1993)

이성무, 「조선시대의 왕권」, 조선시대사학회 편, 『동양 삼국의 왕권과 관료제』(서울: 국학자료원, 1999)

_____, 「조선 초기 신분사 연구의 재검토」, 『역사학보』 제102집(서울: 역사학회, 1984)

_____, 「조선 초기의 기술관(技術官)과 그 지위—중인층의 성립 문제 를 중심으로」, 『혜암 류홍렬 박사 화갑기념논총』(서울: 탐구당, 1971)

_____, 「조선 초기의 향리」, 한국사연구회 편, 『한국사연구』 5(서울: 광명출판사, 1970)

이영숙, 「조선 초기 내명부에 대하여」, 『역사학보』 제96집(서울: 역사학회, 1982)

이영훈, 「한국사에 있어서 노비제의 추이와 성격」, 역사학회 편, 『노비·농노·노예―예속민의 비교사』(서울: 일조각, 1998)

_____, 「조선의 노비제―노예인가 농노인가」, 조선시대사학회 편, 『동양 삼국의 왕권과 관료제』(서울: 국학자료원, 1999)

이인영, 「공범과 신분에 관한 연구」(서울대학교 박사학위논문, 2001)

이재룡, 「조선 전기의 수군」, 한국사연구회 편, 『한국사연구』 5(서울: 광명출판사, 1970)

_____, 「조선 초기의 토관에 대하여」, 진단학회 편, 『진단학보』 제29·30합병호(서울: 을유문화사, 1966)

이존희, 「양반 관료 국가의 특성」, 『한국사』 23―조선 초기의 정치구조(과천: 국사편찬위원회, 1994)

이종일, 「조선시대 서얼신분 변동사 연구」(서울: 동국대학교 박사학위논문, 1988)

이준구, 「조선시대 백정의 전신(前身) 양수척, 재인·화척, 달단(韃靼)」, 조선사연구회 편, 『조선사연구』 제9집(서울·대구: 형설출판사, 2000)

_____, 「조선 전기 백정의 범죄상과 제민화 시책」, 『대구사학』 제56집(대구: 대구사학회, 1998)

_____, 「조선 전기 백정의 습속과 사회·경제적 처지」, 최승희 교수 정년기념 논문집 간행위원회 편, 『조선의 정치와 사회』(서울: 집문당, 2002)

_____, 「조선 중기 편호백정(編戶白丁)의 존재와 그 성격」, 이수건 교수 정년기념 『한국중세사논총』(경산: 같은 책 간행위원회, 2000)

이찬희, 「조선 전기 염간에 대한 연구」, 소헌 남도영 박사 화갑기념 『사학논총』(서울: 태학사, 1984)

이태진, 「서얼차대고(庶孽差待考)」, 『역사학보』 제27집(서울: 역사학회, 1965)

이향순, 「고려 도첩제 실시와 그 성격 연구」(서울: 성신여자대학교 교

육대학원 석사학위논문, 1996)

이홍두, 「조선시대 천인의 신분변동 연구」(서울: 동국대학교 박사학위
　　　논문, 1996)

정긍식, 「조선 전기 공신 지위의 승계―첩자(妾子)를 중심으로」, 서울
　　　대학교『법학』제43권 2호[통권 123호](서울: 서울대학교 법학연
　　　구소, 2002)

정두희, 「조선 전기 지배세력의 형성과 변천―그 연구사적인 성과와
　　　과제」, 주보돈 등,『한국사회발전사론』(서울:일조각, 1992)

조병로, 「조선 전기 역리에 대한 일고(一考)」, 소헌 남도영 박사 화갑
　　　기념『사학논총』(서울: 태학사, 1984)

조지만, 「조선 초기 ≪대명률≫의 수용 과정」, 한국법사학회 편,『법사
　　　학연구』제20호(서울: 민속원, 1999)

지승종, 「신분개념 정립을 위한 시론」, 한국사회사연구회,『한국 고·
　　　중세 사회의 구조와 변동』(서울: 문학과지성사, 1988)

_____, 「신분 구조의 변화」, 신용하 등 엮음,『한국사회사의 이해』(서
　　　울: 문학과지성사, 1995)

_____, 「신분개념과 신분구조」, 서울대학교 사회학연구회 편, 선정 김
　　　채윤 교수 회갑기념 논문집『사회계층―이론과 실제』(서울: 다
　　　산출판사, 1991)

_____, 「신분사 연구의 쟁점과 과제―신분 개념과 신분 구조의 문제
　　　를 중심으로」, 한국사회사학회 편,『사회와 역사』혁신호 / 통권
　　　제51집(서울: 문학과지성사, 1997)

_____, 「전통사회와 사회사연구―가족·향촌사회·신분 연구를 중심
　　　으로」,『한국학보』제80집(서울: 일지사, 1995)

_____, 「조선 전기 사회사 연구의 동향―가족·향촌사회·신분 연구
　　　를 중심으로」,『한국사론』24(과천: 국사편찬위원회, 1994)

_____, 「조선 전기의 서얼 신분」, 한국사회사연구회,『한국의 전통사
　　　회와 신분구조』(서울: 문학과지성사, 1991)

_____, 「조선전기 신분구조와 신분인식: 양성지(梁誠之)·이이(李珥)의

신분인식을 중심으로」, 지승종 등, 『사회사 연구의 이론과 실제』
(성남: 한국정신문화연구원, 1998)

_____, 「한국사회사와 이론의 문제: 신분사를 중심으로」, 『한국 사회
사 연구의 새로운 방향』(한국사회사학회 2002년도 정기 학술대
회 자료집)

_____, 「조선시대 신분과 양반의 개념」, 『한국사회사연구』(서울: 나남
출판, 2003)

최승희, 「조선시대 양반의 대가제(代加制)」, 『진단학보』 제60호(서울: 진
단학회, 1985)

최종탁, 「조선초 향촌지배세력의 역학구도」, 『국사관논총』 제92집(과천:
국사편찬위원회, 2000)

최진석, 「고려 후기 도첩제에 대하여」, 『경희사학』 제3집(서울: 경희대
학교 사학회, 1972)

한영우, 「조선 전기 연구의 제(諸) 문제─신분·토지·사상사 연구를
중심으로」, 역사학회 편, 『현대 한국 역사학의 동향』(서울: 일조
각, 1982)

_____, 「조선 초기 사회계층 연구에 대한 재론─이성무 교수의 <조선
초기 신분사 연구의 문제점> 및 송준호 교수의 <조선양반고>에
답함」, 『한국사론』 12(서울: 서울대학교 국사학과, 1985)

_____, 「조선 초기 신분·계층 연구의 현황과 문제점」, 『사회과학논평』
창간호(서울: 한국사회과학연구협의회, 1982)

한우근, 「한국 사회계층의 근대화 과정」, 『사상계』 제8권 제10호(서울:
사상계사, 단기 4293년[1960])

한희숙, 「양천제와 신분구조 변동」, 한국역사연구회 엮음, 『한국역사입
문②─중세편』(서울: 풀빛, 1995)

_____, 「조선 태종·세종대 백정의 생활상과 도적 활동」, 고려사학회
편, 『한국사학보(韓國史學報)』 제6호(서울: 열린책들, 1999)

황도수, 「헌법재판의 심사기준으로서의 평등」(서울대학교 박사학위논문,
1996)

히라끼 마꼬또(平木實), 「노비종량고」(서울: 서울대학교 석사학위논문, 1967)

高明士(가오밍스), 「당대(唐代)의 문(文)과 무(武)」, 조선시대사학회 편, 『동양 삼국의 왕권과 관료제』(서울: 국학자료원, 1999)

四方博(시가따 히로시), 「李朝人口に關する身分階級別的觀察」, 京城帝 國大學 法學會, 『朝鮮經濟の硏究』 第三(東京: 岩波書店, 昭和十 三年[1938])

田中德太郎, 「朝鮮の社會階級」, 『朝鮮』 大正十年 三月號(京城: 朝鮮總 督府, 大正十年[1921])

앙리 레비-브륄(Henri Levy-Bruhl) / 김경현 역, 「노예제 이론(Théorie de l'esclavage)」, 고려대학교대학원 서양고대사연구실 편역, 『서양 고 전고대 경제와 노예제』(서울: 법문사, 1981)

톰슨(E. A. Thompson) / 김양수 역, 「초기 게르마니아의 노예제(Slavery in Early Germany)」, 고려대학교대학원 서양고대사연구실 편역, 『서양 고전고대 경제와 노예제』(서울: 법문사, 1981)

Ferdinand Toennies / Reinhard Bendix trans., "Estates and Classes(Stände und Klassen)" in R. Bendix and S. M. Lipset eds., *Class, Status and Power, 2nd ed.*(New York: The Free Press, 1966)

James B. Palais(제임스 팔레), 「조선 왕조의 관료적 군주제」, 조선시대사 학회 편, 『동양 삼국의 왕권과 관료제』(서울: 국학자료원, 1999)

• 저자 •

조우영   •약 력•
            서울대학교 법과대학 졸업
            서울대학교 대학원 박사과정 졸업(법학박사)
            경상대학교 사범대학 사회교육학부 조교수(현재)

            •주요논저•
            『조선 초기 신분 제도의 사회적 위상과 관념적 구조』(2003)
            『예와 법의 정치사상: 경국대전』(『한국정치사상사』, 백산서당, 2005)

**경국대전의
신분 제도**

• 초판 인쇄	2008년 4월 25일
• 초판 발행	2008년 4월 25일
• 지 은 이	조우영
• 펴 낸 이	채종준
• 펴 낸 곳	한국학술정보㈜
	경기도 파주시 교하읍 문발리 513-5
	파주출판문화정보산업단지
	전화 031) 908-3181(대표) · 팩스 031) 908-3189
	홈페이지 http://www.kstudy.com
	e-mail(출판사업부) publish@kstudy.com
• 등 록	제일산-115호(2000. 6. 19)
• 가 격	30,000원

ISBN   978-89-534-8666-9 93900 (Paper Book)
        978-89-534-8667-6 98900 (e-Book)